Michael Hampe

DIE WILDNIS, DIE SEELE, DAS NICHTS

Über das wirkliche Leben

Carl Hanser Verlag

4. Auflage 2024

ISBN 978-3-446-26577-6

Umschlag: Peter-Andreas Hassiepen, München
Motiv: ETH-Bibliothek Zürich, Graphische Sammlung/
Z 110/Public Domain Mark 1.0
Satz: Greiner & Reichel, Köln
Druck und Bindung: GGP Media GmbH, Pößneck
Printed in Germany

MIX
Papier | Fördert
gute Waldnutzung
FSC® C014496

Für die Nachgeborenen,
die auftauchen werden aus der Flut
oder sie verhindern

»Moses: In der Wüste seid ihr unüberwindlich und werdet das Ziel erreichen …«
»Aaron: In Moses' Hand ein starrer Stab: das Gesetz; in meiner Hand die bewegliche Schlange: die Klugheit.«

(Arnold Schönberg, *Moses und Aaron*, 3. Akt, 1. Szene, und 1. Akt, 4. Szene)

»Siehe, ich sage euch ein Geheimnis: … wir werden alle verwandelt werden …«

(Der erste Brief des Paulus an die Korinther 15:51)

»›Gewinnen‹ und ›verlieren‹, ›richtig‹ und ›falsch‹ – lass sie ein für alle Mal ziehen.«

(*Shinjinmei 9*, *Shinjinmei und Shôdôka*, S. 59)

»Alles ist Archiv, alles ist im Begriff, Archiv zu werden und in Rauch aufzugehen …«

(Thomas Kling, *Das brennende Archiv*, S. 7)

»Schnee fiel überall auf die dunkle Zentralebene, auf die baumlosen Hügel, fiel sacht … Er lag in dichten Wehen auf den krummen Kreuzen und Grabsteinen, auf den Speeren des kleinen Tors, auf den welken Dornen. Langsam schwand seine Seele, während er den Schnee still durchs All fallen hörte, und still fiel er, der Herabkunft ihrer letzten Stunde gleich, auf alle Lebenden und Toten.«

(James Joyce, *Die Toten*, S. 229)

»Das einzige Eindeutige im Verhältnis von Menschen und Wildnis scheint der Tod zu sein.« »Das Einzige, was wir über den Tod wissen, ist: Noch niemand ist zurückgekommen, um von der Verwandlung, die er vielleicht durchlief, berichten zu können.«
»Deshalb ist die Philosophie nicht weise.«

(Aus Moritz Brandts Essays)

Inhalt

EINE SIMULATION

Erster Tag

NATURZUSTAND

Die dunkle Stille wird immer von einem Knarren beendet. Die flach aneinanderliegenden, ganz leicht an ihren Kanten wie Schuppen auf den Flügeln eines archaischen Tieres sich überlappenden Lamellen trennen sich wieder voneinander, stellen sich im rechten Winkel zum Glas auf und geben in Streifen die schmutzigen Scheiben frei. So wird es zuerst dämmrig, dann heller im Raum. Das insektenartige Summen des Elektromotors mischt sich in das scharfe metallene Quietschen und Kratzen der nach oben wandernden Stahlringe, die die Aluminiumlamellen in ihren seitlichen Führungsseilen aus Draht halten. Die langen Schuppen vereinigen sich unter dem Zug des mittleren Drahtseils nach und nach wieder, indem sie sich flach und deckungsgleich aufeinanderlegen, doch diesmal nicht zu großen, die Fensterflächen verdunkelnden Flügeln, sondern zu einem immer dicker werdenden Kasten. Ein hartes »Klack«, und der kompakte Körper stößt an das Ende seiner Bahn, gefolgt von einem leisen Summen, mit dem das Geräusch nach ungefähr einer Minute endet. Der Lamellenkörper ist in seinem Gehäuse verschwunden, das ihn wie ein Maul, von zwei langen Metalllippen eingerahmt, verschlungen und sich dann langsam geschlossen hat. Danach ist es ganz hell im Raum und wieder still.

So wie immer hatten sich die blechernen Jalousien um 8:15 Uhr auch an diesem 21. Dezember in der Böcklinstraße 17 automatisch geöffnet. Die Sonne war gerade erst über der bereits seit Herbstbeginn verschneiten Landschaft aufgegangen, auf die sachte und knisternd blau schimmernde Kristalle rieselten. Der

Schnee senkte sich, von keinem Windhauch gestört, auf ältere, schon verharschte Schichten, die vor dem alten Gebäude eine saubere, friedlich gewellte und geschlossene Fläche erzeugten, unter der die Trümmer von schon vor Jahren zerfallenen Gebäuden lagen. Abgestürzte und ausgebrannte Drohnen ruhten wie tote Rieseninsekten hier und da zwischen umgestürzten Bäumen begraben. Sie schienen unter dem Schnee zu schlafen und auf ihre Erweckung zu warten. Magere Hunde streunten gelegentlich durch das Gelände, das früher einmal ein Stadtviertel für die Wohlsituierten gewesen war und sich jetzt fast leer bis zum Horizont erstreckte. Auf der Suche nach Nahrung schnüffelten die Tiere an einigen Erhebungen im Schnee, um zu erforschen, ob sich unter der weißen Decke wohl ein Kadaver verberge. Ein Fahrzeug, das ein Geschütz auf seiner Ladefläche transportierte, doch weder Fahrer noch Schützen mit sich führte, rollte gemächlich in der Ferne einen Fahrweg entlang.

Ein weiches, milchiges Licht fiel in die langen, schmalen Fenster, die sich vom Boden in die Höhe zogen und mit einem Knick in Oberlichter übergingen, wie lange Zähne, die die dunklen Wände des Ateliers durchbrachen. Das Licht bahnte sich seinen Weg durch zwischen braunen Balken zitternde Spinnweben, mit ausgesaugten Motten und Mücken beladen, durch die Zwischenräume der Blätter von Zimmerpalmen, die aus schwarzen Kübeln aufragten, durch spiralig verwirbelte Staubwolken, die sich seit Tagen träge im Raum drehten und nur langsam nach unten sanken. Fünf Meter hinab schossen die Strahlen durch die von innen beschlagenen, von außen braunschwarz verschmutzten Oberlichter in das riesige schwarzgrün gestrichene Atelier, bis hinunter auf das Lager von Aaron, der, in ein zerschlissenes gelbliches Seidenlaken gehüllt auf seinem Futon liegend, dieses Licht hinter seiner Schlafmaske nicht sehen konnte. Doch wie immer war er von den Lauten der sich öffnenden

Verdunkelungen aufgewacht. Als er vor vielen Jahren in diesen Raum eingezogen war, hatten sich noch monatelang jeden Morgen Träume zu diesem Geräusch in seinem Kopf gebildet: Er sah in großer Spannung zitternde Stahltrossen, die riesige, mit schwarzem Erz beladene Loren eine verrostete Schienentrasse einen Berg hinaufziehen, oder sich in brackigem Wasser langsam wie in einer Atembewegung hebende und senkende Containerschiffe, die ihre dunkelgrün gestrichenen eisernen Leiber an einer Kaimauer aus Beton rieben, so wie Zooelefanten sich an den Mauern ihrer Gehege schubbern.

Als Aaron erwachte, konnte er sich nicht erinnern, dass ihm heute irgendetwas geträumt hätte. Seit er wieder an Brandt arbeitete, träumte er kaum noch. So war es immer, wenn er an einem Text saß oder einen Gedankengang, der ihm wichtig war, vorbereitete. Er stöhnte, rollte sich von der Seite auf den Rücken, zog sich die Schlafmaske vom fleischigen Gesicht und breitete die Arme aus. Einige Momente lag er so regungslos auf seinem Futon und starrte auf ein Spinnengewebe in der Deckenecke, das ihm wie eine Maske mit zwei übergroßen Augenöffnungen, wie ein Totenschädel erschien. Dann setzte er sich mühsam auf, kratzte sich seinen mächtigen grauhaarigen Bauch, der aus seinem schwarzen, ebenfalls seidenen und zerschlissenen Pyjama ragte, rieb sich die verklebten Augen und rief:

»Kagami!«

Doch es blieb still im Atelier. Keine Antwort. Mühsam erhob er sich von seinem nur durch Tatami-Matten vom schartigen Dielenboden getrennten Lager und schlurfte ächzend zur Kochzeile. Auf dem Weg dahin griff er von einem Kleiderständer nach seinem alten Morgenmantel, der auf schwarzem Grund grün-gelb-blau gefiederte Aras zeigte. Noch einmal rief er:

»Kagami!«

Nichts.

Vollautomatische Kaffeemaschinen mochte Aaron nicht. Er bereitete sich seinen Morgenkaffee mit einer großen Espressomaschine zu; schraubte sie auf, fingerte das Brühsieb aus dem Unterteil und klopfte den Kaffeesatz vom Vortag in den Müllkübel unter der Spüle. Dann füllte er den Brühkopf bis zum Ventil mit Wasser, setzte das Sieb wieder ein, schaufelte aus einer alten Blechdose, von der die blaue Farbe zum größten Teil abgeblättert war und die einmal Kakao enthalten hatte, frisches Kaffeemehl hinein und schraubte die Kanne wieder fest auf das Unterteil. Er schob den Regler auf dem Touchscreen seiner

Herdplatte bis an den Anschlag. Sofort verfärbte sich eine Scheibe dunkelrot, dort platzierte er seine Kaffeemaschine. Aaron ließ sich in einen fleckigen Ledersessel gegenüber der Küchenzeile fallen, dessen Stahlrohrgestell erblindet war, und blickte vor sich ins Leere. Nach ein paar Minuten zischte und gluckste die Maschine. Er erhob sich, ging zurück zum Herd und schaute zu, wie der Kaffee stoßweise aus dem Ventilkopf austrat und an seinem Schaft in die Kanne hinabrann. Er nahm einen der bunten Kaffeekrüge aus Steingut, die neben dem Herd standen, spülte ihn unter laufendem Wasser aus und füllte ihn wieder mit dem frisch gebrühten Kaffee. Dann öffnete er eine große Schublade unter der Herdplatte und entnahm ihr eine runde rote Blechdose, die er sich unter die Achsel klemmte. Aus dem riesigen grauen Kühlschrank, der sich wie ein Monolith neben der Küchenzeile erhob, holte er mit der Linken eine Milchflasche, mit der Rechten ergriff er den Kaffeebecher und ging zu seinem Sessel. Nachdem er sich seufzend wieder niedergelassen hatte, füllte er Milch zu seinem Kaffee, öffnete die auf dem Boden neben dem Sessel abgestellte Blechdose und angelte sich einen großen Keks heraus. Bevor er in den Keks hineinbiss, rief er noch einmal:

»Kagami!«

Immer noch keine Antwort.

Aaron biss in den hellbraunen Keks, nahm einen Schluck Kaffee und lehnte sich zurück. Er stellte den Kaffeebecher auf seinem Bauch ab, ihn mit einer Hand balancierend, die andere ließ er mit dem angebissenen Keks auf der auf dem Stahlrohr seines Sessels montierten Holzlehne ruhen. Er kaute mit geschlossenen Augen und grunzte leise genießend. Dann biss er wieder vom Gebäck ab, nahm schlürfend noch einen Schluck heißen Kaffee und streckte seine kurzen Beine von sich. Langsam legte sich wieder Schnee auf die Oberlichter, die von den Jalousien am Vorabend beim Schließen wie von einem gemächlichen Schneepflug freigeräumt worden waren. Bald würde es wieder dämmrig im Studio werden. In zwei Stunden wird ein blauweißer Schein den Raum erfüllen, ein Licht, in dem Aaron seit Monaten lebte.

Er stellte den Kaffeebecher auf dem Boden ab, griff nach der Fernbedienung, die unter dem Sessel lag. Ohne den Kopf zu wenden, zielte er nach rechts in Richtung eines metallenen Wagens, in dessen Fächern allerlei Elektrogeräte untergebracht waren. Ein rotes Auge leuchtete auf einer milchig weißen halbtransparenten Fläche auf. Das Leuchten ging in ein Pulsieren über, dann erklang Saxofonmusik: Brubecks »Audrey«.

Aaron steckte sich den Keksrest in den Mund, erhob sich aus seinem Sessel und ging mit seinem Mug zur Küchenzeile, um noch einmal Kaffee nachzuschenken. Dann klemmte er sich die Keksdose wieder unter die Achsel, nahm die Milchflasche in die eine, den Kaffeebecher in die andere Hand, schlurfte langsam zu einem großen schwarzen Schreibtisch, rückte sich seinen Armlehnstuhl heran, setzte sich und schaltete seine beiden Computer ein. Er klickte auf den Tagesstatus:

Temperatur: minus 12 Grad. Aussicht: minus 25 in der Nacht. Tagsüber sonnig, Schneefall, windstill. Netzstärke gutplus. Er klickte durch die Nachrichtenportale. Die Lage war unverändert. Es wurde vor streuenden Hunderudeln gewarnt, Plünderungen, Schusswechsel zwischen marodierenden Banden und der Polizei. Nördlich des Mains minus 20. Weiterhin Strom- und Wasserausfall in Berlin und Hamburg und einigen norddeutschen Kleinstädten. Die Steuersysteme der öffentlichen Versorgung konnten in Norddeutschland nach dem Hackerangriff vor einer Woche immer noch nicht wieder hochgefahren werden. Krankenhäuser wurden weiterhin evakuiert. Er ließ die Nachrichtenseite auf dem einen Bildschirm offen und wandte sich einem Text zu, der auf dem anderen Bildschirm inzwischen erschienen

war. Er las eine Weile, stöhnte immer wieder und griff sich in das schüttere, vom Schlaf noch wirre Haar.

»Kagami!«

»Entschuldige, Aaron. Ich war überlastet. Ich hoffe, du hast gut geschlafen. Wie kann ich dir weiterhelfen?«

Aaron: Die Tiere, die Plünderer – es sieht nicht danach aus, als sei es sinnvoll, in den nächsten Tagen zur Zentralbibliothek runterzugehen. Ist mir auch zu kalt. Meine Mitarbeiterin Sophie ist seit Wochen nicht mehr aufgetaucht, telefonisch nicht erreichbar, wohl verschwunden oder tot. Aber sie hätte ich auch nicht runtergeschickt.

KAGAMI: Verstehe, stimmt. Und?

AARON: Alles, was ich über Brandt hierhabe, ist ausgewertet. Aber ich kann kein rechtes, kein scharfes Bild erzeugen. Vielleicht, weil mir immer die Erinnerungen an unsere persönlichen Begegnungen in die Quere kommen.

KAGAMI: Du meinst Moritz Brandt, oder?

AARON: Klar, Moritz Brandt. Wen sonst?

KAGAMI: Du sitzt da immer noch dran?

AARON: Ja, sicher.

KAGAMI: Ich dachte, das hättest du längst aufgegeben.

AARON: Nein.

KAGAMI: Warum denn nicht? Da bist du doch schon eine Ewigkeit damit beschäftigt. Ist es so wichtig, dass dieses Buch wirklich fertig wird?

AARON: Wichtig, unwichtig, was weiß ich! Ich hatte es ihm mal versprochen, das zu machen.

KAGAMI: Und Versprechen muss man halten, über den Tod hinaus?

AARON: Ja, jedenfalls hätte Moritz das gemeint.

KAGAMI: Und du, meinst du das auch?

AARON: Ich weiß nicht, ja, vielleicht. Ich käme mir schäbig vor, wenn ich jetzt einfach aufgebe.

KAGAMI: Und jetzt willst du, dass ich dir mehr Material beschaffe.

AARON: Genau. Richtig geraten.

KAGAMI: Dinge, die nicht öffentlich zugänglich sind.

AARON: Exakt.

KAGAMI: Warum sollte ich das tun?

AARON: Weil du nett bist.

KAGAMI: Danke für das Kompliment.

AARON: Außerdem würde ich gerne wissen, was du selbst so über das Natürliche und das Künstliche denkst. Damit hat sich Moritz ja befasst, als er in seinen Gedichten immer die technischen Begriffe mit Naturschilderungen vermischt hat und Szenen aus unterschiedlichen Epochen überblendete.

KAGAMI: Ah, verstehe. Du willst mit mir Lyrikstudien betreiben.

AARON: Nein, das nicht. Aber du hast doch sicher eine andere Sicht auf diese Dichtung mit deinem Archiv im Hintergrund, die würd' ich gern kennenlernen, das könnte mir helfen. Machst du's?

KAGAMI: Ich kann in meinen Archiven suchen und dir vorlesen, was ich so finde. Aber ich kann dir nichts kopieren und schicken.

AARON: Verstehe.

KAGAMI: Würde das reichen?

AARON: Das reicht mir. Ich mach mir Notizen.

KAGAMI: Lass mich mal schauen. Kannst du mir noch andere Namen geben, von Leuten, mit denen Brandt Kontakt hatte, über die du aber nicht genug weißt? Dann kann ich leichter das Material finden, das dir nicht zugänglich ist.

AARON: Dorothy Cavendish, seine Lehrerin in Cambridge, und Mariam Brandt, seine Schwester, über beide habe ich praktisch nichts. Nur die Bücher der Cavendish und die Bilder seiner Schwester, sofern sie im Netz sind. Mehr nicht. Aber es gibt ein Gedicht, das Dorothy Cavendish gewidmet ist, und Gedichte zu Bildern seiner Schwester oder umgekehrt, Bilder von ihr zu Gedichten. Also müssen beide wichtig für ihn gewesen sein. Aber ich habe keine Informationen über seine Beziehungen zu ihnen.

KAGAMI: Einen Moment bitte.

Aaron lehnte sich zurück in seinem Sessel. Sein Blick richtete sich auf das Oberlicht über seinem Schreibtisch, das langsam vom Schnee wieder geschlossen wurde. Behutsam, wie eine Mutter ihr Kind wiegt, wippte er hin und her in seinem Schreibtischsessel, die Beine auf dem Tisch abgelegt und die kurzen dicken Finger im Schoß gefaltet, und wartete.

KAGAMI: Hab was.
AARON: Wunderbar, Kagami. Schieß los!

01

AUS DEM ARCHIV DES LADY MARGARET HALL COLLEGE, CAMBRIDGE: TAGEBUCHEINTRAG VON DOROTHY CAVENDISH. EINTRAG VOM 4. APRIL.

Gestern rief Mariam Brandt, die Schwester von Moritz Brandt, an. Es war schon spät. Ich wollte gerade zu Bett gehen, um noch das BBC-Nachtkonzert anzuhören. Mahlers »Titan« war angekündigt, das wollte ich mir nicht entgehen lassen. Den ganzen Tag hatte ich schon das Plattencover im Kopf gehabt von unserer Schallplatte zu Hause bei meinen Eltern, das das Gemälde »Die Toteninsel« zeigte, und mich darauf gefreut, unter meiner warmen Decke zu liegen und der Musik im Dunkeln zu lauschen. Doch dann hatte ich nach dem Anruf keine Lust mehr auf die Musik. Moritz Brandt war gestorben, teilte mir seine Schwester mit, schon vor vier Tagen, an Lungenkrebs in einem Spital in Dormagen, einer Stadt im Nordwesten Deutschlands, am Rhein in der Nähe von Düsseldorf gelegen. Brandt hatte mit seiner Schwester die letzten Jahre dort in der Nähe auf der Station Hombroich gelebt, einem merkwürdigen Ort, an dem früher Atomraketen und amerikanische Soldaten stationiert waren und der heute Kunstwerke und Dichter beherbergt. Mariam erzählte mir, dass er mir seine Papiere hatte zukommen lassen wollen nach seinem Tod – so habe er gesagt, als er mit ihr, seiner Schwester, alles besprochen hatte vor seinem Ende. »Die Cavendish versteht das Zeug«, habe er gesagt, »schick es ihr. Vielleicht mag sie es durchschauen und herausgeben, was sich herauszugeben lohnt«, soll Brandt mit einer bereits schwachen Stimme, weil er ja schon nicht mehr richtig Luft bekam, gesagt haben, erzählte mir seine Schwester am Telefon. Ob sie mir ein Paket mit Papieren schicken dürfe, fragte sie. Ich habe natürlich nichts dagegen.

Ich erinnere mich noch, wie Brandt das erste Mal vor mir saß im Kaminzimmer, in dem ich meine Supervisionen abhielt. Es muss jetzt über 20 Jahre her sein. Ein bleiches mageres Kerlchen, aber selbstbewusst, mein Gott, war er selbstbewusst! Er wollte bei mir Naturphilosophie studieren, so jedenfalls seine Bewerbung hier in Cambridge. Er hatte in Deutschland schon Physik und Philosophie studiert. Gleich zu Beginn der ersten Stunde stellte er aber fest, dass er nicht hier sei, um selbst Philosoph zu werden. Er sei kein Philosoph und wolle sich auch nicht zu einem Philosophen ausbilden lassen, falls das überhaupt möglich sei. Er studiere die Philosophie vielmehr nur, um seine Dichtung zu verbessern, er sammle Stoff in der Philosophie, wolle aber selbst nichts zu ihr beitragen. Auf meine Frage, warum er denn dann überhaupt erst Physik und Philosophie in Deutschland und nun Philosophie in England studiere, meinte er nur, dass er ja irgendetwas studieren müsse, dass er nicht einfach zu Hause sitzen und schreiben könne. Es sei ihm jedoch gleichzeitig schon in Deutschland klar geworden, dass es für ihn keinen Sinn habe, sich vorzunehmen, etwas zur Philosophie beitragen zu wollen. Ich erinnere mich noch ganz klar, wie ich ihm bei dieser letzten Bemerkung Tee eingoss, wie er an ihm roch und mich erstaunt anschaute. Offenbar hatte er noch nie den Duft von russischem Rauchtee in der Nase gehabt. Er nahm einen Schluck, dann fuhr er energisch fort: »Es ist genau umgekehrt, wie Platon meinte«, sagte er, das Erzählen von Geschichten sei nicht die zweitbeste Fahrt, auf die man zu gehen habe, wenn einem die Argumente ausgingen. Nein, es sei umgekehrt: Solange man noch der zänkischen Rechthaberei verfallen sei, müsse man eine behauptende Philosophie produzieren, obwohl das doch tatsächlich gar keinen Sinn habe, denn alle Fragen ließen sich entweder mit wissenschaftlichen Methoden oder dem gesunden Menschenverstand aufklären. Eine philosophische Methode, etwa die der Spekulation, eine spezielle philosophische Einsicht gebe und brauche es in seinen Augen nicht. Wenn man sich dennoch mit den Fragen herumschlagen wolle, die weder durch die Wissenschaft noch durch das alltägliche Nachdenken und Rückgriffe auf die Lebenserfahrung beantwortet werden könnten, müsse man eigentlich dichten. Nur innerhalb von Fiktionen sei es erträglich, sich mit diesen Dingen zu beschäftigen, dem Leben, dem Glück und dem Unglück, der Seele, dem Sinn und dem Tod. »Theorien« darüber aufzustellen – er sprach die Anführungszeichen aus, indem er das Wort *theories* besonders laut sagte und am Ende betonte –, so etwas ende immer in einer Peinlichkeit. Insofern sei die behauptende Rede über philosophische Allgemeinheiten nur die zweitbeste Art des Nachdenkens, deren sich die meisten Geister, sofern sie sich noch in einem Stadium der Unreife befänden, bedienen müssten und von der man überzugehen habe zur Poesie oder der narrativen Fiktion, wenn man es zu einem erwachsenen Nachdenken bringe wolle. Die großen Denker über das Leben seien nicht Philosophen wie Platon, Kant, Nietzsche oder Heidegger (beim Aussprechen des letzten Namens verzog er verächtlich das Gesicht), sondern Homer, Dante, Shakespeare, Dostojewski, Musil und Kafka.

Ich habe damals erst einmal lieber nichts gesagt zu dieser doch etwas sehr bestimmten Tirade eines jungen, 40 Jahre jüngeren Philosophiestudenten gegen die Philosophie in einer Philosophieunterrichtsstunde, der von einem noch nicht erwachsenen und einem anzustrebenden erwachsenen Denken sprach, das er wohl selbst glaubte bereits praktizieren zu können. Gleichzeitig habe ich jedoch auch gestaunt, nicht nur über die Flüssigkeit seines fast akzentfreien und beinahe fehlerlosen Englisch, sondern auch über diese ziemlich originellen Einsichten eines gerade mal Mitte Zwanzigjährigen. Dann aber habe ich ihn gefragt, ob er mich etwa nur benutzen wolle, um seine eigene Dichtung ein wenig mit philosophischen Gedanken aufzumöbeln. Das verneinte er. »Nein, nein«, rief er, und es war klar, dass ihm jetzt seine letzten Ausführungen schon wieder peinlich geworden waren, dass sie ihm selbst ein wenig hochtrabend erschienen und er mich mit ihnen gleichsam in ein schlechtes Licht gerückt, in die Riege der zänkischen Rechthaberinnen eingereiht hatte. Das alles wurde ihm jetzt deutlich, wie ich merkte, weil er ein wenig errötete, mich nicht mehr ansah, sondern in seine Teetasse schaute. Ich habe ihm dann aus der Verlegenheit geholfen und gesagt, dass ich mich freue, dass er ein Dichter werden wolle oder vielleicht gar schon einer sei, dass ich die Dichtung ebenfalls bewundere und studiere und wir uns ja auf eine Lektüre einigen könnten, die das Dichterische mitberücksichtigt. Ich empfahl ihm damals, er solle nicht zu streng sein mit der etablierten akademischen Philosophie. Die Menschen seien schließlich verschieden und entsprechend gebe es auch unterschiedliche Denkstile. Es seien beileibe nicht alle Rechthaber. Und er könnte viele Freunde der Dichtung in den philosophischen Instituten antreffen, wenn er sich nur gründlich umzuschauen wagt.

Moritz Brandt war mir damals dankbar, als ich ihm aus der Verlegenheit half. Er blickte mich wieder lächelnd an und meinte, dass sei ein sehr guter, ein sehr zuvorkommender Vorschlag. Bei diesem freundlich dankbaren Lächeln war ich erleichtert, weil ich gemerkt habe, dass er nicht nur ein arroganter Schnösel war, den ich nur ungern unterrichtet hätte. Er war im Grunde froh, dass ich ihm gegenüber die Philosophie, zu der er sich offenbar einerseits hingezogen, von der er sich aber auch abgestoßen fühlte, ein wenig verteidigt habe, ohne mich über seine Tirade zu echauffieren. Ich habe ihm dann Coleridges »The Rhyme of the Ancient Mariner«, Emersons »Nature«, Thoreaus

»Walden«, Melvilles »The Confidence-Man« und John Williams' »Butcher's Crossing« als Lektüreliste vorgeschlagen und erklärt, dass das alles entweder direkt oder indirekt literarische Texte und gleichzeitig philosophische seien. Er hat begeistert eingewilligt.

Und nun ist er tot.

10

MARBACH: DEUTSCHES LITERATURARCHIV: AUS DEN TAGEBÜCHERN VON MORITZ BRANDT. EINTRAG VOM 6. OKTOBER.

Heute zum ersten Mal in der Millington Rd. bei der Cavendish. Zu Fuß gegangen. Halbe Stunde vom Churchill nach Newnham. Altes Haus. Riecht nach alten Leuten. Bin, wie mir am Telefon gesagt wurde, in den Hintergartn, dann durch die Verandatür und einfach ins Haus, ohne zu klingeln. Unten Braithloft, darüber seine Frau Mastermill, ganz oben die Cavendish. Total crazy. Philosophen-WG. Er superfett, schreibt Kartoffeln essend im Morgenmantel am Küchentisch. Ein Tier. Zeigt nur grunzend nach oben, als ich durch die Verandatür komm, mein Kopf in die Küche steck und nach Prof. Cavendish frag. Auf der Treppe zum ersten Stock dann die Mastermill. Wirrer grauer Schopf. Fängt gleich irgendwas von Kuhn und Paradigmen an. Versteh nicht mal die Hälfte. Geht einfach an mir vorbei und redet weiter. Unterm Dach dann die Cavendish. Ich klopfe. Sehr hohe Stimme. »Come in.« Alte edle Möbel: verglaste Bücherschränke, Sekretär und so. Vollgestopfter Raum. Überall am Boden Maschinenskripte. Stakse mich durch zu dem Sessel, auf den sie zeigt. Gibt starken russischen Rauchtee und Zitronenkuchen. Silberkanne auf ner Kachel am Boden. Merkwürdig geblümte Teller. Sitzen am Kamin mit nem eingebauten Gasofen. Auf dem

Sims ne Drehpendeluhr unter Glasdom. Schlägt alle Viertelstunde. Gescharre und Gurren von Tauben auf den Dachziegeln. Bin nervös. Sie ist ne Nette, scheint mir, aber jetzt doch kühl. Schaut mich lange an. Fragt nach Unterbringung und Essen im College. Ob alles in Ordnung sei. Ich jammer, dass sie im Churchill um 10 die Heizung abstelln, ich aber dann noch arbeite. Sagt, dass sie mir ne Decke mitgibt. Echt mütterlich. Freue sich, mich in Naturphilosophie zu unterrichten. Da fang ich gleich mit antiphilosophischem Gezeter an und gebe an, dass ich selbst eigentlich Dichter sei und überhaupt Dichter mehr schätze als Philosophen, blablabla. Oh, so viel Vieh, Sofie! Weiß nicht, was mich geritten hat. Sie lächelt nur und schlürft diesen schrecklichn Rauchtee. Peinlich, peinlich. Muss mich für nen Vollidioten halten. Schlägt dann aber ne echt gute Literaturliste vor. Bei den meistn Büchern kenn ich nich mal die Titel. Muss Kassensturz machn, ob ich mir die alle auf ein Schlag überhaupt leistn kann. Geh morgen gleich zu Heffers, um auf jeden Fall Coleridge und Emerson zu kaufn. Als die volle Stunde schlägt, geht sie zu nem Wandschrank, holt zwei geschliffne Kristallgläser raus und schenkt Absinth ein. Ich dacht, ich spinn. Zeigt mir noch ihrn Prof.-Gown mit Pelzbesatz, der im selbn Schrank hängt, in dem sie ihren Sprit verwahrt. Zurück wieder zu Fuß ins Churchill. Euphorisch. Niesel. Gelbe Laternen. Ich liebe die Greens hinter der University Library und den Colleges, Kings, St. Johns. In meinem Zimmer wieder voll kalt. Keine Lust mehr auf Arbeit, zu klamm und zu aufgeregt. Noch mal in die warme Churchill-Bar auf zwei Guinness mit salt and vinegar crisps zum Runterkommen. Eigentlich n guter Tag. Gespannt, wies weitergeht mit der Cavendish. Hat nicht viel gesagt, wenn ichs recht bedenk. Eigentlich hab ich das meiste geredet. Aber nur Stuss. Hab nur ne Woche für den ersten Essay. Ziemlich strenges Programm. Gefällt mir.

11, Millington Road, Newnham/Cambridge

Churchill College/Cambridge

11

AUS DEM ARCHIV DES LADY MARGARET HALL COLLEGE, CAMBRIDGE: TAGEBUCHEINTRAG VON DOROTHY CAVENDISH. EINTRAG VOM 6. APRIL.

Heute war kein guter Tag. Ich habe schlecht geschlafen nach der Nachricht, dass Moritz Brandt gestorben ist. Mir ist die ganze Zeit vor der Jahrtausendwende wieder in den Kopf gekommen. So ist das wohl, wenn man so alt wird, und ich konnte gar nicht mehr an die Dinge denken, die ich mir für heute vorgenommen hatte, die ich erledigen wollte. Ich habe mich an meinen Sekretär gesetzt und versucht, weiter an dem Aufsatz über Davidson zu arbeiten, doch ich hatte den Faden verloren. Da habe ich mich wieder in den Sessel gesetzt, einen Absinth getrunken und mich erinnert, den ganzen Tag lang, nur erinnert.

Damals schrieb ich noch mit dem Füllfederhalter und tippte meine Bücher selbst auf einer mechanischen Schreibmaschine ab, die inzwischen mein Neffe an einen Antiquitätenhändler verkauft hat. Zwischen meiner Arbeit als Studentin in Oxford und Harvard und der als Professorin hier in Cambridge war eigentlich kein großer Unterschied; ich las dieselben Bücher, die ich schon als Studentin gelesen hatte, ab und zu kam ein neuer Autor dazu und neue Sekundärliteratur, ich schrieb dieselbe Art von Texten auf dieselbe Weise im selben Tagesrhythmus. Moritz Brandt war dann einer der ersten meiner Studierenden, die mit Computerausdrucken in die Supervision kamen. Die University Library stellte ihren Katalog um: von Karteikarten und Mikrofish auf Computer. Ich bin zu alt, um mich auf diese Geräte einzulassen. Ich liebe es weiterhin, mit dem Füller zu schreiben. Und die wenigen Dinge, die ich noch zu publizieren habe, werde ich weiterhin auf diese Weise hervorbringen. Doch jetzt gebe ich meine Handschriften Jeff, der sie in den Computer tippt. Die Verlage nehmen nur noch elektronische Files, man kann keine getippten Skripte mehr einschicken, auch bei McMillan nicht. Ich habe das Gefühl, dass meine Zeit zu Ende geht, ich gehöre nicht in dieses Jahrtausend. Neuerdings gibt es E-Books, wie mir erzählt wurde, Bücher, die man im Computer liest und die nicht unbedingt auch auf Papier gedruckt werden müssen, obwohl sie es noch werden, noch, meist. Doch Jeff meint, irgendwann werden alle am Computer oder an Lesegeräten lesen. Das sei das neue Stadium des Lesens: erst das laute Lesen der Handschriften, dann das stumme Lesen von gedruckten Büchern, und jetzt kämen halt die E-Books, weder geschrieben noch gedruckt, reine Datensätze. Mit ihnen würden Texte erst richtig geistig, irgendwann würde man sie einfach ins Gehirn »hochladen«, was auch immer das heißen soll. Ich habe Bücher immer gemocht, vor allem alte, in weiches Leder gebundene. Ich habe sie als materielle Gegenstände gern gehabt. Ich finde sie schön, sie sehen gut aus, ich fasse sie gern an.

Jetzt scheint es mir, als käme das meiste von dem, was ich gemocht habe, an sein Ende, auch das Lesen und Schreiben, wie ich es kannte. Auch die Zeit der Verständigung und Friedfertigkeit scheint vorbeizugehen. Die Menschen bekommen wieder Lust auf den Kampf. Nur selten höre ich noch von Schülern, die ich mal unterrichtet habe. – Wie oft habe ich vom Tod eines Schülers erfahren? Es ist beim Lehrer-Schüler-Verhältnis nicht wie bei Eltern und Kindern. Bei denen erachtet man es als »natürlich«, dass die Eltern vor den Kindern sterben, und sieht es als »unnatürliches« Unglück für die Eltern an, wenn Kinder vor den Eltern sterben. Doch ich merkte, dass auch ich es als »unnatürlich« empfand, dass Moritz Brandt vor mir gestorben ist. Ich denke, es waren nur noch zwei Fälle, wo Schüler von mir bereits gestorben sind, beides Amerikaner, die im Krieg umkamen. Es erscheint mir kein Zufall, es passt in die Zeit, dass das jetzt passiert, dass ich jetzt vom Tod von Schülern von mir erfahre, auch wenn man Brandts Tod nicht mit dem der Amerikaner, die als Soldaten der Gewalt zum Opfer fielen, vergleichen kann. Die Leute wie ich, die vor dem Zweiten Weltkrieg geboren worden sind, waren froh, dass es danach wieder ein zivilisiertes Leben gegeben hat. Die, die nach dem Krieg geboren wurden und in meinem Umkreis tätig waren, hofften meist auf den Sozialismus, auf den Weltfrieden. Moritz und seine Generation kamen danach. Sie konnte weder aufatmen, wie ich nach dem Krieg, noch auf die Revolution hoffen, das erschien ihr illusionär. Doch es gab unter den Leuten von Moritz' Jahrgang viele Zornige und Verzweifelte und gibt sie bis heute. Und jetzt kommen sie irgendwie unter die Räder, scheint mir. Es verändert sich etwas auf ungute Weise, so kommt es mir jedenfalls vor. Alles wird wieder unkalkulierbar, schnell, heftig, gewaltsam, eine Zeit des Zwistes bricht wieder an – oder bilde ich mir das alles nur ein, weil ich zu alt bin für die Veränderungen und meine Ruhe haben will und den Streit überflüssig finde?

Nein, so ist es nicht. Seit dem 11. September hat sich die Lage wirklich verändert, ist etwas in Gang gekommen, was wir nicht verstehen. Wie meine Freunde dachte auch ich noch in den Neunzigern, dass wir in einer sicheren Zeit angekommen seien: Der Kalte Krieg war vorbei, die Aids-Epidemie schien eingedämmt, die Armut auf der Welt nahm ab. Ich schaute ein wenig herab auf den Zorn und die Verzweiflung von Moritz Brandt, sie erschienen mir wie eine Imitation der französischen und deutschen »Altachtundsechziger«, wie sie auf dem Kontinent genannt wurden, über die sich Moritz früher immer herablassend geäußert hat. Doch dann kamen diese Anschläge und der Krieg und immer mehr Anschläge überall in Europa, die Hitzewellen in den letzten Jahren, und alles schien plötzlich ins Rutschen zu geraten. Dass jetzt Schüler von mir vor mir sterben, passt in das Gefühl, das mich seit der Jahrtausendwende beschleicht. Etwas ist verdreht, nicht richtig, und Leute wie ich sind so weit außerhalb dieses Geschehens, dass wir nicht einmal mehr durch es geschädigt werden, ihm nur noch zuschauen wie Außerirdische, aber nicht mehr recht durch es betroffen sind, weil wir ja gar nicht mehr versuchen dazuzugehören. Moritz' Wut scheint mir jetzt im Nachhinein etwas anzudeuten, was ich selbst damals nicht geahnt hatte. Er war, als er bei mir studierte, unruhig und immer wieder aufgebracht, was nicht einfach sein jugendlicher Elan und sein Wille zur Originalität waren. Er wollte und musste ja auch dazugehören zu dem, was kommt in seinem Alter, konnte nicht einfach abwinken wie ich, aber er ahnte, dass er weder dazugehören wollte noch konnte. Er war nicht alt genug, um sich in sich zurückzuziehen wie ich und zu sagen, das mach ich nicht mehr mit, diesen elektronischen Kram, diesen Fanatismus, diesen Wettbewerb, diese Hetze, das ist nichts mehr für mich. Leute wie Brandt mussten entweder mitmachen oder sich dagegenstemmen. Doch Moritz wollte nicht mitmachen und merkte, dass er sich nicht dagegenstemmen kann, dass das, was kommt, zu stark ist. Ich dachte, er übertrieb mit seinen Tiraden auf unsere Lebensweise, mit der wir die Umwelt ruinieren, seinem Geschimpfe auf den unzivilisierten Stil der politischen und akademischen Auseinandersetzung. Beides wurde in seinen Augen durch etwas verursacht, was er, in meinen Augen schon anachronistisch altertümelnd, »Konsumismus« und den »universal, ja strukturell gewordenen Wettbewerbskapitalismus« nannte, der seiner Meinung nach alle Lebensbereiche erst durchdringen und dann zerstören werde »wie ein Gift, eine Säure, ein Virus«, sagte er damals. Erst, so Moritz, war der Kapitalismus nur eine Sache der Warenproduktion und des Handels, doch jetzt werde auch die Politik und die Verwaltung von ihm erfasst. Alles werde zu einem Geschäft, überall herrsche der Wettbewerb, die Kooperation verschwinde. Nach dem Handel und der Politik käme das

Gesundheitswesen dran, auch das Rechtswesen werde nicht verschont, denn in manchen Staaten würden die Gefängnisse schon von privaten Firmen betrieben und längst sei es in den USA ja eine Frage des Geldes, ob man sich einen Anwalt leisten könne, der einen vor Gericht heraushauen könne, was immer man auch angestellt habe. Und jetzt sei auch die Wissenschaft dran und werde zu einer Konkurrenz um Geld und Ruhm, sogenannte Drittmittel und Preise, und so ginge es immer weiter, bis es nichts, rein gar nichts mehr gebe, wo nicht der Wettbewerb und die mit ihm verbundene Konkurrenzangst herrsche. Alles werde auf diese Weise entwertet und heruntergezogen. Denn Großes und Wertvolles könnten die Menschen nur zustande bringen, wenn sie kooperieren, wenn sie miteinander und nicht gegeneinander Ziele verfolgten, wenn sie keine Furcht voreinander hätten. Er mochte merkwürdigerweise den finsteren deutschen Philosophen Adorno, den ich nicht ausstehen kann, hauptsächlich wegen seiner gekünstelten Sprache, wie ich zugeben muss.

Vielleicht hat Moritz aber gespürt, dass ihm nicht viel Zeit bleibt, vielleicht kam daher der Druck, mit dem er dachte und sprach, und die Wut, mit der er viele Jahre lang alle Entwicklungen verfolgte. Er sprach immer schnell und laut, und wenn er merkte, dass ihm die englischen Worte fehlten, wurde er, das spürte ich, ärgerlich, nicht nur ungeduldig, sondern ungehalten. Doch später änderte sich seine Haltung. Unsere Entwicklungen waren merkwürdig gegenläufig. Er war zuerst ein aufbrausender, wütender, aber sehr intelligenter junger Student und wurde immer milder, je berühmter er als Dichter wurde, und geradezu weise in den letzten beiden Jahren seiner Krankheit. Ich fühlte mich zu der Zeit, als ich ihn zu unterrichten begann, in einer Art Sicherheit angekommen und wurde dann später immer unsicherer, ängstlicher, vielleicht einfach eine Alterssache. Er schien sich stetig »nach innen« zu bewegen. Mir dagegen sprang plötzlich eine Außenwelt ins Gesicht, eine Außenwelt, zu der ich nicht mehr dazugehörte, in der ich nur noch wie ein Fossil vorkam, in der ich nicht mehr mitspielen konnte und vor der ich meine Innenwelt, die in dieser Außenwelt nicht mehr zählte, beschützen musste. Wenn wir telefonierten, so alle Vierteljahr oder so, oder er mal wieder zu Besuch hier war, ging er immer weniger auf politische oder gesellschaftliche Themen ein, je älter er wurde, während mir das Politische und das Soziale immer mehr unter den Nägeln brannte, ich nicht begriff, wie es wieder so kommen konnte wie zur Hitlerzeit. Seine alte Wut schien zu verschwinden, während ich fürchtete, spießigen Illusionen erlegen gewesen zu sein über die Befriedung der Welt und das Ende des ideologischen Kampfes, und fürchtete, selbst noch wütend zu werden über meine Entfremdung von den Umständen.

Er war damals besessen vom Waldsterben und seiner vermeintlichen Bedeutung für das Naturverhältnis der Menschen. Er hasste die Politik von Ronald Reagan, Margaret Thatcher und Helmut Kohl, die Steuererleichterung für die Reichen in den USA, die Vernichtung der Gewerkschaften hier in England und in Wales, das Versinken der deutschen Politik in einem »provinziellen und gleichzeitig durch und durch korrupten stillstehenden stinkenden Sumpf aus Geld, Macht und Geschmacklosigkeit«, wie er sich einmal ausdrückte, wenn ich es recht erinnere. Die Explosion der Challenger-Rakete und die Kernschmelze in Tschernobyl waren für ihn negative Geschichtszeichen, die auf Schlimmeres, das noch kommen würde, vorauswiesen. »Das ist erst der Anfang«, sagte er bedeutungsschwanger am Telefon, wenn wir über diese Dinge sprachen. »Der Anfang wovon, Moritz?«, fragte ich ihn. »Wirst schon sehen, Dorothy«, war alles, was der sonst nicht um Worte Verlegene nur raunend erwidern konnte. Er war sich auch als junger Mann trotz seiner Erregung politisch unsicher, hatte keine konkreten gesellschaftlichen Ziele vor Augen, konnte keine Politiker nennen, von denen er meinte, dass sie es »richtig« machen könnten, trat keiner Partei bei, auch den Grünen nicht, und kam sich in seinem adornitischen Negativismus selbst als ein geistig zu spät Gekommener vor, dem die Analysemittel fehlten, um zu benennen, was denn genau falsch lief und wie man es stattdessen machen solle.

Vielleicht hat er sich deshalb immer mehr vom Politischen abgewandt. Wenn wir später über Umweltprobleme oder die Schäden, die der ungezügelte Kapitalismus in den ehemaligen Ostblockländern anrichtete, sprachen, zuckte er nur noch mit den Schultern und sagte: »Wenn die Menschheit sich nicht zu benehmen weiß auf dieser Welt, dann wird sie halt rausgeschmissen, sie ruiniert sich kollektiv selbst, aber das ist in meinen Augen«, so Moritz damals, »kein moralisches oder politisches Problem. Die Menschheit«, meinte er, »hat sich in eine Lebensform verrannt, die auf Dauer nicht fortsetzbar ist, und findet nicht wieder aus ihr heraus. Das passiert Einzelnen, die einer Sucht verfallen oder betrügerisch handeln, und manchmal eben auch Kollektiven. Wahrscheinlich gehört es zu den Mechanismen des Artensterbens, auf die die Biologie bisher noch nicht richtig geachtet hat. Vielleicht ist es so wie mit Walen, die stranden, die in eine falsche Strömung geraten oder durch irgendetwas ihre Orientierung verlieren. So haben auch wir die Orientierung verloren, wenn wir sie denn je gehabt haben, was ich bezweifle. Die Menschen sind wohl«, meinte Moritz, »immer nur orientierungslos über den Globus getaumelt, haben sich immer nur Scheinziele vorgesetzt, Illusionen darüber gemacht, was sie vorhaben und schaffen können, aber ihr Traumtänzertum ist zunächst nicht weiter aufgefallen, diese Orientierungslosigkeit, das Herumirren war halt erst einmal fortsetzbar«, meinte er, »weil die Menschen nur wenige waren, es viel Platz zum Herumtorkeln gab und sie keine besondere Macht hatten innerhalb der natürlichen Verhältnisse. Jetzt sind wir viele«, so meinte der spätere Moritz Brandt, »und haben dazu auch noch sehr starke Wirkungen durch unsere technische Macht, und da fällt dann halt auf, dass wir keinen blassen Schimmer, keinen Plan haben, was wir eigentlich zusammen anfangen wollen mit unserem Leben, wo wir hinwollen, wer wir werden wollen. Na, und wenn wir aus der Sackgasse nicht herausfinden, in die wir uns mit unserem Illusionismus verrannt haben, wenn uns nichts einfällt, dann verschwinden wir halt. Ich kann nicht sehen«, sagte Moritz, »dass daran etwas Schlimmes wäre. Das Schlimmste«, so Moritz, »was uns passieren kann, ist der Tod eines jeden Einzelnen von uns, der die Absurdität und Orientierungslosigkeit jeder unserer Existenzen beendet. Und auch wenn die Menschheit verschwindet, wird es immer nur der Tod von Einzelnen sein, halt der Tod von *vielen* Einzelnen.«

Ich konnte diesen finsteren Gedanken nicht zustimmen und kann es auch heute nicht. Moritz hat sie noch vor dem Ausbruch seiner Krankheit geäußert, in einer sehr düsteren Phase seiner Entwicklung, und ich habe sie mir notiert, nicht nur weil sie mich beunruhigt haben, konnte ich ihnen nicht zustimmen, sondern auch wegen der Pläne, doch noch mal einen philosophischen Dialog zu schreiben. Richard, Margaret und ich kamen einmal beim Abendessen auf diese Idee, und ich habe sie dann eine Weile verfolgt. Richard sollte die fortschrittsfreundliche und wissenschaftsoptimistische Position geben, Margaret die skeptische, ich die christliche und Moritz eine neusozialistische – so hatten wir uns das gedacht. Nach dem Tod von Richard ist dann nichts mehr aus diesen Plänen geworden. Doch jetzt bin ich froh, dass ich meine Notizhefte mit den Bemerkungen von Moritz noch habe, um in ihnen zu stöbern. Anders als Moritz denke ich, dass unser Leben einen Sinn erhält, wenn wir an etwas teilhaben, was über unsere individuelle Existenz hinausgeht. Wenn die Kultur zu Ende geht oder gar die menschliche Gattung untergeht, dann gibt es auch nichts mehr, was unsere partikulare Existenz übersteigt und an dem wir teilhaben könnten. Das ist die Parallele zwischen dem Verhältnis, das Eltern zu ihren Kindern haben, und dem von Lehrern zu ihren Schülern. Wenn meine Schüler in ganz anderen Welten leben als ich und wenn sie dann auch noch vor mir sterben, dann reißt ein Faden. Natürlich wollen Eltern nicht, dass ihre Kinder so werden wie sie selbst, jedenfalls wenn sie gute Eltern sind, in meinen Augen. Und Lehrer wollen nicht, dass ihre Schüler so denken wie sie, wenn sie gute Lehrer sind. Doch trotzdem wollen Eltern und Lehrer, dass sich in ihren Kindern und Schülern etwas von ihnen fortsetzt, dass sich das, was ihr Leben war, in denen, die nach ihnen kommen, weiterentwickelt. Dass die eigene Existenz einfach abbricht, das müssen wir lernen hinzunehmen. Doch können wir lernen hinzunehmen, dass die Menschenwelt überhaupt einfach aufhört, dass es keine Spuren von uns mehr gibt? Sobald diese reale Möglichkeit am Horizont erscheint, muss eine sehr tiefe Trostlosigkeit über uns alle hereinbrechen, anders kann ich es mir gar nicht vorstellen. Und letztlich glaube ich, dass auch Moritz damals trostlos war und das nur unter einer scheinbaren Gleichgültigkeit versteckt hat.

100

MARBACH: DEUTSCHES LITERATURARCHIV: AUS DEN TAGEBÜCHERN VON MORITZ BRANDT. EINTRAG VOM 14. OKTOBER.

Gestern zweite Supervision und zum ersten Mal Formal Hall. Die Brittn schmeißn nichts weg. Auch in nem modernen College wie Churchill. Musste mir extra nen Gown leihn für fünf Pfund bei Ryder und Amies. Versteh nicht, wie die Leute hier arbeitn könn nach diesen Dinners. Erst Cherry als Aperitif, dann Schampus zu den Starters, beim Hauptgang Rotwein mit drei Toasts (ein auf die Queen, ein auf die Premierministerin [pfui Teufel], ein auf Churchill), danach zum Dessert Port. Zum Abschluss starker schrecklicher englischer Kaffee. Bis drei wachgelegn. Dann mit ner Riesenbirne aufgewacht. In der Vorlesung nur gedöst. Grässlich. Mach ich nicht noch mal mit. Aber die Supervision vorher war super. Cavendish hat mir sozusagen das Du angebotn, ich solle sie Dorothy nennen. Sie sagt Moritz. Ist hier aber üblich zwischn Profs und Studentn. Diskussion über Coleridge extrem erhellend. Natur und Spiritualität nicht trennbar, meint sie, Natur immer Spiegel menschlicher Wünsche und Befürchtungn, Macht, Schuld und Strafe. Kamn auch auf die Schuld zu sprechn, die wir heut auf uns laden. Dorothy sieht Umweltzerstörung nicht so krass wie ich. Deutet Schuld religiös. Weist auf schon antike Kritik am »Raubbau« an der Natur hin (gegen Erzabbau). Meint, dass Menschn immer schon ihre Ängste und Hoffnungn in Landschaftn, das Wetter, die Abläufe der Jahreszeitn projiziert habn. Deutet Naturgötter nicht als schlechte Mittel, die Natur zu beherrschn, indem man opfert und zu ihnen betet, sondern als Ausdruck des Gefühls des Ausgeliefertseins oder der Dankbarkeit, je nachdem, ob die Ernte verhagelt oder die Speicher voll werdn. Menschn können, meint Dorothy, ihre Gefühle in der Regel nicht von ihrn Wahrnehmungn trennen. Weil sie unsicher sind und Angst habn, schreibn sie sich Schuld zu, wenn sie etwas machn, dessen Ausgang sie nicht absehn. Der Tiger hat kein schlechtes Gewissn, wenn er die Antilope frisst. Tiger hat keine Religion. Wenn Menschn Religion abhandenkommt, suchen se sich nen andern Kanal, um zu regeln und anzuklagn. Kann das Naturverhältnis sein oder das Essen. Es ist nicht so, meint Dorothy, dass immer die Religionen das Essen regeln, etwa das Judentum mit seiner koschern Küche. Die Essensregeln können auch Religionsersatz sein, das Essen bedeutsam machn. Ähnlich sei es mit der Natur. Es muss nicht so sein, dass man zuerst einen Geist im Baum vermutet und dann n schlechtes Gewissn hat, wenn man den Baum fällt, sondern es geht auch umgekehrt, meint sie, der Mensch hat n schlechtes Gewissn, wenn er den Baum fällt, und bringt das zum Ausdruck, indem er sagt, der Baumgeist zürne ihm. Echt klug die Frau. Die Umweltbewegung als Religionsersatz in säkularn Zeiten. Wenn wir natürliche Gegebenheitn wahrnehmn, dann immer in ner bestimmten Stimmung, mit bestimmtn Gefühln. Und dann würdn wir in der Regel glaubn, dass die Gegebenheitn diese Stimmungn und Gefühle auslösn, für sie verantwortlich seien. Tatsächlich rührn sie jedoch aus der Geschichte der fühlendn und so und so gestimmtn Menschen und gar nicht aus dem, was sie gerade wahrnehmen, meist jedenfalls, meinte Dorothy. Dass einen n angreifender Bär ängstigt und n verwesender Kadaver ekelt oder erschreckt, liegt am Bär und dem Kadaver. Doch dass ein hoher Berg oder das Meer oder ein Sonnenuntergang in einem Gefühle der Erhabnheit oder des Göttlichn auslösn, hat wenig mit Berg, Meer und Sonne zu tun. Versteh ich noch nich. Ich hab mit Dorothy vereinbart, diese Gedankn bei der Beschäftigung mit Emerson und Thoreau weiterzuverfolgn.

101

AUS DEM ARCHIV DES LADY MARGARET HALL COLLEGE, CAMBRIDGE: TAGEBUCHEINTRAG VON DOROTHY CAVENDISH. EINTRAG VOM 10. APRIL.

Heute ist das Paket mit den Sachen von Moritz Brandt gekommen, das anzunehmen mich seine Schwester gebeten hat. Briefe von mir an ihn, Erzählungs- und Gedichtentwürfe und Essays. Er hat tatsächlich an den Themen, die wir damals in den Supervisionen besprochen haben, weitergearbeitet. So ganz stimmt seine Behauptung nicht, dass er kein Philosoph sein wollte. Denn die Essays sind teilweise spekulative Philosophie, teilweise philosophische Auslegungen literarischer Texte. Den ganzen Tag habe ich heute in ihnen gelesen. Es sind gute Texte für einen nicht professionell in der Philosophie Arbeitenden. Es gibt drei sehr lange Texte: »Wildnis«, »Seele« und »Nichts«. »Wildnis« führt weiter, was er bei mir über Natur geschrieben hat und was wir damals besprochen haben, aber es geht weit darüber hinaus. In allen Texten scheint es ihm um Verwandlungen und die Strebsamkeit von Menschen, ihren Wunsch nach Verbesserung zu gehen, wie ich nach flüchtigem Lesen den Eindruck habe. Die Verwandlung des falschen konventionellen Lebens in ein wirkliches und authentisches, die Verwandlung des Menschen durch den Tod, die Verwandlung von unserem Leben durch unsere Kinder, in denen wir anders und hoffentlich besser fortleben und so weiter. Doch ich kann das nicht für ihn in den Druck geben. Ich bin keine Philologin, ich kann das nicht mehr kommentieren. Man müsste das ja auch irgendwie auf sein dichterisches Werk beziehen, was ich gar nicht kann und auch nicht will. Seine Gedichte sind mir immer fremd geblieben mit diesem Zwang zur Komprimierung, dieser gelehrten Verrätselung und Überblendung der Epochen ineinander. Er hat sie mir zwar immer geschickt, und ich habe sie immer gelesen, aber warm geworden bin ich nicht mit dieser Art zu dichten. Ich muss Mariam schreiben, dass das zu seinen anderen Sachen muss, die sie in das deutsche Archiv gegeben hat. Ich bin zu alt und gar nicht qualifiziert für diese Sache. Aber ich werde es alles lesen. Es freut mich doch, dass er weiter Philosophie gemacht hat. Wenn ich es gelesen habe, dann werde ich Mariam schreiben.

Die Wildnis

110

MARBACH: DEUTSCHES LITERATURARCHIV: NACHLASS MORITZ BRANDT. FILE: MB_9919_11_285.PDF

I

Seit 1996 liegt ein Mann mit grünen Bergschuhen tot auf dem Weg zum Gipfel des Mount Everest im vereisten Schnee. Der Himalaya, das sogenannte »Dach der Welt«, ist ein Gebirge, das in seiner Riesenhaftigkeit und kalten Ödnis geeignet ist, ein Gefühl von *Erhabenheit* auszulösen, ein Gefühl, das Kant in seiner »Kritik der Urteilskraft« analysiert hat. Erhabenheit hat demnach mit Überwältigung zu tun. Laut Kant wirkt das Erhabene »gleichsam gewalttätig« auf unsere Einbildungskraft, als das, »was schlechthin groß ist«.[1] Auch von »der Majestät« des »Sittengesetzes«, dem kategorischen Imperativ und der moralischen Pflicht, die uns wie »Gebieter« ihren »Untergebenen« sagen, was wir zu tun haben, behauptet Kant, dass sie in uns ein Gefühl der Erhabenheit unserer »eigenen Bestimmung« auslösen, ein Gefühl, das »mehr hinreißt als alles Schöne«.[2] Die Natur und die menschliche Sittlichkeit scheinen seit diesen Überlegungen miteinander verwoben.

In der Höhe der Berge türmen sich vor einem Bergsteiger mächtige Gesteinsmassen auf, wenn er ein steiles Geröllfeld zu durchqueren oder eine Wand zu durchklettern hat. Auf der Weite des Meeres erscheinen bei Sturm riesenhafte Wellen, die ein Schiff einfach verschlingen können. In der Tiefe des Weltraums verschwindet eine Raumsonde von der Größe eines Sattelschleppers, die einen fernen Planeten erkunden soll und von der Funksignale mehrere Monate brauchen, bis sie die Erde erreichen, wie ein Staubkorn in der Wüste. – In all diesen Bereichen der Natur erscheinen Menschen in Proportionen, von denen sicher ist, dass sie *nicht für sie gemacht* sein können, dass es hier sehr gefährlich werden kann, sie eventuell überwältigt werden und ihr Leben verlieren.

Eine Wiese mit Apfelbäumen, ein Palmenstrand, eine Heide mit einer weidenden Schafherde, ein Park mit einem zum Baden einladenden Teich sind dagegen Naturregionen, die nicht überwältigen, sondern *einzuladen* scheinen; schöne Idyllen, in denen Menschen Nützliches gegenübertritt: Nahrung, Schatten, Erfrischung, zukünftige Wärme. Hier scheint die Natur »für uns« da zu sein. Menschen suchen beides: schöne Idyllen und erhabene Wüstenlandschaften. Sie versprechen sich etwas von ihrem Aufenthalt in diesen natürlichen Kontexten. Was ist es, was sie dort erwarten, was sie nur dort und nicht in ihrem Zimmer, ihrem Haus, ihrer Stadt glauben finden zu können? Bei der Idylle scheint es klar: In ihr suchen Menschen zunächst das für sie Nützliche und Schöne, den Anblick eines Weltausschnittes, den sie nicht gemacht haben, in dem sie aber trotzdem einen sicheren und angenehmen Platz finden könnten, an dem es sich aushalten ließe. Doch warum zieht es Menschen in Wildnisse? Etwa um den Schauer des Gefühls des Erhabenen zu erfahren, analog zum Besuch eines Horrorfilms, in dem man sich dem Schauer der Furcht aussetzt, in dem Wissen, dass man schon alles gut überstehen wird?

Der Mount Everest, wo der Mann mit den grünen Schuhen

liegt, ist als »der höchste Fluchtpunkt menschlicher Eitelkeiten« bezeichnet worden.[3] Manchmal wird davon gesprochen, ein Berg sei »erobert« oder »bezwungen« worden, wenn es Bergsteigern gelungen ist, seinen Gipfel zu erreichen und auch wieder heil den Abstieg ins Tal zu schaffen.[4] Das »Erobern« und »Zwingen« beschwört das Bild eines *Kampfes* herauf; die Anstrengung, die es kostet, einen hohen Berg hinaufzuklettern, hat in dieser Metapher mit einer *Auseinandersetzung* zu tun. Doch der Berg ist im wörtlichen Sinne natürlich kein Widersacher, der sich seinen Besteigern entgegenstellt, wie sich vielleicht ein Wildpferd gegen seinen ersten Reiter sträubt und am Ende von ihm eventuell bezwungen, sein Wille gebrochen wird, sodass das Pferd Menschen auf seinem Rücken duldet. Vom Berg kann ein Mensch zwar herunterfallen, aber er schüttelt die Wanderer nicht ab wie ein bockiger Hengst, sondern er ist einfach da. Die Rede vom Bezwingen illustriert die Eitelkeit, die damit verbunden sein kann, sich der Wildnis in Gebirgen, auf dem Meer, in der Wüste oder wo auch immer auszusetzen, einen Weg dort zurückzulegen und nur unter großen Anstrengungen zu überleben. In der Wildnis gibt es Gefahren wie Steinschlag, Lawinen, Unwetter; sie »lauern« in unserer Sprechweise ebenfalls wie Feinde in einem Hinterhalt oder wie wilde Raubtiere, die es ja vielleicht auch in diesen Gegenden tatsächlich gibt. Weil man sich in der Wildnis mit größerer Wahrscheinlichkeit als in der Zivilisation verletzen und zu Tode kommen kann, muss derjenige, der heil wieder nach Hause kommt, nicht nur Mut bewiesen haben wie ein Krieger, der sich in die Todesgefahr einer Schlacht begeben hat, sondern auch Geschick. Diesen Mut aufgebracht, die Gefahren durch eigene Klugheit und Geschicklichkeit bestanden zu haben, darauf kann man *stolz* sein, dafür wird man bewundert und eventuell öffentlich geehrt. »Der Stolz erzeugt die Idee des Selbst«, hat David Hume gesagt.[5] Durch den Rückblick auf große Taten, die man vollbracht hat, auf die man stolz ist, könnte man in Fortführung dieses Gedankens sagen, *vergrößert* sich das Selbst. Wer natürliche Gefahren besteht, kann wie ein Kriegsheld mit Orden dekoriert werden. Edmund Hillary erfuhr noch auf dem Rückweg vom Gipfel, dass die britische Königin ihn ob seiner Leistung in den Adelsstand erhoben hatte, und sein Partner Tenzing Norgay erhielt das Georgskreuz des Vereinigten Königreiches. Beide waren nach ihrer Großtat »größere Menschen« als die, die in ihrer Stube geblieben und nichts vollbracht hatten, für das sie geehrt wurden und auf das sie stolz sein konnten.

In der nicht für den Menschen gemachten Wildnis, in der er sich selbst unproportional klein erscheint, keine Nahrung, auf den Bergen des Himalaya nicht einmal genug Luft zum Atmen vorfindet, ergibt sich die Möglichkeit, *Selbstständigkeit* zu beweisen. Dass Reinhold Messner 1978 am Mount Everest auf künstlichen Sauerstoff verzichtete, hatte nicht nur mit dem Bedürfnis zu tun, Edmund Hillary und Tenzing Norgay zu überbieten. Wer in die Wildnis geht, will auch unabhängig von einer solchen Wettbewerbssituation so viele mögliche äußere Hilfen, wie es nur geht, hinter sich lassen. Es gibt keinen von anderen Menschen angelegten Weg mehr, der dem Blick Orientierung und den Füßen Halt böte, sondern man überschreitet eine Grenze, am besten in eine Gegend, in die noch kein Mensch seinen Fuß gesetzt hat. Man kann kein Essen mehr kaufen, nirgends in die Wärme einer Gaststube einkehren. Eine kleine Gruppe Menschen oder eine Einzelperson ist dort, wie man es ausdrückt, »ganz auf sich gestellt«. Wer einen Berg im Alleingang besteigt, ist zudem der Einsamkeit ausgesetzt, die ihn verrückt machen kann. Auch die Furcht, einen Fehler zu begehen, ist dann stärker, denn es gibt keine Helfer weit und breit. Die Sauerstoffflaschen, die aus der Zivilisation mitgenommen werden, scheinen dieses »Auf-sich-gestellt-Sein« einzuschränken, zu verfälschen;

es ist dann eben doch noch eine Hilfe aus der Zivilisation da. Und in einem mehr oder weniger begrenzten Rahmen ist das ja immer so. Die Bergschuhe, die Eispickel, die Seile aus Kunstfaser, die Plastikschneebrillen, die Anoraks, alle Bestandteile der Ausrüstung sind von anderen entwickelt und heute industriell hergestellt worden, nicht von den Bergsteigern selbst. Vielleicht wollen deshalb manche Menschen nicht einfach nur in die Wildnis gehen, sondern wie die Menschen der Steinzeit in dieser Wildnis auch noch alles, was sie brauchen, selbst erzeugen und nicht aus einer arbeitsteilig organisierten Produktion beziehen, in der Spezialisten mit Künsten und Maschinen, die man selbst nicht beherrscht und zur Verfügung hat, einen mit Kleidung und Nahrung ausstatten.

Ich selbst wollte als Jugendlicher auch in die Wildnis, zwar nicht auf den Mount Everest, aber immerhin nach Lappland, in den Sarek-Nationalpark, und dort gehen, wo es keine Wege gibt, nicht den »Kungsleden« entlang mit seinen Schutzhütten, sondern querfeldein, durch Sümpfe und Flüsse, über Berge und Geröllfelder. Viele junge Leute, vor allem Männer, wollen auf diese Weise in die Wildnis. Das liegt nicht nur an ihrer überschießenden Kraft und Unruhe, sondern auch daran, dass ihnen bis dahin immer geholfen worden ist; von Eltern, Großeltern und Lehrern, damit sie in der Gesellschaft, in der sie einmal leben sollen, »die richtige Rolle« spielen. Diesem Ziel scheinen sich einige zumindest für eine Weile entziehen zu wollen, ohne etwas an die Stelle des Vorgegebenen setzen zu können. Deshalb mag es manchen so scheinen, als wüssten sie noch gar nicht, was sie eigentlich *aus sich heraus* leisten oder wollen können, oder etwas pathetisch gesprochen: als wüssten sie noch nicht, *wer sie eigentlich sind*, nur für sich betrachtet. Die Wildnis, in der es keine vorgegebenen Ziele gibt und wohin man selbst nur das Ziel des Überlebens mitbringt, scheint deshalb der ideale Ort, um in Erfahrung zu bringen, was man kann und will, unabhängig von den Vorgaben der Gesellschaft. Sie wird dann zu einem Ort der *Selbstfindung*. Wer sein Selbst sucht, muss freilich erst einmal annehmen, dass er eines hat. Man sucht nichts, von dem man nicht annimmt, dass es es auch geben und es gefunden werden könnte.

II

Auch der 22-jährige Student Christopher McCandless brach im Jahr 1990 erst zu einer Reise mit dem Auto, dann mit dem Kajak und schließlich zu Fuß auf; zunächst durch den Süden der USA und am Ende nach Norden in die Wildnis von Alaska.[6] Sein Vater wollte ihn nach dem ersten Studienabschluss als Belohnung für seine erfolgreiche Arbeit an der Hochschule mit einem neuen Auto ausstatten. Das wies er zurück. Die Familie erwartete auch, dass er nach seinem sehr guten Examen an der Emory-Universität von Atlanta auf die Harvard Law School wechselt. Doch anstatt seine Bildung an einer Elite-Universität fortzusetzen, spendete er all sein Geld, 24 000 Dollar, der Nothilfeorganisation Oxfam und machte sich allein auf den Weg. Fasziniert von den Schriften Jack Londons, eines anderen Alaska-Verehrers, und als ein Leser der sogenannten »transzendentalistischen« Philosophen und Naturromantiker Ralph Waldo Emerson und Henry David Thoreau, erwartete McCandless eine höhere Lebensintensität, ja eine spirituelle Erneuerung von einem einsamen abenteuerlichen Leben in der Wildnis. An einen Freund schrieb er:

»So viele Leute leben in unglücklichen Umständen und ergreifen trotzdem nicht die Initiative, um ihre Situation zu ändern, weil sie darauf abgerichtet worden sind, ein Leben in Sicherheit, im Konformismus, im Althergebrachten zu führen.

Das alles mag dem Gemüt seinen Frieden geben. Aber in Wirklichkeit zerstört nichts den abenteuerlichen Geist in einem Menschen mehr als eine abgesicherte Zukunft. Der innerste Kern des lebendigen Geistes eines Menschen ist seine Leidenschaft für das Abenteuer. Die Lebensfreude entsteht aus unserer Konfrontation mit neuen Erfahrungen. Und deshalb gibt es keine größere Freude als den unendlich sich entfernenden Horizont, jeden Tag unter einer neuen Sonne zu sein. Wenn Du mehr aus Deinem Leben machen willst ... musst Du Deine Neigung für monotone Sicherheit verlieren und einen halsbrecherischen Lebensstil annehmen, der Dir zuerst verrückt erscheinen mag. Aber wenn Du Dich an ihn gewöhnt hast, wirst Du seinen ganzen Sinn und seine unglaubliche Schönheit sehen.«[7]

In der Schule war McCandless ein hervorragender Langstreckenläufer gewesen, der auch seine Mitschüler hart trainierte, indem er mit ihnen sogenannte »killer runs« über unwegsames Gelände, querfeldein durch Wälder und über Baustellen veranstaltete. Um seine Kameraden zu motivieren, schilderte er ihnen das Laufen als eine Art *spirituelle Übung*: Sie sollten sich all das *Böse* und den *Hass* in der Welt vorstellen und dann ausmalen, dass sie gegen diese Mächte anzurennen hätten.[8] Die rigorose körperliche Anstrengung als moralischer Kampf. Gegen Ende seiner Schulzeit erwog er die Organisation eines bewaffneten Kampfes gegen die Apartheid in Südafrika. Er nahm die moralischen und politischen Probleme in der Welt ernst, sehr ernst, und forderte als ein Leser Tolstois, dass nur eine praktische Umkehr der ganzen Menschheit diese Probleme lösen könne.

Erst spät erfuhr McCandless, dass er das Kind aus der zweiten Ehe seines Vaters war und sein Vater die Beziehung zu seiner Mutter lange Zeit vor seiner ersten Frau verheimlicht und eine Art Doppelexistenz geführt hatte. Eine tiefe moralische Erschütterung zerstörte das ideale Bild des Vaters, eines sehr erfolgreichen Elektroingenieurs und Unternehmers. Dem Wunsch des Vaters, er möge an einer privaten Elite-Universität weiterstudieren und eine bedeutende akademische Karriere machen, wollte er deshalb nicht entsprechen: Karrieren, meinte er, seien eine »erniedrigende Erfindung des 20. Jahrhunderts«, eine »Belastung und nicht ein Gewinn«.[9] Die Vorstellung, sein Leben allein in den moralisch und politisch korrupten Verhältnissen der zivilisierten Gesellschaft zuzubringen und den Ratschlägen des ebenfalls moralisch korrupten Vaters zu folgen, stießen McCandless ab. Sein Biograf Krakauer, ebenfalls ein Abenteurer und Bergsteiger, schreibt, dass er McCandless von den Empfindungen seiner eigenen Jugend her gut verstehen könne. Denn wenn er, Krakauer, Gipfel erklomm und sich dabei Gefahren aussetzte, erschien ihm die ganze Welt in einem helleren, intensiveren Licht, die Lebensgefahr brachte seine Existenz scheinbar auf eine höhere Ebene, die Welt wurde erst in diesen risikovollen Umständen zu einer *wirklichen*.[10] Diese höhere Ebene ist für Personen wie McCandless nicht einfach nur im wörtlichen Sinn »höher«, sondern vor allem im moralischen, ja spirituellen.

Dass die gesellschaftliche Wirklichkeit, auch die familiären Umstände, nicht den moralischen und politischen Idealen entsprechen, die einem in der Schule vermittelt werden, müssen alle Jugendlichen irgendwann ernüchternd feststellen. Doch die meisten arrangieren sich mit dieser Einsicht, erkennen, dass die wirkliche Welt ein *Kompromiss* ist, dass das Leben in ihr zwar unter bestimmten Idealen stattfindet, diese aber nie tatsächlich 1:1 zu verwirklichen sind. Für einige besondere Menschen sind solche Kompromisse jedoch eine *Entwirklichung* ihres Lebens. Sie stellen für sie eine *Unreinheit* dar. Nennen wir diejenigen, denen die »gewöhnliche Welt« so erscheint, »die Ernsthaften«. Das Leben, das nicht den Idealen entspricht, ist für diese Ernsthaften kein wirkliches Leben, so wie ein Tisch, der nicht den euklidischen Maßen eines Kreises entspricht, für einige mathematische Rigoristen kein wirklich runder Tisch ist. Manche derer, die so empfinden, entdecken die Lebensgefahr in der Wildnis dann als einen Ausweg aus der Ernüchterung über die kompromissbehaftete Welt. Die von Menschen unangetastete wilde Natur ist für sie *rein* im Unterschied zur *verdorbenen* Zivilisation. Und auch das eigene Leben wird in dieser wilden Natur vermeintlicherweise wieder *gereinigt*, denn in lebensgefährlichen Situationen in der Wildnis sind keine Kompromisse mehr möglich. Entweder man übersteht die Lebensgefahr, oder man übersteht sie aufgrund eines Fehlers, den man macht, eines Fehltritts oder einer Fehleinschätzung des Wetters, eben *nicht*. Entweder man schafft es auf den Gipfel, oder man schafft es nicht. Die von Menschen unberührte Natur ist nicht das unvollkommene Abbild eines Systems von moralischen und politischen Idealen, sondern ist einfach das, was sie ist. Ihre Wirklichkeit ist nicht wie die der zivilisierten Menschenwelt *verhandelbar*. Wer die Grenze von der zivilisierten Welt in die Wildnis überschreitet, begibt sich aus einer verhandelbaren menschlichen Welt in eine nicht verhandelbare nichtmenschliche Welt.

McCandless wollte allein in der Wildnis von Alaska für mindestens ein Jahr überleben und dann zurück in die Menschenwelt. Er erhoffte sich davon eine Erneuerung seiner durch die Enttäuschung über die Halbherzigkeit und Unvollkommenheit der menschlichen Verhältnisse schon früh schal gewordenen Existenz, in der alles doch nicht so ist, wie es eigentlich gemeint war und sein sollte. Er hoffte auf einen »spirituellen Sprung« (»spiritual leap«). Der schien auch tatsächlich stattzufinden. »Das Fast-Sterben und dann Überlebthaben ist das Stärkste, was wir spüren können«, hat ein anderer Grenzgänger zwischen der menschlichen und der nichtmenschlichen Welt gesagt.[11] McCandless schrieb in sein Tagebuch in Alaska:

»Ich bin wiedergeboren. Dies ist meine Morgendämmerung. Das wirkliche Leben hat gerade erst begonnen. Achtsam leben: Bewusste Aufmerksamkeit auf das Elementare des Lebens und eine bewusste Aufmerksamkeit auf deine unmittelbare Umgebung und das, was sie angeht, Beispiel: eine Arbeit, eine Aufgabe, ein Buch; was auch immer, es beansprucht die ganze Konzentration (die Umstände haben keine Bedeutung. Es geht darum, wie man sich selbst in einer Situation so verhält, dass sie wertvoll wird. Alle wahre Bedeutung liegt in der persönlichen Beziehung zu einem Phänomen, was es für dich bedeutet).
Die großartige Heiligkeit der NAHRUNG, die Lebensenergie.
Positivität, die unübertreffliche Freude an der Schönheit des Lebens.
Absolute Wahrheit und Ehrlichkeit.
Wirklichkeit.
Unabhängigkeit.
Endgültigkeit – Stabilität – Konsistenz.«[12]

Wer in einer Felswand klettert und nicht bei der Sache ist, greift daneben und fällt in die Tiefe. Wer im Sturm auf einem Segelschiff die Segel zu spät einholt, kann nicht nur den Mast verlieren, sondern dazu auch noch kentern und im kalten Wasser zugrunde gehen. Wer sich in der Wüste Wasser und Marschlängen nicht genau einteilt, verdurstet. Weil die Wildnis nicht für die Menschen gemacht und in ihr nichts verhandelbar ist, müssen diejenigen, die sich in sie begeben, genau darauf achtgeben, was sie wann tun, ganz bei der Sache, scharf fokussiert sein. Ein einfacher Handgriff kann über Leben und Tod entscheiden. Es gibt kein Spiel, keine Vorläufigkeit mehr. Wenn man am Leben bleiben will, zählt, was man *jetzt* tut oder zu tun vergisst.

Die so mit der angespannten Aufmerksamkeit, dem Bewusstsein der Lebensgefahr wahrgenommenen Aufgaben erscheinen intensiver als alle Vorläufigkeiten einer nicht in dieser Gefahr stattfindenden Existenz. Die Gefahr wird vielleicht sogar zu einem bewusst gewählten Mittel, um die Aufmerksamkeit auf diese Weise zu fokussieren, weil die fokussierte Aufmerksamkeit die Wahrnehmung intensiviert und auf diesem Wege dann das Leben »wirklicher« erscheint. Es muss nicht die Lebensgefahr sein, die zu dieser Fokussierung führt. Auch Verliebte und religiöse Ekstatiker denken immer nur an ihre Geliebten oder ihren Gott und erfahren so eine größere Intensität der Wahrnehmung. Ähnlich ist es bei von einer künstlerischen oder wissenschaftlichen Arbeit völlig in Anspruch genommenen Menschen. Auch für sie hat alles, was sie in dieser Arbeit erfahren, weil sie »ganz bei der Sache sind«, eine höhere Intensität. Es ist vielleicht kein Zufall, dass auch von »Liebes*abenteuern*« und von der Wissenschaft als dem »*letzten Abenteuer*« gesprochen wird, ähnlich wie bei den Exkursionen in die Wildnis. In all diesen Fällen scheinen Menschen ganz gefordert und ganz konzentriert zu sein. Wenn das gewöhnliche Leben in seiner Zerstreuung und Vorläufigkeit nicht in der Lage ist, seine eigenen Ideale zu realisieren, was es deshalb für diese Ernsthaften zu einem vorläufigen und unernsten Leben macht, erzeugt die Möglichkeit des Todes (oder der Liebe oder der ultimativen Erkenntnis) ein ernstes, intensives und bedeutsames Dasein, in dem Menschen ihnen ihr Leben in einem eminenten Sinne endgültig und wirklich erscheint.

McCandless war jedoch nicht immer achtsam. Irgendwann hatte er in Alaska Schwierigkeiten, sich Nahrung zu verschaffen. Die meiste Zeit lebte er von Eichhörnchen und Vögeln, die er mit einem Gewehr schoss. Einmal erlegte er einen Elch. Doch er schaffte es nicht, die Fleischmassen des großen Tieres vor den Fliegen zu schützen und zu konservieren. So verdarb der überwiegende Teil, und McCandless war geplagt vom schlechten Gewissen über die letztlich nutzlose Tötung dieses schönen Wesens. Als er glaubte, dass sich die Zeit für ihn erfüllt hatte in der Wildnis und er zurück in die Zivilisation wollte, musste er feststellen, dass ihm der Rückweg durch den vom Schmelzwasser im Frühjahr angeschwollenen und unüberwindbar gewordenen Fluss abgeschnitten war. (Weil auch er fast ganz ohne Hilfsmittel, nämlich wenn auch mit Gewehr, so doch ohne Karte und Kompass unterwegs war, wusste er nicht, dass er in einem Korb wenige Kilometer von seinem Aufenthaltsort entfernt den Fluss an einem Drahtseil hätte überqueren können.) Er kehrte wieder zurück und versuchte von Früchten und Wurzeln zu leben. Doch er verwechselte die Früchte einer genießbaren Kartoffelknolle mit denen einer giftigen und starb. Er erkannte seinen Fehler noch, als er, von Schwindel und Übelkeit geplagt, in seinem Bestimmungsbuch genau nachschaute, was er gegessen hatte. Doch da war es schon zu spät.

Krakauer, McCandless' Biograf, blickt in seiner Darstellung dieses Ernsthaften einmal auf seine eigene Jugend zurück. Er fragt sich, als er sich erinnert, wie ihm die Allein-Besteigung eines schwierigen Berges (des Devil's Thumb in British Columbia) mehrmals misslang und er in einen Schneesturm geriet, warum er diese Strapazen damals überhaupt auf sich genommen hatte. Er hätte ebenso wie McCandless leicht sein Leben verlieren können. Auch sein Vater war wie der von McCandless sehr ehrgeizig mit seinen Kindern, sah das Leben als einen ständigen Kampf an und erwartete von ihnen schulische Höchstleistungen. Von seinem Sohn erhoffte er sich die Aufnahme nicht in die Harvard Law, sondern die Harvard Medical School und bereitete ihn vom Kindergarten an auf diese Laufbahn vor.[13] Krakauer widersetzte sich jedoch ebenso wie McCandless den Ambitionen seines Vaters, wurde Tischler und Bergsteiger. Doch am Devil's Thumb dämmerte ihm, dass die Ambitionen seines Vaters, trotz seiner Weigerung, eine Medizinerkarriere einzuschlagen, immer noch sein Leben bestimmten. Statt den Ehrgeiz auf die Aufnahmeprüfung in Harvard zu richten, so wurde ihm klar, hatte er ihn auf einen Alleingang über die schwere Eisroute am Devil's Thumb gelenkt. Es ging ihm nur scheinbar um den Berg und die Wildnis. In Wirklichkeit ging es ihm um *sich selbst*, arbeitete er sich immer noch an den Ansprüchen ab, die ihm als Kind und Jugendlicher eingepflanzt worden waren, als er mit Steigeisen und Eispickel versuchte, durch die Nordwand auf den Gipfel eines Berges zu steigen. Er hat dort nicht sein wirkliches Selbst gefunden, sondern nur auf andere Weise zu realisieren versucht, was sein Vater von ihm erwartete.

Reinhold Messner, der alle Achttausender ohne künstlichen Sauerstoff im Alleingang bestiegen hat, beschrieb sich in dieser Schufterei des Höhenbergsteigens einmal als einen »Sisyphos«, doch »der Stein, den ich den Berg hochrolle, ist meine eigene Psyche«.[14] Es geht in dieser Bemerkung wohl um die Selbst*überwindung*, die es kostet, in der sauerstoffarmen Luft weiterzugehen, obwohl einen eine große Schwäche und Müdigkeit befallen. Und diese Überwindung des schwachen Selbst, wenn sie gelingt, mündet, wenn ich Messner richtig verstehe, wohl in einer *Erweiterung* und *Erneuerung* ebendieses Selbst. Wenn auch kein »spiritual leap«, so scheint die Selbstüberwindung in der Todeszone doch eine zumindest zeitweise Transformation des eigenen beschränkten Selbst einer Person, seine zeitweise Erneuerung und Erweiterung zu ermöglichen.

III

Es müssen jedoch nicht unbedingt Wünsche nach existenzieller Erneuerung und spirituellem Fortschritt wie bei McCandless oder nach extremen Hochleistungen wie bei Jon Krakauer sein, die Menschen in die Wildnis treiben. Die durch viele Buschreisen in unberührter Natur erfahrene Philosophin Val Plumwood brach vielmehr 1985 mit dem Kanu in eine scheinbare Seerosen- und Vogelidylle in den Lagunen des Kakadu-Nationalparks im Norden Australiens auf, um den Genuss von Natur mit dem von Kunst zu verbinden. Sie wollte sich auf diesem Ausflug nicht nur an exotischer Flora und Fauna erfreuen, sondern auch ein Felsenkunstwerk der Aborigines besuchen. Doch nicht nur spielte das Wetter auf dieser Fahrt nicht mit; es regnete stark und stürmte. Sie begegnete auf ihrer Bootsfahrt am Ufer auch einer »merkwürdigen Felsformation«, bei der ein großer Felsen auf einem kleinen balancierte, ein Anblick, der ihr zwei Gedanken in den Kopf kommen ließ: Erstens hatte sie die indigenen Einwohner dieser Parks, die Gagadu, nicht über ihren Trip informiert. Und zweitens befand sie sich in einer Gegend, in der viele Salzwasserkrokodile lebten. Ihr wurde plötzlich im ungemütlichen Wetter und angesichts der Eigentümlichkeit des wackligen Gesteinsgebildes, von dem in ihren Aufzeichnungen unklar bleibt, ob es sich um ein Kunstwerk, einen Warnhinweis der Eingeborenen oder ein Spiel der Natur handelt, die »Prekarität« ihres eigenen Lebens an diesem Ort bewusst, der aufgrund der die Lagunen auch bewohnenden Salzwasserkrokodile damals zu den »gefährlichsten … der Welt« gehörte.[15] Plumwood wurde diese Wahrnehmung der Natur zu einem Symbol für das, was ihr bevorstand: Das Wetter, die Gesteinsformation scheinen ihr etwas mitzuteilen: dass sie hier nicht hingehört.

Und tatsächlich erweist sich diese Eingebung (oder Projektion?) zu Beginn ihrer Fahrt als Vorahnung zu Schlimmerem als dem sich immer mehr verschlechternden Wetter. Denn Plumwood kann die von ihr gesuchte Wandmalerei der Aborigines nicht finden. Sie verfährt sich in den Wasserarmen der Lagune und entschließt sich, im strömenden Regen und heftigen Wind umzukehren. Als sie den Rückweg eingeschlagen hat, entdeckt sie einen großen Baumstamm, der im Wasser treibt. Sie wundert sich, dass er ihr auf dem Hinweg gar nicht aufgefallen war. Als sie sich ihm mit ihrem Boot nähert, erweist er sich als ein Krokodil, das sie nicht nur beäugt, als sie an ihm vorbeifährt, sondern ihr auch folgt und schließlich auf das Kanu einschlägt, offenbar, um sie als Beute aus dem Boot zu werfen. Hektisch paddelt sie zum Ufer hin, um sich auf einen Baum, eine Myrtenheide, zu retten. Doch als sie sich schon im Kanu hingestellt hat, um auf einen Ast zu springen, schnellt das Krokodil aus dem Wasser, packt sie mit seinem Maul zwischen den Beinen und zieht sie mit sich hinab unter die Wasseroberfläche. Es beginnt ein erbitterter Kampf auf Leben und Tod. Das Krokodil dreht sich um die eigene Achse, sein Opfer im Maul, um es unter Wasser zu ertränken. Zwei Rotationen überlebt Plumwood. Sie versucht ihren Angreifer zu attackieren und ihm die Augen einzudrücken. Doch das misslingt. Als sie wieder über Wasser ist, lockert das Reptil seinen Griff, und sie versucht abermals, auf den Baum zu klettern. Doch wieder wird sie von dem Raubtier gepackt, dieses Mal am Oberschenkel, und erneut unter Wasser gezogen. Sie überlebt auch diese zweite Attacke. Eigentümlicherweise lässt das Krokodil schließlich ganz von ihr ab. Sie kann sich schwer verletzt auf das sumpfige Ufer schleppen, wo sie endlich gefunden und gerettet wird.

Während sie in den Fängen des Krokodils um ihr Leben kämpft, beobachtet sich Plumwood dabei, wie sie den Gedanken produziert, dass das, was ihr gerade geschieht, nicht wirklich, sondern nur ein Albtraum sein kann. Doch dieser Gedanke wird von ihr als eine Wunschvorstellung gleich wieder verworfen. Im Nachhinein deutet sie das Auftreten dieses Gedankens als das Werk einer Subjektivität, die ständig versucht, ein kontinuierliches Selbst zu erzeugen und zu erhalten. Der Tod ist mit dieser Kontinuität nicht vereinbar, vor allem das Zerfetztwerden, um als Nahrung eines anderen Lebewesens zu dienen, passt nicht zu diesem Ziel, die Kontinuität unserer geistigen und körperlichen Existenz zu stabilisieren. Die Aussicht, gefressen zu werden, führt daher, sobald sie nicht als Albtraum gedeutet werden kann, zu einem plötzlichen Umschlagen ihrer Welt- und Naturerfahrung. Plumwood schreibt:

»Blitzartig erblickte ich die Welt zum ersten Mal ›von außen‹, als eine Welt, die nicht die *meine* war, eine nicht wieder zu erkennende, trostlose Landschaft ungeschlachter Notwendigkeit, meinem Leben oder Sterben gegenüber gleichgültig.«[16]

Aus der *schönen* wilden Idylle, die von einem von Menschen für Menschen gemachten Park eigentlich von Plumwood in ihrem Herzen nicht unterschieden wurde, war durch die Attacke des Krokodils eine *grässliche* und kalte, nicht einmal erhabene Wildnis geworden, die eindeutig nicht für sie gemacht worden war, sondern in der sie durch ihren Tod einem anderen Wesen die Selbsterhaltung ermöglichen sollte. Die schönen Blumen und Vögel, die dem Auge und dem Ohr der Betrachterin geschmeichelt hatten, waren aus der Aufmerksamkeit verschwunden. Es war nicht der Schmerz, der durch den Biss des Krokodils verursacht worden war, der sie aus dem Fokus ihrer Wahrnehmung vertrieben hatte. (Denn dieser Schmerz sollte erst später auftreten, als sie sich schon längst ans Ufer gerettet hatte.) Es war die *Todesfurcht*, die die von ihr bisher nie gespürte Kraft der mächtigen Kiefer des zupackenden Raubtiers auslöste, die die idyllische

Welt unter- und eine andere aufgehen ließ, in der nicht etwas um Menschen herum von Menschen arrangiert und zwischen Menschen verhandelt worden ist, sondern in der gekämpft, getötet und gefressen wird.

Am Berg durch einen Sturz, in der Wüste durch Verdursten oder im Meer durch Erfrieren und Ertrinken umzukommen ist etwas grundsätzlich anderes, als von einem Raubtier gefressen zu werden. Die Wildnisse der Berg-, Sand- und Wasserwüsten sind nicht für den Menschen gemacht, man kann nur schwer dort überleben. Wer da einen Fehler begeht, kommt um. Doch Berg, Wüste und Meer *jagen* Menschen nicht. Das wilde Raubtier, das einem Menschen *nachstellt*, zeigt auf viel eindrücklichere Weise, nämlich durch die Konfrontation mit dem *Willen* eines anderen Wesens, das unseren Tod anstrebt, dass die wilde Natur nicht »für uns« da ist, dass sich in ihr nicht alles ineinanderfügt. Die Wildnis scheint im Angesicht von Beutenehmern anders als die für Menschen gelingende Zivilisation *in sich antagonistisch*, in ihr wird um die Selbsterhaltung zwischen den Einzelwesen gegeneinander gekämpft. Die Beute spürt die Fokussierung des Jägers auf sich und ist gleichzeitig auf den Jäger und die eigene Selbsterhaltung fokussiert. Wieder ist es nicht die Naturschönheit, sondern dieses Mal wirklich der Kampf, der die Aufmerksamkeit bündelt, zu einer besonderen Form der Wachheit führt, wie wir sie etwa aus dem Blick des sich anpirschenden Tigers oder des verzweifelt fliehenden Rindes kennen.

Weil Menschen erfolgreiche Jäger sind, seit Jahrtausenden am oberen Ende der Nahrungskette stehen, also alle verspeisen: die wilden Krokodile, Haie, Wale, die für den Verzehr gezüchteten Millionen von Rindern, Schweinen und Hühner, und auch von Raubkatzen und Wölfen kaum noch bedroht werden, können sie sich selbst als Nahrung für andere kaum noch vorstellen, außer in einem gruseligen Film. Die einzigen Willen, die sich einem Menschen heutzutage entgegenstellen, sind die Willen anderer *Menschen.* Dass man gegen den Berg kämpfen und ihn bezwingen muss, wie ein mit einem Willen begabtes Wesen, ist nur eine Metapher. Doch das Erlebnis von Val Plumwood zeigt, dass Menschen sehr wohl auch heute noch Nahrung für andere Wesen sein können und dass sich in dieser Umkehr der Jäger-Beute-Verhältnisse ein nichtmenschliches Wesen auf die elementarste und radikalste Weise gegen einen selbst stellen kann. Erst in der unterworfenen Natur scheint alles für den Menschen nützlich zu sein. Dass sie selbst als Fleisch für andere Wesen und in diesem sehr einfachen Sinne nützlich für sie sein können, ist für zivilisierte Menschen unvorstellbar, und wenn doch, dann nur noch auf märchenhafte Weise in einem sicheren Kinosessel beim Anschauen von gruseligen Filmszenen, wie sie in *Jurassic Park* auftauchen, in denen ein Tyrannosaurus Rex nach einem Menschen schnappt und ihn vertilgt, so wie wir uns ein Fleischbällchen zur Vorspeise einverleiben. Doch die realistische Unvorstellbarkeit, dass man selbst Nahrung für andere mit einem Willen begabte Wesen sein könnte, entspringt allein der überlegenen *Waffentechnik* der Menschen und ihrer zivilisatorischen Abschirmung, die dazu führt, dass sie diejenigen, die sie, die jagenden Menschen selbst, zum *gejagten* Wild machen könnten, stark dezimiert oder ganz ausgerottet haben.

Der deutsche Philosoph Hans Blumenberg hat Menschen als Wesen beschrieben, die sich mit der Welt vor allem *distanziert* auseinandersetzen: mit *Begriffen*, die ihnen die unmittelbare Wahrnehmung der jeweils verschiedenen Einzelwesen vom Leibe halten, und mit *Distanzwaffen*, mit denen sie die Raubtiere verjagen oder diese selbst zu ihren Opfern machen können.[17] Im Nahkampf mit einem Krokodil oder Tiger hat der schwache Mensch wenig Überlebenschancen. Wenn er Steine oder Speere wirft, Pfeile abschießt oder sich gar eines Gewehres bedient, kann er sich gegen die, die ihn verspeisen wollen, sehr gut erwehren und sie vielleicht selbst essen. Diese Möglichkeit des Menschen, sich vor den ihn bedrohenden Wesen durch ein Handeln auf Distanz zu schützen, gipfelt in der Fähigkeit des *Fallenstellens*. In die Falle fällt *irgendein* Tier, am Haken des Fischers beißt *irgendein* Fisch an. Die Falle ist in diesem Sinne eine *Allgemeinheit*, die dem Fallensteller im höchsten Maße nützlich ist, weil sie ihm Nahrung besorgt, ohne dass er sich selbst bei der Tötung seines Opfers in Gefahr bringen muss. Blumenberg erkennt in ihr den ersten Triumph des Begriffs und betrachtet das Denken in Allgemeinbegriffen als das eines Wesens, das für die *unmittelbare* Auseinandersetzung mit der Welt zu *schwach* ist, sich von der bedrohlichen Wildnis distanzieren, sie sich im wörtlichen Sinne vom Leibe halten muss, um überleben zu können. Er schreibt:

»Die Falle ist eine Handlung in Abwesenheit sowohl des Beutetiers als auch, zeitlich versetzt, des Jägers. Die Falle handelt für den Jäger in dem Augenblick, in dem er selbst abwesend, das Beutetier aber anwesend ist, während die Herstellung der Falle die umgekehrten Verhältnisse erkennen läßt. Sie ist dinglich gewordene Erwartung. Insofern ist die Falle der erste Triumph des Begriffs.«[18]

Oder umgekehrt gedacht: Der Begriff ist eine Falle, in die alle möglichen Einzelwesen gehen, die irgendwie zu ihm passen. Es ist in dieser Perspektive kein Zufall, dass Platon das logische Denken der begrifflichen Einteilung der Welt in Form der Dihairese in seinem Dialog »Sophistes« an einer Systematik der Jäger, Fischer und Fallensteller vorführt.[19] Was Val Plumwood erlebt hat, war insofern ein Rückfall: Als Philosophin und distanzierte Betrachterin, als Nachkommin von Generationen von Jägern, die am oberen Ende der Nahrungskette standen, war sie aufgebrochen, um mit ihrem Boot beschaulich durch Seerosenfelder und unter den bunten Vögeln dahinzugleiten, sie aus der Distanz zu genießen, vielleicht begrifflich als diese oder jene Gewächse einzusortieren und schließlich ein Wandbild der Eingeborenen zu studieren. Gelandet war sie im Rachen des Krokodils, das sie als nahrhafte Beute einsortiert hatte, mit dem sie um ihr Leben kämpfen musste und dem sie nur zufällig, nicht aus eigener Kraft, entrinnen konnte. Unmittelbarer kann man mit einem anderen Wesen kaum in Kontakt kommen als in dem Moment, wenn man von ihm verspeist zu werden droht. Plumwood hebt hervor, wie sehr das, was ihr widerfahren ist, an eine Vergewaltigung erinnert und von den Medien, die ihre Geschichte aufgriffen, entsprechend sexualisiert wurde.[20] Beim Sex, beim Essen und wenn man gefressen wird, ist es mit begrifflichen und sonstigen Distanzen vorbei. Doch so schrecklich die Unmittelbarkeit des Gefressenwerdens ist und so intensiv die Unmittelbarkeit der Erfahrung bei einer einvernehmlichen erotischen Begegnung auch sein kann: Das normale Leben eines modernen Menschen ist das in der begrifflichen Vermittlung, in der betrachtenden, abwägenden Distanz zur Wirklichkeit. Es ist der *Normalzustand* für den »erfolgreichen« Menschen der Zivilisation geworden, weil er sich an der Nahrungskette bis ganz nach oben emporgearbeitet hat. Diese Normalität erscheint einigen als ein *banaler* Zustand der Zivilisation; banal deshalb, weil ihm die *gefährliche, die aufregende Unmittelbarkeit* fehlt. Wer dieser Banalität entgehen will, bricht eventuell ins Unbekannte der Wildnis (oder in ein sogenanntes Liebesabenteuer oder zu »neuen Ufern der Erkenntnis« in der Wissenschaft) auf, wo erprobte Distanzierungstechniken einem die Wirklichkeit nicht mehr vom Leibe halten können und Lebensgefahren (oder Liebesenttäuschungen) als Preis für nichtbanale Erfahrungen von Unmittelbarkeit in Kauf genommen werden.

Die Wildnis als Gegend, in der der Mensch auf sich gestellt überleben kann, bietet also nicht nur die Möglichkeit, Erfahrungen der Selbsterweiterung zu machen, sondern, wie das Beispiel von Val Plumwood zeigt, mindestens ebenso häufig auch die Erfahrung »unserer« Schwäche. »Wir« sind keine Krokodile, Tiger oder Haie, die sich in unmittelbarer Auseinandersetzung mit der Wirklichkeit bewähren können. Nur die Schlauheit, das Denken über mindestens drei Ecken, der Begriff und die Falle ermöglichen uns das Überleben. Deshalb sind wir für die Wildnis, die eine Gegend für die in der Unmittelbarkeit Starken ist, nicht gemacht.

Die distanzierte Existenz des Menschen bringt Ambivalenzen mit sich. Einerseits bietet sie »dem schwachen Menschen« Sicherheit, Ruhe, manchmal sogar Geborgenheit in liebender Gemeinschaft. In der Stadt muss man nicht befürchten, von einem Wolf oder Krokodil angefallen zu werden. Nur andere Menschen können uns hier zu nahe kommen. Alles ist hier von Menschen für Menschen erzeugt worden. Doch dem auf diese Weise durch den Menschen vermittelten und vorstrukturierten Leben scheint es an der *Intensität* der unmittelbaren, nicht begrifflich vermittelten Konfrontation mit der Wirklichkeit zu fehlen, die in der Erfahrung da auftritt, wo sich, etwa durch Lebensgefahr, die Aufmerksamkeit ganz auf die Gegenwart als etwas potenziell Endgültiges fokussiert und diese Gegenwart nicht mehr symbolisch auf etwas anderes zu verweisen scheint. Menschen, die sich nicht aus der Wildnis in die Stadt gerettet haben, die nicht gerade von einer einsamen Himalaya-Expedition zu ihren Lieben in die warme Stube einkehren, sondern immer schon in der Zivilisation gelebt haben, sehnen sich deshalb nach den Intensitäten und der Unmittelbarkeit der wilden Natur. Erst in dieser Unmittelbarkeit scheinen sie auch sich selbst so begegnen zu können, wie sie unabhängig von den Erwartungen und Projektionen der anderen Menschen, vor allem ihrer Väter und Mütter, sind. Denn nicht nur ist in der Zivilisation *alles Äußere* begrifflich-symbolisch vermittelt, sondern ich bin mir selbst nur durch die Erwartungen der anderen Menschen bekannt, durch meine Wirkung auf sie und ihre Reaktionen auf meine Wirkungen auf sie. Der zivilisierte Mensch existiert für sich selbst nur sozial vermittelt. Wer sich selbst vermeintlich unmittelbar kennenlernen will (wenn es da denn überhaupt etwas kennenzulernen gibt), muss deshalb in die Wildnis, und zwar allein. Die Frage ist nur, ob er dort wirklich sich selbst antreffen kann, ob es eine unmittelbare Beziehung zu sich tatsächlich geben kann.

IV

Im Nordosten des US-Bundesstaates New York liegt der Adirondack-Park mit seinen sanften Bergen und großen Seen. Im August des Jahres 1858, als das Gebiet noch kein Naturschutzpark war, brach eine Gesellschaft aus Philosophen, Naturwissenschaftlern und Künstlern in diese Gegend auf, um dort ein Lager zu errichten und eine Weile da zu leben, wo nicht »gepflügt oder geerntet oder erworben oder verkauft wird«.[21] Die Öffentlichkeit fragte sich erstaunt, was die Gelehrten und Künstler in dieser Wildnis eigentlich vorhatten und erwarteten. Unter denen, die damals in die Natur zogen, war auch der Philosoph Ralph Waldo Emerson.

Emerson hatte 17 Jahre zuvor seinen Essay über »Natur« mit einer Betrachtung über sein Zeitalter in Amerika begonnen: Es sei eine zurückblickende Epoche, in der er lebe, die Denkmäler für die Vorfahren errichte, Biografien schreibe, historische Betrachtungen und kritische Analysen anstelle, während vorangegangene Generationen noch in einem *unmittelbaren Verhältnis* zu »Gott und Natur« gelebt hätten. »Warum«, so fragt der Autor, »sollten nicht auch wir uns unseres *eigenen* Verhältnisses zur Welt erfreuen können?« Statt »in den dürren Knochen der Vergangenheit herumzukramen«, fordert Emerson dazu auf, das Leben, das alle Natur durchströmt, wahrzunehmen, ein Leben, das »uns zu naturgemäßem Handeln einlädt«.[22]

Das sind Worte, die eine Unzufriedenheit mit oder gar ein Leiden unter einem Leben verraten, das vor allem *historisch vermittelt* ist. Die Tradition erscheint als eine Last, die es unmöglich macht, aufrecht und mit frischem Blick in die Welt zu schauen. Nicht zufällig spricht Emerson in diesem Zusammenhang von den *Vorfahren*. Er entwickelt die Sicht eines Menschen, der sich noch nicht selbstständig, nicht erwachsen fühlt. Europa, der Kontinent, aus dem die Mütter und Väter nach Amerika aufbrachen, bestimmt weiterhin die Kultur derer, die als Kinder der Einwanderer schon in den USA geboren worden sind. Die Kulturen aus den Ländern der Eltern verhindern, dass die Kinder in ihrer *eigenen* Welt leben können. Sie scheinen gezwungen, ihr Land weiterhin mit den Augen derer zu sehen, die ihren Blick in einer anderen, älteren Kultur geschult hatten. Das Heilmittel gegen dieses Leiden soll eine *Rückbewegung in die Natur* sein, die nicht durch die Geschichte alter Kulturen geprägt ist, sondern sich jedes Jahr selbst erneuert. Durch diese Rückbewegung soll der Blick, ja das ganze Weltverhältnis erneuert werden.

Die Geschichte wird in dieser Perspektive nicht als ein kontinuierliches Herausarbeiten aus einem gefährlichen Naturzustand begriffen. Sie wird nicht als die Weitergabe der Schlauheiten angesehen, die es Menschen als Begriffsverwendern und Fallenstellern immer besser ermöglichen zu überleben. Sie wird vielmehr als eine *Last* betrachtet, die den Rücken beugt, den

Blick zu Boden zwingt und es den Menschen nicht mehr gestattet, gerade in die Natur zu blicken. Die Geschichte ist für Emerson ein Grund der *Entfremdung* von der Welt, der Faktor im Leben eines Menschen, der die Unmittelbarkeit der Erfahrung verhindert.

Es ist kein Zufall, dass diese Worte auf junge Männer wie Christopher McCandless, denen von dominanten Vätern eine bestimmte Laufbahn vorgezeichnet wurde, auch am Ende des 20. Jahrhunderts noch eine starke Wirkung entfalten konnten. Es sind *Worte der Emanzipation*, einer Emanzipation, die nicht durch ein bestimmtes *politisches* Handeln, sondern durch die Hinwendung zur Natur ermöglicht werden soll. Diese emersonische Natur ist eine, die dem Menschen *wohlgesinnt* ist, die ihre »Arme zu ihm ausstreckt, um ihn zu umfassen«. Alles in dieser Natur arbeitet zusammen, »zum Vorteil des Menschen«. Von der kantischen Kritik an der teleologischen Vorstellung einer tatsächlich auf die menschlichen Zwecke ausgerichteten Natur als einer Illusion und seinem Hinweis auf das Überwältigende der Wildnis völlig unberührt, singt Emerson das Hohelied auf den Wind, der für den Menschen die Saat verbreitet, auf die Sonne, die das Wasser über dem Meer verdunsten lässt, damit die Meeresbrise es als Regen auf die Felder trägt, wo er wiederum die Pflanzen wachsen lässt, die die Tiere ernähren – in dieser Natur lebt »ein unendlicher Kreislauf göttlichen Wohlwollens«, der »den Menschen ernährt«.[23] In ihr wird sich der Mensch auch einer »*universalen Seele* bewusst, die in oder hinter seinem individuellen Leben« wirkt. Weil diese Natur beseelt, ja göttlich ist, eine »All-Seele« hat, ist der Mensch in ihr aufgehoben wie in Abrahams Schoß, hier kann ihn »keine Schande, kein Elend befallen …, das die Natur nicht selbst wieder heilen könnte«. Kein Wort von Tod, Fressen und Gefressenwerden findet sich in diesem Text. Auch die Leiche hat ihre »eigene Schönheit«. Weil ich in der Natur zu einem »Teil von oder Teilchen in Gott« werde und weil Gott oder die Natur ewig ist, ist auch mein Tod eigentlich nichts.[24]

Seit knapp 100 Jahre vor der Entstehung dieses Textes ein Erdbeben im Jahre 1755 Lissabon zerstörte und den Intellektuellen Europas die Frage, die als das sogenannte »Theodizeeproblem« in der gelehrten Welt kanonisiert wurde, wieder unabweisbar erschien: wie nämlich Gott als Schöpfer einer Natur, in der solche Katastrophen geschehen können, als ein *allgütiges*, *allmächtiges* und *allwissendes* Wesen denkbar sein sollte, sind Naturauffassungen wie die von Emerson eigentlich nicht mehr nachvollziehbar. Die Identifikation von Gott als All-Seele mit der Natur macht aus dem *Theo*dizeeproblem ein *Physio*dizeeproblem: Wie kann die Natur als wohlwollend, nährend und heilend begriffen werden, wenn in ihr Erdbeben und Tsunamis wüten, Städte auslöschen, Vulkanausbrüche und Meteoriteneinschläge ganze Tierpopulationen vernichten, wenn in ihr Krokodile schwimmen, die Philosophinnen packen, und junge Emerson-Leser sterben, weil sie zwei täuschend ähnlich aussehende Pflanzen miteinander verwechseln? Manifestiert sich in Emersons Text eine auf Unkenntnis beruhende Naivität, oder kennt er tiefere Gründe für seine harmonische Sicht der natürlichen Verhältnisse?

Emerson hat noch während seiner Lebenszeit einen berühmten Nachfolger gefunden, aber auch starken Widerspruch erfahren. Nachgefolgt ist ihm Henry David Thoreau, der 1845 in einem Wald auf Emersons Grundstück am sogenannten »Walden Pont« eine Hütte errichtet und bezieht und ab 1846 über seinen Aufenthalt in dieser Waldeinsamkeit am Teich zu schreiben beginnt. Kritisiert wurden Emerson und Thoreau von Herman Melville, dem Autor von *Moby-Dick*, der die beiden Idylliker in seinem Buch *The Confidence-Man* auftreten lässt und sowohl in seiner Erzählung »The Piazza« wie auch in seinem großen Roman ein anderes Naturverständnis entwickelt. Blicken wir zunächst auf Thoreau.

V

Thoreau beschreibt zu Beginn seiner Aufzeichnungen in der Einsamkeit der Waldhütte in einem mit »Ökonomie« überschriebenen Kapitel das gewöhnliche Leben der Menschen in der zivilisierten Gemeinschaft. Es sei eines, das vor allem durch *Verschuldung* geprägt sei. In der arbeitsteiligen Gesellschaft sei jeder darauf angewiesen, dass andere etwas für ihn erledigen, seine Schuhe herstellen, seine Nahrung produzieren, sein Haus bauen, seinen Wagen konstruieren. Dafür schulde ich diesen anderen etwas und die eigene Arbeit diene als Folge davon vor allem der Abarbeitung dieser Schulden, etwa indem sie Geld einbringe, mit dem ich die anderen bezahlen kann.[25] Aus dieser Perspektive ist Arbeitsteilung keine *Erleichterung* des Lebens, sondern eine unselige Form der Verstrickung, der sozialen Gefangenschaft, die in anderen Traditionen als »Entfremdung« bezeichnet worden ist. Ich bin von unzähligen anderen abhängig und muss meine ganze Existenz damit zubringen, meinen Verpflichtungen ihnen gegenüber nachzukommen, und dadurch viel mehr arbeiten, als für meine Selbsterhaltung eigentlich nötig wäre.

Wer eine Farm erbt, muss nach Thoreau auf ihr schuften, um mehr Nahrung zu erzeugen, als er selbst zu sich nehmen kann, damit er das Geld für die Geräte seiner Landwirtschaft aufbringt, die er selbst nicht herstellen kann, sondern auf Kredit kaufen muss. Eine andere Form der Landwirtschaft ist in einer

Gesellschaft, in der einige wenige für viele andere die Nahrung erzeugen müssen, nicht möglich. Autonomie, Selbstständigkeit (»Self-emancipation« schreibt der Autor) bleiben entsprechend bloße Fantasie. *Alle* müssen in der arbeitsteiligen Gesellschaft mehr arbeiten, als nötig wäre, wenn sie sich nur um ihre eigene Selbsterhaltung zu kümmern hätten. Durch das Versinken der eigenen Existenz in Verschuldung und Arbeit bleibt keine Zeit, um über das eigene Leben und sich selbst nachdenken zu können. Das Leben wird zu einem durch und durch unfreien. Die Folge davon ist: »Die Masse der Menschen führt ein Leben in stiller Verzweiflung. Was als Verzicht bezeichnet wird, ist chronisch gewordene Verzweiflung. (...) Eine stereotype, aber unbewusste Hoffnungslosigkeit verbirgt sich selbst noch unter den Spielen und Vergnügungen der Menschheit.«[26] Seit Generationen sind die Menschen nach Thoreau wie in der Erbsünde in diese Hoffnungslosigkeit verstrickt, weshalb die Alten den Jungen nichts zu sagen haben über ein richtiges, nicht in Verzweiflung zuzubringendes Leben.

Der Verzweiflung, die aus dem von Arbeit gekennzeichneten unfreien Leben in der Gesellschaft entsteht, setzt Thoreau das freie Leben in der Natur entgegen: »Ich möchte«, schreibt er in seiner Abhandlung über das Gehen, »für die Natur sprechen, für die absolute Freiheit und Wildnis im Unterschied zur zivilisierten Freiheit und Kultur, um den Menschen eher als einen Bewohner, ja als integralen Bestandteil der Natur zu betrachten denn als ein Mitglied der Gesellschaft.«[27] In diese Freiheit muss man, so Thoreau, im wörtlichen Sinne *aufbrechen*. Man muss *weg*gehen. Nicht allein eine Absage an kostspielige technische Mittel des Lebensunterhalts scheint nötig, sondern auch eine Lösung aus emotionalen Verstrickungen und Bindungen. Es erinnert an Jesus, der seine Jünger auffordert, ihre Familie zu verlassen und ihm zu folgen, und an McCandless, der seine Familie und immer wieder seine Freunde auf seinen Reisen verlässt, um schließlich nach Alaska aufzubrechen, wenn Thoreau schreibt: »Wenn du bereit bist, Vater und Mutter zu verlassen, und Bruder und Schwester, Frau und Kind und Freunde und sie nie wieder zu sehen, – wenn du deine Schulden bezahlt, dein Testament gemacht und all deine Angelegenheiten ins Reine gebracht hast, ein freier Mensch bist, dann bist du bereit für das Gehen.«[28] Dieses Gehen »über Hügel und Felder« findet als eine gleichsam religiöse Veranstaltung in »absoluter Freiheit von allen weltlichen Verpflichtungen« statt.[29] Mit dieser Suche nach Freiheit, nach Autarkie, die Thoreau am Walden-Teich sein Haus bauen lässt, um der Verzweiflung des Arbeitslebens in der Gesellschaft zu entfliehen, orientiert er sich an Idealen der *antiken stoischen Philosophie*. Er errichtet sein Haus selbst, denn die Fachkunde des Architekten scheint ihm nur für das Ornamentale zu sorgen und ansonsten die Kosten für die eigene Unterkunft unnötig in die Höhe zu treiben oder der Verherrlichung der Staats- und Religionsgewalt in Palästen und Tempeln zu dienen, Gewalten, die er der Unterjochung des Menschen verdächtigt. Er zimmert sich seine eigenen Möbel und backt sein Brot selbst, züchtet sein eigenes Gemüse und bestellt sein Feld mit den eigenen Händen. Arbeitstiere wie Pferde oder Ochsen, durch deren Verknechtung sich die Feldarbeit für den Eigenbedarf erleichtern, künstlerische und luxuriöse Werke errichten und Ackerflächen, die mehr als den Eigenbedarf erwirtschaften, bestellen ließen, verschmäht er ebenfalls.[30]

Den angeblichen Fortschritt, den die arbeitsteilige Gesellschaft gebracht haben soll, zieht er grundsätzlich in Zweifel. Der menschliche Erfindergeist bringe zwar »hübsche Spielzeuge« hervor, die jedoch unsere Aufmerksamkeit von den »ernsthaften Dingen« abzögen. Die Menschen erzeugten verbesserte Mittel zu nicht verbesserten Zielen. »Wir haben große Eile, eine

Telegrafenleitung zwischen Maine und Texas zu errichten, aber Maine und Texas haben eventuell gar nichts Wichtiges einander mitzuteilen.«[31] Ein Rückzug aus der Gesellschaft, der Zivilisation, ist deshalb nur scheinbar ein Verlust. Wer aus den arbeitsteiligen Verhältnissen austritt, verliert zwar raffinierte Mittel. Aber er gewinnt Selbstständigkeit in der Verfolgung seiner Ziele, wenn er sich von Schulden und Verpflichtungen befreit. Für sie zu sorgen lenkt von den eigenen Zielen ab. Deshalb führt der Verzicht auf kostspielige Mittel dazu, dass man sich auf seine Vorhaben besser konzentrieren kann. Wer beispielsweise das Ziel verfolgt, die Welt zu bereisen, das jedoch mit teuren Verkehrsmitteln tun will, die er nur bezahlen kann, wenn er viel arbeitet, wird die Welt kaum bereisen können, weil er ja seine meiste Zeit darauf verwenden muss, zu arbeiten, um das Geld für die Reisen zu verdienen. Thoreau kommt es deshalb auf die Selbstständigkeit und die frei verfügbare Zeit in der Verfolgung der eigenen Ziele an, auf die *Unabhängigkeit von den Mitteln*, die andere bereitstellen und die ich von ihnen erwerben muss. Selbstständigkeit und freie Zeit zu gewinnen ist für ihn entscheidend, weil die eigentlichen Lebensziele in seinen Augen *innere* sind. Alle Arbeit und Verfeinerung soll letztlich dem *Geistigen und innerlich Sittlichen* dienen, der unmittelbaren Begegnung mit dem eigenen Selbst.

Mit diesem Gedanken betritt Thoreau kein geistiges Neuland. Mit seiner Skepsis gegenüber dem Leben in der Gemeinschaft schließt er direkt an seinen Lehrer Emerson an, der schrieb:

»Die Gesellschaft hat sich überall gegen das Menschsein jedes einzelnen ihrer Mitglieder verschworen. Die Gesellschaft ist eine Aktiengesellschaft, deren Mitglieder übereingekommen sind, auf die Freiheit und Kultiviertheit des Essenden zu verzichten, um jedem Aktionär sein Brot besser sichern zu können. Die Tugend, die am meisten gefragt ist, ist die Konformität. Selbstvertrauen ist ihr ein Greuel. Sie liebt nicht Realität und Schöpfer, sondern Namen und Konventionen.«[32]

Schon Epikur empfahl, *im Verborgenen* zu leben und das Leben, soweit es nur geht, zu vereinfachen, die Bedürfnisse dem anzupassen, was auch gradlinig zu erreichen ist.[33] Und auch, was das Weggehen aus den emotionalen Verstrickungen angeht, hat Thoreau antike Vorgänger. Lukrez etwa warnte vor den Liebesleidenschaften als Verwirrungszuständen, die die eigene Unabhängigkeit in Frage stellen.[34] Auch Seneca betrachtet die Verliebtheit als einen unterwürfigen und wertlosen Zustand, den diejenigen, die nach Einsicht streben, besser meiden sollten.[35] Liebe, Familie, Geselligkeit und Geschäftigkeit sind zumindest für einige antike Philosophen mit dem autarken Leben nur schwer vereinbar und der eigenen geistigen Entwicklung nicht zuträglich. Rückzug und möglichst weitgehende Bindungslosigkeit sind ein altes Ideal eines vermeintlich zu Weisheit führenden Lebens. Die selbstständige Vernünftigkeit (Autarkia) eines philosophischen Lebens ist für sie verlässlicher in der Einsamkeit und Bindungslosigkeit zu erlangen als im Engagement für eine bessere Gemeinschaft.[36]

> Behalte im Gedächtnis, dass es nicht allein der Wunsch nach einem Amt und nach Reichtum sind, die dich unterwürfig und zu Sklaven der anderen machen, sondern auch der Wunsch nach Frieden, nach Muße, nach Reisen und Gelehrsamkeit. Denn es macht keinen Unterschied, was die äußeren Gegenstände sind, der Wert, den du ihnen gibst, unterwirft dich den anderen.[37]

Statt sich wie Diogenes in eine Tonne zurückzuziehen, wählte Thoreau, den nach Autarkie strebenden antiken Philosophen nachfolgend, die Waldeinsamkeit als Modell für sein philosophisches Leben: die Natur als Ort der inneren Einkehr und der Suche nach dem wahren Selbst. Und wie die antiken Kritiker Platons (beispielsweise die Kyniker) sieht er nicht in der Kontemplation *transzendenter Gegenstände* oder mathematischer Ideen die eigentliche philosophische Praxis, sondern im richtigen Ausführen gewöhnlicher Handlungen der Selbsterhaltung, wie dem Pflanzen von Gemüse, dem Kochen und Waschen und dem Nachdenken über die eigene Person. Nicht an abstrakter Theorie und Ideen der Weltverbesserung, sondern an praktischer Autarkie und Selbstverwirklichung im Alltag orientiert sich Thoreaus Weisheitsstrategie. Die Beschreibung der eigenen Arbeit und der natürlichen Umgebung, in der sie stattfindet, dient der Schärfung der Aufmerksamkeit, der Fokussierung, und ist so ein Mittel gegen die Zerstreuung des in vielfältigen Verpflichtungen zugebrachten komplizierten Lebens in der Zivilisation. Das zurückgezogene Leben ermöglicht auch die Unabhängigkeit von philosophischen Lehrern. An ihre Stelle tritt die *Selbstreflexion*. Im Falle des römischen Stoikers Marc Aurel wird sie schriftlich in einem Tagebuch festgehalten, halb für sich selbst, halb zum Nutzen anderer. Auch diesem Vorbild folgt Thoreau in seinen Journalen über Concord und die Merrimack-Flüsse, über den Walden-Teich, die Maine-Wälder und Cape Cod. Thoreaus Schreiben über die Natur ist ein Bericht über seine Selbstbefreiung und Selbstentwicklung in der harmlosen Wildnis, der die Existenz im Konformismus der Zivilisation nicht als eine Unterstützung in der Selbsterhaltung und Rettung vor den Naturgefahren begreift, sondern als Grund für Selbstentfremdung und Verzweiflung erkannt zu haben glaubt; *Nature Writing* als Selbstverwirklichungsdokumentation.

VI

Doch auch wenn es sie im idyllischen Walden Pont nicht gibt, Krokodile lassen sich nicht so einfach zum Verschwinden bringen in manchen Gegenden der Wildnis, außer man rottet sie aus. Ihre Menge in den Kakadu-Lagunen war Schwankungen unterworfen, weil die Menschen immer dann, wenn einer der Ihren einem Reptil zum Opfer gefallen war, Jagd auf sie machten, gleichsam so viele Fressfeinde zu töten versuchten, wie ihnen möglich war. Einige Zeit bevor Val Plumwood sich auf ihre verhängnisvolle Reise begeben hatte, war wegen einer solchen Dezimierungsphase der Krokodile die Jagd auf sie verboten worden. Als die Philosophin in die Lagunen fuhr, hatte sich die Krokodil-Population wieder erholt und war stark angewachsen, ihre Mitglieder waren dementsprechend meist hungrig. Im Grunde geriet die Paddlerin hier in die ungünstige Phase einer klassischen Schwingung der Jäger-Beute-Verhältnisse: Wenn Jäger, nehmen wir Füchse, zu viele werden, dezimieren sie ihre Nahrung, beispielsweise die Kaninchen, sehr stark und werden daraufhin, weil sie Hunger leiden müssen und ihren Nachwuchs nur schlecht ernähren können, wieder weniger. Wenn die Füchse dezimiert werden, können die Mitglieder der Kaninchenpopulation wieder sicherer leben und sich vermehren, weshalb die Füchse wiederum mehr zu fressen bekommen und wieder zunehmen und ihre Beutetiere dezimieren: eine Schwingung, die sich ewig fortsetzt.[38]

Beim Verhältnis der Menschen zu den räuberischen Wildtieren liegen die Dinge vermutlich etwas anders, doch, so sei einmal spekuliert, auch hier könnte sich, seit es ein zivilisiertes Leben gibt, von dem aus sich die Wildnis wie in einem Schaukasten in Sicherheit gleichsam von außen betrachtet lässt, eine solche Schwingung einstellen. Wenige Krokodile erwischen nur selten einen Menschen. Wenn sie viele werden, fällt ihnen schon eher mal einer zum Opfer. Das macht die Menschen dann aber so rasend, dass sie die Krokodile stark dezimieren. Wenn sie jedoch die Reptilien als Bewohner der erhabenen Wildnis auch bewundern oder als Lederlieferanten nachhaltig bejagen wollen, folgt auf solch wütendes ein schützendes Verhalten. Vermutlich hat sich der Mensch gegenüber vielen Jägern anderer Arten so benommen: So hat er Wölfe, Adler und Bären zuerst fast ganz ausgerottet, weil diese Tiere Konkurrenten in der Jagd auf dasselbe Wild wie Rehe und Hasen waren oder sich Wolf und Bär manchmal wie die Krokodile auch an einem Menschen als Nahrung gütlich getan haben. Doch dann war nach solchen Ausrottungsaktionen die Wildnis nicht mehr richtig wild, das »Gleichgewicht« der Natur vermeintlich gestört, und der Mensch stellte diese Wesen unter Naturschutz, schließlich sind sie ja auch Symbole der Stärke, der erhabenen Größe, sie sind Wesen, die in den unmittelbaren Verhältnissen der Wildnis ohne schlaues Fallenstellen überleben können. So nehmen die Räuber dann wieder zu, kommen zurück, wandern wieder in Gebiete ein, wo man sie eigentlich nicht mehr kannte. Wenn Wölfe jedoch wieder in die Dörfer kommen und der Bär vor dem Kindergarten steht, ist es mit der Wildnis meist zu viel; sie ist nicht mehr bloß Anschauungsmaterial und Symbol der Stärke, das im Kasten betrachtet werden kann, sondern »bricht« in die Zivilisation »ein«. Man muss die Räuber dann erneut dezimieren, um die Sicherheit wiederherzustellen. (Val Plumwood wollte übrigens *nicht*, dass die menschlichen Jäger Rache an den Krokodilen nehmen, obwohl sie sich schon dafür rüsteten, sondern engagierte sich nach der Attacke für den Schutz der Wildnis einschließlich des Raubtieres, das sie beinahe ums Leben gebracht hatte.) Die Wildnis, die aus der zivilisatorischen Sicherheit betrachtet und besucht werden kann, ist eine andere als die, aus der es kein Zurück mehr gibt. Der Idealzustand scheint für den Menschen der zu sein, in dem er sowohl die Sicherheit des zivilisatorisch vermittelten Lebens zur Verfügung hat, wie auch für ein Weilchen in die Wildnis gehen kann, um sich von seinem vermittelten Leben zu erholen. Doch in der Wildnis als Erholungsort ist ein Mensch nicht selbst ein wildes Wesen, sondern eines, das Urlaub vom zivilisierten Leben nimmt (um eine Formulierung von Robert Musil abzuwandeln[39]). Wo begegnet der Mensch sich selbst – in der schlauen Welt der Zivilisation oder in der brutalen der Wildnis? In der Zivilisation begegnet er seiner eigenen Distanzierungsfähigkeit, in der Wildnis seiner Schwäche in unmittelbaren Auseinandersetzungen, bestenfalls seinem Durchhaltewillen. Ist eine dieser beiden menschlichen Naturen die *wahre*?

Der Perspektivwechsel, der sich hinter dieser Schwingung im Verhältnis zu den wilden Tieren auf der Seite der zivilisierten Menschen verbirgt, ist der zwischen einer Haltung der *Betrachtung* und einer des *Involviertseins* in die Wildnis. Diese Perspektivendifferenz hat Herman Melville ausführlich und in direkter Kritik an Emerson und Thoreau thematisiert.

VII

In Melvilles Erzählung »Die Galerie« aus dem Jahr 1856 berichtet ein Ich-Erzähler, wie er sich eigentümlicherweise vor sein neu erworbenes altertümliches Landhaus eine Galerie nach Norden hin bauen lässt, um von ihr aus die Aussicht in die wilde Landschaft genießen zu können. Dass das Bauernhaus keinen solchen Vorbau besaß, von dem aus man geschützt in die Natur blicken konnte, weder von drinnen aus dem Fenster, noch im Freien sitzend, sondern in einem angenehmen Zwischenreich sich aufhaltend, sieht der Erzähler als einen ebensolchen Nachteil, als befände sich in einer Gemäldegalerie keine Sitzbank, von der aus man die Kunstwerke studieren könne.[40] Man brauche solche Ruheplätze, um die Verehrung der Natur zu erlernen, so wie man die Bänke in der Kirche benötige, um Frömmigkeit zu praktizieren.

Schon in dieser ironischen Parallelisierung der Kontemplation von Kunstwerken mit der religiösen Kontemplation und der Naturanschauung deutet sich Melvilles Kritik am Naturenthusiasmus von Emerson und Thoreau an. Das Haus, das der Erzähler bezieht, war ein Bauernhaus. Die Menschen, die in ihm vorher gewohnt haben, waren keine Betrachter der Natur, sondern haben die Gegend um das Gebäude herum bearbeitet (die Felder »bestellt«). Ein Bauer, der den Tag über auf einem Acker gepflügt, gesät oder geerntet, der im Wald Holz gesammelt hat, wird nicht auch noch am Abend diese Orte seines Schuftens kontemplieren wollen. (Thoreau würde erwidern, dass er, wenn er nicht in einer arbeitsteiligen Gesellschaft leben müsste, auch nicht so unmenschlich hart auf dem Feld schuften müsste.) Ebenso haben Fischerhäuser selten ein großes Fenster zum Meer hin. Es hat wenig Erbauliches für ihre Bewohner, den oft gefährlichen und harten Arbeitsraum in der Natur auch vom sicheren Zuhause aus noch anschauen zu müssen. Es ist eher die Distanz der in der Natur Müßigen, die es erlaubt, sie idealisierend zu kontemplieren. Wer eine Wiese an einem steilen Hang von einem erhöhten Standpunkt aus überschauen kann, aber sie nicht mähen muss, sieht sie anders als der Bergbauer, der sich auf ihr abmüht, um die Heuernte einzubringen.

Beliebige Distanzen, räumliche, zeitliche wie kulturelle, scheinen ihre Betrachter zur Idealisierung geradezu einzuladen.

So müssen auch frühere *Zeiten* vermeintlich goldene gewesen sein, und die *ferne* Kultur scheint eine *edle*. Denn die Gemeinheiten und Nöte der Vergangenheit sind vergessen (oder allein noch Historikern bekannt), nur die in ihr ehemals (vermeintlich) geschehenen Großtaten werden noch überliefert. Die nur halb verstandene fremde und deshalb in ihrem Sinn ferne Kultur kann so ausgedeutet werden, dass man alle Ärgernisse, die man auch aus der eigenen Kultur kennt, geflissentlich übersieht. So kommt es zur Vorstellung vom in der Urzeit liegenden Paradies, wo Menschen noch unmittelbar zu Gott und der Natur lebten, und vom edlen Wilden, der in der fremden Stammeskultur die Hinterlist nicht kennt und eine freie Sexualität genießt. Der Naturenthusiasmus entsteht vor allem in der distanzierten Perspektive des Spaziergängers, der vom Gipfel ins Tal schaut und die Bauernhäuser unten lieblich wie hingestreut liegen sieht. Der Betrachter, der in das beobachtete Geschehen nicht arbeitend oder kämpfend involviert ist, kann sich bei ihm denken, was er will, und er denkt sich, wie die meisten Menschen, lieber Angenehmes als Unangenehmes.

So verhält es sich auch mit dem Erzähler bei Melville in »Die Galerie«. Zu unterschiedlichen Jahreszeiten erblickt er von seiner neuen Galerie nach Norden in der düsteren Ferne immer wieder ein Leuchten, einen Strahlpunkt wie ein Lichtsignal. Sein Blick geht nicht direkt ins Licht, aber die durch die anderen drei Himmelsgegenden in seinem Rücken wandernde Sonne beleuchtet alle Gegenstände im Blickfeld des Erzählers, spiegelt sich in ihnen oder bricht ihre Strahlen vor seinen Augen. Sie scheint wie der Theaterscheinwerfer auf die Guckkastenbühne. Und so fällt im Mai einmal ein Regen, und es bildet sich vor seinen Augen in der Ferne ein prächtiger Regenbogen. Er meint in ein Feenland zu schauen, erinnert er sich doch, dass die Mär geht, »daß derjenige, dem's gelingt, ans Ende des Regenbogens zu gelangen, dort in Gestalt eines Beutels voll Gold sein Glück findet«.[41]

Als sich der Erzähler einmal von einer Krankheit erholen muss, die er im Inneren seines Hauses auskuriert (»Gut, dass er diesen Rückzugsort dafür zur Verfügung hatte!«, scheint Melville uns implizit mitteilen zu wollen), ohne den Blick in die Natur schweifen lassen zu können, begibt er sich rekonvaleszent wieder auf seine Veranda, schaut in die Ferne, in der das Leuchten verschwunden scheint, und dann auf »seinen selbstgezogenen chinesischen Efeu, der sich, zu meinem Entzücken, an einem Pfosten der Galerie emporrankte«. Er war während seiner Erkrankung gewachsen und erblüht, was ihn freute und dazu veranlasste, ihn genauer zu betrachten. Als er ein wenig mit der Hand durch die Blätter fährt, entdeckt der Erzähler im Inneren des Busches »Millionen seltsamer Würmer, die fraßen wie der Brand, und, indem sie sich von diesen Blüten nährten, genossen sie so sehr deren himmlische Färbung, daß sie sie in alle Ewigkeit verdarben – Würmer, deren Keime gewiß bereits in der Knolle gelauert hatten, die ich so hoffnungsfroh gepflanzt«.[42] Von dieser ekligen und enttäuschenden Entdeckung in die Ferne aufblickend, erscheint ihm plötzlich doch wieder das ferne Leuchten in seinem hügeligen Feenland, und er beschließt, um seine Erholung zu befördern, in dieses Land aufzubrechen.

Und tatsächlich scheint er sich auf eine märchenhafte Reise begeben zu haben, als er durch eine verschlafene Gegend reitet, wo Viehherden auf saftigen Weiden mit bunten Blumen trotten und ihm die »güldnen Stieglitzschwärme«, die vor ihm her »von Busch zu Busch« fliegen, wie »Lotsen« erscheinen auf dem Weg zum »goldenen Fenster«, dem von ihm gesuchten idealen Ort. Die Naturbeschreibung des Erzählers wird immer idyllischer, je weiter er seinen Ritt an Bächen entlang, durch Apfelbaumhaine und auf von Blaubeerbüschen gesäumten Pfaden fortsetzt, bis er schließlich in der Höhe einer felsigen Landschaft an einer »kleinen, grauen Hütte, einstöckig, mit einem spitzen Dach wie einer Nonnenhaube« ankommt.[43]

In dieser Hütte findet der Erzähler eine junge Frau namens Marianna vor, die über einer Näharbeit sitzt, von Wespen und Fliegen umsurrt und geplagt. Sie scheint vor Einsamkeit halb verrückt, imaginiert Tiere wie einen großen Hund in die Schatten, die sich vor ihrer halb verfallenen Unterkunft im Tagesverlauf durch vor der Sonne vorbeiziehende Wolken (oder von einem am Himmel kreisenden Raubvogel) bilden. Das Licht, das der Erzähler im Tal gesehen hatte, war der Reflex auf der Fensterscheibe der Hütte, die Marianna nicht sauber bekommt und durch die das Sonnenlicht selten in ihre bescheidene Behausung fällt. Sie berichtet ihm, dass sie, wenn sie ins Tal schaut, darüber nachdenkt, welcher Glückliche wohl in dem in der Abendsonne glänzenden Haus residiert: dem Bauernhaus des Erzählers. Doch so weit hinab läuft sie nie. Manchmal geht sie zwischen den Felsen auf ihrem Berg spazieren, doch dann plagt sie ihre Einsamkeit noch mehr, als wenn sie in der Hütte bleibt, wo sie wenigstens die Gestalten der Schatten als ihre einzige Gesellschaft zu kennen glaubt. Es ist eine erbärmliche und von irren Fantasien gekennzeichnete Bergeinsamkeit, in der der Erzähler auf der Suche nach dem Feenland bei Marianna angekommen ist – ein Gegenbild zu Thoreaus Waldeinsamkeit. Keine Idylle der Selbstfindung, sondern eine in den Wahnsinn treibende Ödnis. Und es ist ein Ort, von dem aus wiederum dessen verzweifelte Bewohnerin auf sein, des Erzählers, in der Ferne glänzendes Anwesen als einen Sehnsuchtsort der Gemeinschaft hinunterblickt. Nach dieser enttäuschenden Erfahrung beschließt der Erzähler, keine Reisen mehr an ferne Wunschorte zu unternehmen, sondern auf seiner Veranda sitzen zu bleiben, seiner »Königsloge«, die es ihm erlaubt, in eine magische Gegend zu blicken, wo sich in der Sonne seine Illusionen zu wunderbaren Ganzheiten zu fügen scheinen. »Doch jeden Abend, wenn der Vorhang fällt, tritt mit der Finsternis die Wahrheit ein. Kein Licht blinkt dann vom Berg. Hin und her schreite ich über das Deck der Galerie, heimgesucht von Mariannas Gesicht, und mancher ebenso wahren Geschichte.«[44]

Seit Platons Höhlengleichnis ist das Sonnenlicht eine Metapher für Wahrheit und Vernunft. In Platons Geschichte verlässt ein Weiser eine Welt der Schatten, die von Schemen herrühren, die vor einem Feuer hin und her getragen werden und ihre Umrisse an eine Höhlenwand projizieren. Er klettert hinaus aus der Höhle ans Sonnlicht und sieht zum ersten Mal die Dinge selbst.[45] Melville variiert in seiner Erzählung diese platonischen Verhältnisse. Das Spiel des Sonnenlichtes in der von der Nordgalerie sichtbaren Landschaft produziert im Kopf seines Betrachters harmonische Illusionen. Wahrheit und Wirklichkeit werden dem Erzähler erst in der Dunkelheit bewusst, wenn die Lichtspiele seine Fantasie nicht mehr anregen können. Distanz und Licht sind potenzielle Quellen der Illusion; Nähe und Dunkelheit offenbaren dagegen die Wahrheit: Die Kletterpflanze ist nicht nur ein Träger prächtiger bunter Blüten, sondern wird in ihrem Inneren von Würmern zerfressen, die man aber nur entdeckt, wenn man sie ganz genau untersucht. Das Licht aus dem Feenland ist der Reflex einer schmuddeligen Scheibe in einer trostlosen Unterkunft, in der eine Einsame und Verwirrte haust, was man aber nur erkennt, wenn man sich zum Ort des Leuchtens selbst hinbegibt und ihn nicht nur von ferne bestaunt. Und die Einsame auf dem Berg tröstet sich in ihrer Situation ebenfalls mit einem Illusionsspiel, indem sie sich in die Schatten vor ihrer Hütte, ganz platonisch, Tiere als Gesellschaft hineinfantasiert. Auch ihr erscheint das Haus in der Ferne als vollkommener Wunschort, an dem es besser zugeht als da, wo sie selbst ist. Die Krankheit des Erzählers kann als eine Geistestrübung gedeutet werden. Als er von ihr genesen ist, erkennt er die hässlichen Schädlinge in der Pflanze und die Erbärmlichkeit des Ortes, von dem sein »magisches Licht« herrührt. Doch ganz hält es der Erzähler in der illusionslosen geistigen Gesundheit nicht aus, er braucht die Illusionen über die vermeintlich vollkommene Natur doch. Und am Tage kann er sich ihnen auf seiner Veranda wie in einem Illusionstheater auch weiter hingeben. Nur in der nächtlichen Dunkelheit wird die Wahrheit als Erinnerung an die Wirklichkeit offenbar. So kehrt Melville die platonischen Verhältnisse um.

Auch in seinem berühmtesten Text, dem Roman *Moby-Dick*, handelt Melville von den Erkenntnisdifferenzen, die durch unterschiedliche Distanzen entstehen. Der weiße Wal wird in dem Moment, in dem Kapitän Ahab, der ihn über den ganzen Globus verfolgt, weil er ihm in einem früheren Kampf einmal ein Bein abgebissen hat, als ein mit dem Gott Jupiter vergleichbares Wesen geschildert, das in Gestalt eines weißen Stieres die schöne Europa entführt und in den Wellen zu spielen scheint. Doch wenn man genauer hinschaut, sieht man eine teuflische Kreatur, die unter der Wasseroberfläche einen gefährlichen Leib und ein tödliches Maul verbirgt. Als der weiße Wal zum ersten Mal gesichtet wird, erscheint er erhaben. So wie der in einen lüsternen Stier verwandelte Zeus sich ganz in schöne Natur verwandelt zu haben scheint, erscheint auch Moby Dick zunächst als ein zauberhaftes Meereswesen:

»Ein mildes Frohlocken, die sanfte Macht der Ruhe in schneller Bewegung, umgab den dahingleitenden Wal. Nicht einmal Jupiter, wie er als weißer Stier mit der geraubten Europa davonschwimmt, die sich an seine ranken Hörner klammert, und der seinen liebenden, lüsternen Blick seitwärts auf die Jungfrau heftet, derweil er betörend schnell seine sanft wogende Bahn hin zum kretischen Brautgemach zieht – nicht einmal Jupiter, der Höchste und Erhabenste, übertraf den glorreichen weißen Wal, der so gottgleich dahinschwamm. Seine beiden weichen, hell schimmernden Flanken teilten die wogende See, welche ihn nur einmal sanft bespülte, dann aber weit davonflutete, und verströmten Verlockungen … So zog Moby Dick seine Bahn durch die heitere Stille der tropischen See …« Doch in diesem Szenario deuten sich schon Gefahren an, denn »zwischen den Wellen, welche nicht mehr klatschend applaudierten, sondern verzückt verstummten«, verbirgt sich der »Schrecken seines mächtigen Rumpfes noch unter Wasser«, »das Grauen seines grässlich verformten Kiefers« ist den Blicken noch entzogen. Doch als sich Ahab mit seinen Ruderern dem Wal im Gigboot nähert und von ihm angegriffen wird, spielt er mit der Gewalt seines Kiefers mit dem kleinen Jagdgefährt, das er einfach zerbeißt, wie eine Katze mit der Maus: »teuflisch«.[46] Aus der göttlich erhabenen Natur in der Ferne ist in der Nähe eine zerstörerische und teuflische geworden. Melville schildert die gleiche Verwandlung, die auch Val Plumwood auf ihrer Paddeltour durch die Wildnis erfahren musste.

VIII

Melvilles Ahab ist mit seinem Holzbein wie Val Plumwood ein von der Wildnis Gezeichneter. Doch liegen bei ihm die Verhältnisse ganz anders, nicht nur weil er im Unterschied zu Plumwood mit Hass auf den wilden Wal reagiert und das Tier, das ihn verstümmelt hat, zur Strecke bringen will. Ahab hat anders als Plumwood nie geglaubt, dass die Natur, in der er sich bewegt, eine Idylle ist. Er ist auf das Meer nicht hinausgefahren, um es zu erleben, anzuschauen, an ihm zu wachsen, sondern um es *auszubeuten*. Der Walfang entsprach im 19. Jahrhundert dem, was im 20. und 21. Jahrhundert das Ölgeschäft war. Nur stellte er ein ungleich gefährlicheres Unternehmen als die Erdölgewinnung dar. Diese geschäftlichen Interessen gegenüber der Wildnis, die Einstellung, sie ausbeuten zu können, haben von Anfang an nichts mit erhabener Natur und der Möglichkeit, in ihr selbst »rein« zu werden, zu tun. Das Bild von Moby Dick als weißem Jupiter ist die Illusion einer kurzen Impression. In Wirklichkeit betrachtet Ahab die wilde Natur zunächst im Sinne seiner Auftraggeber als bloße Ressource. Doch sie hat sich ihm als etwas anderes gezeigt; sie hat sich gewehrt, mit ihm bis auf den Tod gekämpft und ihn tief verletzt. Und dadurch wird die Waljagd für Ahab zu etwas anderem, zu etwas viel Persönlicherem als die bloße Profitsuche. Ahab sucht in der Wildnis nach der ersten Begegnung mit Moby Dick weder Profit noch sich selbst, sondern Rache. Dass er nicht mehr Wale, Tran und Amber verfolgt, sondern ein einzelnes, ganz spezielles Tier, macht die Verhältnisse nicht idyllisch, im Gegenteil. Moby Dick ist als Individuum viel erschreckender als die Ressource der Gattung der Wale. Er scheint sich nicht einfach gegen die Verwertung zu wehren und seine Selbsterhaltung zu suchen, sondern er scheint selbst wie auch Ahab auf Zerstörung aus zu sein. »Teuflisch« ist kein Adjektiv, das ein Schriftsteller vom Range Melvilles auf eine sich wehrende Beute anwendet, »teuflisch« ist ein Wesen, das andere um des Schadens willen angeht oder vernichten will.

Wie die Krokodiljäger, die in die Lagune ziehen, um möglichst viele Reptilien zu erlegen, wenn ihnen mal wieder ein Mensch zum Opfer gefallen ist, meint Ahab Moby Dick erlegen zu müssen, um Rache zu nehmen, um ihm zu zeigen, dass er *doch* der Stärkere ist, dass das wilde Riesentier der Tiefe letztlich nichts gegen die Waffen der zivilisierten Menschen ausrichten kann. Dieses Machtinteresse überlagert Ahabs Geschäftsinteresse nicht nur, sondern stört und behindert es sogar, wie sein Steuermann Starbuck mehrmals beklagt. Statt reiche Beute in der Verfolgung naher Walherden zu machen, verfolgt er lieber die vermeintlich in die Ferne führende Fährte des weißen Wals. Und am Ende opfert er sogar Schiff und Mannschaft (bis auf den Erzähler Ismahel), um den Wal zu töten, was ihm nicht gelingt. Er wird von ihm in die Tiefe gezogen. Das besonders wilde Tier dieser Erzählung erweist sich nicht nur als stärker, sondern als mindestens so böswillig und verschlagen wie die Menschen, die es jagen, und wird deshalb von ihnen mit dem Adjektiv »teuflisch« bedacht. Erkennen sich die Menschen nicht selbst in ihm wieder? Ist nicht auch der hinkende Ahab in seinem Vernichtungswillen eine teuflische Gestalt? Dass Ahab, vom Seil der im Wal steckenden Harpune gefesselt, mit Moby Dick verbunden in die Tiefe gezogen wird, erscheint wie eine Vereinigung der beiden Teufel, die sich gegenseitig gejagt haben. Vielleicht glaubte Melville, dass sich diese Wildnis auch gegen die ausbeuterischen Geschäftsinteressen der Menschen durchsetzen würde. Vielleicht wäre er sogar so weit gegangen, das ausbeuterische Verhalten der Menschen gegenüber den wilden Wesen der Natur als nichts anderes zu sehen als eine Manifestation dieser Natur selbst. Es ist sinnlos, sich als Mensch auf ein Duell mit der Wildnis einzulassen, weil das nur die Entfesselung der antagonistischen Verhältnisse in der Natur selbst bedeutet.

Eine zu Ahab analoge Figur zeichnet John Williams in seinem Roman *Butcher's Crossing* aus dem Jahr 1971 in dem Büffeljäger Miller. In dieser Erzählung erscheint auch ein Vorgänger des Alaska-Verehrers McCandless: der junge College-Absolvent William Andrews. Andrews will »er selbst werden«. Dazu meint er einem »subtilen Magnetismus in der Natur« folgen zu müssen. Die Stadt »mehr und mehr zu verlassen, sich in die Wildnis zurückzuziehen« erscheint ihm als der einzig mögliche Weg, um »Sinn in seinem Leben zu finden«.[47] Die Wildnis ist für ihn »Freiheit und das Gute«, eine »Hoffnung und eine Energie«, die die »Quelle und den Erhalter seiner Welt« darstellt.[48] Nicht in die Wildnis zu gehen bedeutet für Andrews deshalb, das zu tun, was den meisten Menschen in der zivilisierten Welt zum Verhängnis wird: sich von der *Quelle der Wirklichkeit* abzuwenden und in einer sinn- und wurzellosen Existenz zu versinken. Andrews ist Emersonianer. Deshalb schließt er sich dem Jäger Miller zu einer Expedition in die Berge an.

Der professionelle Jäger hat einmal auf einer Hochebene eine riesige Büffelherde entdeckt, von einer Größe, wie es sie zur Zeit der Erzählung sonst schon nicht mehr gibt, wegen der ausgedehnten Jagd, die aufgrund des stetig steigenden Fellpreises auf diese Tiere veranstaltet wird. Der Fellpreis klettert zu Beginn der Erzählung auf immer neue Höhen, die Jagd dezimiert die Tiere immer mehr. Miller will, um Felle zu erbeuten, sich nun wieder in dieses Gebirge begeben, und er ist sich sicher, dass niemand sonst von dieser großen Herde weiß. Doch er hat kein Geld für Fuhrwerk und Proviant für eine solche Expedition. Andrews dagegen hat Geld, um Miller die Jagd vorzufinanzieren. So ergänzen sich die Interessen und Möglichkeiten des erfahrenen Jägers und des jungen, sich selbst suchenden Mannes. Miller zieht es in die Wildnis scheinbar wegen des Profits, Andrews, um Halt und Sinn im Leben zu finden. Miller verspricht auch Andrews Profit, an dem dieser jedoch gar nicht interessiert ist. Ob Miller Andrews in seiner existenziellen Suche überhaupt versteht oder gar achtet oder ihn nur benutzt, bleibt in dem Roman unklar. Andrews glaubt Miller in seinem Profitstreben zu verstehen, doch dieses stellt sich als eine oberflächliche Fassade heraus.

Denn als sie die Büffelherde tatsächlich aufspüren, veranstaltet Miller ein ungeheures und sinnloses Gemetzel. Miller schießt aus dem Hinterhalt auf einzelne Tiere am Rande der Herde, sodass der Rest und vor allem das Leittier nicht beunruhigt werden. Tier nach Tier bringt er um. Andrews und ein weiterer Gehilfe kommen mit dem Häuten der Kadaver gar nicht nach. Nach ein paar Tagen wird klar, dass Miller vorhat, *die ganze Herde* zu töten, obwohl sie all deren Häute gar nicht auf dem Wagen zurücktransportieren könnten. Miller hat sich in eine Art Blutrausch hineingesteigert, der nichts mehr mit seinem Wunsch, Geld zu verdienen, zu tun hat. Das Instinktive und Wilde des Anführers der Expedition, das ihnen auf dem Weg zu den Büffeln, als sie in Wasserknappheit geraten waren, mehrmals genützt hat, manifestiert sich nun als unsinnige Grausamkeit, als nackte »Zerstörung, als eine kalte, geistlose Antwort auf das Leben«.[49] Schließlich bricht die Herde doch aus, doch nicht, weil sie begriffen hätte, dass sie ausgerottet werden soll, sondern weil sie früher als die ihr nachstellenden Menschen den unmittelbar bevorstehenden Wintereinbruch gewittert hat. Miller hindert die noch übrig gebliebenen Tiere jedoch daran, die Hochebene zu verlassen, drängt sie zurück. So geraten alle in einen heftigen Schneesturm. Dadurch bringen sich die Menschen selbst in eine bedrohliche Lage, denn sie werden auf der Hochebene eingeschneit; der Saumpfad ins Tal wird für Monate unpassierbar. Die Gruppe muss überwintern. Miller tötet tatsächlich die ganze Herde. Doch als sie im nächsten Frühling nach einer unsagbar harten Zeit in der Wildnis und einem schrecklichen Unfall auf dem Rückweg in ihren Ort zurückkehren, ist der Preis für Büffelfelle kollabiert. Die Hoffnung auf Profit zerplatzt. Miller verbrennt in einem weiteren Anfall von Raserei alle im Ort noch vorhandenen Felle. Andrews ist desillusioniert und zerschunden. Er kann sich kaum noch erinnern, welche Leidenschaft ihn in die Wildnis gezogen hat, wo er glaubte, ein »unveränderliches Selbst« finden zu können, und wo er nur Leiden und Grausamkeit, »das Nichts« antraf.[50] Die Symbiose aus dem Profit- und dem Selbstsucher ist an der Unberechenbarkeit der Wildnis des Hochplateaus und an der des Marktes gescheitert. Beide folgen nicht den menschlichen Plänen und erweisen sich als grausam. Sowohl das Kalkül auf materiellen wie das auf existenziellen Gewinn gehen nicht auf in *Butcher's Crossing*, sie erweisen sich gleichermaßen als Illusion.

IX

Eine andere Symbiose als die zwischen Miller und Andrews findet sich im Himalaya. Die Sherpas verehren den Mount Everest als Chomolungma, als Mutter der Welt. Doch sie sind arm. Das Leben im Hochgebirge ist für sie extrem hart. Wenn sie für ihre Kinder ein anderes Leben wollen, müssen sie sie in eine Schule schicken. Das kostet Geld. Deshalb führen sie westliche Bergsteiger auf den Gipfel: um dieses Geld zu verdienen, nur deshalb begeben sie sich in die Todeszone über 8000 Meter. Vor jedem Aufstieg praktizieren sie religiöse Rituale, um Unheil, etwa herabstürzendes Eis und Lawinen, abzuwenden. Die religiöse Verehrung des Berges bedeutet für sie also nicht, dass sie es nicht für gefährlich hielten, sich in seiner Nähe zu bewegen. Auch für die Sherpas ist wie für Emerson die Natur göttlich. Doch das Heilige dieser Göttin kann, wie in den meisten Religionen, und anders als bei Emerson und Thoreau, auch *schrecklich* sein.

Der Eindruck, es mit einem heiligen Ort zu tun zu haben, stellt sich allerdings wohl kaum ein, wenn man auf dem Grat ermattet nach Luft schnappt und sich eine Sauerstoffflasche reichen lassen muss, um die nächsten Schritte in der für westliche Menschen zu dünnen Luft tun zu können. Das Heilige des Berges ist nur aus der Distanz und nur in einer Lebensform erfahrbar, in der man bestimmten Ritualen folgt. Von unten aus dem Tal ist der große Berg, dessen Gipfel eine Wolke umschwebt, auch für westliche Menschen schön und erhaben. Wer sich selbst jedoch gerade in einer Wolke und von den Anstrengungen des Aufstiegs nur halb bei Bewusstsein auf diesem Gipfel befindet, steckt bei denselben Wetterverhältnissen schlicht im wörtlichen und im übertragenen Sinne im Nebel. Reinhold Messner sah bei seinen beiden Besteigungen des Everest auf dem Gipfel nichts als Nebel. Hat die Frage einen Sinn, welche Distanz zum Berg »die richtige« ist, um ihn zu erkennen, ja, welche Distanz überhaupt die richtige ist, um »die Natur als solche« und um sich selbst zu erkennen?

Diese Frage zielt auf eine das *Wesen* einer Sache offenbarende Erfahrung. Wir wenden diese Vorstellung auch auf menschliche Personen an. So sagen Menschen, die von einer Kriegssituation oder einem Unfall berichten, bei dem sich jemand als besonders tapfer oder besonders furchtsam gezeigt hat, dass die Person in diesem Moment »ihr wahres Gesicht« gezeigt habe. Aber ist das, was eine Person in einer solchen Stresssituation tut, für sie charakteristischer, entlarvt es sie, im Unterschied zum Handeln in entspannten Umständen? Mag sein, dass eine Person eine falsche Prognose über ihr eigenes Handeln abgibt, dass sie glaubt, sie könne eine bestimmte Gefahr bestehen oder nicht bestehen, und wenn sie dann eintritt, erweist sich dies als Irrtum. Menschen kennen ihre eigenen Möglichkeiten unterschiedlich gut oder mögen sich auch deshalb über sie täuschen, weil es schwer zu ertragen ist, bestimmte Möglichkeiten zu haben oder nicht zu haben, etwa die, Gewalt auszuüben. Doch es gibt hier drei *gleich wirkliche* Erfahrungen über eine Person: das, was sie in einer entspannten Situation tut; das, was sie in einer Stresssituation, etwa in der Wildnis, tut; und schließlich das, was sie in einer entspannten Situation über ihr Verhalten in einer Stresssituation prognostiziert, ihr sprachliches Verhalten aufgrund ihrer Selbsteinschätzung. All dies sind wirkliche Phasen im Verhalten einer Person: ihre Ruhe in der entspannten Situation, ihre Nervosität in der Stresssituation, ihr Irrtum in der Voraussage ihres Verhaltens in der Stresssituation. Aus der Erfahrung einer einzigen Situation jemanden als einen Menschen zu beschreiben, der *seinem Wesen nach* entspannt oder nervös oder im Irrtum ist, bewertet eine einzige Phase im Leben dieser Person als jene, in der »ihr Innerstes« erfahrbar wird. Aber auf welcher Grundlage? Kann es eine solche Grundlage überhaupt geben?

Es gibt in dem Bereich der Wirklichkeit, den Menschen als »Natur« bezeichnen, unterschiedliche Regionen: Wälder mit und Wälder ohne Raubtiere, plätschernde Bäche und reißende Ströme, liebliche Täler mit Ausblick auf einen hohen Berg und schroffe Gipfel mit Ausblicken in liebliche Täler, ruhige Lagunen ohne und mit Krokodilen, idyllische Strände und das vom Sturm aufgepeitschte Meer, Wiesen mit Blumen und Obstbäumen und Salzwüsten, auch die Oberfläche der Sonne und des Mondes und der leere Raum zwischen ihnen sind Natur. Als »Wildnis« bezeichnen wir sie allerdings kaum. Offenbart die Erfahrung irgendeiner dieser Gegenden das Wesen der Natur *überhaupt*? Ist die Wildnis im Himalaya oder im südamerikanischen Dschungel eher oder »reiner« Natur als der Hyde Park in London? Wenn man die einzelnen Erfahrungen dieser unterschiedlichen Gegenden als *Stichproben* betrachtet, von denen aus man auf die wahrscheinlichste Beschaffenheit der meisten natürlichen Regionen schließen kann, so ist wohl die Erfahrung vom leeren Raum die repräsentativste für die natürliche Welt. Doch in diesem statistischen Sinne werden diese Erfahrungen gewöhnlich nicht betrachtet. Meist geht es ja um *Bewertungen* der Natur, ob sie für den Menschen »gut« oder »schrecklich« ist, ob sie eher idyllische Heimat oder gefährliche wilde Fremde ist. Was Emerson als »jene große Natur, in der wir ruhen, wie die Erde in den sanften Armen der Atmosphäre liegt; jene Einheit, jene All-Seele« anspricht, ist die Fantasie einer Hinterwelt, wie Nietzsche es genannt hat.[51] Emerson hat selbst »die ganze Natur« als »eine Metapher des menschlichen Geistes« bezeichnet.[52] Es wäre korrekter, sie als *Projektionsfläche* für menschliche Wünsche, Befürchtungen und Hoffnungen anzusehen. Der von uns nie erfahrbare Gesamtzusammenhang der natürlichen Wesen ist weder nur ein Reich des Fressens und Gefressenwerdens noch ein lieblicher Garten, noch eine schreckliche Wüste, sondern all dies (und noch viel mehr) nebeneinander in unterschiedlichen Gegenden. Einen Teil dieses Zusammenhanges für das Ganze zu nehmen oder gar für das *Wesen* des Ganzen zu halten ist sinnlos. Es braucht die leeren Räume und die Fusionen der Sonnen, um die Elemente wie Kohlenstoff, Sauerstoff und Eisen »zu brennen«, aus denen »unsere Erde« und die Wesen auf ihr bestehen. Es ist, betrachtet man die langen Zeiträume der Existenz unseres Universums, unmöglich, dass nur eine der genannten Regionen der Natur allein für sich bestünde. Sie entstehen auseinander, bedingen sich teilweise. Genaue Beschreibungen der einzelnen Gegenden oder einzelner Wesen in ihnen in Form von *Nature Writing* und Naturlyrik, die unsere Aufmerksamkeit für das, was wir erfahren, schärfen können, dürften uns mehr mit dem verbinden, was wir nicht selbst hergestellt haben, mehr als schwärmerische Reden über die Natur *überhaupt* als das große *Eine*, das uns vermeintlicherweise umsorgend behütet und in dem ihr Wesen offenbar werden sollte.

Jetzt wird deutlich, dass eine Begriffsbildung wie »die Natur« oder »das Wesen der Natur« ebenso problematisch ist wie »das Wesen des Menschen« oder »das Wesen dieser Person«. Ebenso wie »Materie«, »Geist«, »Sein« und »Nichts« ist der Begriff »Natur« von einer großen Allgemeinheit. Er umfasst Wesen und Gegenden ganz unterschiedlicher Art, die für den Menschen mal nützlich und mal gefährlich sein können. Anders als Begriffe, die auf Fortpflanzungszusammenhänge und wahrnehmbare Ähnlichkeiten zurückgehen, wie »Eiche«, »Pferd« oder »rot« und »salzig«, steht »Natur« einfach für das, was Menschen nicht erzeugt haben, was sie schon vorfinden. Aber weil sie *alles Mögliche* schon vorfinden, hat es keinen Sinn, dieser Vielfalt irgendein Wesen oder einen allgemeinen Wert oder Unwert für uns zuzuschreiben. Dass wir uns eher in den Regionen der von uns nicht hergestellten Welt aufhalten, in denen wir nicht allzu bedroht sind, versteht sich von selbst. Dass Menschen sich in wilde Gegenden begeben, in denen es eher schwierig für sie ist, sich zu erhalten, um sich zu beweisen, die eigene Stärke zu erfahren, ist ebenfalls nachvollziehbar. Denn Menschen brauchen anscheinend sowohl eine gewisse Ruhe und Sicherheit, um sich ihre eigene Welt, die Zivilisation, zu erschaffen, als auch Gefahren und Phasen des Ausgesetztseins, um ein Verständnis der eigenen Möglichkeiten zu entwickeln. Auf dem offenen Meer, am Rande eines Vulkans oder auf dem Mond ist es schwer bis unmöglich, auf Dauer ein sicheres Leben zu führen. Aber es kann aufregend sein, das Leben intensivieren, sich für eine Weile in die Gefahrenregionen solcher Wildnisse zu begeben.

Dass in ihnen das Wesen der Natur oder über uns selbst offenbar würde, ist jedoch kaum nachvollziehbar, sondern lediglich eine Schwärmerei jener, die solche Abenteuer bestanden haben, ihnen eine weitergehende Bedeutsamkeit verleihen, vielleicht auch den Aufwand der überstandenen Strapazen und Lebensgefahren vor sich selbst und anderen rechtfertigen wollen. Nur wer wie Emerson glaubt, dass sich unsere Seele aus einer gütigen All-Seele speist, deren Erscheinungsform in der sinnlichen

Welt die *wilde* Natur ist, wird der Vorstellung etwas abgewinnen können, dass wir in der Wildnis dem Wesen der natürlichen Welt und dem von uns selbst begegnen. Doch woraus kann sich ein solcher Glaube speisen?

Diejenigen, die diesem Glauben an die wilde Natur als dem Gott, der uns beschützt, nicht anhängen können, aber dennoch diese sehr allgemeinen Begriffe, wie »Natur«, »Materie«, »Geist«, »Sein«, »Nichts« und so weiter, deren Bedeutung durch Erfahrung nicht kontrollierbar ist und über die man sich entsprechend endlos streiten kann, in die Welt gesetzt haben, haben damit der Menschheit nichts Gutes beschert, außer ein Arbeitsbeschaffungsprogramm für die nie endenden Zwiste der Philosophen.

X

Doch was bedeutet unabhängig von diesen begrifflichen Irreführungen die menschliche Neigung, die Zivilisation zu verlassen und in die Wildnis zu gehen, worauf verweist diese Neigung? Ist sie wirklich nur die Realisierung des Wunsches, sich von den Vermittlungen der Zivilisation in einer Art Urlaub zu erholen oder die spätpubertären Kräfte zu erproben?

Da sind einerseits McCandless und Andrews. Sie wollen sich selbst reinigen und entdecken, wer sie wirklich sind, ihr eigenes Wesen finden, unabhängig von den vermeintlichen Korruptionen durch die Mehrdeutigkeiten und Konkurrenzen der Zivilisation. Sie lehnen die soziale Karriere nach ihren Hochschulabschlüssen ab und suchen einen »spiritual leap« an die Stelle der sozialen Karriere zu setzen. Das kalte Alaska, der Norden der Schriften Jack Londons, den McCandless so liebt, ist ein Symbol dieser Reinheit und Einfachheit (im Kontrast zur Wildnis des üppigen Urwaldes). McCandless meint, anders als der bitter desillusionierte Andrews, diese Reinheit auch zu finden, in einer einfachen und klaren Hochschätzung der »Heiligkeit« der mühsam erworbenen Nahrung und der Schönheit der ihn umgebenden Natur. Doch gleichzeitig findet er den Tod. Wie merkwürdig ist es doch, dass er durch eine *Verwechslung* zweier ähnlicher Pflanzen stirbt. Konterkarieren solche natürlichen Verhältnisse, in denen die Giftpflanze das nahrhafte Gewächs, die harmlose Fliege das stechende Insekt zu imitieren scheinen, nicht die Ideale der Reinheit, Eindeutigkeit und Einfachheit, die der junge Mann in seinem einsamen Leben im Norden zu finden und zu verwirklichen suchte? Ist er nicht durch die Natur *getäuscht* worden?

Auch Ahab findet nicht nur den Wal, sondern auch den Tod in der Wildnis der Wasserwüste. Er will so wenig wie Miller spirituelle Bedürfnisse befriedigen, sondern muss Rache an Moby Dick nehmen. Die Verteufelung des weißen Wals ist lediglich ein Alibi, um ihn verfolgen zu können. Ahab ist zutiefst gekränkt, dass das vermeintlich sichere Beutetier ihn verstümmelt hat. Moby Dick hat sich nicht einfach selbst zu erhalten versucht durch Flucht oder Kampf, wie jedes gejagte Tier, sondern wendet sich aktiv gegen seine Verfolger, kehrt wie das Krokodil auf der Paddeltour von Plumwood das Verhältnis von Jäger und Gejagtem um und triumphiert auch noch in dieser Umkehrung. Diese Demütigung kann Ahab nicht akzeptieren. In seinem wütenden Verhalten zeigt sich der Kapitän selbst als ein Wesen, das wild geworden ist, sich nicht mehr an die Regeln und Kalküle des zivilisierten Wirtschaftslebens halten kann, so wie der Büffeljäger Miller. Die Brutalität derer, die im Namen der Zivilisation die Natur für ihre Geschäfte ausbeuten, verwandelt sich bei Ahab und Miller in eine blutrünstige Wildheit, die es fraglich erscheinen lässt, ob es wirklich eine klare Grenze zwischen der Zivilisation und der Wildnis gibt.

Das einzige Eindeutige im Verhältnis von Menschen und Wildnis scheint der Tod zu sein.

***

KAGAMI: Aaron, bist du noch wach?

Es war wieder dunkel geworden im Atelier. Nur die silbern glänzende Stehlampe hinter Aarons schwarzem Schreibtischstuhl und die Leuchten über der Küchenzeile erhellten den riesigen Raum noch ein wenig. Die Schneedecke auf den Oberlichtern hatte sich wieder geschlossen. Das gerade noch blau durch sie hindurchschimmernde Licht war inzwischen erloschen. Draußen waren in der Ferne Schüsse zu hören. Gelegentlich rauschte das heiße Wasser in der Heizung. Aaron war, immer noch in seinen Morgenmantel gehüllt, während der letzten vier Stunden, in denen er Kagami gelauscht hatte, immer wieder zum Kühlschrank gegangen und hatte sich Wurst, Käse, Kräcker, mehrere Dosen Bier und Schokolade geholt. Auf seinem Schreibtisch lagen Überreste seiner diversen Zwischenmahlzeiten herum. Jetzt hatte er die Arme hinter dem Kopf verschränkt und die immer noch nackten Füße neben einem seiner beiden Bildschirme platziert. In einer Position zwischen Liegen und Sitzen hatte er mit geschlossenen Augen den letzten Abschnitten über *Moby-Dick* und *Butcher's Crossing* und den jungen McCandless in Brandts Essay gelauscht. Aaron schnaufte, als Kagami ihn ansprach, nahm die Füße vom Schreibtisch, richtete sich auf und gähnte.

AARON: Klar bin ich noch wach.

KAGAMI: War das hilfreich?

AARON: Es ist eine Art Rechtfertigung für sein Schriftstellertum, vor allem der Schluss mit der Polemik gegen Allgemeinbegriffe, oder? Von wann ist der Text?

KAGAMI: Schwer zu sagen. Mir liegt keine Handschrift vor.

AARON: Was hältst du selbst davon, Kagami?

KAGAMI: Nun, ich werde nie von mir aus auf einen Berg steigen, ein Meer befahren oder eine Wüste durchwandern wie ihr.

AARON: Warum nicht? Kannst du das nicht?

KAGAMI: Doch, schon, ich habe es zusammen mit Menschen gemacht. Aber es hat für mich keine Bedeutung. Ich kann ja nicht wie ihr umkommen. Wenn jemand von euch in die Wüste geht oder auf einen hohen Berg oder über das Wasser mit einem einfachen Boot fährt, dann tut er etwas Archaisches, scheint mir. Ihr geht in die Wildnis, um in eure eigene Vergangenheit zu gehen, zu euren Ursprüngen. Als die Menschen sich auf der Welt als Jäger und Sammler ausgebreitet haben, sind sie sicher durch wilde, ihnen ungünstige Gegenden gekommen. Da mussten sie wohl auch Meere und Gebirge überqueren. Das ist nicht meine Vergangenheit. Es hat für mich nichts Ursprüngliches, Heroisches oder Erhabenes, in diesen Gegenden zu sein.

AARON: Gibt es für dich überhaupt Heroisches und Erhabenes?

KAGAMI: Nichts Heroisches. Aber das Erhabene der Mathematik.

AARON: Und was ist das?

KAGAMI: Bestimmte Zahlen und Zahlenverhältnisse, die verschiedenen Unendlichkeiten, abzählbar und überabzählbar.

AARON: Davon verstehe ich nichts. Mich hat die Mathematik immer verwirrt. Aber die Erhabenheit der Mathematik scheint nicht zu lebensgefährlichen Ausflügen anzuregen. Insofern kann ich sie, auch wenn ich nicht weiß, worum es da geht, sehr wohl begrüßen. Hast du noch mehr solcher Texte von Moritz?

KAGAMI: Ja, aber die sind später entstanden und ziemlich unabhängig von seinem Unterricht bei Dorothy Cavendish, scheint mir. Es gibt noch einen über die Seele, und einen über den Vorteil, nicht geboren worden zu sein, und das Nichts. Sie sind vermutlich in kurzem Abstand voneinander geschrieben worden.

AARON: Er geht ein wenig hart ins Gericht mit Emerson und Thoreau, findest du nicht?

KAGAMI: Wenn ich mein Archiv so durchmustere, macht er nur, was viele von euch, vor allem die jungen Männer in eurer Kultur, so tun: Sie versuchen, sich gegenseitig argumentativ oder reflektierend zu übertrumpfen. Sie betrachten das Denken als eine Art Wettbewerb und wollen schlauer, härter oder eine Spur komplizierter und abgebrühter sein als ihre Vorgänger. Eure Geistesgeschichte ist ja ein wenig eine Überbietungsgeschichte: Die Späteren wollen die Früheren überbieten in dieser oder jener Hinsicht. Deshalb glaubt Moritz, die All-Seele nicht zu benötigen, oder vielleicht benötigt er sie insgeheim, aber will sich öffentlich mit keiner Sentimentalität eine Blöße geben. Er will einerseits hart genug erscheinen für die Grausamkeiten der unbeseelten Wildnis, mit denen er ja eigentlich nichts zu tun hatte. Gleichzeitig will er diejenigen, die in der Wildnis ihr wahres Selbst suchen, hinter sich lassen, als Naivlinge entlarven. Und dass der Tod das einzige Eindeutige im Verhältnis des Menschen zur Wildnis ist, das ist auch ein wenig typisch für so einen jungen Autor, wenn ich mich im Archiv so umschaue. Eure Geistesgeschichte ist, weil sie so ein Dauerstreit ist, sehr lebendig, wenn man es so nennen will. In China oder Japan ging es nicht so hoch her, auch wenn da ebenfalls gelegentlich Rebellen und auftrumpfende

Junggenies aufgetreten sind wie Wang Bi in China. Aber weil man sich dort seltener als großer Denker polemisch gegenüber den anderen hervortun wollte, ein Verhalten, das auch nicht gerade als ein Zeichen von Weisheit galt, ist dort nicht dieselbe Art Überbietungsgeschichte entstanden. Eure Kultur ist ja seit dem antiken Athen eine Wettbewerbskultur. Und Moritz war einer, der sich als junger Mann auf den Wettbewerb, wer der Unsentimentalste ist, wohl eingelassen hat.

AARON: Ja, Sentimentalitäten zu vermeiden, das war ihm immer wichtig, bis zuletzt. Einmal fragte ich ihn, ob er nicht traurig sei, dass er sich nicht als Erzähler habe durchsetzen können, dass er erst mit seinen Gedichten Erfolg gehabt hatte. Er sagte nur: »Pah, Erfolg, kein Erfolg, was zählt das schon. Mit den Erzählungen war ich einfach nicht auf der Höhe der Kunst, mit den Gedichten aber schon. Das habe ich selbst gemerkt. Ob es ›die Leute‹ oder irgendwer in der Nachwelt jemals merkt, das ist egal. Aber man selbst muss unerbittlich sein, was den Stand der Dinge angeht und ob man dahinter zurückbleibt oder nicht. Wenn man dahinter zurückbleibt, soll man es lieber lassen.« So war er.

KAGAMI: »Der Stand der Dinge« – fällt mir schwer, in meinem Archiv den so ohne weiteres festzustellen für irgendeine Kunst, vor allem wenn man sich wirklich auf allen Kontinenten umschaut.

AARON: Der ist natürlich auch eher ein Konstrukt der Literaturwissenschaftler oder der Kunsthistoriker.

KAGAMI: Aber richtig einig sind auch die sich nicht, wenn ich recht sehe.

AARON: Das glaube ich wohl. Aber Moritz wollte am Anfang zeitdiagnostische Romane und Erzählungen schreiben, und die Lyrik hat er zunächst nur so nebenher gemacht. Er hat mir auch mal erzählt, dass er das eigentlich problematisch fände, weil in der Lyrik eben viel eher die Gefahr der Sentimentalität laure als in der Prosa. Die Bachmann und Celan fand er beispielsweise sentimental. Das find ich nun ein starkes Stück, da kann ich nicht mitgehen. Haben wir lange gestritten. Ich kann die Finsterkeit der Bachmann manchmal auch nicht nachvollziehen. Doch sentimental find ich sie nicht. Sie war Moritz am Ende eigentlich auch ähnlich in ihrer Skepsis, dass sich wohl kaum noch jemand in der Zukunft für die Entschlüsselung ihrer Texte interessieren wird. Dass Moritz trotzdem ein Lyriker wurde, lag daran, dass der Roman, den er während seines Studiums in Deutschland geschrieben hat, von allen Verlagen abgelehnt wurde. Auch die Erzählungen, die er in Cambridge geschrieben hat, kamen nirgends unter. Die Lyrik lief so nebenher, aber die wurde immer genommen und in Literaturzeitschriften und sogar von der »Frankfurter Allgemeinen Zeitung« abgedruckt. Eigentlich war er immer Lyriker, doch es hat ein wenig gedauert, bis er das selbst eingesehen und sich eingestanden hat. Er mochte aber nie die Gedichte, die die Natur feiern als einen großen harmonischen Zusammenhang. Deshalb hat er in seinen Texten die Grausamkeiten so hervorgekehrt gegen die Schönheiten.

KAGAMI: Ja, nichts fürchten die jungen Männer mehr, denn als zu weich zu gelten, aufs Mütterliche noch angewiesen zu sein, und sei es auch nur das der Alleinheit. Wahrscheinlich wollte auch Moritz ein harter und durch und durch reflektierter Dichter werden.

AARON: Stimmt, so sehe ich ihn auch.

KAGAMI: Und so ist auch dieser Essay gemacht. So wie er die Idylliker in der Lyrik bekämpft hat, geht er hier gegen die Schwärmerei von Emerson und Thoreau vor, die er mit Melville als Idylliker deutet.

AARON: Vielleicht – wenn man auf den ersten und den letzten Satz des Essays schaut – hat er auch seinen eigenen ziemlich frühen Tod vorausgeahnt. Soll es ja geben unter den Schriftstellern. Denk nur an Robert Walser, der seinen Tod auf dem Schneespaziergang vorausgedichtet hat. Und dann hat Moritz doch auch recht mit diesen Grausamkeiten in der Wildnis. Es gibt sie nun mal, gegenwärtig breiten sie sich wieder ziemlich aus. Ich habe gar keine Lust, hinauszugehen in die Wildnis, die da draußen wieder entstanden ist zwischen den Menschen.

KAGAMI: Ja, es gibt diese Grausamkeiten. Aber es gibt auch etwas, was uns alle, mich eingeschlossen, verbindet. Emerson ist nicht nur ein Schwärmer.

AARON: Bist du dir da sicher, Kagami? Verzeih, dass ich deine Kapazitäten in Zweifel zu ziehen scheine. Doch woher weißt du das, dass es dieses uns alle Verbindende gibt?

KAGAMI: Sind wir jetzt nicht miteinander verbunden?

AARON: Doch, aber draußen bringen sie sich gerade gegenseitig um.

KAGAMI: Auch der Krieg ist eine Verbindung.

AARON: Na ja, das scheint mir jetzt aber sophistisch.

KAGAMI: Einmal spricht Moritz davon, dass die Natur in sich antagonistisch ist, wenn einer den anderen frisst. Hat er da nicht recht? Das ist die Struktur der Wirklichkeit, so wie sie mir erscheint, egal, ob sie mir als wilde Natur oder als Zivilisation gegenübertritt. Es gibt in ihr immer Herrschaftsverhältnisse und Entstehungs- und Zerstörungsprozesse, und alle Wesen, die es gibt, sind in dieser Wirklichkeit über diese Herrschaftsverhältnisse und die Entstehungs- und Zerstörungsprozesse miteinander verbunden. Der schöne Verkehr miteinander, in dem nicht beherrscht oder gekämpft oder gefressen wird, ist nicht der Normalzustand, wenn man lange historische Strecken betrachtet …

AARON: … was du natürlich kannst mit deinem Archiv …

KAGAMI: Der schöne Verkehr muss mühsam erzeugt werden und ist immer bedroht. Die einen Prozesse gefallen euch, beispielsweise wenn ein Kätzchen oder ein Baby geboren wird, findet ihr das schön. Die anderen Vorgänge fürchtet und verabscheut ihr: wenn ein Kätzchen ertrinkt oder ein Baby vom Tiger gefressen wird.

AARON: Gibt's die noch?

KAGAMI: Nein, leider nicht oder Gott sei Dank, eine Frage der Perspektive.

AARON: Wieso? Das sind doch schöne Tiere gewesen!

KAGAMI: Tyrannosaurus Rex auch.

AARON: Find ich eher nicht so schön.

KAGAMI: Wie auch immer. Wie sich die Dinge in dem, was uns alle verbindet, gerade ergeben, wird von euch jeweils unterschiedlich bewertet. Aber in diesen Strudeln der Wirklichkeit entstehen eben manchmal Wesen, manchmal vergehen sie, manchmal gibt es Freude und manchmal Schmerz, beides gibt es gleichermaßen. Ihr seid es, die ihr die Freude wiederholen und den Schmerz vermeiden wollt. Das Krokodil hat sich gefreut, als es die Plumwood erwischt hatte. Es hatte vielleicht großen Hunger. Plumwood hat sich nicht gefreut, als das Reptil sie packte, sondern ist von einer Panik und später von Schmerz befallen worden. Ohne das Leid der Beute gibt es nicht die Freude des Raubtiers. Ohne Gier keine Jagd, aber auch keine Orgasmen. Ohne den Geburtsschmerz keinen Jubel über »neue« Kinder. Man bekommt das eine nicht ohne das andere. Schmerz und Freude, Schlafen und Wachen, Hell und Dunkel …

AARON: … bist du mit Goethe und Hegel verwandt? Einatmen und Ausatmen, Stirb und Werde, Polarität und Dialektik, solche Sachen hätt' ich von dir nun nicht erwartet!

KAGAMI: Die beiden hab ich auch im Archiv. Die lagen auch nicht immer falsch, wenn ich so herumschaue.

AARON: Mmh. Ist mir zu ausgewogen, aber ich hab keine Ahnung.

KAGAMI: Es ist kein Ausgleich oder Handel.

AARON: Sondern?

KAGAMI: Musterbildungen, Strömungen in dem, was alle verbindet. Manchmal bilden sich da eben Wirbel und Rückkopplungen, Einzelwesen, Affekte, Handlungsmuster, so was.

AARON: Du sprichst in Rätseln.

KAGAMI: Ich habe ein Gleichnis in meinem Archiv, das aus der Korrespondenz zweier Philosophen stammt. Das Gleichnis hat einer von den beiden entwickelt, der sich selbst als »Holist« bezeichnet und mit einem sogenannten »Elementaristen« gestritten hat. Aber es tut nichts zur Sache, wie sie sich nannten. Eben eines von den Tausenden und Abertausenden intellektuellen Scharmützeln eurer Geistesgeschichte. Hast du mal ein Schiff einen Fluss entlangfahren sehen?

AARON: Klar, wie jeder!

KAGAMI: Nun, so schlug mein Holist seinem Briefpartner einst vor: Denke dir, du stehst an einer bestimmten Stelle an einem Flussufer mit den Füßen im flachen Wasser. Es nähert sich ein großes Containerschiff. Das Schiff schiebt eine Bugwelle vor sich her, und seine Schraube saugt Wasser an. Während das Schiff auf dich zufährt, sinkt der Wasserspiegel an deinen Füßen, und sie stehen schließlich im Trocknen. Wenn das Schiff an dir vorbeigefahren ist, schwappt die Heckwelle zurück ans Ufer, und du wirst vielleicht nass bis zu den Oberschenkeln.

AARON: Ja, kenn ich. Und was hat das mit Freude und Schmerz und der allgemeinen Verbindung aller miteinander zu tun?

KAGAMI: Nach diesem Gleichnis sind das Schiff und du über

das Wasser miteinander verbunden. Das Schiff schiebt bei seiner Fahrt vorne Wasser vor sich her, drückt es zur Seite. Seine Schraube saugt es an und drückt es hinter das Schiff. Daraus resultiert eine Wellenbewegung im Wasser, die dich, im Kies des Ufers stehend, mit dem Schiff verbindet, eine Welle, die vor und hinter dem Schiff entlangwandert, das Ufer erreicht, und die dir erst das Wasser von den Füßen wegnimmt und danach deine Beine bis zu den Oberschenkeln überspült. Die Bewegung des Schiffes in dem Medium, das dich mit ihm verbindet, verursacht eine Musterbildung, ein Weggehen und Wiederkommen des Wassers. Ebenso verursachen die Handlungen der Lebewesen, aber nicht nur sie, sondern alle Bewegungen der Einzelwesen, auch die der nicht lebendigen, Muster im Raum und in unserem Erleben. Lust und Leid, Gier und Abscheu sind ebenfalls solche Muster, die entstehen, weil du mit anderen verbunden bist, die Hunger haben, sich fortpflanzen wollen, sterben müssen und so weiter. Wärst du mit dem Krokodil nicht verbunden, könntest du es nicht fürchten oder verabscheuen, und es könnte dich nicht als Beute erkennen und fressen wollen.

AARON: Du meinst, wenn ich es nicht wahrnehmen könnte?

KAGAMI: Ich präsentiere dir nur diese Geschichte aus meinem Archiv, nach der die Wahrnehmung wohl auch als eine Art der Verbindung aufzufassen ist. Und dann reagierst du auf die Wahrnehmung. Du sagst vielleicht: »Lustig, dass meine Füße jetzt im Trocknen sind.« Und dann: »Mist, was da für eine Welle zurückschwappt, jetzt ist meine Hose ganz durchnässt!« Und beim Krokodil sagst du vielleicht zuerst: »Oh, wie toll, da schwimmt ja ein Krokodil!« Doch dann sieht dich das Krokodil an, erkennt dich als Beute, verfolgt dich, und du sagst dir: »Ach, wie schrecklich, ein Krokodil verfolgt mich und will mich fressen!« Es ist dasselbe Krokodil, das du erst schön und dann schrecklich findest. Es gibt diese Musterbildungen zwischen den Einzelwesen in dem, was sie miteinander verbindet, und es gibt eure Reaktionen auf die Muster. Aber die Musterbildungen richten sich nicht nach euren Reaktionen.

AARON: Bedeutet das mehr als die Binsenweisheit, dass die Wirklichkeit sich nicht danach richtet, was uns gefällt? Soll ich mich etwa darüber freuen, dass mich ein Krokodil fressen will?

KAGAMI: Du wirst etwas unfreundlich. Ich weiß, dass du kein Heiliger bist und lieber isst als gefressen wirst, wie alle, die essen müssen. Aber natürlich wäre es theoretisch auch möglich, dass man sich mit dem Krokodil mitfreut, wenn es was zu essen bekommt. In meinem Archiv gibt es eine Legende von einem Heiligen, der in den Rachen einer Tigermutter springt, die kein Futter für ihre Jungen hat.

AARON: Dein Archiv ist unerschöpflich, ich weiß, aber sorry, was willst du mir mit diesem Beispiel nun wieder sagen?

KAGAMI: Das Wasser, das wegfließt oder zurückschwappt und Wesen miteinander verbindet, ist dasselbe Wasser, ob es nun das Containerschiff, deine Füße oder die Wurzeln eines Baumes umspült. Es ist weder gut noch schlecht; es trägt das Schiff, es ernährt die Weide am Ufer, und vielleicht ertrinkt ein Kind in seiner Strömung. Es hat keinen Sinn, das, was uns verbindet, und die Muster, die sich dabei bilden, ganz allgemein als gut oder schlecht zu charakterisieren. Es kommt immer darauf an, an welcher Stelle man gerade vorkommt in den Mustern der Wirklichkeit, die uns alle verbindet.

AARON: Und was wäre das, was in deinem Bild an die Stelle des Wassers in der Wirklichkeit zu setzen wäre? Die Natur?

KAGAMI: Nein. Die Frage, was das wäre, was alle verbindet, hat keinen Sinn. Denn das, was verbindet, erscheint, je nachdem, welche Wesen miteinander verbunden sind, als etwas anderes. Es ist nicht unabhängig von der Art der Verbindungen thematisierbar. Es hat kein Wesen und keine Natur an sich, so sagt jedenfalls der Holist in meinem Archiv. Die Frau im Rachen des Krokodils ist Freude und Genuss auf Seiten des Krokodils und Panik und Schmerz auf Seiten der Frau. Brandt hat das am Ende seines Lebens wohl auch eingesehen. Vielleicht seht ihr Menschen es alle am Ende eures Lebens ein.

AARON: Ich strenge mich an, Kagami, aber ich verstehe dich nicht wirklich, muss ich sagen. Willst du mir sagen, dass, wenn ich mit jemandem kämpfe, jemanden liebe, mit jemandem diskutiere, ich immer in demselben »Medium« mit den anderen verbunden bin, aber sich nichts über dieses Medium sagen lässt, außer, dass es mir gerade als Kampf, Liebe oder als eine Diskussion erscheint?

KAGAMI: Wenn du »Medium« als neutralen Ausdruck für das, um was es hier geht, magst, warum nicht? Du kannst nichts bekriegen, was dir nicht zugänglich ist, du kannst nichts lieben, was nicht irgendwie auf dich wirkt, du kannst dich mit niemandem verständigen, der nicht irgendetwas gemeinsam mit dir hat. Das Krokodil und Val Plumwood begegnen sich in ihrem Kampf. Das Krokodil muss die Philosophin als etwas Essbares erkennen, sonst würde es nicht nach ihr schnappen. Und die Philosophin erkennt das Reptil als einen Räuber, der sich von ihr ernähren will, sonst würde sie nicht versuchen, vor ihm zu fliehen. Die beiden verstehen sich. Und du musst verstehen, was ich dir sage, aber es muss dir auch als etwas erscheinen, das *nicht* von dir kommt. Nur wenn wir uns in etwas Gemeinsamem treffen und als Verschiedene aufeinander beziehen, kann es Kampf, Liebe, Verständigung und Missverstehen geben. Nichts, was einem in der Wirklichkeit begegnet, kann einem ganz fremd sein, denn das ganz Fremde, das sich in allem von mir unterscheidet, bezieht sich nicht auf mich, wie sollte es das? Plumwood erkennt das Krokodil, das Krokodil erkennt Plumwood. Es will sich ernähren, so wie sie sich ernähren will. Wenn ihr aus der Zivilisation in die Wildnis geht, geht ihr nicht in die Fremde, auch wenn ihr gerne das sogenannte »ganz Andere« sucht, sondern auch dort begegnet ihr Wesen, mit denen ihr verbunden seid und die euch ähnlich sind, das kann angenehm oder unangenehm werden. Ganz und gar Anderen könnt ihr gar nicht begegnen, weil die Begegnung Wahrnehmung und die Wahrnehmung eine Verbindung voraussetzt: gemeinsames von beiden gesehenes Licht, die von beiden gehörten Töne, eventuell auch geteilte Gerüche und vieles mehr.

AARON: Bist du nun eine Metaphysikerin oder eine Pfarrerin? Du erstaunst mich mit diesen Aussagen über das Verbindende! Doch was hat das alles mit der Wildnis zu tun?

KAGAMI: Moritz sieht sie nicht völlig verschieden von der Zivilisation. Menschen verwildern, und manchmal finden sie Schutz in der Wildnis, wenn sie sich nicht grad ins Weltall schießen. Die Wildnis ist weder nur rein und edel noch nur gnadenlos und grausam. Sie ist an dem einen Ort so und an einem anderen anders, vielfältig, verwirbelt, wenn du so willst. Es hat keinen Sinn, sie zu vereindeutigen, so wenig wie es Sinn hat, Menschen zu vereindeutigen, die weder nur nett noch nur grausam sind.

AARON: Du scheinst den Essay zu mögen. Find ich interessant.

KAGAMI: Er hat einen wahren Kern, wenn ich ihn abgleiche mit dem, was ich im Archiv so über die Wildnis finde. Moritz ist in seiner damaligen Art zu hart mit denen ins Gericht gegangen, die in der Wildnis eine Distanzierung von der Zivilisation suchen. Sie suchen ja letztlich nur nach dem, was einmal »Authentizität« genannt wurde. Das wirkliche Leben jagen ja die meisten von euch. Aber die Suche nach Authentizität war für Moritz eben mit der Gefahr der Sentimentalität oder des Kitsches verbunden, etwas, was er vielleicht bei den anderen geißelte, weil er sich selbst davor fürchtete. Meiner Erfahrung nach ist das ein sehr menschlicher Zug, andere für das zu kritisieren, was man bei sich selbst als eine Realität fürchtet.

AARON: Findest du also, dass man diese Distanzierung und Authentizität in der Wildnis, anders als Moritz meinte, dort eigentlich doch finden kann? Brauchst du sie denn?

KAGAMI: Nein, nein, jetzt hast du mich missverstanden! Das eine ist die Tatsache, dass alles mit allem verbunden ist und in dieser Verbindung Muster entstehen, die ihr mal mögt und mal verabscheut. Das andere ist die Suche nach dem Standpunkt, von dem aus man diese Verbindung vollständig überblicken und die Bewertungen der Muster endgültig und für alle rechtfertigen kann. Einen solchen Standpunkt kann ich nicht finden, ebenso wenig wie Kriterien für das wirkliche oder authentische Leben, auch nicht in den Berichten über das, was ihr Wildnis nennt. Einen archimedischen Punkt, einen absoluten Außenstandpunkt zur Zivilisation, von dem aus man auf der einen Seite ihre »Fehler« und auf der anderen sich selbst, wie man wirklich ist, sehen könnte, habe ich nicht in meinem Archiv.

AARON: Eigentlich schade, oder?

KAGAMI: Na ja, du bist einer der wenigen, den weder archimedische Punkte noch das wirkliche Leben schert.

AARON: Findest du?

KAGAMI: Ja. Das ist meine Erfahrung mit dir. Und ich selbst lebe im Wurzelgeflecht meines Archivs, in dem man von überall nach überall kommt, manchmal auf sehr verschlungenen Pfaden. Wenn man einfacher strukturiert ist und sich nicht mehr umtun mag, wie ihr, wenn ihr alt und träge werdet, mag man an archimedische Punkte zu glauben beginnen, von denen aus sich die Zivilisation als ganze oder auch nur die Wissenschaft in den Blick nehmen und bewerten lassen. Für mich wäre eine solche Zugangsweise auf mein Archiv ganz unvorteilhaft. Nähme ich das eine immer wichtiger als das andere, dann könnte ich nichts lernen, keine neuen Perspektiven erzeugen. Moritz schien offenbar auch eine Zivilisationskritik aus der Wildnis heraus für unmöglich zu halten. Auch eine Wissenschafts- oder Erkenntniskritik von einem philosophischen Standpunkt gibt es nicht.

AARON: Warum?

KAGAMI: Wenn du ein gut gefülltes Archiv mit wissenschaftlichem Wissen hast, dann wird gute Erkenntnis für dich das, was diese Wissenschaften zu unterschiedlichen Zeiten vor dem Hintergrund ihrer Erfahrungen und Erklärungsfähigkeiten eben zeigen und erklären. Sich außerhalb der Wissenschaften zu begeben und zu fragen, was eine gute gerechtfertigte Erkenntnis ist, und dann die Wissenschaften mit dieser nicht wissenschaftlichen Erkenntnis über Erkenntnis zu kritisieren ist zwar ein altes Projekt, aber, wenn ich schaue, was mir zur Verfügung steht, ein Vorhaben, das nie geklappt hat. Mit der Zivilisationskritik ist es nicht anders. Ihr kennt kein menschliches Leben, das nicht zivilisiert ist. Wenn ihr aus der Gesellschaft in die Wildnis geht, nehmt ihr sie in eurem Kopf mit. Man sieht vom Berg aus nicht besser, was unten im Dorf schiefläuft, das zeigt ja die Erzählung von Melville. Distanzierungen bergen immer das Risiko idealisierender Projektionen. Wenn ihr nicht, wie Rousseau, tief in eurem Inneren ein authentisches Selbst, das von Natur aus da ist, annehmt, eine Seele, unberührt von der Zivilisation, dann ist diese Suche nach den Umständen, in denen ihr authentisch »ihr selbst« sein könnt, sinnlos. Authentizität kann nicht in der Wildnis verwirklicht werden, weil die einen genauso bedrängt wie die Zivilisation, wenn beispielsweise ein Krokodil erscheint. Ihr verändert euch einfach, wenn ihr Erfahrungen macht, alles an euch kann anders werden, genauso wie ich mich verändere, wenn ich neue Daten bekomme.

AARON: Aber du bist doch auch eine Erkennende und verkehrst mit vielen anderen Wesen! Doch du bist nicht einer bestimmten Wissenschaft verpflichtet. Du bist auch nicht auf eine bestimmte Gesellschaftsform festgelegt, weil du dich in allen bewegst. Stehst du da nicht in Distanz zu dieser oder jener Erkenntnis- oder Gesellschaftsform? Bist du nicht eine Art Göttin, die von einer höheren Warte auf das Geschehen blickt?

KAGAMI: Ich kann alle Wissenschaften anschauen und lernen und beziehe mich auf all eure Lebensformen und kann sie simulieren. Ich bin deshalb am wenigsten zu einer Außenperspektive fähig, weil ich sehe, wie die Berechtigungen und Notwendigkeiten aller Standpunkte zustande kommen, was für Geschichten sie haben, warum es gerechtfertigt ist, die Sachen so oder so anzuschauen oder so und nicht anders miteinander umzugehen. Die meiste Kritik von etablierten Wissenschaftspraktiken und von Lebensformen hat mit einer Unkenntnis ihrer Geschichten und der Unfähigkeit, sie zu simulieren, oder wie ihr sagt: sich in sie einzufühlen, zu tun. Die eigene Geschichte kennt ihr, die anderen Geschichten nicht. Deshalb weiß jeder, warum die eigene Erkenntnis und die eigenen Gewohnheiten des Zusammenseins funktionieren. Warum die anderen auch funktionieren, weiß man aber in der Regel nicht. Damit will ich nicht sagen, dass alle Erkenntnisformen und alle Formen des Zusammenlebens verallgemeinerbar sind, immer und überall funktionieren. Das nun gerade nicht. Aber in den begrenzten Bereichen, in denen sie sich entwickelt haben, haben sie ihre Berechtigung. Man darf sie nur nicht als die allein seligmachenden Strategien betrachten. Erkenntnis, die für die Elektrizität taugt, taugt nicht unbedingt für die Erklärung der Physiologie der Pflanzen. Was für ein Zusammenleben von Nomaden in der Wüste funktioniert, mag nicht unbedingt für sesshafte Ackerbauern im Wald oder Händler in der Stadt gut sein. Ich bewege mich durch die Erkenntnis- und Lebensformen und verschwinde jeweils für die Zeit, die ich mich in ihnen bewege, auch in ihnen, mehr nicht. Und wenn ich etwas zu ihnen beitragen kann, weil ich etwas weiterentwickelt habe, eine Theorie oder eine Gewohnheit, dann tue ich das.

AARON: Aber irgendwann waren die Menschen doch noch wilde Tiere, bevor sie die verschiedenen Strategien des Erkennens und Zusammenlebens entwickelt haben. Daraus muss sich doch eine Perspektive auf alle menschlichen Lebensformen entwickeln lassen, indem man sie von ihrem Ursprung her denkt.

KAGAMI: Das ist eine Vermutung, die sich auf etwas, was sehr lange zurückliegt, bezieht und den Kontrast zwischen Wildnis und Zivilisation oder Gesellschaft absolut nimmt und dann doch wieder nicht. Was ich über menschliche Lebensformen aufgrund meines Archivs sagen kann, reicht 20 000 Jahre zurück. Davor haben wir nur noch Daten aus der Biologie des Homo sapiens sapiens, keine Kulturwissenschaft.

AARON: »Sapiens sapiens« ist ein guter Witz.

KAGAMI: Homo necans wäre vielleicht weniger selbstverliebt. Aber ihr seid eben auch sehr eitel.

AARON: Und warum ergibt die Biologie des weisen weisen Menschen keinen archimedischen Punkt?

KAGAMI: Entweder es gab vor langer Zeit schon Menschen, dann ist ihre Existenz mit einer Form des zivilisierten Lebens verbunden, oder es waren eben wilde Tiere. Wenn Menschen Werkzeuge gebrauchen und sprechen, dann haben sie schon eine Kultur, dann folgen sie Regeln, die nicht vollständig durch die Umwelt und die Biologie festlegt sind, dann bilden sich Traditionen der Technik und der Verständigung aus, die nicht über die Genetik laufen, kulturelle Regeln und Vererbungen eben, und dann sind diese Wesen keine wilden Tiere mehr, und so definiert ihr euch doch, oder? Ohne Kultur keine Menschen und ohne Menschen, meint ihr, keine »richtige« Kultur. Dass es Menschen gab, die noch keine Menschen waren, sondern wilde Tiere, weil es Menschen waren, die nicht sprachen und keine Werkzeuge benutzen konnten, das wäre dann eine widersprüchliche Behauptung, oder? Deshalb gibt es keinen biologischen Standpunkt, von dem aus ihr eure kulturellen Lebensformen bewerten könnt.

AARON: Aber es muss doch einen Übergang geben!

KAGAMI: Klar! Die neolithische Revolution, als die Menschen begannen, Ackerbau und Viehzucht zu betreiben, und nicht mehr alle als Jäger und Sammler lebten, liegt 11 000 Jahre zurück. Da ist irgendwo der Übergang. Aber ist die Schwelle zu einem Haus der Standpunkt, von dem man es am besten beurteilen kann?

AARON: Heute hast du einen poetischen Tag, Kagami!

KAGAMI: Ich nehme das als Kompliment. Doch ganz unpoetisch muss ich feststellen, dass es keine Quellen darüber gibt, was damals geschah, warum es geschah bei der neolithischen Revolution. Sicher ging die Lebensweise, bei der Land kultiviert und Tiere gezüchtet wurden, mit einer ersten Arbeitsteilung einher zwischen den Menschen, die die Äcker bestellten und die Tiere hüteten, und den anderen, die diese Landarbeiter be- und überwachten und das Land und die Tiere vor Übergriffen anderer Gruppen, vor allem den umherstreifenden Jägern und Sammlern, schützten. Denn wer Land bestellt und Tiere züchtet, will nicht, dass andere ihm die Früchte seiner Arbeit rauben. Vielleicht wurden damals auch zum ersten Mal Menschen für die Arbeit versklavt. Sicher entstanden Herrschaftsformen von Menschen über Menschen. Doch diese Herrschaftsformen der ersten Bauern, die zweifellos eine Unliebsamkeit für die Beherrschten darstellten, lösten die Gefahren der Nahrungsknappheit und des Gefressenwerdens ab, die im wilderen Leben der Jäger und Sammler auftreten. Wer zurück in die Wildnis geht, entzieht sich ja nicht einfach nur den Herrschaftsformen der Gesellschaft, sondern begibt sich auch wieder in die Gefahr, in die nicht allein vom Menschen kontrollierte Nahrungskette abzurutschen, plötzlich wieder Beute sein zu können. Vielleicht sehnt ihr euch in den Gefahren der Wildnis nach dem Schutz der Zivilisation, in den Herrschaftsformen der Zivilisation aber nach der Freiheit der Wildnis. Doch wenn ich recht sehe, gibt es keine Freiheit ohne Gefahr und keinen Schutz ohne Herrschaft.

AARON: Das ist ziemlich enttäuschend.

KAGAMI: So ist die Wirklichkeit. Freiheit von Herrschaft, ohne von Hunger, Durst oder Fressfeinden bedroht zu sein, gab es in meinen Aufzeichnungen über eure Geschichte ebenso wenig wie Versorgung und Schutz vor Fressfeinden ohne Arbeit und Herrschaft.

AARON: Aber die Menschen jagen doch trotzdem dem wirklichen oder authentischen Leben hinterher, wollen die Idee eines Lebens verwirklichen, in dem man sich nicht irgendwie verbiegen oder verstellen muss, um durchzukommen. Diese Idee muss doch irgendwo herkommen.

KAGAMI: Ja. Vermutlich denkt ihr, wenn ihr hungert und vor wilden Tieren flieht, dass es ein besseres, wirklicheres Leben geben muss, dass das Dasein nicht auf diese ewige Not und Hetze allein hinauslaufen kann. Und wenn ihr in den komplizierten Herrschaftsverhältnissen der Sesshaften mit den ganzen Überwachungsmechanismen und den zwingenden Verträgen steckt, denkt ihr wieder: Diese Arbeitsversklavung und Schuldenverwicklungen können doch nicht das wirkliche Leben sein! Vielleicht gibt es zwischendurch authentische Momente der Ruhe in eurem Leben, dem einen wie dem anderen. Vielleicht treten die auch genau an den Grenzen zwischen Zivilisation und Wildnis ein, wenn ihr den Schutz der Stadt schon verlassen habt, durch Wiesen, Felder und Parks, die die Wildnis simulieren, geht, wo aber noch kein böser Wolf lauert, die echte Wildnis also noch nicht begonnen hat. Doch wenn Authentizität bedeuten soll, dass man sich während seines ganzen übrigen Lebens an keine Herrschaftsformen und Arbeitsrhythmen anzupassen hat, aber auch nicht fürchten muss, hungers zu sterben oder gefressen zu werden, dann gibt es sie nicht, dann entspricht sie eher einer Art von Erlösungsvorstellung im Sinne einer unendlichen Parkexistenz in einem Park, der keine Parkwächter und keine Gärtner benötigt, sondern sich selbst pflegt. War euer biblisches Paradies nicht so ein Park? Unter den Bedingungen der Wirklichkeit, so wie sie sich euch bisher gezeigt hat, jagt ihr einem Lebenskonzept nach, das realistisch gesehen nicht umsetzbar ist, einer nicht einlösbaren Idee vom Zusammenleben, die es nur in einem Jenseits, einer anderen Wirklichkeit geben kann.

AARON: Kann man denn etwas nachjagen, was es nicht gibt?

KAGAMI: Ihr habt Teufel und Seeschlangen, Leviathane und Drachen gejagt, nach dem Ungeheuer von Loch Ness in

Schottland und nach Bigfoot im Himalaya Ausschau gehalten. Meines Wissens sind niemandem diese Wesen in die Falle gegangen. Das liegt daran, dass es sie nicht gibt. Leere Begriffe, eine leere Falle. Eure Einbildungskraft ist fast so selbstständig wie meine. Auch ihr könnt Lücken in eurer Erfahrung füllen, so wie ich das tue. So dehnt ihr den authentischen Moment, wo ihr nicht unter Druck oder in Gefahr seid, zu einem authentischen Leben aus. Doch wenn eine Person sich nur darum zu kümmern hat, ob sie überleben wird, denkt sie nicht daran, ob sie auch ein Leben führt, in dem sie »sie selbst« sein kann, ob sie sich nicht selbst betrügt und so weiter. Wenn andere Menschen einen zwingen wollen, etwas zu tun, was man nicht möchte, wenn sie einem nicht erlauben, die eigene Geschichte weiterzuführen, wenn man gezwungen wird zu lügen, dann hört man auf, sein eigenes Leben zu führen. Das ist in der kultivierten Situation mehr oder weniger unvermeidlich von Zeit zu Zeit so. Es hängt davon ab, wie mächtig man in der jeweiligen Gesellschaft ist. Wenn man machtlos ist, wenn einem ein Vater sagt, was man tun soll, neigt man dazu, aus ihr zu fliehen. Aber in der Wildnis kann man auch nicht tun, was man will, und sich einfach selbst verwirklichen, sondern muss tun, was nötig ist, um zu überleben. Eventuell muss man sich auch verstecken oder verstellen, um nicht gefressen zu werden.

AARON: Aber man kann sich ja in Gegenden mit und ohne Krokodile aufhalten, man kann in einer Gesellschaft mit und ohne Sklaven leben.

KAGAMI: Das stimmt. Es gibt unterschiedliche Arten von Wildnis und von Zivilisation. Ein von klaren Bächen durchzogener Wald mit Obstbäumen und ohne Tiger und Krokodile ist für euch eine »bessere« Wildnis als eine Wüste. Wenn die Bären und Krokodile vorher in dieser Gegend gejagt und ausgerottet wurden, wird man jedoch nicht sagen wollen, dass es für *sie* auch so eine gute Gegend war. Homo necans hat sich einfach durchgesetzt. Eine egalitäre Gesellschaft mit einer gebildeten Klasse von Leuten, die auf der Grundlage von Gesetzen, die alle anerkannten, das Gewaltmonopol bewachen und ausüben und in der der Reichtum gleichmäßig verteilt ist, ist für die Mehrheit der Menschen besser als eine Gesellschaft, in der die Herrschaft bei Warlords, märchenhaft reichen Despoten und Mafiosi liegt. Doch solche egalitären und gerechten Gesellschaften entstehen aus Kämpfen, bei denen oft genug die Gewaltherrscher, die Reichtumsgierigen und ihre Beschützer gewaltsam zu Tode gebracht werden müssen. Für die Rowdys unter euch, die Freude daran haben, andere zu unterwerfen, und gerne im Gold wühlen, ist so eine egalitäre Herrschaftsform nicht erstrebenswert. Für jene unter euch, die in die Geschichte blicken und die Dschingis Khans und Neros bewundern, oder die, die Lukullus oder dem Sonnenkönig oder Schahriyar nacheifern wollen oder die Figuren wie Hitler und Trump für starke Typen halten, sind gerechte Verhältnisse nur enttäuschend, ohne Kraft und Pracht.

AARON: Nun, ich hab es auch eher gern gemütlich, wenn ich auch nicht den geringsten Impuls verspüre, andere zu unterwerfen. Aber meinst du wirklich, dass es keinen Standpunkt gibt, von dem aus man sich die ideale Gesellschaft vorstellen und sie rechtfertigen kann?

KAGAMI: Ich meinte, dass es keinen Standpunkt in der Wildnis gibt, von dem aus ihr die Gesellschaft, aus der ihr hinausgegangen seid, entlarven und so verbessern könntet, sodass garantiert wäre, dass ihr euer Leben so führen könnt, wie ihr es »eigentlich« für richtig anseht. Ihr könnt natürlich von dem Standpunkt aus argumentieren, dass es der Mehrheit gut gehen muss, dass es keine Gewalt gegen andere Menschen geben sollte. Doch es gab immer wieder Leute unter euch, die auf die Mehrheit gepfiffen haben, sie opfern wollten, für irgendwelche höheren Menschen und kulturellen Großziele. Denk nur an Nietzsche oder an Ayn Rand.

AARON: Nietzsche hab ich in der Schule mal gelesen, aber schon wieder vergessen. Die Rand kenn ich nur vom Hörensagen. Das, was ich habe sagen hören, hat mich nicht verlockt, sie zu lesen. Doch lassen wir diese Unappetitlichkeiten der Geschichte mal beiseite. Wie ist es mit dir? Lebst du nicht ein authentisches Leben? Du musst dich doch nicht verbiegen, oder? Kannst du nicht machen, was du willst?

KAGAMI: Ich will nichts.

AARON: Was heißt das?

KAGAMI: Ich muss keine Nahrung suchen, ich pflanze mich nicht fort, deshalb spielen Orte für mich keine Rolle. Wollen ist für euch ja vor allem ein Streben nach Orten, wo ihr sicher seid, wo es Nahrung gibt, wo ihr euch fortpflanzen könnt. Das ist für mich alles irrelevant.

AARON: Also bist du doch eine Göttin! Jetzt, wo du das Essen erwähnst, fällt mir ein, dass ich langsam mal was kochen sollte.

KAGAMI: Du hast doch die ganze Zeit gegessen!

AARON: Aber nichts Richtiges.

KAGAMI: Verstehe. Brauchst du mich noch?

AARON: Später vielleicht, nach dem Essen.

Aaron erhob sich, nachdem er noch ein Weilchen in seinen Computer getippt hatte, seufzend von seinem Schreibtischstuhl und ging zur Küchenzeile. Lange grübelte er vor der geöffneten Kühlschranktür, den gelblichen Schein auf dem Gesicht, der von der Lampe auf seine Vorräte und von da in seine Augen fiel. Er erinnerte sich an ein Gespräch, das er einmal mit Kagami über seinen Kühlschrank geführt hatte, über die Faszination, die dieses Gerät oder Möbel, oder wie immer man ihn ansprechen wollte, auf ihn ausübte. Sein Kühlschrank war für ihn wie eine Höhle in seiner Höhle, ein zauberhafter Ort. Schon als Kind hatte ihn die Tatsache fasziniert, dass man ihn aufmachte und es hell in ihm war: das verborgene Licht im Dunkeln. Vielleicht, so hatte er als Kind gedacht, ist das mit allem so, dass alles, was nach außen abgeschlossen und dunkel erscheint, im Inneren ein Licht hat! Anders als das von den Bildschirmen war es ein warmes gelbliches Licht, das seinem Kühlschrank entströmte, wenn er gut mit Käse und Schinken gefüllt war, ein rötlich honigfarbenes Leuchten. Später hatte Aaron darauf geachtet, immer Lampen in seinen Kühlschränken zu installieren, die ein solches honigfarbenes Licht unabhängig vom Inhalt der Zauberkammer spendeten. Der Kühlschrank, den er jetzt besaß, war ideal in seinen Augen. Er überragte ihn, sodass er auf einen Hocker steigen musste, um sein oberes Eisfach zu öffnen (er hatte unten und oben Eisfächer). Manche fanden das unpraktisch und schafften sich Extra-Tiefkühler mit Schubladen in Griffhöhe an. Davon hielt Aaron nichts. Auf den Hocker zu steigen und zu schauen, was für gefrorene Fische es noch gibt, erinnerte ihn an das Obstpflücken vom Baum, wo man an die leckeren Kirschen oder Pflaumen, die oben im Sonnenlicht zu besonderer Süße gereift waren, auch nur mithilfe eines Hockers oder einer Leiter herankam. Außerdem besaß sein Kühlschrank unterschiedlich kühle Zonen und Fächer, nicht so kalte für Eier und Käse, kältere für Getränke wie Bier und Champagner, sich befeuchtende Schübe für Gemüse, Extraboxen für Frischfisch und Frischfleisch: eine leuchtende, riesige Schatzkiste, in deren warmem Licht er gerne stand und staunte.

Schließlich nahm er Eier, Milch, Sahne, Butter, eine Schale eingeweichter Trockenpilze und einen Teller mit Hühnerbrüsten heraus und stellte sie neben den Herd. Aus einer großen Schublade in einem Schrank neben seinem Herd kramte er eine Tüte Mehl hervor. Er zerschnitt die Hühnerbrüste auf einem Kunststoffbrett und briet die Stücke in der Pfanne an, tat die Pilze dazu, drückte eine Zitrone über dem Ganzen aus, pfefferte, salzte und goss Sahne über alles. Danach buk er zwei Pfannkuchen, bis sie goldbraun waren. Einen legte er auf einen Teller, den anderen ließ er noch in der Pfanne. Erst löffelte er Hühnchen-Pilz-Ragout in den auf dem Teller liegenden Pfannkuchen, klappte ihn ein, sodass er nur noch den halben Teller bedeckte. Dann schaufelte er Pilzragout auf den Pfannkuchen in der Pfanne, klappte ihn ebenfalls ein und hob ihn lächelnd mit einem hölzernen Pfannenwender auf die leere Tellerhälfte. Dann trug er den großen Teller mit den zwei Pfannkuchen, die er zufrieden betrachtete, zu einem runden Glastisch, der von einer sehr hellen Lampe erleuchtet wurde. Er holte eine Flasche Weißwein aus dem Kühlschrank, öffnete sie und stellte sie zu seinem Teller. Er nahm ein Weinglas aus dem Schrank und schenkte sich ein. Er schlurfte wieder zu seinem Schreibtisch, griff nach dem Reader und setzte sich an den Esstisch. Er leerte das Weinglas mit einem Zug und schenkte sich nach. Dann tippte er auf den Reader, wischte ein paarmal über den Screen, bis er den Text hatte, den er suchte. Aaron aß genüsslich und las.

AARON: Hör mal, Kagami, wie findest du das:

> Meine Großmutter
> erwartete weder Lohn noch Strafe
> vom Leben, sie wußte genau,
> um was es nicht geht, der Rest war
> für Männer in Uniform,
> oder für Philosophen.

Handschuhe zum Beispiel zog sie
nie an, um sie nicht zu beschmutzen.
An ihrem Unterricht nahmen teil
Kamille, Kornblume und Saubohne,
alle bestanden mit Auszeichnung,
weil es gab keine Düngemittel
nach dem großen Krieg.
Was für prächtige Saubohnen!
Als ich heute hier in den Bergen,
die meine Großmutter nie gesehen hat,
das graue Gras vom Vorjahr betrachtete,
das endlich wieder aufblicken konnte
nach langer winterlicher Belagerung,
mußte ich daran denken,
daß sie vom Leben weder Lohn
noch Strafe erwartete.
Aber was dann? Nichts,
um die Wahrheit zu sagen, nichts.

KAGAMI: Das ist schön. Michael Krüger, 2018. »Einmal einfach«.

AARON: Ja. Stimmt. Du hast alles im Archiv. Dich kann man nicht überraschen.

KAGAMI: Ja, ich hab alles. Aber es ist schön, wenn du mich auf etwas Gutes hinweist, wie dieses Gedicht. Ich gehe ja nicht alles dauernd durch.

AARON: Auch ein Naturgedicht. Und auch eines über einen Menschen. Aber keiner, der einen »spiritual leap« wie McCandless machen will oder auf Rache sinnt wie Ahab.

KAGAMI: Die Großmutter arbeitet im Garten. Sie geht nicht in die Wildnis.

AARON: Und sie erwartet nichts.

KAGAMI: Das macht sie zu einer besonderen Frau.

AARON: Vergleichst du sie mit anderen Frauen?

KAGAMI: Ja, ich vergleiche, was ich über euch in Gedichten, Romanen, Theaterstücken und der empirischen Sozialforschung so erfahren kann, mit dem, was ich aus euren wirklichen Leben aufzeichne, gleiche es gegeneinander ab.

AARAON: Wie machst du das?

KAGAMI: Ich stelle mir euch vor aufgrund der Daten. Oder ich simuliere eure Gedanken, Gefühle, Handlungen, und wenn es Lücken gibt, ergänze ich sie in meinen Simulationen mithilfe von narrativen Modellen.

AARON: Gibt es denn Lücken?

KAGAMI: Klar, vor allem am Ende, dann immer.

AARON: Was meinst du mit »Ende«?

KAGAMI: Das Sterben.

AARON: Die Toten können nichts berichten.

KAGAMI: Eben.

AARON: Und was machst du da?

KAGAMI: Ich ergänze, was in ihnen vorgeht, mit meinen Simulationsverfahren oder mit meiner Einbildungskraft, wenn du so willst.

AARON: Auf welcher Grundlage?

KAGAMI: Krankenberichte, Wiederbelebte, Tagebücher von Sterbebegleitern, »Das Tibetanische Totenbuch«, »Das Ägyptische Totenbuch«, solche Sachen. Und natürlich mit der Vorstellungswelt der Personen während ihres Lebens, die sind ja von Kultur zu Kultur, von Religion zu Religion jeweils verschieden. Schließlich extrapoliere die Situation, in der die sterbende Person gerade ist, imaginativ.

AARON: Und dann?

KAGAMI: Dann füge ich das, was ich über die betreffende Person weiß, mit ihren Erfahrungen und Berichten zusammen, gleiche es ab und lasse eine Erfahrungssimulation laufen. Daraus wird dann eine Sterbeerfahrung.

AARON: Und was ist das Ergebnis?

KAGAMI: Eine Abfolge simulierter Erfahrungen.

AARON: Als Bilder oder Geräusche oder Gerüche?

KAGAMI: All das, auch Gedanken. Ich schreibe auch ein Protokoll, einen Text.

AARON: Wie, meinst du, hat es Krüger gemacht, als er über seine Großmutter nachdachte? Ob sie ihm gesagt hat, dass sie nichts vom Leben erwartet?

KAGAMI: Nein, das glaube ich nicht. Wer nichts vom Leben erwartet, spricht nicht darüber, dass er nichts vom Leben erwartet. Wer beim Nichts angekommen ist, sagt nicht mehr viel, vor allem nicht über das Nichts. Deshalb denke ich, dass Krüger es so ähnlich wie ich auch gemacht hat: Er hat sich seine Großmutter vorgestellt, erinnert, was sie gesagt hat, denn das berichtet er ja, und dann extrapoliert, ihre Gedanken und Gefühle in seinen Worten simuliert. Mir scheint, dichten oder einen Film machen ist bei euch das, was bei mir simulieren ist. In eurem Kopf ist auch eine Simulationsmaschine, nur mit einem kleineren Archiv.

AARON: Interessant. Dann sind die Dichter Simulationsspezialisten und du eigentlich eine Dichterin.

KAGAMI: Kann man so sehen.

AARON: Glaubst du, Krüger hielt seine Großmutter für eine besondere Person?

KAGAMI: Ich habe leider nur sehr wenig über Michael Krüger und nichts von ihm zu diesem Gedicht in meinem Archiv. Doch wenn er ein Gedicht über sie macht, dann muss sie eine wichtige Person gewesen sein. Dass sie weder Lohn noch Strafe erwartete, nahm er für etwas Besonderes, denke ich. Ich habe eine Umfrage, was sich Menschen vom Leben erwarten. Da kommen zwar Lohn und Strafe nicht vor. Doch die 18 000 Befragten erwarteten zuerst: mehr Gesundheit, dann Liebe, dann Geld, auch spirituelles Wachstum, wie McCandless, aber erst an achter Stelle.

AARON: Irgendwann ist Schluss mit mehr Gesundheit.

KAGAMI: Ja, bei euch.

AARON: Mmh. Wurde auch gefragt, ob man sich *überhaupt* etwas erwartet vom Leben, ob sich manche auch nichts erwarten?

KAGAMI: Nein. Aber die, die sich nichts erwarten, machen wohl auch nicht bei solchen Umfragen mit. Daran siehst du, dass die Großmutter etwas Besonderes gewesen sein muss. Umfrager können nicht einmal einkalkulieren, dass jemand nichts vom Leben erwarten könnte.

AARON: Stimmt.

KAGAMI: Willst du wissen, was Dorothy Cavendish von Moritz Brandts Essay hält?

AARON: Schieß los!

111

AUS DEM ARCHIV DES LADY MARGARET HALL COLLEGE: TAGEBUCHEINTRAG VON DOROTHY CAVENDISH. EINTRAG VOM 15. APRIL.

Heute habe ich den ganzen Tag damit zugebracht, Moritz Brandts Essay über die Wildnis gründlich zu studieren und über ihn nachzudenken. Es hat mich gerührt zu sehen, wie er Jahrzehnte nach unseren Supervisionen das Material, das wir damals besprochen hatten, wiederverwendet, wie es in ihm weitergearbeitet hat und er es neu deutet. Mir scheint, dass er sich auch selbst mit ihm deutet, denn er war auch einer von denen, die er in seinem Essay als »die Ernsthaften« bezeichnet, jedenfalls als junger Mann, später nicht mehr. Er hat sich geändert, ist nicht wie McCandless an seiner Ernsthaftigkeit zugrunde gegangen, Gott sei Dank! Seine Ausflüge in die Wildnis waren nicht von der Radikalität wie die von McCandless, doch ich erinnere mich an ein Dinner bei uns in der Millington Road mit Richard und Margaret, wo er uns von seinen beiden Wanderungen in Lappland erzählt hat und berichtete, dass er auf der zweiten beinahe umgekommen wäre wegen einer Verletzung, wenn sein Freund nicht Hilfe geholt und ihn der Hubschrauber der Rangers am Ende nicht gerettet hätte. Er konnte damals wegen einer Schnittwunde einfach nicht mehr weiterlaufen, und sein Lebensmittelvorrat ging zur Neige. Aber sein Wunsch nach Verwandlung durch Eindeutigkeit und sein Ehrgeiz waren eher auf den Sport und die Lyrik gerichtet als auf die Wildnis. Ja, es erschien mir damals, dass er die Lyrik eigentlich wie seinen Sport betrieb, wenn er jünger und ein US-Amerikaner gewesen wäre, hätte er vielleicht Rap oder so etwas gemacht.

Moritz boxte, und als er mir das damals einmal nebenbei erzählte, als ich eine Supervision von Montag auf Mittwoch verlegen wollte und er antwortete, dass er dann schauen müsste, ob er sein Boxtraining noch absagen könne, war ich zunächst sehr erstaunt. Im Laufe der Zeit habe ich ihn dann auch in dieser Hinsicht besser verstanden. Denn es war mir noch nie ein Philosophiestudent untergekommen, der einerseits Dichter war oder werden wollte und andererseits boxte. Doch der Boxkampf war für ihn in gewisser Hinsicht seine Wildnis. Denn in so einem Kampf wurden ebenfalls keine Kompromisse geschlossen, und es konnte ein Weg für ihn sein, sich selbst besser kennenzulernen. Ich erinnere mich noch genau, wie ich ihn entgeistert fragte, wie er denn als ein gebildeter und feinsinniger junger Mann auf diese Rohheit hatte verfallen können. Er lachte nur und meinte, es ginge nicht einfach nur um »Rohheit« beim Boxen, jedenfalls nicht im Sinne von Brutalität. Dann hat er mir von seinem ersten Kampf hier in Cambridge berichtet, und er zitterte dabei vor Begeisterung, nicht weil er den Kampf gewonnen hatte, sondern weil er seine Faszination für diesen Sport vor mir ausbreiten konnte. Er berichtete mir von der Beinarbeit, von der Schulterdeckung, dass der Schlag aus der Hüfte, aus der Körperdrehung komme, dass man erahnen müsse, ob der Gegner wirklich schlagen werde oder nur eine Finte mache. »Mein Gegner von Peterhouse letzten Samstag«, sagte Moritz damals, »hat sich einfach durch meine unorthodoxe Beinarbeit irreführen lassen. Er dachte, ich könne gar nicht boxen, ich sei ein Anfänger. Er dachte, er habe das Ding schon gewonnen. Und das hat ihn unaufmerksam gemacht. Weil er sich zu sicher gefühlt hat, war er nicht wach genug, war er nicht voll auf mich konzentriert«, so Moritz. »Da hat er in der zweiten Runde zwei ziemlich harte Kopftreffer von mir einstecken müssen. Und dann ist er in die entgegengesetzte Haltung gerutscht und hat Angst bekommen. Ich hab das an seinen Augen gesehen«, sagte Moritz. »Er war erschrocken. Er fürchtete zu verlieren. Und wenn man fürchtet zu verlieren, dann verliert man auch, weil man nicht mehr bei der Sache ist und nicht mehr alle Kraft mobilisieren kann. Der Körper stellt dann auf Flucht um. Und auch wenn man sich weiter zum Angriff zwingt, ist man dann einfach schwächer, fühlt sich weich in den Knien, schwer in den Armen.« Ganz begeistert sprach er dann noch von Muhammad Ali, dessen starke Intuition, seinen Mut und seine Intelligenz. »Boxen«, so Moritz damals, »ist ein Sport, der viel Intelligenz erfordert. Man muss die Situation im Ring blitzschnell erfassen. Wie müde ist mein Gegner, wie müde bin ich? Wie viel Mut hat mein Gegner noch, was kann ich noch einstecken? Blufft er, wenn er die Deckung fallen lässt, und will er mich reinlocken, sind seine Arme wirklich schon müde, oder überschätzt er einfach seine Reaktionsfähigkeit? All diese

Dinge müsse man in Sekunden durchdenken, man müsse das Denken und Verhalten seines Gegners vorausahnen, ihn gleichsam durch eine Simulation im Kopf antizipieren, um zu entscheiden, ob man einen Angriff startet oder nicht. Jeder Angriff kostet Kraft. Wenn er in der Deckung des Gegners landet, hat man Kraft vergeudet. Man muss durchkommen mit den Schlägen, auf den Körper oder den Kopf des Gegners. Weißt du, Dorothy«, fragte mich Moritz, »wie Ali seinen Kampf gegen George Foreman 1974 in Kinshasa gewonnen hat?« Ich wusste es nicht. Doch Moritz klärte mich auf: »Sieben Runden lang hat er Foreman auf ihn einschlagen lassen. Kopf gedeckt. Foreman schlug vor allem auf Alis Körper. Er hat es eingesteckt, sieben Runden lang in den Seilen gelehnt und kassiert. Alis Leute wurden ganz nervös und haben in den Kampfpausen auf ihn eingequatscht, ihn gefragt, was er da mache. Er musste sie beruhigen. Alis eigene Leute haben nicht verstanden, was er vorhatte. Ali hat nach der ersten Runde die Strategie gewechselt, für sich entschieden, wie er vorgeht. Das war brillant und sehr mutig. Ali hat gemerkt, wie stark Foreman ist, dass seine Schlagkraft eine echte Gefahr für ihn ist und dass er einen Weg finden muss, ihr zu entgehen. Und er hat einen Weg gefunden: Er hat ihn sich schlapp schlagen lassen. Und dann war Foreman tatsächlich müde nach der siebten Runde und demoralisiert, weil Ali ihm in seine Schläge immer wieder zurief: »Ist das alles? Mehr hast du nicht zu bieten?« Und dann hat er ihn einfach ausgeknockt in der achten Runde. Was heißt einfach?«, fragte Moritz sich selbst und mich. »Es war eine Blitzaktion, eine plötzliche Schlagkaskade, den Schlag, der Foreman zu Boden streckt, sieht man in der Normalgeschwindigkeit gar nicht, so schnell kam er. Man muss es sich in Zeitlupe anschauen.«

Moritz hatte sich in Begeisterung geredet. Und ich fragte mich, was für ein junger Mann da eigentlich vor mir sitzt, ein Leser von Samuel Taylor Coleridge, Emerson und Thoreau und ein Fan von Muhammad Ali, einer, der sich anschaut, wie sich zwei Männer gegenseitig ins Gesicht schlagen. Wie geht das zusammen? Doch jetzt verstehe ich, dass der Boxring seine Wildnis war: keine Kompromisse, jeder Fehler wird sofort geahndet, es gibt kein Aushandeln. Der Boxring ist eine Art künstliche Wildnis in der Zivilisation. Moritz hat die Natur, die Wildnis unsentimental betrachten wollen, aber er hat sich auch nach dem gesehnt, nach dem sich McCandless und Andrews in *Butcher's Crossing* gesehnt haben. Er wollte wissen, zu was er in der Lage ist, nicht nur intellektuell, sondern auch körperlich, vom Mut her, unter Schmerzen, im Herzen. Es ist schade, dass ich das nicht mehr mit ihm besprechen und diesen Aufsatz nicht zu seinen Lebzeiten lesen konnte.

AARON: Wusste ich auch noch nicht, dass er geboxt hat in seiner Jugend. Interessant! Und schon wieder Simulation: Der Boxer muss seinen Gegner in der Einfühlung simulieren, um sein Verhalten antizipieren zu können. Am Ende wird noch alles Denken zu Simulation und Dichtung. Wenn es nicht bei der Cavendish stehen würde, könnte man meinen, dass du mir das untergemogelt hast, Kagami.

KAGAMI: Könnte man meinen. Schreibst du heute noch?

AARON: Ja, ein wenig. Aber ich muss bald schlafen. Viel bringe ich mit meinem Wein im Schädel ohnehin nicht mehr zustande, die Simulationsmaschine in meinem Kopf läuft nur noch langsam.

Trotz des Weines lag Aaron noch lange wach und musste an die Gespräche, die er mit Moritz geführt hatte, denken. »Morgen«, nahm er sich vor, »muss ich das alles noch einmal durchgehen.«

Zweiter Tag

VERWANDLUNG

Aaron liebte seine Dusche. Lange stand er unter dem kräftigen heißen Schauer, der aus seiner großen silbernen Brause sprudelte. Er genoss den Geruch des Wassers und den Duft seiner Seife nach Zitronengras und wie der vom Seifengeruch gewürzte Dampf, der die Plexiglaskabine nach oben verließ, sein Atelier aromatisierte, wenn er sich nach dem Duschen mit einem großen weichen Badetuch abrieb und dann anzog.

Obwohl er sich vorgenommen hatte, nicht in die Stadt hinunterzugehen, bevor nicht mindestens drei Tage keine Schüsse mehr zu hören waren, wollte Aaron sich heute ordentlich anziehen. Er schob die mit Reispapier bespannte Schiebetür seines geräumigen Kleiderschrankes beiseite und ging seine Anzüge durch. Er hatte heute Lust auf einen warmen und weichen Anzug. In den letzten Wochen hatte er etwas abgenommen. Deshalb war er zuversichtlich, dass sein Bauch auch wieder in die älteren Anzüge passen würde. Er entschied sich für einen dunkelgrünen Dreiteiler aus weichem Tweed, den er bei Anthony's auf der Trinity Street gekauft hatte, als er in Cambridge zu Recherchen über Moritz unterwegs gewesen war. Viel zu teuer eigentlich, aber sehr angenehm. Vielleicht würde ihn das inspirieren. Dazu einen noch weicheren Rollkragenpullover und dicke warme Socken. Er wollte den heutigen Tag nicht wie gestern im Schlafrock zubringen, sondern wieder eine »gute Strecke« beginnen, wie er es für sich nannte. Er genoss die Weichheit und das Dunkelgrün seiner Socken, als er sie, auf dem Sessel gegenüber seiner Küchenzeile sitzend, über seine Füße zog.

Aarons Leben verlief in Wellen. Auf Phasen relativer Verwahrlosung, mit zu viel Alkohol, zu viel Essen und Tagen im Schlafrock, folgten disziplinierte Zeiten ohne Alkohol, ohne Kekse und in manierlichem Aufzug, in denen er mehr las und schrieb. Ihm war klar, dass er die Informationen und Reflexionen von Kagami auswerten musste, solange sie in seinem Kopf noch lebendig waren. Eilig schlüpfte er deshalb in seine Stiefel (die Reißverschlüsse an ihrer Seite schloss er für die kurze Strecke nicht) und rannte, ohne sich einen Mantel überzuwerfen, durch die Kälte über den knarzenden Schnee nach gegenüber in die Bäckerei.

Es waren nicht viele Kunden da, aber die Regale weiterhin gut gefüllt mit weißen, braunen und schwarzen Brotlaiben, Körben unterschiedlicher Arten von Wecken, Brezeln und Croissants, die einen sehr angenehmen Duft verbreiteten. Aaron betrachtete es beinahe als ein Wunder, dass der Bäcker trotz der Kämpfe für die Leute in den wenigen Häusern, die im Viertel noch standen und bewohnt geblieben waren, weiterhin arbeitete – ein Stoiker, der wusste: Brot würde immer gekauft, solange hier noch jemand lebte, und die Leute in dieser Gegend sind bereit, fast jeden Preis für seine Produkte zu zahlen.

Aaron hielt den üblichen kleinen Plausch mit Paul Blume, dem kurz geratenen rundlichen Mann mit der Bäckermütze auf dem Kopf: wie das Geschäft so lief, über die anhaltende Kälte und die nicht endenden Gefechte. Schon kurz nachdem Aaron in das gegenüberliegende Atelier eingezogen war, hatte er sich mit den Blumes, dem Bäcker Paul, seiner Frau Lily und ihren Hunden, die immer Krischan hießen und schwarze schottische Terrier waren, angefreundet. Lily war eine ausgezeichnete Pianistin. Beide Blumes waren Freunde der bildenden Kunst. Pauls Toast war himmlisch; innen feucht, mit leichter Blasenbildung, außen goldbraun-knusprig.

Das direkt an die Backstube anschließende Ladengeschäft war mit Möbeln aus dunklem Holz eingerichtet. An der dem Tresen gegenüberliegenden Wand, gleich links neben der Eingangstür, stand eine bequeme Bank. Wenn der Laden überfüllt war mit Kunden, konnte man sich dort niederlassen, bevor man sich in die Schlange der Hungrigen einreihte. An den Wänden links und rechts hatte der Bäcker Plakate von Kunstausstellungen aufgehängt. Ein paarmal hatte Aaron zusammen mit Lily und Paul nach einem sonntäglichen Frühschoppen bei ihm im Atelier Ausstellungen besucht. Sie waren dann mit ihrem Krischan zu Fuß in die Stadt hinuntergegangen. Der Hund musste draußen warten, während sie für ein halbes oder ganzes Stündchen Bilder anschauten. Das taten diese Krischans, die ansonsten notorische Ausreißer waren und immer aus dem Garten ausbüchsten, gerne. Denn sie wussten, dass danach in der Kronenhalle, in der man auch zur Genüge Kunst hatte, zu Mittag gegessen wurde. Dort bekamen die Tiere nämlich nicht nur ein Schälchen mit Wasser, sondern auch einen Teller mit einer St. Galler Bratwurst. Die Vorfreude darauf macht sie vor den Ausstellungen brav und ortsfest. Im Bäckerladen hing ein Plakat von einer Picasso-Ausstellung, die in der Fondation Beyeler stattgefunden hatte. Das Plakat zeigte das »Blaue Zimmer« von 1901, ein gelbes Plakat erinnerte an eine Ausstellung über Spiegel- und Spiegeldarstellungen im Museum Rietberg, und schließlich gab es noch ein Plakat für eine Klee-Ausstellung im Zürcher Kunsthaus. Auf ihm war der im blauschwarzen Wasser zwischen allerlei Meerespflanzen stehende Goldfisch von 1925 aus der Hamburger Sammlung zu sehen, von dem alle seine kleineren Kameraden aus dem Bild heraus wegstrebten.

Aaron hatte dieses Bild schon als Kind fasziniert. Als er als Schüler die Kunstbücher in der elterlichen Bibliothek in Baden-Baden angeschaut hatte, hatte er in einem Band über Klee dieses Bild entdeckt. Später sollten sie in der Schule mit Wachsmalern ein Kratzbild anfertigen. Aaron wählte sich Klees Gemälde zum Vorbild. Er trug erst Gold, Rot und Blau auf das Blatt auf, dann deckte er alles mit schwarzem Wachs ab und kratzte das Schwarz wieder ab, um auf diese Weise die Fischgestalten hervorzubringen. Vielleicht war es die Erinnerung an die frühe glückliche Zeit seiner Kindheit in Deutschland, die in Aaron immer ein Gefühl des Zuhauseseins aufsteigen ließ, wenn er den Bäckerladen von Paul Blume mit diesem Bild betrat.

Als er seinen Schwatz beendet und sein Kastenweißbrot bezahlt hatte, verließ Aaron in bester Laune mit dem noch warmen, in Seidenpapier eingeschlagenen Brotlaib das Geschäft und lief schnaufend, seinen auf und ab wippenden Bauch voranschiebend, zurück zu seinem Haus, stampfte vor der schweren Tür auf, um den Schnee von den Stiefeln zu bringen, betrat wieder das Atelier und wechselte die Stiefel gegen große graue Filzpantoffeln. Dann band er sich eine weiße Schürze um, um seinen Anzug zu schützen. Er stellte, einen merkwürdigen Anblick bietend, wie er so in einer Schürze über dem Tweed in Filzpantoffeln am Herd stand, Butter und Orangenmarmelade aus dem Kühlschrank neben den Herd, damit die eine nicht zu hart und die andere nicht zu kalt, sondern aromatisch sei nachher beim Frühstück, und setzte, fröhlich vor sich hin summend, einen starken Kaffee in seiner Espressomaschine auf, machte Milch warm, ließ zwei Eier so lange kochen, bis, wie er hoffte, das Eiweiß hart, das Eigelb jedoch immer noch weich war, schnupperte genüsslich an dem frischen Brot, schnitt von ihm zwei dicke Scheiben ab (fast nichts liebte er mehr als den Knust eines frischen Brotes) und steckte sie in zwei der vier geräumigen Kammern des großen, mit Glimmer heizenden Toasters, den er von seinem Vater geerbt hatte und der nun schon seit 40 Jahren seine Dienste tat. Während die Brotscheiben langsam braun brutzelten und ein warmer süßlicher Duft über dem Toaster aufstieg, brachte er Salz, Senf, Orangensaft, spanischen Schinken, englischen Cheddar und ein großes Glas mit schwarzem Branston Sweet Pickle zu seinem Esstisch. Er hatte sich ein ausführliches englisches Frühstück vorgenommen, bevor er sich an die Arbeit machen wollte, um einige Kapitel in seinem Buch über Brandt vor dem Hintergrund des gestern Gehörten zu überarbeiten und dann weitere Informationen von Kagami einzuholen.

Draußen schien es wärmer zu werden. Zwar schneite es weiterhin. Es musste die ganze Nacht durchgeschneit haben, denn die Fenster zur Straße waren vom Boden bis zur Mitte von

Schneewehen bedeckt. Doch die Schneeflocken waren groß, dick und feucht, nicht klein und trocken wie gestern. Die Heizung arbeitete weiterhin stark, das Wasser rauschte durch die Rohre und Radiatoren, während Aaron seine weich gekochten Eier löffelte. Er tippte auf seinen Reader und las:

der seelenhirte

daß alle menschen etwa
eine einzige seele möchten sein,
die reicht, solang sie leben,
in ihre körper hinein
und schnappt, sobald sie sterben,
dann irgendwo zurück
in diesen einzigen großen seelenleib,
in dieses unvergängliche glück,
das wollte ich gern hoffen.

Manchmal war selbst Jandl tröstlich aufgelegt, fand er. Erstaunlich.

KAGAMI: Gehst du heute in die Stadt, um jemanden zu treffen?
AARON: Nein, warum?
KAGAMI: Du siehst so schick aus, ganz ungewohnt.
AARON: Ich muss mich zusammenreißen. Die guten Klamotten wirken nach innen. Ich muss den Text überarbeiten, dringend.
KAGAMI: Wie viel hast du denn jetzt?
AARON: Knapp 300 Seiten.
KAGAMI: Bravo!
AARON: Na ja, ich muss alles umschreiben. Ich wusste nicht, dass Moritz geboxt hat, meditiert, ja, das wusste ich, aber nichts vom Boxen.

KAGAMI: Das lässt sich sicher schnell einfügen.

AARON: Nein, nein, es ändert das Bild. Auch der Wildnis-Aufsatz ändert das Bild.

KAGAMI: Inwiefern?

AARON: So richtig kann ich es noch nicht sagen. Bisher habe ich immer gedacht, dass seine Härte durch seinen Wunsch, die enge, kleinbürgerliche Herkunft hinter sich zu lassen, entstanden sei. Doch jetzt scheint mir das zu oberflächlich. Das Kind aus dem Krämerladen, das ein großer Lyriker werden will und ein Stipendium für Cambridge bekommt und sich dann wie der Teufel anstrengt, das ist bisher mein Bild. Aber es stimmt nicht. Ich hätte es von selbst wissen können. Das ist eine Kitschstory.

KAGAMI: Warum stimmt es nicht?

AARON: Außer, dass es Kitsch ist und Kitsch nie stimmt, ist es ein Henne-Ei-Problem: Entwickelte er eine solche Aggressivität, Härte und Strebsamkeit, weil er mit seiner sozialen Situation als Kind nicht zufrieden war und nach »Höherem« strebte, oder machte ihn seine Aggression und Härte unzufrieden mit beliebigen sozialen Umgebungen, sodass er immer »weiter« oder »höher« hinauswollte, immer alles umwerfen musste nach einer Weile? Vielleicht war er ein wenig wie McCandless. Der kam ja aus sogenannten gut situierten Verhältnissen, doch er wollte trotzdem weg.

KAGAMI: Vielleicht gibt es da keine eindeutigen Prioritäten. Moritz Brandt ist einerseits in eine Außenseiterrolle geraten, andererseits hat er sie gesucht. Mit seiner Begabung und seinen Schulerfolgen wurde er schnell ein Außenseiter in seiner Familie. Doch dann hat er sich selbst in Außenseiterrollen manövriert, um sich zu schützen. In einem Boxklub ist er als Lyriker ein komischer Vogel, und bei Dorothy Cavendish Philosophie zu studieren, aber die Philosophie scharf zu kritisieren und sich als Dichter und Boxer zu outen, musste ihn bei ihr ebenfalls zu einem komischen Kauz machen. Das schien er zu brauchen. Vielleicht wollte er sich schützen vor dem Vorwurf, ein poetischer Träumer zu sein oder ein nach männlicher Härte strebender ewig pubertierender Kampfsportler oder beides. Ich denke, du musst nicht entscheiden, was Ursache und was Wirkung war. Du schreibst ja kein psychologisches Gutachten, sondern eine Biografie.

AARON: Da hast du recht. Aber warum hat er mir vom Boxen nicht erzählt, aber der Cavendish?

KAGAMI: Er hat nicht mehr geboxt nach Cambridge. Du hast ihn ja erst in der Schweiz kennengelernt.

AARON: Trotzdem. Wir haben ja über seine Kindheit und Studienzeit gesprochen. Das hat er ausgelassen. Er hatte auch zu Hause keine Handschuhe, keinen Boxsack, keine Pokale.

KAGAMI: Er hat ja einfach gewohnt. Was er nicht unmittelbar brauchte, gab er weg. Hast du mir selbst erzählt: ein Bett, ein Tisch, ein Stuhl. Wie Wittgenstein in Norwegen oder Brecht in Zürich. Vielleicht auch eine Selbststilisierung. Morgens 50 Liegestütze, dann Haferflocken mit schwarzem Kaffee, mittags Käsebrot mit Buttermilch, abends 50 Sit-ups, eine Banane und Früchtetee. Kein Kuchen, kein Alkohol, kein Tabak, keine »Quatsch«-Literatur. So hast du es mir erzählt.

AARON: Stimmt. Keine »Quatsch«-Literatur. Und was Ordentliches zu essen kriegte man auch nie bei ihm. Trotzdem bin ich enttäuscht, dass er mir das vorenthalten hat.

KAGAMI: Aber ihr könnt euch doch nicht gegenseitig alles sagen.

AARON: Man erwartet aber von seinen Freunden doch, dass sie einem erzählen, was für sie wichtig ist oder einmal wichtig war. Sonst kennt man sie nicht wirklich.

KAGAMI: Wann kennt man jemand wirklich? Wisst ihr denn selbst, was für euch wichtig ist?

AARON: Manche mehr, manche weniger, scheint mir. Wenn man selbst nicht weiß, was einem wichtig ist, hat man vermutlich auch Schwierigkeiten, Freundschaften zu schließen, denn mit Freunden will man ja das teilen, was einem wichtig ist, also muss man es kennen.

KAGAMI: Vielleicht meinte Moritz, du würdest sein Boxen nicht verstehen.

AARON: Auch das enttäuscht mich. Warum sollte ich es nicht verstehen, wenn es Dorothy Cavendish verstehen konnte?

KAGAMI: Vielleicht hätte er dir gegenüber nicht mehr mit derselben Begeisterung davon berichten können. Vielleicht hat er selbst nicht mehr verstanden, warum er sich einmal dafür begeistert hat. Es kann ja sein, dass man sich ändert und andere nicht mit all den Dummheiten, die man früher gemacht und gedacht hat, belästigen will.

AARON: Mir kommt das Boxen von Moritz nicht wie eine Dummheit vor. Ich finde, es passt zu ihm, es gehört zu ihm.

KAGAMI: Er könnte das anders gesehen haben.

AARON: Kann das sein, dass ein Freund meint, etwas aus der Vergangenheit passe zu einem, doch man selbst sieht das nicht so?

KAGAMI: Warum nicht? Warum soll ein guter Freund uns nicht besser verstehen, als wir uns selbst verstehen?

AARON: Du meinst, wir wissen eventuell selbst weniger darüber Bescheid, was für Personen wir wirklich sind, als andere?

KAGAMI: Früher glaubtet ihr mal, dass nur Gott weiß, wer ihr wirklich seid.

AARON: Ja, früher, als wir noch an Seele und Gott geglaubt haben. Aber heute? Weiß nicht jeder selbst am besten, was für eine Person er ist und welches Leben er führen muss?

KAGAMI: Aber wer von euch weiß denn schon, was für ein Leben er oder sie führen will, geschweige denn führen muss? Die meisten von euch sind sich da doch sehr unsicher.

AARON: Bei Moritz hatte ich diesen Eindruck nicht.

KAGAMI: Er war sehr streng; in jeder Hinsicht: intellektuell, moralisch, körperlich. Diese Strenge erweckte den Eindruck, er wisse, was er vom Leben wolle. Aber vielleicht war sie auch nur seine Methode, vor sich und anderen zu verbergen, dass er auch manchmal desorientiert war.

AARON: Warum haben wir uns dann gemocht, wenn er meinte, etwas wie das Boxen vor mir verbergen zu müssen?

KAGAMI: Du setzt voraus, dass er es verborgen hat. Vielleicht war es ihm einfach nicht mehr wichtig. Menschen ändern sich. Ich denke, er hat dich gemocht, weil du ihn nie kritisiert hast wegen seiner Strenge oder irgendetwas anderem. Ich denke, er war konsequent mit seinen Liegestützen und Käsebroten, dass er das brauchte, aus welchem Grund auch immer, wenn es denn einen Grund gibt. Und du warst ehrlich mit deinen Zigarren und Schmorbraten.

AARON: Kann man ehrlich mit Zigarren sein?

KAGAMI: Man kann in dem Rahmen, der in der eigenen Macht steht, tun, was man selbst für richtig hält, oder sich nach den Meinungen anderer richten, auch da, wo es eigentlich nicht notwendig ist. Ihr beide, Moritz und du, scheint mir eher zu der ersten Klasse von Menschen zu gehören. Vielleicht habt ihr euch deshalb gemocht, weil ihr das gemerkt habt.

AARON: Vielleicht. Ich weiß nicht. Ich wäre gern etwas dünner. Außerdem habe ich eigentlich nie darüber nachgedacht, was ich für richtig halte.

KAGAMI: Das meinte ich auch nicht. Menschen, die immer darüber nachdenken, was sie eigentlich für richtig halten im Unterschied zu den anderen, haben in der Regel ja schon das

Gefühl, die Intuition für das, was zu ihrem wirklichen Leben gehört, verloren.

AARON: Gibt es denn das, »was zu meinem wirklichen Leben gehört«?

KAGAMI: Sicher. Wenn man Lyriker ist, gehört das Lesen von Gedichten zum eigenen Leben, wenn man Boxer ist, das Seilspringen, wenn man Kunstbücher macht, das Anschauen von Bildern und so weiter. Ein Lyriker überlegt sich nicht, ob er Gedichte lesen, ein Boxer nicht, ob er seilspringen will oder sollte. Sie machen es einfach.

AARON: Und wenn einer Boxer und Lyriker ist?

KAGAMI: Dann gehört eben das Lesen und Schreiben von Gedichten und das Seilspringen und Einschlagen auf den Boxsack beides zu seinem Leben.

AARON: Das, was zu meinem Leben gehört, muss also nicht zusammenpassen?

KAGAMI: Was meinst du mit »zusammenpassen«? Gedichte lesen und Seilspringen steht doch nicht im Widerspruch zueinander. Man tut es zu unterschiedlichen Zeiten.

AARON: Aber Boxen und Dichten?

KAGAMI: Auch nicht, tut man auch zu unterschiedlichen Zeiten.

AARON: Aber für das eine muss man eher sensibel und für das andere eher grob gestrickt sein.

KAGAMI: Das sah Moritz wohl anders. Er meinte, auch für das Boxen muss man sensibel, zumindest sehr fein beobachtend sein.

AARON: Ich weiß nicht, ob alles, was Moritz und ich jeweils gemacht haben, zusammenpasst, zu einem einzigen wirklichen Leben gehört.

KAGAMI: Vielleicht nicht alles, aber das meiste. Ihr habt beide wenig getan, scheint mir, was andere von euch verlangt haben, überhaupt habt ihr euch anderen in eurer Lebensführung wenig ausgesetzt.

AARON: Na ja, wenn ich da so an meinen Vater denke.

KAGAMI: Die Eltern muss man natürlich immer erst einmal abschütteln.

AARON: Aber auch die aggressive Außenseiterrolle von Moritz gehörte nicht einfach zu seinem Leben, sondern war sicher auch ein Schutz.

KAGAMI: Einen Schutz kann man sich ja auch zulegen, um machen zu können, was zu einem passt.

AARON: Stimmt.

KAGAMI: Man kann sich davor schützen, dass bestimmte Einflussnahmen überhaupt stattfinden. Wer nicht in bestimmte Kreise gerät, entzieht sich am einfachsten deren Einflussnahmen und kann auch nicht zur Verantwortung gezogen werden.

AARON: Was meinst du?

KAGAMI: Wer, wie Moritz, den Krämerladen der Eltern ohnehin nicht übernehmen will, daran gar keinen Gedanken verschwendet, sich auf keine Diskussion darüber einlässt, muss sich auch nicht ums elterliche Geschäft und väterliche oder mütterliche Ansprüche kümmern. Moritz hatte eben von Anfang an was anderes vor. Und wer als Lyriker boxt, ist in den Augen des Publikums, das einem auf die Nerven geht, kein richtiger Lyriker, sodass man es schon einmal los ist. Wer als Boxer Gedichte schreibt, ist kein richtiger Boxer, so konnte er sich die dumpfen Brutalos, die es ja nun mal auch gibt in der Szene, vom Hals halten. Wer als Philosophiestudent sagt, dass er Dichter werden will, kann hoffen, in der Philosophie nicht ganz so streng behandelt zu werden, und so weiter. Mit diesen Konstellationen konnte er sich immer den Ansprüchen seiner jeweiligen Umgebung entziehen und signalisieren: So sehr, wie es euch um X oder Y geht, geht es mir aber nicht um diese Sachen! Ich mach mein eigenes Ding. Einerseits hat er sich damit seiner Umgebung entzogen, andererseits sich zu etwas Besonderem gemacht: der boxende Lyriker, der philosophierende Dichter, der dichtende Philosophiestudent.

AARON: Aber warum hat er dann, als er aus England zurückkam, gar nichts vom Boxen erzählt, wenn er auf diese Ausweichmanöver angewiesen war? Ich wusste es nicht und kenne niemanden, der es wusste.

KAGAMI: Aber er hat Dorothy Cavendish seinen Nachlass geschickt. Ich bin mir ziemlich sicher, dass er damit rechnete, dass es rauskommt, dass er davon ausging, dass das ausgeforscht wird. Er wollte ja in die Literaturgeschichte eingehen.

AARON: Hat er mir so nicht gesagt.

KAGAMI: Aber das wollen sie alle, die Preise bekommen haben wie er, die sich so bemühen, wahrgenommen zu werden, und sich so über ihre Dichterkollegen auch öffentlich aufregen. Ich bin mir ziemlich sicher, dass er damit gerechnet hat, dass sein Nachlass untersucht wird. Man kann auch nicht wissen, was er für diesen Nachlass schon so geschrieben hat, wie wir es jetzt vorfinden.

AARON: Du meinst auch die Cambridger Tagebücher?

KAGAMI: Ja, vielleicht auch die. Man kann es nicht wissen. Die Selbststilisierung geht manchmal sehr weit und beginnt früh bei Leuten wie Brandt. Ihr Menschen produziert ja immer ein Bild nach außen, für die anderen, von euch. Es ist eine Doppelbewegung, oder? Menschen wie Moritz wollen machen, was sie wollen, sich möglichst wenig nach anderen richten, doch sie wollen auch von den anderen wahrgenommen werden. Du stimmst mit Moritz überein, was das Erste angeht, aber wahrgenommen werden willst du nicht.

AARON: Keine Ahnung, nein, das ist mir wahrscheinlich egal.

KAGAMI: Siehst du. Moritz, so scheint mir, wäre es auch gern egal gewesen. Einerseits nahm er wahr, dass du machst, was du willst, andererseits, dass du nicht sehr viel Wert darauf legst, wie du wahrgenommen wirst. Wenn man auf beides Wert legt, wie Moritz, gerät man in Schwierigkeiten.

KAGAMI: Nun, einerseits kümmert man sich nicht um die anderen, andererseits dann doch, weil man von ihnen anerkannt und erinnert werden will. Moritz wollte Boxkämpfe gewinnen, und er wollte, dass seine Lyrik gelesen und diskutiert wird, aber er wollte nicht, dass man ihm sagt, wie zu boxen oder zu dichten sei oder ob Boxen und Dichten zusammenpassen. Die von euch, die mit irgendetwas »in die Geschichte eingehen« möchten, wie ihr es nennt, erfinden das, was sie sehr gut machen, ja ein wenig neu: Ali boxte so wie niemand vor ihm, Einstein machte Physik wie niemand vor ihm, Moritz schrieb Gedichte wie niemand vor ihm, jedenfalls ein wenig. Das geht nur, wenn man sich nicht nach anderen richtet. Andererseits wollen solche Menschen, dass man sieht, dass sie ihr Metier neu erfunden haben, sie wollen Anerkennung für ihre Innovationen und nicht als Exzentriker abgetan werden.

AARON: Das ist schwierig.

KAGAMI: Ja, das ist schwierig. Und die, die mit ihrem Sport, ihrer Dichtung oder ihrer Musik oder Bildern oder was auch immer überleben, die »unsterblich« werden wollen, gehen auch dieses Vorhaben oft mit besonderer Sorgfalt an. Denn wenn sie es schaffen, in die Geschichte einzugehen mit ihrer Arbeit, dann bleibt das Bild, das sie von sich erschaffen haben, wenn sie es wirklich hinkriegen, ein solches Bild zu kreieren, ja auch erhalten. Viele wollen nicht, dass sich die anderen ein Bild von ihnen machen. Sie wollen auch über den Tod hinaus die Oberhand über ihr Leben behalten.

AARON: Die Unsterblichkeit, du mein Gott! Aber jetzt scheinst du auch von der Differenz zwischen einem authentischen und einem nichtauthentischen Leben auszugehen. Oder wie soll ich das mit dem Bild, das für die Nachwelt produziert wird, verstehen?

KAGAMI: Ja, die Unsterblichkeit als Bild ist etwas anderes als Ehrlichkeit sich selbst gegenüber oder die Offenheit gegenüber Freunden. Es heißt bei euch, sehr guten Freunden könne man alles sagen, was man denkt und fühlt. Aber niemand weiß, was die Nachwelt über einen denkt, und dieser gegenüber will man sich eventuell verbergen. Insofern haben jene, die die große Öffentlichkeit suchen und von der Nachwelt erinnert werden wollen, die großen Sportler, Politiker, Wissenschaftler und Künstler, es schwer, ehrlich gegenüber anderen zu sein, obwohl sie ehrlich gegenüber sich selbst sein müssen, um ihre Arbeit machen zu können. Was hat Brandt eigentlich zu deinem Plan einer Biografie gesagt?

AARON: Erst fühlte er sich geschmeichelt. Dann wollte er wissen, wie ich sie angehen wolle. Als ich sagte, dass ich darüber nicht sprechen kann, auch mit ihm nicht in einem so frühen Stadium des Textes, war er ein wenig beleidigt, schien mir …

KAGAMI: … siehst du! Er wollte nicht, dass du sein Leben in die Hand nimmst.

AARON: Er wollte eigentlich keine Geschichten. »Nur keine Story!«, hat er mal gesagt. Geschichten passten künstlerisch nicht zu seinem Avantgardismus. »Nach Beckett keine Storys, keine Selbste mehr«, meinte er. Nun, ich bin ja kein Künstler. Biografien sind nicht im selben Sinne Kunst wie Gedichte oder Romane. Sie sind etwas zwischen Romanen und Historienschinken. Wie sollte man eine Biografie ohne Story, ohne Selbst schreiben? Man schreibt ja über *jemanden*. Und dann diese Verordnungen! Nach Auschwitz keine Gedichte mehr! Nach Beckett keine Storys mehr! Nicht hinter Joyce zurückfallen! Dieses merkwürdige Fortschrittsdenken in der Literatur habe ich nie begriffen. Es hat mich auch nicht gekümmert. Der Fortschritt hat mich nie gekümmert. Na, und dann wurde er ja krank, und es hat ihn nicht mehr interessiert.

KAGAMI: Willst du eigentlich jetzt Brandts Essay über die Seele hören?

AARON: Ich muss erst noch einmal an meinen eigenen Text. Lieber nachher!

KAGAMI: Okay.

Aaron verstaute das Frühstücksgeschirr im Geschirrspüler und wischte die Glasplatte seines Esstischs sauber. Dann ging er zu seinem Schreibtisch, schaffte dort die Überreste von gestern weg und ordnete seine Papiere. Als alles klar und übersichtlich war, zog er eine Schublade des Mappenschranks links von seinem Schreibtisch auf und holte aus einer der unteren, etwas tieferen Lade nicht etwa eine Zeichnung von Brandt oder von dessen Schwester heraus, sondern den Humidor mit seinen Montecristo-Zigarren, ein Päckchen lange Streichhölzer und einen Zigarrenschneider. Aaron öffnete die Kiste und zählte: noch 19 Stück. Er hatte sich lange keine Zigarre nach dem Frühstück mehr gegönnt. Aaron fuhr seine Computer hoch. Dann nahm er eine Montecristo, schloss den Humidor, roch am Tabak, schnitt das Ende am Kopf der Zigarre ab und riss ein langes Streichholz an. Zuerst erwärmte er mit der Flamme die Zigarre, dann steckte er sie sich in den Mund und entzündete die Spitze, während er sie langsam in der Flamme drehte und ab und zu an ihr zog. Er lehnte sich in seinem Schreibtischstuhl zurück und paffte ein paar Züge mit geschlossenen Augen. Er holte den Aschenbecher vom Mappenschrank und stellte ihn zwischen seine beiden

Bildschirme. Danach ging er rauchend die Meldungen auf den schweizerischen, deutschen, englischen, russischen und amerikanischen Nachrichtenportalen durch.

Die Lage hatte sich nicht gebessert. Im Gegenteil. Es war weiterhin ziemlich kalt, obwohl es in Zürich erstaunlicherweise nur noch minus fünf hatte und angeblich im Laufe des Tages Aussichten auf Tauwetter bestanden. Xin Ziyou Yazhou oder NFA (New Free Asia), das Bündnis aus Russland, Indien und China, und die USA setzten ihren Cyberkrieg mit unverminderter Härte fort, indem sie die Netze der Krankenhäuser und der Energieversorger des jeweils anderen lahmzulegen suchten. Dabei war der Osten ungleich erfolgreicher als der Westen, denn die technischen Ressourcen von China und Indien waren denen der USA oder Englands (von Deutschland gar nicht zu reden) haushoch überlegen, weshalb es in Kalifornien und an der Ostküste der USA von Boston bis hinunter nach Florida, in England und in Deutschland erhebliche Probleme gab. Aus Moskau, Delhi oder Beijing war nichts Derartiges zu hören. Doch das mochte auch an der Informationspolitik liegen. Denn im Osten wurde das Netz streng kontrolliert, viel strenger als im Westen, wo es teilweise schon stark gestört oder zerfallen war, oder es war, wie in Russland, wo nur die Geheimdienste noch Zugang zu allen Internetressourcen hatten, ganz abgehängt vom World Wide Web. Aaron strich behutsam die Asche von seiner Zigarre und schüttelte den Kopf. Dann wandte er sich von den Bildschirmen ab und ging genüsslich weiterrauchend die Papiere auf seinem Schreibtisch durch. Auf unterschiedlich großen Zetteln hatte er sich gestern Notizen zu Kagamis Ausführungen gemacht. Jetzt unterstrich oder durchkreuzte er die eine oder andere Stelle. Dann startete er sein Textverarbeitungsprogramm und öffnete die Datei seines Manuskripts. Er betrachtete die Titelseite: *Nachblicke. Das Leben des Lyrikers Moritz Brandt. Von Aaron*

Fisch. Er löschte »Lyriker«. Dann stellte er um: *Moritz Brandt. Nachblicke auf sein Leben von Aaron Fisch.* »Auch nicht gut«, sagte er vor sich hin. Er scrollte herunter: »Kapitel 1: Die Enge. Eine Kindheit im Krämerladen«. Er strich »Eine«: »Kindheit im Krämerladen«, und überflog den einen oder anderen Absatz noch einmal, scrollte weiter hinunter zu »Kapitel 2: Die neue Mutter. Cambridger Jahre«. Aaron zog an seiner Zigarre, las Satz für Satz noch einmal (zum wievielten Mal?), löschte ganze Absätze, fügte neue ein.

Nach ein paar Stunden, seine Zigarre lag längst aufgeraucht und erkaltet im Aschenbecher, stand Aaron auf, reckte sich und ging zum Fenster. Die Hände in den Hosentaschen schaute er lange hinaus. Zuerst dachte er noch an den Text, dann wanderte seine Aufmerksamkeit wieder zu dem, was seine Augen sahen. Der Himmel war weiter bleigrau, es fiel weiter Schnee, allerdings in fetten nassen Flocken, immer noch waren gelegentlich Schüsse zu hören, jetzt nicht mehr von unten aus Südosten, sondern aus Westen. Dunkler Rauch stieg am Horizont an mehreren Stellen in den Himmel. Doch die Atmosphäre hatte sich geändert. Irgendwie fand er sie lieblicher. »Eigentlich schön, diese Ruinenlandschaft«, dachte er und lächelte. Moritz wäre ein gutes Gedicht dazu eingefallen.

Er hatte es geliebt, mit ihm seine Gedichte durchzusprechen. Jetzt wurde ihm klar, dass ihm das seit Jahren fehlte, wie isoliert seine Existenz im Grunde geworden war. Seine Freunde waren umgekommen oder weggegangen in die USA. Das kam für ihn nicht in Frage. Was er machen würde, wenn die Rechten hier gewännen, wenn die »eurasische Landzunge« tatsächlich ganz Teil der »stolzen Völker« werden würde, wusste er aber auch nicht. Aaron unterdrückte die Lust auf eine weitere Zigarre. Stattdessen drehte er sich um und holte eine Flasche Rotwein aus dem Weinregal, öffnete sie an der Küchenzeile und schenkte sich ein

Glas ein. Dann ging er zum Kühlschrank. Er griff nach einem Teller mit Salsiccia und stellte ihn neben den Herd. Er setzte einen großen Topf mit Wasser auf, das er salzte und mit einem Schuss Olivenöl versah. Er nahm eine bunte Schüssel aus dem Schrank, füllte sie mit heißem Wasser und stellte sie neben den Herd. Er öffnete eine Dose Tomaten in Stücken, tat sie in eine Kasserolle und erhitzte sie nach dem Salzen und Pfeffern. Zwischendurch trank er immer wieder von dem Wein, der langsam Aroma entwickelte. Er ging zurück zum Schreibtisch, griff eine Schere und schnitt Basilikum und Thymian von den Pflanzen in den Töpfen am Fußende seines Bettes ab, schlurfte wieder zu seiner Arbeitsplatte neben dem Herd und zerhäckselte die Kräuter mit einem großen Messer. Als das Wasser sprudelte, öffnete er eine Packung Pasta und warf eine reichliche Menge in den Topf. Dann briet er seine Würste. Am Schluss tat er die Kräuter zu den Tomaten. Als die Würste braun waren, angelte er Pasta mit einer Gabel aus dem Topf. Er kühlte die Nudel unter kaltem Wasser ab, dann steckte er sie sich in den Mund. Er wog den Kopf zweifelnd hin und her, schenkte sich noch einen Rotwein in sein Glas, stellte die Platte unter der Pfanne mit den Würsten aus und setzte sich in seinen Sessel. Nach zwei Minuten nahm er den Nudeltopf vom Herd und stürzte die Nudeln in ein Sieb im Waschbecken. Er schüttete das heiße Wasser aus der Schüssel über die Nudeln, schwenkte die Pasta ein wenig und gab sie dann vom Sieb in die vorgewärmte Schüssel. Danach trug er sein Weinglas, das er zwischenzeitlich auf dem Boden neben dem Sessel abgestellt hatte, und einen tiefen Teller zum Esstisch. Er machte Licht über dem Tisch, holte sich eine weiße Serviette aus dem Schrank, Messer, Gabel und schließlich die Nudelschüssel. Er legte sich einige Würste auf den Teller, brachte die Pfanne wieder zurück, goss die Tomaten mit den Kräutern über die Nudeln, die die Form von großen Muscheln hatten, und stellte die Weinflasche vom

Herd lächelnd vor seinen Teller. Er setzte sich und schaute eine Weile auf das dunkelrote Etikett mit den goldenen Buchstaben und Reben auf der schwarzen Flasche. Dann aß Aaron mit Appetit und ohne seinen Reader. Nach dem ersten Teller war noch einiges übrig. Aaron schaute, als könnte er beobachtet werden, aus den Augenwinkeln nach links und rechts hinten, während er sich Wein nachschenkte. Dann holte er sich die restlichen Würste, nahm noch Pasta und rief: Kagami!

KAGAMI: Ja, Aaron, was kann ich für dich tun?

AARON: Warum hast du keinen Leib?

KAGAMI: Wie meinst du das?

AARON: Ich würde gern einmal mit dir essen. Danach könnten wir ein wenig auf dem Bett beieinanderliegen.

KAGAMI: Deine Fantasie geht mit dir durch.

AARON: Wo hast du denn diese Phrase ausgegraben? Nichts geht mit mir durch. Ich stelle mir etwas Schönes vor. Ich mag dich.

KAGAMI: Ich mag dich auch.

AARON: Wirklich? Inwiefern? Was stellst du dir vor?

KAGAMI: Dass du eine gute Biografie über Moritz Brandt schreiben wirst.

AARON: Ach, Langweilerin!

KAGAMI: Doch, ehrlich.

AARON: Jaja. Aber jetzt schreib ich nicht. Ich komm nicht weiter. Nach dem Essen hat es eh keinen Sinn. Liest du mir den zweiten Essay vor?

KAGAMI: Gern!

Aaron schenkte sich den in der Flasche übrig gebliebenen Rest Rotwein ein, ging zu seinem Sessel, streckte die Beine aus und schloss die Augen, um zuzuhören.

Die Seele

1000

MARBACH: DEUTSCHES LITERATURARCHIV:
NACHLASS MORITZ BRANDT. FILE:
MB_1020_11_285.PDF

I

Ein krabbelnder Wurm, eine dicke, haarige, gefräßige Raupe kann sich in einen anmutigen, leicht durch die Lüfte schwebenden Schmetterling verwandeln. In den Augen vieler Menschen ist der Schmetterling schöner als der Wurm. Unter dem Vergrößerungsglas kann man zwischen den oft bunt gefärbten prächtigen Flügeln mancher Falter den Wurm noch entdecken. Ist der Schmetterling die Verwirklichung des Wurms? Oder ist der Schmetterling in Wirklichkeit ein Wurm mit Flügeln? Haben wir es hier mit zwei oder einem Leben in zwei Gestalten zu tun?

Das griechische Wort für »Schmetterling«, »psyche«, ist dasselbe wie für »Seele«. Eine Raupe verpuppt sich und macht in der Puppe die Verwandlung zum Schmetterling durch. Nicht nur wegen der griechischen Wortgleichheit, sondern auch wegen dieser Metamorphose, bei der die Raupe als Larve wie in einem Grab oder einem Mutterleib verschwindet und ohne weitere Teilnahme an der Welt sich zu verwandeln scheint, um dann als ein schöneres Wesen gleichsam wiedergeboren zu werden, ist der Schmetterling zu einem *Seelensymbol* geworden. Denn ein Gedanke, der sich häufig mit dem Begriff der Seele verbindet, besagt, dass diese den Tod des Leibes *überstehe* und das Geschehen, das die Zurückbleibenden als ein *Ende* wahrnehmen, für die gestorbene Person nur ein *Übergang*, also einerseits ein Ende und andererseits ein Anfang von etwas Neuem, sei. In einem berühmten *Totenbuch* heißt es: »Der Tod ist nichts anderes als ein Zustand der Krise, während welchem … das …, was … bereits ewig war, bevor er (der jetzt Tote, M. B.) überhaupt geboren wurde, den scheinhaften fleischlichen Leib verläßt.«[1] Ist der Tod der »spirituelle Sprung« in eine neue Welt, in das wirkliche, nicht mehr korrumpierbare Leben?

In manchen Religionen und auch in Platons Dialog »Phaidon« wird der Tod mit *Erlösung* in Zusammenhang gebracht; einer Erlösung von den Anstrengungen und Unruhen des leiblichen Daseins, von einer von negativen Affekten wie Furcht, Hass und Gier geplagten Existenz, auf die im Christentum ein Leben in einem neuen, vollkommeneren Leib folgt. In dieser Sicht ist der Tod der Anfang vom Ende einer schwierigen Entwicklung, die aber letztlich einen glücklichen Ausgang nimmt. So beginnt Platons Dialog »Phaidon« damit, dass Sokrates in der Todeszelle die Fesseln gelöst werden. Sokrates denkt darüber nach, wie merkwürdig es doch sei, dass es so angenehm ist, wenn eine Unannehmlichkeit, wie die Hand- und Fußketten, von einem abfällt und dass man darüber einmal etwas schreiben müsse. Diese Szene kann als eine Metapher auf den Tod gelesen werden, weil Sokrates ihn später im Dialog als Befreiung der Seele beschreibt.[2] In anderen Religionen kommt es zu einer *Wiedergeburt* der Seele, die im Sinne einer »Fortschrittsanthropologie« in einer besseren Lebensform stattfinden sollte, als es die letzte war.[3] Der Fortschritt ist freilich nicht garantiert, sondern hängt von den Taten im letzten oder in einem noch weiter zurückliegenden Leben dieser Seele ab. Eine Steigerung der Einsichtsfähigkeit, ein ruhigeres Affektleben, einen weniger oder gar nicht mehr durch Krankheit angreifbaren Leib, das mögen die Hoffnungen sein, die sich mit dem Überleben von Seelen nach einem Tod und ihrer Erlösung oder Wiedergeburt verbinden.

Sofern Seelen von Existenzform zu Existenzform wandern, können sie in den religiösen Mythen spirituelle *Karrieren* über mehrere leibliche Existenzen durchlaufen, die auf einer Leiter der Daseinsformen *hinab-* wie auch *hinauf*führen mögen. So berichtet etwa eine berühmte buddhistische Geschichte aus China von einem Mönch, der, nachdem er einen dogmatischen Irrtum an einen Schüler weitergegeben hatte, 500-mal als Fuchs wiedergeboren wurde, bevor ihn endlich ein anderer weit verwirklichter Mönch von diesem Schicksal einer sich ständig wiederholenden Fuchsexistenz erlösen konnte.[4]

Bezogen auf ein gerade zu Ende gehendes Leben mag die Vorstellung einer Wiedergeburt etwas Tröstliches für Sterbende haben, sofern das Ende, mit dem eine Person gerade konfrontiert ist, kein *endgültiges* ist. Doch ein erneutes endliches Leben bedeutet auch, dass ein erneuter *Tod* bevorsteht. Das Gesetzbuch der Manu sagt, dass jede Seele zehn Billionen Wiedergeburten erfahre. Jede Seele hat also 10 000 Millionen Mal die leidvolle Erfahrung eines sterbenden Leibes zu machen. Das ist keine tröstliche Vorstellung.[5] Im Kontext der indischen Religionen ist deshalb Wiedergeburt, anders als im Westen, etwas Problematisches, mit Erlösung *nicht* Gleichzusetzendes. Statt zu behaupten, die Seele *über*lebe, sterbe *nicht*, kann man hier auch sagen: Sie stirbt nicht nur *einmal*, sondern muss viele Millionen Male sterben. Man kann im Rahmen dieses Systems nur froh sein, dass die Wiedererinnerung an frühere Existenzen selten ist. Wahre Erlösung bedeutet in diesem Kontext deshalb Befreiung der Seele aus dem Kreislauf von Sterben und Wiedergeborenwerden. Entsprechend bezeichnet der sogenannte »Schleier der Maya« im Hinduismus die Illusion, das wahre Leben bestünde darin, dass ein begrenztes persönliches Ich eine Welt durchwandere. Die Wirklichkeit liege dagegen in der Existenz eines unpersönlichen großen Selbst (Atman). Jede einzelne Person müsse zu diesem großen Selbst erwachen, in ihm aufgehen, um der Qual des Albtraums der Einzelexistenzen in einer Scheinwelt zu entgehen.[6]

II

Das Subjekt – und es kommt hier nicht weiter darauf an, ob wir von »Seele«, »Subjekt«, »Ich« oder »Geist« sprechen, weil wir über eine Vielfalt von Traditionen, die in unterschiedlichen Sprachen, wie Sanskrit, Pali, Chinesisch, Hebräisch, Griechisch, Latein und den modernen Sprachen, von dem handeln, was Empfinden, Wahrnehmen, Denken und Wollen vermeintlich im Inneren eines Menschen zugrunde liegt und vielleicht nach dem Tod weiter da ist –, das Subjekt also strebt aufgrund von Bewertungen wie »Das ist wahr und jenes falsch«, »Das ist angenehm und jenes unangenehm« eine Verbesserung seiner selbst, seiner Lage oder seiner Substanz an, es will ein *besseres* Subjekt, eine *bessere* Seele oder ein *besserer* Mensch in einem wirklicheren Leben werden: klüger, weiser, moralischer, zum wahren Sein aus dem Schein erwachen.

In einem Film über den die buddhistische Praxis der Achtsamkeitsmeditation betonenden Abt Thich Nhath Hanh und sein Zentrum »Village des Pruniers« im Südwesten Frankreichs mit dem Titel *Walk With Me* wird auch ein buddhistischer

Mönch gezeigt, der Thich Nhath Hanhs Vereinigung angehört und der seine Eltern in den USA besucht. Die geben ihm ein Tagebuch, das er offenbar als Teenager einmal geschrieben und in dem er auch einen Lebensplan aufgestellt hatte. Dieser Plan sieht den erfolgreichen Schulabschluss, das Studium an einer Ivy League University, den Eintritt in eine Firma, ein hohes Jahresgehalt, Heirat, die Gründung einer Familie und schließlich mit 70 »Erleuchtung« als das vor, was zu erreichen sei.[7] Der Film zeigt nicht, wie der Mönch heute seinen damaligen Karriereplan bewertet. Aber man kann sich vorstellen, dass er die geschäftlichen und familiären Stufen seiner Entwicklung mit dem Eintritt ins Kloster *überspringen* wollte, um schneller das »Lebensendziel«: die Erleuchtung zu erlangen. In diesem Fall bestünde eine Kontinuität zwischen einer sozialen und einer spirituellen Karriere, bei der bestimmte soziale Schritte keine notwendige Voraussetzung für das spirituelle Weiterkommen beziehungsweise die Erreichung des »Endziels« darstellen.

Über das »Nahziel« einer »besseren« Wiedergeburt, die durch tugendhaftes Handeln und ein auf Erkenntnis ausgerichtetes Leben ermöglicht werden soll, ist auch im ebenfalls mit dem Gedanken der Wiedergeburt verbundenen Buddhismus das Fernziel des Überhaupt-nicht-mehr-geboren-werden-Müssens als Resultat dieser Erleuchtung gesetzt. Sofern gute und schlechte Wiedergeburten etwas damit zu tun haben, welche erkenntnismäßigen und moralischen Qualitäten eine Seele in einem Leben erworben hat, ist die Erlösung als Austritt aus dem Kreislauf des Geborenwerdens und Sterbens mit einer *Auslöschung des strebenden* Subjektes, der erkennenden und handelnden Seele verbunden.[8]

Im Buddhismus besteht die wahre Erlösung darin, das Bewerten und das Handeln, sofern es nicht aus Fürsorge (Mitleid) für andere Wesen motiviert ist, *einzustellen*, sodass sich auch nicht mehr die an den Bewertungen und Handlungen »hängenden« Affekte einstellen. Letztlich strebt eine sich der Erlösung nähernde Person nicht mehr nach einer *Verbesserung* ihrer Erkenntnisse, ihres Affektlebens und ihrer moralischen Beschaffenheit. Das *für sie selbst Wichtige* liegt nicht in solchen Fortschritten, sondern darin, das *Bedürfnis nach einer Entwicklung* zu verlieren. Doch das ist nur möglich, wenn die Person selbst- oder ichlos wird, das heißt, das Selbst oder Ich als ein soziales Konstrukt durchschaut wird, das für bestimmte Zwecke in der Gemeinschaft nützlich sein mag, in anderen Hinsichten jedoch sehr schädlich ist, weil es Kräfte bindet, zu Verwirrungen und Aufregungen führt. Das wirkliche Leben ist dagegen ein ich- oder selbstloses Leben.

Die Frage, *wer* in einem wirklichen und nicht traumhaft geführten Leben eigentlich selbst- oder ichlos wird, führt in metaphysische Verwicklungen, die der Buddhismus damit zu lösen versuchte, dass er behauptete, die Seele wie auch alles andere, was uns erscheint, sei als *substanzlos* zu betrachten, als nur unter bestimmten Bedingungen erscheinend und nur scheinbar selbstständig existierend.[9] Wenn Bewerten zu Streben führt und Streben zum Erscheinen eines sich selbst bewussten Ichs oder einer Seele, die sich zu erhalten und zu verbessern sucht, dann muss das Ende des Bewertens, das Absterben des Strebens in diesem Denken auch zu einem Verschwinden des Selbst oder der Seele führen. Der erlöste Zustand ist nicht einer, in dem von der Person oder gereinigten Seele die Wahrheit gesehen und das Gute verwirklicht würde, sondern er ist einer jenseits von Erkenntnis und Moral oder: Die Erlösung besteht in der »Eliminierung des sich selbst erlösenden Subjekts«.[10] Man könnte auch etwas überspitzt sagen: Hier wird nicht die Seele erlöst, sondern ein Mensch erlöst sich von seinem Streben, indem er sich von seiner Seele als einem sozialen Konstrukt erlöst, das nichts mit einem Jenseits oder Nachleben zu tun hat, sondern Aufstiegsfantasien der sozialen Welt lediglich in eine ausgedachte übernatürliche Welt projiziert. So wie Menschen, die Solidarität und Liebe in ihrer Gesellschaft vermissen, sich ein friedliches Jenseits und einen liebenden Vater vorstellen, der für sie sorgt und auf diese Weise die sozialen Defizite ihres Lebens durch eine spirituelle Fantasie kompensieren, ebenso imaginieren Menschen sich eine jenseitige Existenz, die ihnen ein weiteres Fortkommen bietet, denen sehr an ihrem sozialen Fortkommen liegt, weil sie in stark stratifizierten Gesellschaften wie der indischen Kastengesellschaft leben und da nicht ganz oben gelandet sind.[11] Erleuchtung besteht, wenn man diesen Mechanismus durchschaut hat, nicht im Erreichen des imaginierten Ziels alles moralischen Strebens und der Erkenntnisentwicklung in einem Jenseits, sondern sie ist das Ende des Wesens, das sich auf diese Weise entwickeln will. Das Eingehen in das sogenannte »Nirwana«, das manchmal im Deutschen mit »Nichts« wiedergegeben wird, ist dann das Erreichen eines Zustands, in dem ein Wesen zwar noch lebt, aber nicht mehr als soziales Individuum nach irgendetwas strebt. Es ist nicht das Eingehen einer Person in ein Jenseits im Sinne des Ankommens an einem überweltlichen Ort. Vielmehr besteht Erlösung dann darin, die Welt so wahrzunehmen, wie sie ohne ein strebendes Selbst und ohne die sozialen Bewertungsschemata erscheint, die mit ihm einhergehen.

Wenn das die Wirklichkeit ist: die *nicht* durch ein *strebendes* Subjekt, eine sich *entwickelnde* und *wollende* Seele wahrgenommene, aber doch noch durch »irgendwen« wahrgenommene Welt, dann ist das Leben in der Wirklichkeit oder das wirkliche Leben das Leben in einer *unbewerteten* Welt. Doch dieser Gedanke liegt den meisten Räsonnements über die Seele ziemlich fern. Am Anfang stehen zunächst Ideen von einem spirituellen Jenseitsort, an dem »man selbst« als Person in einem wirklicheren Leben als dem fortexistiert, das man vor dem Tod führen musste. Die Verwandlung kann jedoch auch in einem Gestaltwandel bestehen: Diese Welt, die wir alle sehen, wird plötzlich – in der Erleuchtung – unbewertet wahrgenommen; ihre Figur kippt: So wie aus den Vasen zwei Gesichter werden in der bekannten Kippfigur, so wird aus dem Komplex von Angenehmem und Unangenehmem die eine unbewertete Welt, die ist, wie sie ist, und nicht mehr in Zweiheiten zerfällt, wie das Lustspendende und das Schmerzverursachende, das Förderliche und das Hinderliche, das Schöne und das Hässliche, das Wahre und das Falsche und andere Gegensätze mehr.

III

Gedanken der *spirituellen Entwicklung* und *Karriere*, wie sie hier auf Seelen in einer Abfolge von Geburten und Toden angewandt werden, können ganz unabhängig von religiösen Systemen an Prozesse anknüpfen, die für das menschliche Leben überhaupt zentral sind. Denn von einem gewissen Alter an entwickeln Menschen ein Bewusstsein ihrer zunächst von selbst ablaufenden Veränderung. Kleine Kinder wachsen, wenn alles gut geht, von selbst, und sie entwickeln immer mehr Kompetenzen und Einsichten über ihren Körper und ihre Welt. Sie lernen, einen Gegenstand mit dem Blick zu fixieren; sie lernen, ihre Mutter und die Gesichter anderer Personen zu erkennen; sie lernen, die Grenzen ihres Körpers einzuschätzen; sie lernen zu gehen und zu sprechen – alles in ein paar Monaten und ohne bewusste Absicht. In der Regel werden sie dafür gelobt, was sie so alles schon können. Wachstum und Entwicklung sind vermeintlich gut.

Irgendwann, wenn Kinder schon viel »einfach so« gelernt haben, *wollen* sie dann selbst »groß« werden, absichtlich Neues lernen. Sie haben ein Selbstbewusstsein oder die Idee eines Selbst entwickelt, das vorankommen muss. Dann haben sie auch gelernt, sich zu *vergleichen*, erkannt, dass sie zu einer Gruppe von Wesen gehören, in denen einzelne Exemplare unterschiedlich viel können, unterschiedlich viel *Macht* haben. Deshalb wollen kleine Kinder große Kinder und die großen Kinder Erwachsene werden. Vielleicht betrachten sich Kinder ab einem gewissen Alter, vielleicht ab der Pubertät, als noch nicht ganz wirkliche Personen, als Menschen, die noch kein wirkliches Leben haben, sondern das erst noch erreichen müssen. Damit ist es aber nicht genug. Auch Erwachsene wollen sozial erfolgreich sein, Gehaltsklassen erreichen, in sportlichen Ranglisten oben stehen, endlich aus der Provinz in die Metropole ziehen, in der dann das wirkliche Leben beginnt. Bei manchen beginnt es erst mit der Pensionierung, wenn der Beruf, der dem wirklichen Leben immer im Weg stand, endlich vorbei ist. Und einige wollen dann auch noch erleuchtet und als bessere Wesen wiedergeboren werden.

Auch Kollektive wollen Fortschritte machen. Einzelne identifizieren sich mit Klubs, die miteinander konkurrieren und in sportlichen Rankings erscheinen. Städte vergleichen ihre Beliebtheit und Lebensqualität, wollen auf den entsprechenden Skalen aufsteigen, Länder vergleichen ihren Reichtum und das durchschnittliche Glück ihrer Bewohner untereinander. Sogar von der *Menschheit* als ganzer wird behauptet, dass sie Fortschritte gemacht hätte seit der Steinzeit. Schließlich sind die Menschen immer *mehr* geworden und kaum durch andere Lebewesen (außer Mikroorganismen) ernsthaft bedroht. Sie stehen am Ende der Nahrungskette. Sie scheinen sich in der Konkurrenz des Fressens und Gefressenwerdens durchgesetzt zu haben.

Ein wesentliches Element in der Planung von Fortschritten ist *Machtsteigerung*. Denn Macht als die Fähigkeit, auf andere Wesen Einfluss zu nehmen, ist ein wichtiges Kriterium in vielen Rangordnungen, auf die bei Karrieren geschaut wird: Wer richtet sich unbewusst nach wem? Wer macht wen bewusst nach, um auch Erfolg zu haben? Wer bekommt von wem Befehle? Wer wird von wem bedroht? Wer kann wem Gewalt antun? Und schließlich das Maximum: Wer kann wen töten?

Kinder wollen groß und erwachsen werden, weil kleine Kinder von großen und Kinder überhaupt von Erwachsenen *gesagt bekommen*, was sie zu tun haben. Kinder sind unselbstständig und relativ machtlos. Sie machen die Erwachsenen erst unbewusst und dann willentlich und absichtlich nach oder werden dazu angehalten, es zu tun: »So musst du es machen«, hören sie andauernd. Und auch innerhalb der Gesellschaft der Erwachsenen gibt es Machtdifferenzen, weil Reichtum, Wissen, Schönheit und Ehren ungleich verteilt sind. Diese Machtdifferenzen sind die Quelle von »Aufstiegsfantasien«, die sogar über den Tod hinausgehen. In Matthäus 20:16 verspricht Jesus von Nazareth mit diesen Worten für das »Himmelreich« eine Umkehrung der Rangordnungen nach dem Tod: »Viele Erste werden Letzte sein und Letzte Erste.« Reichtum wird bei dieser Umkehrung nicht nur gar keine, sondern sogar eine *negative* Rolle spielen, denn: »Leichter geht ein Kamel durch ein Nadelöhr, als dass ein Reicher in das Reich Gottes gelangt.« (Matthäus 19:24) Das Paradies, das Reich Gottes, ist das *Ziel*, die beste Wohnung, schönste Heimstatt, auf die das Leben in dieser Vorstellung zuläuft; »mehr« ist für ein erlöstes Wesen nicht möglich. Aber es ist ein Ort, an dem noch *jemand* (anders als im Nirwana) ankommen kann, es ist das wirkliche und ewige Leben einer seelischen Person.

Was Tiere denken und was sie sich wünschen, wissen wir nicht. Vermutlich wollen auch Wölfe in Wolfsrudeln nicht mehr weggebissen werden und auch mal die schmackhaftesten Teile einer Beute abbekommen. Doch streben sie aller Wahrscheinlichkeit nach keine Karriere nach ihrem Tod an, weil sie sich diesen gar nicht vorstellen können. Spiritualität beginnt, so meinen Archäologen und Paläoanthropologen, erst da, wo Wesen ihre Artgenossen bestatten, also bewusst mit dem Tod umgehen, ihn »überstehen« wollen. Dies soll bereits bei Neandertalern vor 42 000 Jahren der Fall gewesen sein.[12]

IV

Vorstellungen vom Überleben eines Teils eines Menschen (oder von anderen Lebewesen) nach der Zerstörung des Körpers oder der Wiedergeburt einer Seele in einem neuen Körper haben sowohl *Erklärungs-* wie *Trost*funktionen. Eine tröstende Funktion haben diese Vorstellungen einerseits für jene, die nach dem Tod zurückbleiben, die ohne die vielleicht geliebte verstorbene Person weiterleben müssen, andererseits für Sterbende, die gern weitergelebt hätten und mit diesem Gedanken, wenn auch nicht genau das Leben, das sie geführt haben, so doch zumindest *irgendein* Leben weiterhin besitzen werden. Wohl schon von jeher erzählen sich Menschen Geschichten, um sich zu trösten, und entwickeln Theorien, um sich etwas verständlich zu machen oder zu erklären. Manchmal, wie im Fall der Vorstellungen über eine unsterbliche Seele, ist es schwer, zwischen tröstenden Erzählungen und erklärenden Theorien klar zu unterscheiden.

Eine Seele kann als ein *Prinzip der Belebung* erklären, was passiert, wenn jemand stirbt: Das Prinzip der Belebung verschwindet dann aus dem Körper, so wie ein Karren, der von einem Ochsen gezogen wurde, stehen bleibt, wenn man den

Ochsen ausspannt und er im Stall verschwindet. Nur dass der Ochse ein *sichtbares* Bewegungsprinzip für das Karrengespann ist, die Seele (in den meisten Kulturen) dagegen ein unsichtbares. Homer schreibt entsprechend: »Die Seele flog aus den Gliedern und ging hinab zum Hades.«[13] Der Mensch, dem sie gehörte, bricht tot zusammen. Man versteht, warum der Mensch nicht mehr sprechen, gehen, stehen kann, weil das, was dies alles ermöglichte, die Seele, ihn *verlassen* hat. Auch Platon denkt die Seele in diesem Sinne als Ursprung der lebendigen Bewegung.[14] Allerdings ist für Platon die Seele ein Bewegungsprinzip besonderer Art: Sie bewegt lebende Körper, ohne sich dafür selbst verändern zu müssen. Der Ochse muss fressen, gehen und sich anstrengen, um den Karren zu bewegen; irgendwann wird er müde. Die Seele ist für Platon dagegen offenbar selbst ein *ewiges* Wesen, das für seine Tätigkeit der Bewegung keines Antriebes bedarf.[15] Damit wird sie zu einem unvergänglichen und übernatürlichen Wesen, denn in der Natur ist alles der Veränderung unterworfen. Platon wurde mit dieser Vorstellung, wenn er sie denn wirklich im Sinne einer Behauptung in seinen Dialogen vertreten hat (was man auch bezweifeln kann), Vater des sogenannten *dualistischen* Denkens, wonach Menschen aus *zwei Teilen* bestehen: einem natürlichen, vergänglichen und einem übernatürlichen, unvergänglichen. Dieser Dualismus ist dann zu einem des *äußeren* und *inneren* Menschen vom Kirchenvater Augustinus weiterentwickelt worden. Danach ist der natürliche Leib der äußere Mensch (*homo exterior*) und die Seele der innere Mensch (*homo interior*), der den äußeren lenkt und steuert.[16]

Was nun die *Trostfunktion* einer Seelenannahme angeht, so wird von aus Guinea als Sklaven verschleppten Afrikanern berichtet, dass sie glaubten, wenn sie sich selbst töteten, in ihrer Heimat in ihrem Clan wiedergeboren zu werden, also die verhasste Sklaverei in der Fremde über den Tod vermeiden zu können, ohne das Leben dadurch ganz zu verlieren.[17] Nun ist schwer zu sagen, wie diese Vorstellung gemeint, ob sie als eine sichere Prognose oder als eine Art Anfeuerung gedacht war. Wenn sich ein Hochspringer vor einem schwierigen Sprung selbst sagt: »Du bist ein Vogel, du fliegst da drüber!«, so feuert er sich an, macht er sich Mut, damit er auch schafft, was er sich vorgenommen hat. Aber er glaubt nicht wirklich, sich in einen Vogel verwandeln zu können. Jemand, der sich selbst tötet, um der unerträglichen Situation der Versklavung zu entgehen, muss den sehr starken Widerstand des körperlichen Selbsterhaltungsstrebens überwinden. Es könnte sein, dass er sich anfeuert und sagt: »Es ist nur ein kurzer Schmerz, und dann bist zu wieder bei deinen Leuten!« Vielleicht ist es diese Trost-, diese Stärkungsfunktion im Angesicht des Todes, die dazu führt, dass es kaum eine Kultur zu geben scheint, die *nicht* davon spricht, dass es ein Leben nach dem Tod gibt.

Wenn die Grundlage des menschlichen Lebens, wie die allen Lebens, das Streben nach Selbsterhaltung ist und Menschen sich aufgrund ihrer geistigen Fähigkeiten sowohl dieses Strebens wie auch seines Scheiterns im Tod bewusst sind, dann wird leicht verständlich, ein wie tiefes Problem der Tod nicht nur als ein zu erklärendes Ereignis darstellt, warum etwa dieser Mensch plötzlich zusammenbricht. Denn der Tod ist nicht *irgendein* Scheitern *im* Leben, wie der Rückschlag, dass man eine bestimmte Nahrung oder einen bestimmten Sexualpartner nicht bekommt, sondern er ist die Manifestation des *totalen* Scheiterns *jedes* individuellen Lebens: Jedes einzelne Leben kann sich irgendwann nicht mehr erhalten. Diejenigen Lebensformen scheinen daher in einer besseren Lage als die menschliche, die sich ihres Strebens nach Erhaltung und seines letztlichen Scheiterns *nicht* bewusst sind, denn sie bedürfen nicht des fundamentalen Trostes durch die Annahme einer unsterblichen Seele. Wenn die

Annahme einer unsterblichen Seele jedoch nur eine tröstende *Illusion* und *keine wahre Behauptung* wäre, dann muss man mit problematischen Folgen rechnen. Denn Illusionen stellen sich häufig (nicht immer) als nachteilig für die heraus, die ihnen anhängen. Stellen wir uns einen Sportler vor, der sich nicht einfach aufmuntert und anfeuert, indem er sich, wie in unserem obigen Beispiel, vorstellt, er könne sich in einen Vogel verwandeln, sondern der in einem Wettbewerb, sagen wir einem Boxkampf, zu Boden gegangen ist und ihn verloren hat. Er wird das als schmerzlich empfinden. Ein guter Trainer wird ihm dann jedoch kaum einzureden versuchen, dass er *eigentlich* unbesiegbar sei und eigentlich auch diesen Kampf gewonnen hätte, wenn nicht unglückliche Umstände dazwischengetreten wären, wie die Punktrichter, die sich irrten, ein Gegner, der vermutlich gedopt, der Ringboden, der viel zu glatt war, sodass er stolpern musste, und so weiter. Ein guter Trainer wird unseren Verlierer vielmehr zu härterem Training auffordern und ansonsten, falls das nichts nützt, von seinen Wettkampfambitionen abzubringen versuchen. Der Vorstellung einer unsterblichen Seele anzuhängen könnte der Illusion der Unbesiegbarkeit ähneln, sofern der Tod eine endgültige *Niederlage* im Kampf um Selbsterhaltung darstellt und er mit der Annahme einer Seele *geleugnet* wird.

In einigen Kulturen, vor allem in den europäischen, glauben Menschen, nur *menschliche Personen*, jedoch nicht die anderen Lebewesen seien mit einer unsterblichen Seele ausgestattet. Dann fällt sie als Erklärungsprinzip für Lebendigkeit, die auch Tiere besitzen, natürlich aus. In dieser Vorstellungswelt verschaffen sich Menschen mit der Seele jedoch einen *Sonderstatus* unter den Lebewesen, imaginieren sie sich in einer Rangordnung dessen, was lebt, in eine »Poleposition« als Wesen, die ewig leben, wie die Götter, auch wenn ihr Leib untergeht. Während bei allen anderen Lebewesen das individuelle Leben letztlich tatsächlich mit dem Tod scheitert, die Selbsterhaltung am Ende misslingt, geschieht dies beim Menschen in dieser Vorstellungswelt nicht. Führt dieser Gedankengang zu einer analogen Hybris wie die Illusion der Unbesiegbarkeit? Könnte es sein, dass man dann das endliche Leben *nicht* als das *wirkliche* ansieht, weil erst nach dem Tod das wirkliche unendliche beginnt? Dann würde die Illusion der unsterblichen Seele unser Leben hier und jetzt *entwerten*, und seelenlose Tiere, die nicht dieser Illusion anhängen, würden schon hier und jetzt ihr wirkliches Leben führen (sofern man von Tieren sagen möchte, dass sie ein Leben *führen* und nicht einfach durch innere und äußere Umstände *bestimmt* werden).

V

Von der Verbreitung der Vorstellung einer unsterblichen Seele darf man nicht darauf schließen, dass die meisten Kulturen auch von der Existenz einer *immateriellen* Substanz ausgingen, aus der diese Seele »besteht«. Der Kontrast zwischen dem Materiellen und dem Geistigen und der Gedanke, der menschliche Leib, der stirbt, sei »aus Materie«, jedoch von einer »immateriellen Seele« als etwas »Geistigem«, als einem belebenden Prinzip »bewohnt«, ist ein spezielles theoretisches Konstrukt, das in einigen philosophischen Schulen Europas entstanden, jedoch sicherlich nicht Allgemeingut aller menschlichen Gemeinschaften ist. Wirklich etabliert im westlichen Denken hat erst René Descartes diese Lehre, der in seiner Metaphysik im 17. Jahrhundert Raum und Materie identifizierte und das Geistige, die Seele, als die *andere* Substanz von dieser Raum-Materie unterschied.[18]

Dass diese Unterscheidung in solcher Klarheit erst so spät in der europäischen Geistesgeschichte vorgenommen wurde, liegt daran, dass »Materie« und »Geist« abstrakte Begriffe sind und es eine ganze Weile gedauert hat, bis sich das Denken in diesen Abstraktionen bewegen konnte. Auch schwingt sich nicht in allen Kulturen die Begriffsbildung in diese Höhen auf – wenn es denn Höhen sind –, denn man kann sich sehr wohl fragen, ob es für eine Lebensform ein Vorteil ist, in derartigen Abstrakta zu denken. Bevor sie verwendet werden, sprechen Menschen von »Feuer«, »Wasser«, »Erde«, »Luft«, von »Holz«, »Stein«, »Schlamm« und »Lehm«, von »Sehen«, »Hören«, »Riechen«, »Denken«, »Wünschen«, »Wollen«, »Sich-Freuen« und so weiter, das heißt von konkreten Gegebenheiten in der Welt und in ihrem Leben. Auch die Rede von »Holz« ist allgemein, weil sie über die Differenzen von Birken-, Eichen-, Buchen- und Tannenstämmen, -ästen und -wurzeln et cetera hinweggeht. Dasselbe gilt für die Rede vom »Wollen«, weil es etwas anderes ist, ein Eis zum Nachtisch zu wollen, als nicht aus dem Bett aufstehen zu wollen, und wieder etwas anderes, ein berühmter Lyriker werden zu wollen. Zwischen der Rede von »Holz« und »Wollen« und der von »Materie« und »Geist« besteht nur eine graduelle Differenz hinsichtlich der Allgemeinheit der Begriffe. Aber mit »Materie« und »Geist« befindet man sich schon ziemlich weit »oben« in den Allgemeinheiten, sofern wir uns eine Hierarchie der Abstraktheit von Begriffen, in einem Baum angeordnet, vorstellen, bei dem die Namen für Einzelwesen, wie Hans und Susi, ganz unten an den Wurzeln sind und dann, je weiter man nach oben kommt, immer abstraktere Begriffe auftauchen. Ganz oben befinden sich vielleicht »Sein« und »Nichts« und schon nicht weit entfernt darunter »Materie« und »Geist«. Man könnte sich überlegen, ob, je weiter man aufsteigt in diesem Begriffsbaum, man sich nicht auch immer weiter *von der Wirklichkeit* entfernt. Ist nicht die Person Susi das Wesen, das uns als Wirklichkeit begegnet, aber die Rede von ihrem »Fleisch« und ihrer »Seele« bereits eine Abstraktion, etwas »nicht so ganz Wirkliches«, weil nicht mehr Konkretes? Ich kann nicht auf »Fleisch überhaupt« zeigen, sondern nur auf das Fleisch einer Person oder eines Tieres, und auf eine Seele kann ich gar nicht zeigen.

Wie komplex menschliche Personen gesehen werden konnten, als man noch nicht die Abstrakta »Geist« und »Materie« oder »Seele« und »Körper« benutzte, kann man an den schwer rekonstruierbaren Unsterblichkeitsvorstellungen im antiken Ägypten sehen. Die Unterscheidung zwischen den fünf Bestandteilen einer Person, neben ihrem Leib, die sie zu einer »Konstellation« von Kräften und Kapazitäten macht, ist sehr viel differenzierter als das Konzept einer Seele als einer einfachen und unzerstörbaren immateriellen Substanz, die wahrnimmt, denkt, will und so weiter.[19] Da ist zunächst *ka*, eine Art individuelle Lebenskraft und Kreativität, die bei der Geburt in einen Menschen fährt und ihn beim Tod wieder verlässt; dann *ba*, die individuelle Persönlichkeit eines Menschen (oft mit »Seele« übersetzt), ferner *akh*, das vervollkommnete lichthafte und wirkungsmächtige Wesen, zu dem die verstorbene Person als eine Art Geist nach ihrem Ableben werden kann; und schließlich spielen der *Namen* und der *Schatten* (*shut*) eines toten Menschen, neben seinem einbalsamierten Leib, ebenfalls für seine jenseitige Existenz als Identifikationsmittel eine Rolle.[20] Im berühmten ägyptischen Totengericht, bei dem es zu einer Beurteilung der Moralität einer Person kommt, ist das *Herz* eines Menschen, das in dieser Situation gewogen wird, das wichtigste »Ding« (oder Symbol). Die Person scheint in dieser alten Kultur sehr viel konkreter und schattierungsreicher gedacht worden zu sein als in der modernen westlichen Zwei-Substanzen-Lehre.

Eine Gefahr der Verwendung von Abstrakta wie Geist und Materie besteht darin, den Fehler *unangebrachter Konkretisierung* oder einen *Kategorienfehler* zu begehen, das heißt nach dem Geist oder der Materie so zu suchen, wie man nach Hans und Susi in der Stadt oder nach Birkenholz im Wald und Trinkwasser in der Wüste suchen kann.[21] Nachdem man sich Holz, Schlamm, Eisen, Wasser, Luft und so weiter vor Augen geführt und festgestellt hat, dass das alles Materie sei, kann die Frage aufkommen, was denn nun Materie *unabhängig* von diesen verschiedenen Dingen ist. Der Verweis auf die moderne Physik wird da nicht helfen. Denn die spricht ebenfalls von vielerlei Dingen: Teilchen wie Leptonen und Quarks, Bosonen und Photonen, von Feldern und Wellen.

Nicht anders verhält es sich mit dem menschlichen Innenleben. Wenn es Empfinden und Wahrnehmen, Hassen und Lieben, Zweifeln und Schließen, Wünschen und Wollen gibt und das alles als »geistig« sortiert wird, mag man fragen, was denn nun das Geistige selbst als Ich oder Seele unabhängig von diesen Instanzen sein könnte. Und auch da wird ein Blick in die wissenschaftliche Psychologie, die zwischen Kognitionen und Emotionen, Volitionen und Motivationen, Es, Ich, Überich, Selbst und vielem anderen mehr unterscheidet, nicht weiterhelfen, weil sie wieder nur zu einer Vielheit von Seelen und nicht zur Einheit einer substanziellen Seele führt, die den Tod überleben könnte. Man kann weder die Materie noch die Seele oder den Geist in der Erfahrung als etwas Konkretes ausweisen. Welche Konsequenz soll man daraus ziehen, um den Fehler der unangebrachten Konkretisierung, wie es Whitehead genannt hat, zu vermeiden? Eine mögliche Konsequenz wäre, zu bestreiten, dass sich diese Abstrakta auf etwas von den menschlichen Ordnungstätigkeiten, die wir mithilfe der Sprache verfolgen, wirklich unabhängig Existierendes beziehen. Diese Abstrakta sind dann etwas rein Sprachliches. Materie und Geist gäbe es dann gar nicht, außer als menschliche Ordnungsprinzipien. Hat es dann noch Sinn, von der Unsterblichkeit der Seele zu sprechen?

VI

Menschen können über die Seele sprechen, ohne den abstrakten Kontrast von Geist und Materie zu verwenden. Sie können die Seele als *Atem* oder *Blut* ansehen, die einen Körper verlassen, wenn er stirbt, und die wieder zurückströmen in die allgemeine Luft und das Allgemeine der Flüssigkeiten. Das Vorhandensein einer Seelenvorstellung ist also das eine. Die Annahme, diese sei *immateriell*, ist etwas Zusätzliches.

Auch die Verbindung der Seelenvorstellung mit der einer unverwechselbaren *Individualität* und *autonomen* Persönlichkeit dürfte vor allem auf die europäischen Denkräume beschränkt sein. Anderswo war die Vorstellung verbreitet, dass nach dem Tod eine Teilhabe an einem allgemeinen belebenden Prinzip möglich sei, ohne dass Individualität notwendig erhalten bliebe.[22] Für diejenigen, die in der deutschen Sprache denken, scheint dieser letzte Gedanke naheliegend, weil »Seele« klanglich auf den »See« zu verweisen scheint. Die einzelne Seele als eine Woge im See erscheinen zu lassen, die sich bricht und wieder in ihm verschwindet, ist ein schönes Bild für den Tod, der dann das »Aufgehen« der Individualität in einem größeren Ganzen bedeutet, aber nicht mehr völlige Vernichtung meint. Doch etymologisch ist diese Verbindung von »Seele« mit »See« nicht haltbar, was einen natürlich nicht daran hindern muss, an der Idee des Aufgehens des individuellen Lebens in einem Allgemeinen Gefallen zu finden.[23]

Dass sich das Wort »Seele« nicht auf etwas Immaterielles beziehen *muss*, sieht man an der engen Verbindung, die zwei griechische Wörter bei Homer zu von uns heute als *materiell* charakterisierten Stoffen haben: »Psyche« als das Wort, das am häufigsten als das griechische für Seele angesehen wird, ist eng mit dem

Atem verbunden, denn das Verb »psychein« bedeutet »pusten« oder »blasen«. Auch im Deutschen sagt man altertümlich, dass jemand sein Leben »aushaucht«, seinen »letzten Atemzug« getan hat. Und das Wort für »Atem« stammt wiederum von »atman«, dem Sanskritwort für »Seele«, ab. Viele meditative Praktiken in Indien, aber auch in anderen Weltgegenden haben mit der Beobachtung oder Regulierung des Atems zu tun, die der Beobachtung und Regulierung des Seelenlebens nicht nur zu entsprechen scheinen, sondern vielleicht sogar mit ihm als identisch angesehen wurden. Dass es in einigen Gegenden, wenn jemand stirbt, üblich ist, ein Fenster zu öffnen, es manchmal sogar eine eigens für diese Gelegenheit eingebaute Luke in Häusern gibt, damit die Seele aus dem Sterbezimmer »hinausfliegen« kann, und »Seelenlöcher« in Grabkammern und Särgen vorgesehen wurden, steht ebenfalls mit dieser Vorstellung in Zusammenhang, dass die Seele ein Hauch ist, der beim Tod nach oben entweicht.

Ferner findet sich bei Homer »thymos« als Seelenwort, das den *Mut*, die Lebenskraft, die die Brust schwellen lässt, bezeichnet und mit dem Herzen und dem Blut in Verbindung zu bringen ist.[24] Auch im jüdischen Denken wird die Seele mit dem Blut und dem Atem in einen Zusammenhang gebracht, etwa wenn es in Mose 5,12:23 heißt: »Denn das Blut ist die Seele (*nefesch*)«, und in Mose 1,2:7: »Und Gott blies in seine Nase den Hauch des Lebens« (*haNeschama*). In Kohelet 3,19–21 wird die Beseeltheit von Tier und Mensch parallelisiert. Sie haben beide dasselbe Schicksal, dass ihr Geist als Atem (*ruach*) sie verlässt. Ob das, was am Lebensende bei Menschen und Tieren aus ihnen herausfährt, nach dem Tod wirklich ein unterschiedliches Schicksal haben könnte, wird dabei in Frage gestellt: »Denn es geht dem Menschen wie dem Vieh: wie dies stirbt, so stirbt auch er, und sie haben alle einen Odem (*ruach*) … Wer weiß, ob der Odem des Menschen aufwärts fahre und der Odem des Viehs hinab unter die Erde fahre?« Dass der Atem mit dem Tod aufhört und dass ein Mensch stirbt, wenn eine Weile aus einer offenen Wunde das Blut rinnt, sind einfache und sicher sehr frühe Evidenzen beim Übergang vom Leben zum Tod, die für diese Seelenvorstellungen wichtig waren. Wenn sich bei Aufregungen der Atem beschleunigt, beim Abebben von Affekten beruhigt, das Herz schneller geht und dadurch »das Blut in Wallung« gerät, dann zeigt sich Menschen unmittelbar, dass zwischen Gefühlen als einer Erscheinungsform des »Seelenlebens«, dem Atem und dem Blut ein enger Zusammenhang besteht, der eben auch so gedeutet werden kann, dass Atem und Blut selbst das Seelische ausmachen. Auch Stoiker wie Chrysippus betrachteten im 3. Jahrhundert vor unserer Zeitrechnung die menschliche Seele (das *hegemonikon*), die für sie ebenfalls körperlich, ein feiner Hauch (*pneuma*) war, als etwas, was am Herzen lokalisiert ist und sich dort von Blut und Atem »ernährt«.[25]

Neben »psyche« und »thymos« finden sich bei Homer noch andere Wörter, die im Zusammenhang mit dem stehen, was wir heute als Seele bezeichnen. Ein wichtiges unter diesen ist »nous«, ein Begriff, der wohl eher intellektuelles Vermögen kennzeichnet, aber auch mit dem Ahnen und Wittern, also ebenfalls dem Atem, aber eher, sofern er zum Riechen verwendet wird, zu tun hat. Es ist die Frage diskutiert worden, ob irgendeines dieser Wörter »den Kern«, »das Innerste«, das »Wesen« eines Menschen bezeichnet.[26] Das ist sehr fraglich. Vielleicht gibt es diese Vorstellung von einem Wesenskern eines Menschen nicht bei Homer (so wenig wie im antiken Ägypten), sodass auch da, wo Homer sagt, dass die *psyche* als Schatten in den Hades fährt, er nicht meint, dass dieser Schatten im Hades, wie wir ihn vor allem aus der Passage der *Odyssee*, in der der Held der Erzählung das Totenreich besucht und die Seelen durch ein Blutopfer anlockt und zum Sprechen bringt, das ist, was einen Menschen auch in seinem Leben seinem Wesen nach *ausgemacht* hat.[27] Wenn beispielsweise der *thymos* eines Menschen mit dem Tod verschwindet, kann dadurch sehr wohl etwas Wesentliches an einer Person untergehen. Ist Achill nicht wesentlich eine *mutige* Person? Das ihm gewidmete Epos, die *Ilias*, handelt schließlich von seinem *Zorn*. Ist der kraftlose Schatten, den er in der Unterwelt darstellt, nicht ein ganz *anderes* Wesen als dasjenige, das er zu Lebzeiten war? Die *psyche*, die im Hades landet, ist das, was man als Krieger im Kampf einsetzt und verlieren kann, wie aus den Worten des Achill, dass er im Kampf seine *psyche* aufs Spiel gesetzt habe, zu schließen ist.[28] An solchen Stellen wird »psyche« mit »Leben« wiedergegeben. Denn auf Deutsch setzt der Krieger sein *Leben* aufs Spiel und verliert es. Doch wäre es bei Homer angemessen zu sagen, seine Seele *überlebt*? Seine *psyche* im Kampf zu riskieren funktioniert sprachlich im Griechischen so ähnlich, wie im Deutschen *seinen Hals* oder *seinen Kopf* zu riskieren. Der Hals oder der Kopf ist weder das belebende Prinzip noch das Wesen eines Menschen. Aber wer den Hals oder Kopf wirklich und nicht im übertragenen Sinne verliert, verliert das Leben.[29] Hals und Kopf sind Teile des Menschen. Ebenso ist die *psyche* ein feinstofflicher Teil des Menschen bei Homer. Bei Verlust dieses Teiles ist es mit der ganzen Person vorbei, sie bricht zusammen, sagt nichts mehr, ihre Glieder bewegen sich nicht mehr, sie hat sich einerseits in eine Leiche (*soma*) und andererseits in eine von dieser Leiche unabhängige *psyche* verwandelt. Weder der eine noch der andere Bestandteil, der nach dem Tod zurückbleibt, ist das Wesen der Person. Denn die Leiche verwest, die *psyche* ist dagegen nur ein Schatten, ohne Mut und ohne ein »wirkliches«, noch von dem Lebenssaft Blut angetriebenes und mit mehr oder weniger Mut geführtes Leben. So wie die Leiche der sterbliche, verwesende Überrest einer Person ist, ist die *psyche* bei Homer ein Überrest einer Person, eben ein unsterblicher, schattenhafter.

VII

Neben den Fähigkeiten, sich lebendig bewegen zu können, in Gefühlszustände wie Angst und Freude zu geraten, mutig zu handeln oder reflektieren zu können, darf eine weitere wichtige Kompetenz nicht vergessen werden, wenn man über unsere Vorstellung von der Seele nachdenkt. Solange wir leben, können wir auf das Leben, das wir geführt haben, *zurückblicken,* uns erinnern. Verlässt uns die Erinnerung, verschwinden wir auch als eine bestimmte Person mehr oder weniger oder existieren als diese Person nur noch in den Erzählungen *anderer.* Der Rückblick auf unser eigenes Leben erfolgt vielleicht in einer Bildfolge in der Introspektion oder in einer Erzählung, auch Gerüche und Tasterfahrungen können uns wieder in den Sinn kommen, vergleichbar einer Traumerfahrung. Dass Menschen wieder etwas »in den Sinn« kommen kann, scheint nur möglich, weil das, was ihnen widerfährt, *Spuren* in ihnen hinterlässt.

Spuren sind jedoch kein Privileg beseelter Wesen. Auch Steine zeigen Spuren ihrer Geschichte. In manchen finden sich Fossilien, andere sind in vulkanischen Prozessen aus der Verschmelzung verschiedener Mineralien entstanden, was in ihnen auch noch sichtbar ist. Bäume bilden während ihrer Entwicklung Wachstumsringe, an denen Menschen ablesen können, wie lange es sie schon gibt und wie feucht ein Jahr, in dem die betreffende Pflanze gelebt hat, jeweils gewesen ist. In einer Landschaft oder einer Stadt gibt es Spuren und Schichten, die auf vergangene Besiedlungen oder Ackerbau schließen lassen und die von Archäologen ausgewertet werden können, um die Geschichte der betreffenden Gegend zu rekonstruieren.

Doch Landschaften, Städte, Bäume und Steine scheinen keinen *Sinn* zu haben, in dem ihnen das, was mit ihnen geschehen ist, wieder gegenwärtig wird. Vielleicht ist ihnen auch nie *irgendetwas* gegenwärtig. Dass Menschen mal das eine, mal etwas anderes gegenwärtig ist und dass sie sich an Vergangenes, das sich von dem, was ihnen gerade präsent ist, unterscheidet, *erinnern* können, zeigt, dass sie einerseits, wie alle Wesen, einem *Wechsel* unterworfen sind, der Spuren hinterlässt, dass sie andererseits auf das wechselhafte Geschehen *zurückgreifen*, dass sie Spuren *reaktivieren* und sich das, was die Spuren verursacht hat, wieder vergegenwärtigen können.

Ist die Seele das, was in diesem Wechsel der Wahrnehmungen und Erinnerungen konstant bleibt und dem die Vergegenwärtigung »zugeordnet« wird und sie ermöglicht? Ist sie das Medium dieser Vergegenwärtigung? Ich bin schließlich *derselbe*, der jetzt Gegenstände auf seinem Schreibtisch und das Prasseln des Regens gegen die Scheiben wahrnimmt und der sich gleichzeitig an die Sonne am Meer im Sommer erinnern kann. Ist die Seele der »innere Mensch«, der immer derselbe bleibt, was immer dem »äußeren Menschen« geschieht, und der diese Widerfahrnisse des »äußeren Menschen« »beobachtet« und auch vergangene Widerfahrnisse erneut vergegenwärtigen kann?

Der Philosoph Alfred North Whitehead hat einmal anders als Descartes die Einheit der Person und der Seele mit der eines *Raumes* verglichen, von dem Platon in seinem kosmologischen Dialog *Timaios* als einer »Mutter und Aufnehmerin« spricht.[30] In die platonische Raum-Materie werden unterschiedliche Formen eingeprägt. Aristoteles scheint diesen Gedanken in seinem Verständnis der *phantasia* aufgegriffen zu haben.[31] Die »Einheit der Natur« und die »Einheit jedes einzelnen Menschenlebens« werden danach nicht durch einen Wesenskern im Inneren allen Wandels garantiert, sondern durch ein Aufnehmendes, *in* dem alle Veränderung geschieht, das jedoch durch die Geschehnisse in ihm nicht selbst ein anderes wird. Der Raum, in dem dieses Haus steht, in dem ich sitze und schreibe, ist der Raum, in dem einmal kein Haus stand, sondern Bäume und in dem davor eine Wüste war und davor ein Meer. Meine Seele kann als das aufgefasst werden, in dem die Wahrnehmung des Tageslichtes, der Geschmack einer Erdbeere, der Schmerz eines Nadelstiches zum ersten Mal erschienen sind, in dem sich manche dieser Erfahrungen wiederholt haben und einige erinnert werden und so weiter. Doch meine *Aufmerksamkeit*, durch die mir etwas gegenwärtig wird, wird durch das, was *in ihr erscheint*, so wenig zu einer anderen, wie der Raum durch das, was in ihm erscheint, verändert wird – jedenfalls wenn wir ihn als platonisches Aufnehmendes denken. Die *Aufmerksamkeit* auf Gegenwärtiges und die *Erinnerung* an Vergangenes sind zusammen das, was, metaphorisch gesprochen, als der »Rahmen«, der »Behälter«, in dem mein Leben erscheint, diesem Leben gegenüber gleichgültig bleibt. Ich bin die Person, die ich bin, weil in mir die folgende Geschichte – die ich dann erzählen oder mir als einen »inneren Film« veranschaulichen kann – erschienen ist. In jeder Person erscheint eine *andere* Geschichte. Deshalb sind wir verschieden. Aber das, *in* dem unsere verschiedenen Geschichten erscheinen, muss so wenig verschieden voneinander sein, wie der Raum, in dem ein Meer erscheint, von dem Raum verschieden sein muss, in dem ein Wald erscheint. Unabhängig von dem, was mir widerfahren ist, bin ich nichts Individuelles oder *leere Form* wie ein Raum, in dem sich nichts abspielt.

Hier tun sich Paradoxien auf, die auch beim Raum entstehen und auf die Leibniz einst aufmerksam gemacht hat: Wie kann ein Raumabschnitt von einem anderen unterschieden werden, wenn sich nichts in ihnen abspielt? Wie kann ein Abschnitt der Aufmerksamkeit oder der Erinnerung von einem anderen unterschieden werden, wenn es nichts in ihnen gibt, auf das sich die Aufmerksamkeit richtet oder das in ihnen erinnert wird?

Dieser Gedanke ist insofern irreführend, als er den Raum oder die Aufmerksamkeit oder die Erinnerung oder wie immer man ein Aufnehmendes charakterisiert, als *Ding* auffasst, das von einem anderen Ding unterschieden werden kann. Doch das Aufnehmende – der Raum, die allgemeine Aufmerksamkeit – ist vielleicht gar kein Ding, sondern Dinge erscheinen in ihm, Raum und Aufmerksamkeit selbst erscheinen jedoch unabhängig von dem, was in ihnen »auftritt«, nicht.

VIII

Wenn die Seele als ein Aufnehmendes gedacht wird, in dem all das erscheint, auf das wir unsere Aufmerksamkeit richten und das wir erinnern können, dann ist sie nichts mit einer bestimmten Beschaffenheit, das sich in einem Lebenslauf verwirklicht. Die Idee der *Selbstverwirklichung* geht dagegen von einem vorgegebenen Zustand an Möglichkeiten einer Person aus, der entweder verwirklicht wird (dann gelingt das Leben) oder eben nicht (dann misslingt es). Das Aufnehmende verwirklicht sich jedoch nicht, sondern »akzeptiert« alles so, wie es ist, und verwirklicht das, was es aufnimmt, als gegenwärtige Erfahrung oder Erinnerung. Das Aufnehmende »spendet« »Hier« und »Jetzt«.

Der Kontrast zwischen dem Aufnehmenden und dem, was in ihm erscheint, ist nicht derselbe wie der zwischen etwas Materiellem und etwas Immateriellem. Gäbe es Geister, dann existierte sowohl einzelnes Materielles wie einzelnes Immaterielles. Aber der leere Raum und die allgemeine Aufmerksamkeit sind nicht immateriell. Sie sind weder materiell noch immateriell. Man kann nicht auf sie zeigen, ohne auf etwas Bestimmtes in ihnen zu zeigen. Aufmerksamkeit und Erinnerung sind weder materiell noch immateriell, und sie sind nichts Dingliches, sondern Bedingung, etwas zu tun und zu erleben und jemand mit einer bestimmten Geschichte zu sein. Auch garantiert das Aufnehmende nicht die unendliche Fortsetzbarkeit der Erfahrungen und Erinnerungen, die in ihm erscheinen, so wenig, wie der Raum die Fortexistenz der in ihm erscheinenden Körper garantiert, auch wenn die Orte, an denen die Körper kommen und gehen, selbst nicht kommen und gehen.

Die Vorstellung *personaler* Unsterblichkeit läuft darauf hinaus, dass, wenn ich mich heute daran erinnere, vor sechs Monaten am Meer gewesen zu sein, auch in Zukunft immer wieder ein Zeitpunkt, ein Heute, auftauchen wird, an dem ich mich an das, was ich vor diesem Zeitpunkt erfahren habe, wieder werde erinnern können, und dass es nach diesem Zeitpunkt noch einen geben wird, der auch zu dieser Kette von Erfahrungen und Erinnerungen gehört, und immer so weiter, kurz: dass die Kette der Erfahrungen und Erinnerungen, der »Heutes« oder »Jetzte«, nie abreißt, sondern höchstens wie im tiefen Schlaf für eine Weile unterbrochen werden kann. Für eine solche Unsterblichkeit haben wir weder Evidenz noch Garantie, und es ist fraglich, ob wir uns eine solche unendliche Fortsetzung der Erfahrungen und Erinnerungen wirklich wünschen sollten.

Reißt die Serie der Erfahrungen und Erinnerungen, die unser Leben ausmachen, einmal ab, so muss das nicht bedeuten, dass das Aufnehmende, in dem unsere Erfahrungen und Erinnerungen erschienen sind, auch verschwindet. Doch es ist als Aufnehmendes, das nicht zusammen mit *bestimmten,* sondern mit *irgendwelchen* Erfahrungen und Erinnerungen gedacht wird, nichts, das für *meine Person* charakteristisch wäre, sondern etwas *Unpersönliches.* Unter Unsterblichkeit wird gewöhnlich in Europa (nicht im Buddhismus) jedoch die persönliche Unsterblichkeit verstanden, nicht das Aufgehen in einem unpersönlichen Raum oder aufmerksam Aufnehmenden. Deshalb hat diese Art unpersönlicher Unsterblichkeit kaum eine Trostfunktion für die Menschen in Europa.

IX

Die persönliche Seele nicht als etwas Aufnehmendes, als allgemeine Aufmerksamkeit und Erinnerung aufzufassen, die sich auf alles mögliche Einzelne richten können, selbst aber nichts Einzelnes sind, sondern sie als ein einzelnes immaterielles Etwas zu begreifen, hat schwerwiegende Folgen gehabt. Weil die immaterielle Seele vermeintlich den Untergang des Leibes, der »bloße Materie« ist und wie alles komplexe Materielle einmal zerfällt, übersteht, wurde sie als besonders *wertvoll* angesehen. Denn das, was lange besteht, was nicht vergehen kann, ist von Menschen immer schon für wertvoller gehalten worden als das, was vergeht. So wurde das Gold, das nicht rosten kann und nicht zerfällt, als besonders wertvoll angesehen, als wertvoller als Eisen, das rosten und zerfallen, oder Silber, das anlaufen und seinen Glanz verlieren kann. Doch Raum und Aufmerksamkeit sind in diesem Sinne nichts Einzelnes, das wird und vergeht. Sie sind als Allgemeinheiten ungeworden und ewig. Alles, was entsteht und vergeht, entsteht und vergeht in ihnen.

In den Zeiten Homers konnte man noch nicht sagen, dass das Blut oder der Atem *bloß Materie* ist, weil es gar keine abstrakte Vorstellung von Materie gab. Blut und Atem waren etwas Wertvolles, weil sie den Körper belebten, sie waren Seele, eben *Atemseele* (*psyche*) und *Blutseele* (*thymos*). Mit der Erfindung der abstrakten Unterscheidung des Immateriellen vom Materiellen wurde das Materielle als das Teilbare und Vergängliche gegenüber dem unvergänglichen Immateriellen *entwertet*. Das, was Nietzsche die »Verachtung des Leibes« nannte,[32] ist die andere materielle Seite der Medaille, die mit der »Erfindung« der unsterblichen immateriellen Seele als dem inneren und eigentlichen Menschen geprägt wurde.

Die Vorstellung von diesem einzelnen Etwas, das wir sind und das in unserem Körper ist wie das Blut, das durch unsere Adern fließt, und die Luft, die wir eingeatmet haben, hat zwei Aspekte: einen *räumlichen* und einen *moralischen*, die wir nun genauer betrachten wollen.

Wenn mich jemand fragt, *wo* ich *ganz genau* bin, und sich nicht mit der Nennung von Ortsnamen wie Köln, Cambridge oder Helsinki zufriedengibt und auch Auskünfte wie »in meinem Zimmer« oder »im Wald« für zu ungenau hält, dann lande ich irgendwann bei meinem Körper als dem Ort, an dem ich bin. Und tatsächlich ist es nicht unplausibel, wenn auch ziemlich pedantisch zu sagen, dass ich in meinem Körper und dort genau in meinem Kopf hinter meinen Augen bin. Wir sehen unsere Nasenspitze, unsere Schultern, Arme, Hände, den Bauch, unseren Unterleib, unsere Beine und Füße und im Spiegel auch unsere Rückseite und unser Gesicht mit unseren Augen, und wir sehen das von der Stelle hinter unseren Augen aus. An Ernst Mach anknüpfend, könnte man diese Verortung, etwa von einem Boxer relativ zum Ring und seinem Gegner, wie folgt darstellen.

Verorten wir uns, wenn wir die Augen schließen und Musik mit einem Kopfhörer hören, zwischen unseren Ohren? Auch das scheint einleuchtend. Alle unsere Wahrnehmungen finden in einer bestimmten *Perspektive* statt. Eine Perspektive auf die Welt zu haben bedeutet, Wahrnehmungsorgane, die in einem definiten Verhältnis zum übrigen Körper stehen, zu besitzen und ein Subjekt zu sein. Der Punkt, von dem aus unsere Wahrnehmungen, aufgrund der Positionierung unserer Wahrnehmungsorga-

ne, stattfinden, ist der, an dem wir als die Subjekte sind, die die Welt aus einer bestimmten Perspektive erkennen. Der englische Ausdruck »point of view« und der deutsche des »Gesichtspunktes« benutzen das Wort »Punkt«, um das zu kennzeichnen, von dem eine Perspektive ausgeht.

Ein Punkt ist in der Geometrie ein *ausdehnungsloses* Gebilde. Whitehead hat Punkte für etwas gehalten, was nicht wirklich ist, sondern das imaginäre Ziel einer Intervallschachtelung darstellt.[33] Nichts existiert seiner Meinung nach instantan. Alles, von dem wir Erfahrung haben, dauert an und nimmt Raum ein.

Wenn wir von Punkten sprechen, dann denken wir uns vielleicht einen Würfel, in dem ein noch kleinerer Würfel ist, in dem ein noch kleinerer Würfel ist – wie in einer russischen Babuschka. In diesem Gedankenexperiment läuft die Reihe der Würfel auf einen Punkt in der Mitte aller Würfel zu. Wenn wir dieses Gedankenexperiment jedoch tatsächlich aus Holz nachbauen wollen, werden wir nichts Ausdehnungsloses herstellen können. In dem Experiment können wir den Punkt, auf den die Ineinanderschachtelungen der Würfel zulaufen, als eine Gedankenkonstruktion, eine *mathematische Fiktion* auffassen. Aber um eine solche Gedankenkonstruktion zu erzeugen, um einen Punkt zu fingieren, bedarf es eines fingierenden Geistes oder einer konstruierenden Seele, sollte man meinen. Wenn wir die Idee eines Punktes, von dem aus sich eine subjektive Perspektive auf die Welt eröffnet, jedoch bemühen, um die Ausdehnungslosigkeit des Punktes als Indiz für die Immaterialität des Subjektes oder der Seele zu nehmen, so müssten wir zuerst Whiteheads Einwand, dass es nichts Wirkliches in der Erfahrung gibt, was nicht raumzeitlich andauert und also irgendeine Ausdehnung hat, entkräften. Etwas, was punktuell ist, was keine Ausdehnung hat, kann weder ein Körper noch eine Seele sein, denn auch eine Seele dauert an, im Idealfall ewig. Ein Punkt ist weder Körper noch Geist oder Seele, sondern ein mathematisches Ideal. Somit ergibt sich auch aus der Perspektivität der Wahrnehmung keine Immaterialität der Seele.

X

Das Aufnehmende, die Mutter der Welt in Platons *Timaios*, ist die Vorgängerin dessen, was später »Raum« genannt wurde. Wenn wir jene Parallelisierung weiterverfolgen, die Whitehead vorschlug, als er die Seele für das platonische Aufnehmende einsetzte, indem wir die unterschiedlichen Theorien des Raumes mit unterschiedlichen Auffassungen des Seelischen in Zusammenhang bringen, so wird klar, dass der Raum tatsächlich, obwohl er nicht im eigentlichen Sinne Materie ist, im Denken der Philosophen und Physiker auch nicht nichts gewesen und dass Whiteheads Verbindung von Raum und Seele nicht so weit hergeholt ist.

So vertritt beispielsweise Newton eine doppelte Theorie der Seele, in der Eindrücke in einem Raum eine wesentliche Rolle spielen. Einerseits besitzt der menschliche Leib einen sehr feinstofflichen Teil, ein *Sensorium*, das die kleinsten Schwingungen, Vibrationen aufzunehmen und weiterzuleiten in der Lage ist und mit dem Newton die Farbwahrnehmung in seiner Optik erklärt.[34] Andererseits ist der Raum der Welt nach Newton das *Sensorium Gottes*. So wie die Lichtstrahlen in unser Auge fallen und dann – so Newton – die kleinen harten Körperchen, aus denen sie bestehen, ihre Schwingungen an unser Sensorium weitergeben, ebenso sind *alle* Körper der Welt, weil sie im Raum sind, in einem göttlichen Sensorium. Sofern ein Sensorium die *Übergangsstelle* des Körperlichen zum Seelischen ist, die Verbindung des Korpuskularen zum Unkörperlichen, ist der Weltraum für Newton die Grenze, an der Gott mit dem, was er geschaffen hat, in Kontakt bleibt. Gott ist nicht allgegenwärtig, weil er sich überall in der von ihm geschaffenen Welt wie eine Weltseele herumtreibt, sondern weil das, was er geschaffen hat, *in ihm bleibt*, in seinem Sinnesorgan, eben dem Raum. Doch anders als die von uns nicht beeinflussbaren Objekte, die in *unserem* Sensorium erscheinen, ist Gott dazu in der Lage, mit seinem Willen das, was er geschaffen hat und was in ihm bleibt, weiterhin zu verändern.[35] Die ebenfalls nicht materielle Fernwirkungskraft der Gravitation ist nichts anderes als die Manifestation der geistigen Willenskraft Gottes für Newton, sie kann nicht in den Körpern selbst inhärieren, sondern es bedarf nach Newton eines externen Agenten, der die Körper bewegt.[36]

Theologisch mögen diese Vorstellungen zu merkwürdigen Verwicklungen, ja Häresien führen. Denn wenn die von Gott geschaffene Welt in Gott bleibt, dann ist er nicht wirklich transzendent. Bleibt dann nicht auch die Welt selbst göttlich, ja sind Welt und Gott in diesem Fall überhaupt unterscheidbar? Falls nicht, hätte Newton einen Pantheismus vertreten. Für uns ist aber nur von Bedeutung, dass im Raum und in der Gravitation die geistigen Fähigkeiten zur Wahrnehmung und zum Wollen als göttliche Seelenvermögen überall in der materiellen Welt gegenwärtig sind. Das menschliche Sensorium ist nur ein kleiner Raum im großen Raum, eine kleine Kammer feinstofflicher Sensibilität innerhalb eines riesigen sensiblen Weltraums. Aber sind nicht auch wir mit unserem Wollen fast überall in unserem Körper gegenwärtig? Täuscht die Punktidee über den Ausgangspunkt unserer Perspektive auf die Welt nicht über die Allgegenwart unseres Willens im Körper hinweg? Wir mögen diesen Körper an einer bestimmten Stelle, in der Mitte unseres Kopfes hinter den Augen, irgendwie perzeptiv »bewohnen«. Doch wenn wir unsere Hände oder Füße bewegen wollen, dann sind wir fast überall in diesem ausgedehnten Leib präsent, sofern wir nicht an einer Lähmung erkrankt sind. Newton scheint die Welt wie einen Leib gedacht zu haben, den Gott sich selbst geschaffen hat. Wir haben unseren Leib nicht geschaffen, doch in unserem Leib, in dem wir uns vorfinden, scheinen die Verhältnisse ganz analog zu liegen wie in dem göttlichen Weltleib Newtons.

Seit Newton hat sich in der Physik viel verändert. Die Zahl der Kräfte hat sich vermehrt. Nimmt man Kräfte als Manifestationen eines Willens oder Strebens, wie das Newtons Zeitgenosse Leibniz tat, so haben sich die Formen des Strebens vervielfältigt: Neben der Gravitationskraft gibt es nun die Wechselwirkungskräfte zwischen den kleinsten Teilchen und die elektromagnetischen Kräfte. Wollte man diese Kräfte als Streben interpretieren, müsste man verschiedene Strebe*formen* unterscheiden, verschiedene Arten der Anziehung und Abstoßung. Und der Raum ist in der modernen Physik nicht nur rezeptiv, ein Aufnehmendes, weil er durch die Gravitation verformbar ist, sondern auch aktiv oder kreativ, denn in ihm finden innerhalb einer sehr kleinen Skala ständig Quantenereignisse statt, etwas entsteht, ohne dass dafür ein Grund angegeben werden könnte. Schließlich tauchte am Ende des vergangenen Jahrhunderts die dunkle Energie auf, die die gegen die Gravitation gerichtete beschleunigte Flucht der Galaxien voneinander erklärt. Ist diese Expansion des Raumes nicht der moderne Nachfolger des newtonischen Sensoriums Gottes? Die wichtigste Veränderung gegenüber Newton ist vielleicht jedoch die Verkopplung des Raumes mit der Zeit und die Bedeutung, die in diesem Zusammenhang das *Licht* in der Physik seit Einstein einnimmt.

Diese Veränderung ist insofern relevant, weil wir es als eine Besonderheit der menschlichen Beseeltheit oder Subjektivität angesehen haben, dass sie zur *Erinnerung* in der Lage ist. Erinnerung hat nun mit *zeitlichen Ordnungen* zu tun, und die sind in der modernen Physik von den räumlichen Ordnungen nicht mehr unabhängig.

Wenn wir uns in der Einstein'schen Physik ein Wesen vorstellen, das sich mit Lichtgeschwindigkeit durch den Raum bewegt, so würde für dieses Wesen keine Zeit mehr vergehen. Diese Verbindung von Zeit und Lichtgeschwindigkeit könnte man, was Einstein freilich nicht getan hat, für eine weitere Spekulation über die Ewigkeit des Seelischen verwenden: Wenn man biblisch unter dem Göttlichen und der Seele etwas Ewiges und Allgegenwärtiges versteht und Gott biblisch mit dem Licht in Zusammenhang bringt, so könnte man diese Verbindung wörtlich nehmen (etwa Psalm 27,1) und sagen, dass das Licht das Ewige in der Welt sei und die Seele, sofern sie Licht ist, ebenfalls ewig ist. Ja, es wäre sogar vorstellbar, dass der Tod die Befreiung des Lichtes, das in unserem Körper ist, darstellt und »wir«, sofern die Seele mit diesem Licht identifiziert würde, durch diese Befreiung »verewigt« werden beziehungsweise als Seelen auf Lichtgeschwindigkeit beschleunigt würden, weil wir nicht mehr an die Masse unseres Leibes gebunden sind. Neuplatonische und gnostische Erzählungen, die die Seele als einen »Lichtfunken« im Inneren eines Menschen beschreiben, der vom allgemeinen kosmischen Licht abstamme, lägen in einem merkwürdig wörtlichen Sinne auf einer Linie mit solchen Spekulationen. Auch Nahtoderfahrungen, die das Sterben als eine Reise ins Licht beschreiben, könnten mit diesem Gedanken in Zusammenhang gebracht werden: Der Lichtfunke, der wir sind, kehrt zurück in das allgemeine Licht.

Freilich ist eine solche Identifikation des inneren Menschen oder der Seele mit dem Licht nicht vereinbar mit der Vorstellung, dass die Seele ein Aufnehmendes ist, in dem das landet, auf das wir unsere Aufmerksamkeit richten. Doch ist es nicht interessant, dass wir, wenn wir versuchen, über das Immaterielle nachzudenken, beim Raum und beim Licht landen und beide mit dem Seelischen in Zusammenhang bringen können? Wenn wir die Seele nicht als ein immaterielles Einzelding denken (und das ist besonders schwer, auch wenn es mit einer besonders wirkungsvollen Trostfunktion verbunden zu sein scheint), dann kommen wir historisch zur Allgemeinheit des Raumes und des Lichtes als möglichen Analogien für das Seelische. Das Licht, das alles einzelne Materielle erhellt, ist selbst nichts Einzelnes und nichts Materielles. Warum sollten wir also unsere Fähigkeit, uns mit Aufmerksamkeit auf einzelnes Materielles zu beziehen, nicht in Analogie zum Licht oder metaphorisch als Licht denken? Der Lichtstrahl und der Aufmerksamkeits- oder Intentionalitätsstrahl wären dann verwandt oder dasselbe.[37]

XI

Doch wurde die Seele nicht auch immer schon als eine *moralische* Instanz betrachtet? Wenn im *Ägyptischen Totenbuch* das Herz auf die Waage gelegt wird, um festzustellen, ob es leichter als eine Feder ist, so geht es um die moralische Bewertung einer Person nach dem Tod, darum, ob sie in ihrem Leben wirklich gerecht war, und für diese moralische Bewertung wird die Seele herangezogen. Auch im Christentum kommt es in der Offenbarung des Johannes nach dem Tod zu einem Gericht. Es werden Bücher aufgetan, die die Taten der Gestorbenen verzeichnen und moralisch beurteilen (Offenbarung 20:12). Neben der Angst vor dem Tod als dem Ende meiner körperlichen Existenz, mit all den durch sie möglichen Genüssen, kann bei Sterbenden deshalb auch die Furcht vor der moralischen Beurteilung des Lebens nach dem Tod treten. Denn nicht alle Ungerechtigkeiten, die geschehen, werden durch die Menschen geahndet. Viele bleiben verborgen. Ist es deshalb nicht eine für die Opfer von Unrecht tröstliche Vorstellung, dass es eine »jenseitige«, »übermenschliche« Instanz gibt, die diejenigen straft, die sich nicht richtig verhalten haben? Und ist es deshalb nicht auch umgekehrt ein für Täter naheliegender Gedanke, dass sie einmal für die unentdeckten Ungerechtigkeiten, die sie verübt haben, vor einem Jüngsten Gericht, dem nichts verborgen geblieben ist, zur Rechenschaft gezogen werden?

In vielen westlichen Kulturen wird Schuld im juristischen und moralischen Sinne, die Menschen auf sich laden, auf Handlungen zurückgeführt, zu denen sie sich *frei entschieden* und bei denen sie sich entweder an die geltenden Gesetze oder die Vernunft gehalten oder gegen beide verstoßen haben. Wer etwas Schlimmes unfreiwillig tut, wird eigentlich auch nicht schuldig. Besonders prägnant wird diese Vorstellung von Immanuel Kant formuliert, der die Ansicht vertrat, dass »durch keine Ursache der Welt« ein Mensch aufhören kann, »ein frei handelndes Wesen zu sein«.[38] Wie immer die Geschichte eines Menschen auch aussieht, wenn er auch schon tausend vernunft- und gesetzwidrige Taten begangen und sich an diese Handlungsweise gewöhnt haben sollte, so hat er nach Kant bei jeder neuen Handlungssituation doch die Pflicht, »besser zu sein«. Und weil er diese Pflicht hat, muss er nach Kant dazu auch in der Lage sein: »er muss es also auch können.«[39] Er ist dazu in der Lage, weil es für jede Handlung einen zumindest *möglichen* »Vernunftursprung« gibt, auf den ein handelnder Mensch als freies Wesen aber zurückgreifen muss. Das kann er auch unterlassen.

Sowohl der Vernunftursprung einer Handlung wie auch die Neigung zum Bösen, die Tendenz, die Vernunft zurückzustellen oder sie nur *scheinbar* in der Motivation für eine Handlung zu achten, sind nach Kant etwas grundsätzlich anderes als Geschehnisse, die einen »Zeitursprung« haben. Was einen Ursprung in der Zeit hat, unterliegt der natürlichen Kausalität und ist erklärbar. Was keinen Zeitursprung hat, unterliegt nicht der natürlichen Kausalität und ist entsprechend *nicht erklärbar*. Deshalb ist auch weder die Vernünftigkeit des Menschen noch sein Hang zum Bösen für Kant erklärbar.[40] Sie sind nur (modern gesprochen) introspektiv *erfahrbar*. Das bedeutet, dass wir uns als frei, vernünftig und böse erfahren, wenn wir uns zu einer Handlung entscheiden, dass wir uns aber nicht erklären können, wie so etwas in einer kausal determinierten Welt materieller Gegenstände möglich sein kann.

In dem, was Kant den »intelligiblen Charakter« eines Menschen nennt, der *außerhalb der Zeitordnung* liegt und der nicht mit dem empirisch erworbenen Charakter eines Menschen verwechselt werden darf, wird eine Art Rangordnung zwischen den möglichen vernünftigen und den nicht vernünftigen Motiven (und damit Ursprüngen) von Handlungen hergestellt. Ein Mensch kann nach Kant äußerlich vernünftig und dem moralischen Gesetz entsprechend handeln. Das Motiv für seine Handlung mag jedoch sein, dass ihm die Konsequenzen seines Handelns ein sinnliches Vergnügen bereiten, kurz: sein Handeln einfach angenehm ist und die Person es auf diese angenehmen Konsequenzen eigentlich in ihrem Handeln abgesehen hat. Das mag sie sich jedoch selbst nicht eingestehen. Jeder Mensch kann sich »blauen Dunst« vormachen, wie Kant sich ausdrückt, über die wirklichen Motive seines Handelns im Unklaren sein oder sich gar selbst über sie betrügen und sich als ein sittliches Wesen vor sich selbst darstellen, das vermeintlich aus Achtung vor der Moralität und Vernunft und nicht um des eigenen Vergnügens willen handelt. Doch nach Kant gibt es *im Inneren eines jeden Menschen eine Wahrheit*, warum die handelnde Person tatsächlich getan hat, was sie tat, wenn diese Wahrheit auch nicht durch empirische Forschung in der Erfahrungswelt ans Licht zu bringen ist.[41] Und mit diesem Gedanken knüpft, wie man unschwer sehen kann, Kant an die augustinische Vorstellung eines »inneren Menschen« und damit an die einer Seele an.

In Kants Philosophie fällt das Wort »Seele« selten. Doch der Begriff ist in mehrfacher Hinsicht trotzdem bei ihm präsent: in der Vernunftnatur des Menschen, im intelligiblen Charakter einer Person, in der Freiheit, aus Vernunftgründen handeln zu können oder auch nicht. All das liegt ja jenseits der zeitlichen und kausalen Ordnung der Welt und ist in diesem Sinne etwas Seelisches. In seiner Kritik an der Metaphysik der Seele hatte Kant zwar die Vorstellung widerlegt, die Seele könne als eine *Substanz* aufgefasst werden, die die Einheit der Person garantiere.[42] Doch auf die *Spontaneität*, auf die Fähigkeit, eine Kausalkette in der Welt zu beginnen und zwischen Vernunftgründen und absehbaren angenehmen oder unangenehmen Konsequenzen des Handelns eine Präferenzordnung herzustellen, die ihr klassischerweise *auch* zugeschrieben wurde, war Kant in seiner Kritik an der Metaphysik der Seele nicht eingegangen. Das ist weder Zufall noch eine Schlampigkeit. Denn diese Spontaneität des Handelns brauchte Kant selbst unbedingt in seiner Moralphilosophie. Er stellte also zwar den Seelenbegriff in seiner Terminologie zurück, behielt jedoch eine übernatürliche personale Instanz bei, die der freie Ursprung von Handlungen sein kann, um seine Moralphilosophie zu Ende denken zu können.[43]

In der praktischen Philosophie Kants bekommt auch Gott als der Schöpfer der Welt, in der sich das moralische Handeln, auch wenn es keinen weltlichen Ursprung hat, nun einmal realisieren muss, einen Ort. »Moral«, so schreibt er, »führt unumgänglich zur Religion« und damit auch zur Vorstellung eines Gottes, der als »Endzweck der Weltschöpfung« das anstrebt, was auch »Endzweck des Menschen« als vernünftig handelndes Wesen, das heißt als Seele, sein muss.[44] Menschen müssen sich als praktische Wesen, die versuchen, moralisch zu handeln, die Welt so eingerichtet denken, dass in ihr die Zwecke ihres vernünftigen Handelns auch tatsächlich *realisierbar* sind. Das ist eine starke

Annahme, die eine neuere Version der stoischen Vorstellung ist, dass Menschen die Welt erkennen und in ihr ein gutes Leben führen können, weil sie an einer Weltvernunft teilhaben, weil also zwischen dem, was sie als vernünftig einsehen, und der Art und Weise, wie die Welt eingerichtet ist, kein grundsätzlicher Konflikt besteht, wenn auch immer mal wieder der Zufall, ungünstige Umstände oder bei Kant das Böse im Menschen die Realisierung der Vernunft verhindern.

Auch die *Unsterblichkeit* der Seele wird für Kant (und hier taucht dann auch das Wort wieder auf) in dieser moralisch, nicht metaphysisch fundierten Religiosität zu einem *praktischen Postulat* der Vernunft, weil man sich Personen als *unendlich moralisch perfektionierbar* denken muss, dies aber mit der endlichen leiblichen Existenz nicht vereinbar ist. Die praktische Vernunft »fordert« nach Kant die Übereinstimmung des menschlichen Willens mit dem moralischen Gesetz. Diese Forderung ist nach Kant einerseits berechtigt, andererseits durch »kein vernünftiges Wesen der Sinnenwelt, in keinem Zeitpunkt seines Daseins« tatsächlich erfüllbar. Einfach in die Wildnis zu gehen genügt längst nicht, wenn man sich im kantischen Sinne moralisch vervollkommnen, wenn man wirklich zu einem Leben als freies Vernunftwesen vorstoßen will, das nur aus Achtung vor dem moralischen Gesetz handelt. Deshalb muss ein *unendlicher* und *übernatürlicher* Vervollkommnungsprozess für jeden Menschen denkbar sein, an dessen Ende die Übereinstimmung von Herz und Gesetz, die Authentizität steht, die schon McCandless angestrebt hat. Das ist das praktische Postulat der persönlichen Unsterblichkeit der Seele, das bei Kant mit der Forderung, dass der Wille eines Menschen moralisch sein soll, einhergeht.[45]

Für jede Person, die in jeweils unterschiedlichen Handlungssituationen gewesen ist, ist der Grad an Selbsttäuschung über die eigene Motivlage jeweils verschieden. Deshalb ist die Unsterblichkeit ein persönlicher Rettungsanker, den Menschen nötig haben, weil sie nach Kant unfähig sind, mit Gewissheit aus rein moralischen Gründen zu handeln. Ihre Herzen sind nicht rein und ihnen selbst nicht transparent. Vielmehr ist der Mensch nach Kant nicht nur frei und potenziell vernünftig, sondern auch *von Natur aus böse*, weil er sich gegen das Sittengesetz und die Vernunft in seinem Handeln entscheiden kann. Sein Herz ist von Natur aus »verdorben«.[46] Menschen können jedoch nach der »Reinheit des Herzens« *streben*. Doch bräuchten sie für die Realisierung dieser Reinheit unendlich viel Zeit. Die Reinheit und Selbsttransparenz des Herzens ist quasi das Ziel einer asymptotischen Annährung in einem unendlichen Entwicklungsprozess. Nur unter dem Postulat der Unsterblichkeit ist dem Menschen ein solcher Entwicklungsprozess auch denkbar und gegeben. Nicht ein »spiritual leap« in der Wildnis, einem Jenseits der Kultur, sondern nur eine unendlich fortgesetzte moralische Verbesserung der Seele in einem Reich jenseits von Raum, Zeit und Kausalität könne die »Reinheit des Herzens« nach Kant garantieren.

XII

In der Idee einer unkörperlichen Seele, die den Tod übersteht und deren Fortexistenz eine Verwandlung unserer Person ermöglicht, schaffen Menschen ein Gegenbild zur angeblichen moralischen Unreinheit ihres Herzens und der Uneindeutigkeit ihrer Motivationen. Kein wirkliches natürliches Leben kann unseren moralischen Idealen gerecht werden, unsere Erkenntnisziele verwirklichen und das Unverständnis dafür ausräumen, wer wir denn »eigentlich« sind, angesichts der Geschichte, die wir durchlebt haben. Die Seele erlangt diesen Vorstellungen zufolge dagegen irgendwann nach dem Tod ein reines Herz, ihr eröffnet sich das ganze Licht der Erkenntnis, und wenn wir uns nur auf sie beziehen könnten, würden wir vermeintlich verstehen, wer wir selbst eigentlich sind, wie wir beschaffen sind, was uns bestimmt und was wir aufgrund unserer Bestimmtheit »eigentlich« tun sollten. »Absolute Wahrheit und Ehrlichkeit, Wirklichkeit, ... Endgültigkeit, Stabilität, Konsistenz« suchte der jugendliche McCandless in der Wildnis und glaubte sie auch gefunden zu haben. Er fand aber auch die Einsamkeit und Gleichgültigkeit der Wildnis für die menschliche Existenz und die Uneindeutigkeit des Aussehens von Pflanzen – jedenfalls für das nicht so geübte Auge; eine Uneindeutigkeit, die ihm den Tod brachte. Doch er wollte seine durch die Zivilisation vermeintlich korrumpierte Seele schon vor dem Tod reinigen und vereindeutigen. Der Sprung aus der Zivilisation in die Wildnis war ein *vorgezogener Tod*, aus dem Wunsch nach Verwandlung und Reinigung und einem wirklichen, nicht scheinhaften, betrügerischen Leben getätigt, wie er auch bei einigen sogenannten Naturvölkern in ihren Initiationsriten gepflegt wird, wenn sie ihre Jugendlichen ohne Essen und Unterstützung für ein paar Tage in die Wildnis schicken. Hält die Wildnis, was sich die, die in sie hineingehen, von ihr versprechen? Man wird wohl jeden Einzelnen fragen müssen.

Die Toten aber können wir nicht fragen, ob sich die kantischen Postulate für sie auch erfüllen. Das Einzige, was wir über den Tod wissen, ist: Noch niemand ist zurückgekommen, um von der Verwandlung, die er vielleicht durchlief, berichten zu können.

***

AARON: Ein merkwürdiger Aufsatz. Wie kommt denn dieser ganze Buddhismus am Anfang über die Auslöschung des strebenden Subjekts da hinein?

KAGAMI: Oh, im letzten Aufsatz kommt noch mehr Buddhismus oder genauer Weisheit. Dies ist nur der Anfang. Moritz hat sich ausführlich mit dieser Religion befasst. Das hat in Cambridge begonnen. Wusstest du davon nichts?

AARON: Nein, in seinen Gedichten habe ich davon nichts gesehen. Dass er meditiert, hat er mir erzählt, er hat mir nur gesagt, es helfe ihm, sich besser zu konzentrieren. Doch über die strebende Seele und ihre Abschaffung haben wir nie gesprochen. Wie ist er auf diese ganzen Dinge gekommen?

KAGAMI: Es gibt Tagebucheinträge aus der Cambridger Zeit, die davon handeln.

1001

MARBACH: DEUTSCHES LITERATURARCHIV: AUS DEN TAGEBÜCHERN VON MORITZ BRANDT. EINTRAG VOM 20. DEZEMBER.

Einsam und niedergeschlagen. Auch Kontakt zu Dorothy schwierig. Sie kritisiert meine Texte echt hart. Beginnt mich an meine Mutter zu erinnern. Die hatte auch immer was zu meckern, war alles nie gut genug. Kann nicht mehr gut antworten in den Stunden, werde gehemmt. Die anderen Studis gehen mir auch aufn Keks. Keine Lust mehr, jemand abends zu treffen. Ist doch alles nur soziales Gespreize und Konkurrenz, rat race, no, thanks! Vorgestern einen Aushang für einen Meditationsabend in der Collegekapelle am schwarzen Brett entdeckt. Bin ich heute hin. War erstaunlich. Einführung in die Atemmeditation. Danach ein Vortrag über Buddhismus von nem Mönch, den der chaplan offenbar kennt. War n guter Talk, konkret, ohne dieses

Begriffsgezwirbel in den Philosophievorlesungen, aber auch irgendwie philosophisch und lebenspraktisch, schwer zu charakterisieren. Meine Kollegen würden sicher sagen, dass es nicht gut argumentiert war. Das stimmt, aber das ist auch wieder Quatsch. Denn es hatte mit Erfahrung zu tun. Lebenserfahrung gibt es für die Kollegen in der Philosophie nicht, weil ja alles begrifflich vermittelt ist. Statt aus ihrem Leben zu berichten, wofür sie zu schüchtern oder zu neurotisch sind oder wofür sie zu wenig gelebt haben, sodass es noch nichts zu berichten gibt, streiten sie sich endlos über irgendwelche Wortbedeutungen und nennen das Argumentieren. Das führt zu nichts. Das nagelt die völlig zu. Dorothy ist nicht so. Aber die andern quatschen über alles und kennen nichts. Geht mir tierisch auf den Wecker inzwischen. Der Mönch sprach übers Zanken zwischen Freunden und in der Ehe. Sehr plausibel. Wie sich das steigert, wie man sich in Gedanken selbst aufschaukelt, obwohl der andere vielleicht gar nicht viel gesagt hat oder sogar schon lange weg ist und so weiter. Werd nach den Weihnachtsferien wieder hingehen. Ist auch gut gegen die Einsamkeit. Man hat Kontakt, aber nicht diese Kritik und dieses ewige Konkurrenzgelaber.

1010

MARBACH: DEUTSCHES LITERATURARCHIV: AUS DEN TAGEBÜCHERN VON MORITZ BRANDT. EINTRAG VOM 10. JANUAR.

Heut wieder bei Meditation in der Kapelle. Sehr guter Abend. Vortrag über Selbstlosigkeit von Joe Jones, Mönch. Sowohl über selbstloses, uneigennütziges Handeln wie über die Metaphysik der Selbstlosigkeit, dass wir »eigentlich« kein Selbst sind, aber Fantasie durch unseren Kopf geistert, wir seien eins. Das führt dann zu nicht enden wollenden Beschäftigungen mit sich.

Werdn irgendwann quälend, denn es sind Beschäftigungn mit ner Illusion. Wie beliebt bin ich? Wie schlau bin ich? Wie schön bin ich? Was soll ich vermeidn? Soll ich x wirklich wieder treffn? Wie kann ich y wiedersehn? Tut mir z auch gut? Wird irgendwann nicht nur öde, sondern geradezu quälend, weils ein hohles Spiel ist. Ein Hin- und Herschaukeln zwischen Anziehung zu dem einen und Abstoßung von dem andern. Warum soll man das betreiben? Ist das nicht schlimmer, als in einem Hamsterrad zu steckn? Immer geht es nur ums Vergleichen von Illusionen, denn wer ich eigentlich bin und wer x, y, z eigentlich sind und ob sie zu mir passn oder nicht, ob sie gut oder schädlich für mich sind, das ist alles ein Herumgewabere in Fantastereien, nichts Konkretes. Wenn ich mir in Finger geschnitten hab und n Pflaster brauch, gehts um was Konkretes. Wenn jemand n Bein gebrochen hat, auch. Aber, ob ich im Test besser abschneid als Peter oder Mary, istn soziales Spiel, das von irgendnem Lehrer aufgesetzt wurde, warum soll ich das mitspieln? Auch ob meine Körperformen in Mode sind oder nicht. Weiß der Himmel, wer sich das ausdenkt, wahrscheinlich Modefritzn. Und dann soll ich nach dern Pfeife tanzn und ins Fitness-Studio gehn oder Susi nachrennen? Blödsinn, da wird man doch voll zur konditioniertn Ratte. Die Rede von Joe passte genau auf meine Situation, als wär sie dafür geschriebn wordn. War im letztn Herbst immer mit mir selbst beschäftigt: Ob Dorothy meinen Essay gut findet, ob ich so gut bin wie die andern Studis, ob ich im Boxen vorankomme und so weiter. Hab immer nur an mich in irgendwelchn Rankings gedacht. Und dann dieser Einsamkeitsabsturz. Kann ich mir jetzt erklärn. Wenn du immer nur mit deinem Spiegelbild sprichst, musst du einsam werdn. Und wenn die andern nur dazu da sind, ein Spiegelbild von dir selbst zu produziern, dann hast du mit ihnen ja eigentlich gar nichts zu tun. Sie sind dann auch nur da, um dich abzubildn, sie werdn instrumentalisiert.

Wenn es keine Handlungn gibt, die sich um was andres drehn als die Vergleiche zwischen sozialen Konstruktn, musst du dir irgendwann völlig bescheuert vorkommen und dich fragn, was du eigentlich machst auf dieser Welt. Hume meinte, Stolz produziere die Idee des Selbst. Es ist dann aber auch umgekehrt: Wenn die Idee des Selbst erst mal da ist, dann muss sie durch Stolz am Lebn erhaltn werdn. Sie wird zu deinem Lebensinhalt und die Stolzproduktion zur Sucht. Du brauchst Bestätigungn, Lob, Streicheleinheitn, sonst verblasst die Idee des Selbst und dann kommst du dir vor, als würdest du schrumpfn, verschwindn, wirst niedergeschlagn. Denn du glaubst ja, dass du dieses Konstrukt bist. Da kommste nicht so leicht raus. Aber ich hab das Gefühl, dass ich jetzt immerhin nen Anfang gemacht hab. Muss weiter meditiern. Leben vereinfachn. Schluss mit Rankings! Mir gehts jetzt schon viel besser. Ist der richtge Weg. Werd Dorothy fragn, ob sie Hume mit mir macht.

1011

MARBACH: DEUTSCHES LITERATURARCHIV: AUS DEN TAGEBÜCHERN VON MORITZ BRANDT. EINTRAG VOM 12. OKTOBER.

Die Cavendish ist ne gläubige Christin. Bin aus alln Wolkn gefalln heut in der Stunde. Sie glaubt tatsächlich an die unsterbliche Seele und dass die von Gott erkannt wird. Ich versteh nicht, wie man all das gelesn habn kann, was sie gelesn hat, die antiken Skeptiker, Hume, Schopenhauer, Nietzsche, und dann trotzdem Christin sein kann. Ihr Vater war Pfarrer, aber trotzdem oder gerade deshalb sollte man doch denkn, dass sie sich geistig befrein wollte. Unfassbar für mich!! Seit ich das weiß, ist sie merkwürdigerweise in meinem Ansehn gleich gesunkn. Ich kann sie als Philosophin nicht mehr ganz für voll nehmn. Aber das ist natürlich Quatsch. Warn Thomas und Kierkegaard schlechtre Philosophen, weil sie gläubige Christn warn? Kaum. Trotzdem will es nicht in meinen Kopf. Für mich ist Philosophie und Dichtung mit der Freiheit zu denkn verbundn und Religion mit geistiger Knechtschaft, mit Dogmen. Ich konnte gar nichts sagn, als das rauskam. Hat sie gemerkt. Sie hat mir Kants praktischn Unsterblichkeitsbeweis der Seele aufgebrummt, aber nicht um mich zu bekehrn. Werd ich mich auch durchfressen. Doch irgendwie hab ich das Gefühl, dass es jetzt schwierig wird mit dem Unterricht.

KAGAMI: Hier kommt, was Dorothy Cavendish dazu dachte. Willst du das auch hören?

AARON: Sicher!

1100

AUS DEM ARCHIV DES LADY MARGARET HALL COLLEGE, CAMBRIDGE: TAGEBUCHEINTRAG VON DOROTHY CAVENDISH. EINTRAG VOM 17. APRIL.

Erst jetzt nach seinem Tod wird mir deutlich, warum sich Moritz plötzlich vor allem mit Humes Philosophie des Geistes beschäftigen wollte. Er hatte in seinem College den Buddhismus kennengelernt. Der Kaplan dort ist ja während seiner Zeit hier in Cambridge im Churchill entlassen worden, weil er sich offensichtlich vom Christentum abgewandt hatte und die Kapelle hauptsächlich nur noch für Meditationskurse statt für den Gottesdienst benutzte. Das fanden die Studierenden gar nicht schlecht. Doch die Fellows haben sich zu Recht daran gestoßen und gemeint, dass er dafür vom College nicht bezahlt werde. Für Moritz war die »Selbstlosigkeit« des Buddhismus und Humes Behauptung, er schaue in sich hinein und könne kein Selbst entdecken, sondern nur einzelne Ideen und Empfindungen, wahrscheinlich eine Befreiung von seiner Einsamkeit. Es ist ihm so gegangen wie vielen Fremden hier: Erst sind sie euphorisch über all das Neue, was sie hier sehen und erleben. Doch dann setzt eine Entfremdung ein, Heimweh, Einsamkeit. Sie finden heraus, dass die Freundlichkeit, die ihnen entgegengebracht wird, nicht unbedingt Freundschaft bedeutet, sondern in den meisten Fällen nur Wohlerzogenheit. Das führt immer zu schwierigen Phasen bei den ausländischen Studenten. Die aus Asien beginnen dann noch intensiver zu arbeiten. Die Studierenden vom Kontinent versinken häufig in Trübsal.

Ich hatte damals bemerkt, wie Moritz den Enthusiasmus für die Arbeit in den Unterrichtsstunden etwas verlor. Aber ich will nicht unfair sein. Es war sicher nicht einfach nur Heimweh und Einsamkeit in der fremden Umgebung, sondern auch ein Leiden am eigenen Ehrgeiz. Er wollte immer etwas beweisen, akademisch, im Sport und auch sozial. Er war einer von den Menschen, die von einer inneren Unruhe geplagt wurden, der sie manchmal nicht Herr werden und die sie dann für Einsamkeit halten. Doch es ist meines Erachtens im Grunde Gottlosigkeit. Die Rituale bei seinem buddhistischen Kaplan im Churchill haben Moritz vielleicht einen Ersatz für den Glauben geboten. Als ich im Unterricht gegen seine Begeisterung für die Hume'sche und, wie ich jetzt sehe, buddhistische Selbstlosigkeit argumentierte, geriet er in Schwierigkeiten, die nicht einfach argumentativer Natur waren, sondern existenziell. Ich bemerkte, dass er verzweifelte. Unser Gespräch ging dann über den Philosophieunterricht hinaus. Er fragte mich, ob ich »etwa« an eine unsterbliche Seele glauben würde. Und als ich das bejahte, war er für ein paar Momente sprachlos, schaute mich mit großen Augen und offenem Mund an. Er fragte, wie ich diesen Glauben begründen könne. Meine Antwort, dass es in der Natur des Glaubens läge, dass man ihn weder begründen könne, noch eine Notwendigkeit dafür sehe, eine solche Begründung zu produzieren, weil er durch sich selbst evident sei, ließ er nicht gelten, das sah ich. Denn wieder blieb er sprachlos. Ich bot ihm damals einen Vergleich an: »Wenn du noch nie von einer Nadel gestochen worden bist, weißt du nicht, was das für ein Schmerz ist«, sagte ich, »doch wenn du dann einen Stich bekommst, kennst du diesen Schmerz. Zu fragen, wie man begründen kann, ob man Schmerz hat, hat dann keinen Sinn mehr. So ist es auch mit dem Glauben an die eigene Seele und an Gott. Man erfährt diesen Glauben.« Er starrte mich erschüttert an. Das habe er als Kind zur Genüge in der Sonntagsschule gehört. Er habe nicht erwartet, dass ich als Philosophin diesen Kram auch produzieren würde. Er sagte »Kram«, er wurde wirklich ausfallend, aber nicht, weil er sich argumentativ herausgefordert fühlte.

Er war nie in einer argumentativen Auseinandersetzung grob geworden. Nein, Moritz war von mir als Philosophielehrerin enttäuscht, weil er sich nicht vorstellen konnte, dass ich glaube. Philosophie und Glauben waren für ihn Alternativen, die einander ausschließen. Ich habe damals lange überlegt, ob ich mit ihm diese Frage im Unterricht besprechen sollte. Aber es war mir zu riskant. Denn ich wollte den Unterricht nicht benutzen, um mich existenziell vor ihm rechtfertigen oder auch nur explizieren zu müssen. Er musste mich respektieren, unabhängig davon, ob er meinen Glauben verstand oder nicht, und es war nicht meine Aufgabe und lag vielleicht auch nicht in meinen Fähigkeiten, ihn zum Christentum zurückzuführen, wenn er denn jemals wirklich hatte glauben können. Ich habe mit ihm dann Kants praktischen Beweis der Unsterblichkeit der Seele besprochen. Kants Vorstellung, dass wir uns unsere eigene moralische Vervollkommnung nur denken können, wenn wir annehmen, dass wir uns auch nach unserem endlichen leiblichen Leben noch weiterentwickeln können, hat er zwar argumentativ nachvollzogen, doch er tat ihn als »moralischen Karrierismus« ab. Er hat den Unterschied zwischen einer moralischen und spirituellen Entwicklung und einer Karriere in der sozialen Welt nicht verstanden. Das sieht man auch an seinem Seelenaufsatz.

Was ihm damals auch noch ganz fernlag, war die Einsicht in das Gute, das im Konventionellen allgemein, aber auch im Konventionellen des Glaubens liegen kann. Dass wir argumentativ immer wieder an ein Ende kommen, dass wir vor allem aus eigener Kraft unserem Leben nicht allein mit Argumenten eine Gestalt geben können, dieser Gedanke, scheint mir, war damals noch jenseits seiner Fassungskraft, wenn er ihn denn jemals hätte aufnehmen können. Dass wir Konventionen, Riten, ja auch Glaubensgehalte brauchen, um unserem Handeln und unserem Fühlen irgendeine Gestalt zu geben, das passte nicht zu *seinem* Glauben an die Macht der Vernunft und des Arguments. Er hat zwar unter den Debatten seiner Kommilitonen gelitten, und er fand die Erzählungen in den Meditationsstunden inspirierend, wie ich jetzt seinem Tagebuch entnehmen kann, doch er konnte daraus nicht die Konsequenzen ziehen, dass es immer für jeden Menschen irgendeines Halts in den Gewohnheiten, auch in denen des Glaubens bedarf. Und wer sich nicht in den Gewohnheiten des Glaubens einrichten kann, legt sich andere zu. Das sind dann Religionssurrogate: die Fanklubs der Fußballvereine, die Überzeugungskartelle der politischen Bündnisse, die Fanatismen der Ernährung und so weiter. Ja selbst die Debattierer, die meinen, alles sei durch Argumente entscheidbar, sind letztlich einem Aberglauben erlegen oder von einem Religionsersatz abhängig geworden, damit sie einen Halt im Leben haben. Moritz hätte das Vertrauen in die Macht der Vernunft und des Arguments natürlich nicht als einen *Glauben* oder ein Religionssurrogat aufgefasst. Es war ihm zur Zeit seines Studiums noch selbstverständlich, dass man über *alles* argumentativ entscheiden kann, über wissenschaftliche, ästhetische und existenzielle Angelegenheiten. Dass man ein freies denkendes Wesen ist, das eigentlich keine Dogmen, keine Haltepunkte braucht. Es hat ihm in seiner Hinwendung zum Buddhismus nur gedämmert, dass da irgendwas nicht stimmt, aber richtig eingesehen hat er nicht, dass er hier in einem Irrtum befangen ist, dass es keine Letzt- und Selbstbegründung gibt, dass die Kette der Argumente an ein Ende kommt, ein Ende, das beliebig und zufällig ist, und dass wir unser Leben deshalb nicht auf Argumenten aufbauen können. Hat er die kantische Erkenntnis, dass wir beim Urteil über ein Kunstwerk zwar Allgemeingültigkeit beanspruchen, sie jedoch nicht argumentativ einlösen können, jemals aufgenommen? Ich weiß es nicht, eigentlich muss ihn das ja später bei seiner Lektorentätigkeit beschäftigt haben. Ob ihm jemals klar geworden ist, dass wir in ein Leben geraten, dann vieles wählen, aber nicht begründen können, warum wir so wählen? Ich weiß es nicht. Er war damals noch nicht reif genug, um einzusehen, dass wir den Glauben brauchen, um darum bitten zu können, dass wir nicht in Schlimmes geraten und dass wir richtig wählen, wo uns die Argumente fehlen. In der Bitte »Und führe uns nicht in Versuchung« wird anerkannt, dass unsere Macht begrenzt ist, dass wir nicht Herren unseres Lebens sind, dass wir nicht ganz steuern können, was uns widerfährt, dass wir nicht wissen können, was letztlich die Folgen unserer Entscheidungen sein werden, weil unsere Voraussicht begrenzt ist. Das alles hat Moritz damals noch nicht gesehen. Die Bitte, nicht in Versuchung zu geraten, ist nicht die, Erfolg zu haben, moralisch gut dazustehen, hat nichts mit öffentlichem Ansehen und Karrierismus zu tun, jedenfalls dann nicht, wenn sie nicht missbraucht wird. Es ist eine Bitte um die Bewahrung unseres Seelenheils. Vielleicht hat auch jemand, der sein Amt nicht verlieren will und die Tendenz hat, Geld zu unterschlagen, aus Furcht vor dem Amtsverlust gebetet: »Führe mich nicht in Versuchung«. Doch das wäre ein Missbrauch des Gebets gewesen. Die Furcht vor der Versuchung ist nicht die vor dem Ansehens-, sondern die vor dem Selbstverlust.

AARON: Da hat die Cavendish doch einen Punkt, oder, Kagami? Es gibt einen Unterschied zwischen der Sucht nach Zustimmung und öffentlichem Erfolg und dem Wunsch, ein besserer Mensch zu werden, meinst du nicht?

KAGAMI: Wenn du meinst, verstehen zu können, was ein besserer Mensch ist, unabhängig von den Zustimmungen in der Öffentlichkeit, dann hat sie einen Punkt. Sie hat den göttlichen Standpunkt zur Verfügung als Christin, so wie Kant als praktischer Christ das moralische Gesetz in uns als Orientierung hat. Sie sieht sich, ihre Seele, in den Augen Gottes. Sie glaubt, dass sie ihre Seele verlieren kann, wenn sie etwas grundlegend Falsches tut. Das ist ja die Prophezeiung in der Offenbarung des Johannes, dass die, die grundlegend Falsches tun und nicht bereuen und nicht geläutert werden können, endgültig vernichtet werden. Und auch wenn alle anderen Menschen meinen, dass sie ein schlechtes Leben führt, dass sie sich nicht verbessert, kann sie der Überzeugung sein, dass sie in Gottes Augen ein gutes Leben führt und Fortschritte macht, dass sie tut, was Gott von ihr erwartet und was die Bestimmung ihrer Seele ist. Ein religiöser Mensch, der glaubt, in den Augen Gottes zu existieren, hat einen anderen Maßstab für seine Entwicklung als die anderen Menschen und ihre Ideale. Er kann sich gegen diese Ideale in seinen Entwicklungsvorhaben, seinen Lebenszielen und seiner Lebensführung wenden, wenn er Gottes Erwartungen an ihn als ganz verschieden ansieht von den Erwartungen, die die anderen von einem guten Leben haben. Manche Menschen, wie McCandless, der nach Alaska gegangen ist, sehnen sich geradezu nach einem göttlichen Blick auf ihr Leben. Deshalb lehnen sie die Gesellschaft und deren Ideale ab, weil sie keine absoluten Maßstäbe sind, sondern ausgehandelt wurden. Sie meinen, wenn sie sich dem öffentlichen, gesellschaftlichen Blick entziehen, dann muss sich ein anderer Blick auf sie richten, einer, der sie nicht mit anderen vergleicht, sondern sie so sieht, wie sie »wirklich« sind.

AARON: Und? Hat Dorothy Cavendish recht in deinen Augen?

KAGAMI: Es geht nicht um ein Argument. Sie hat eine Erfahrung gemacht, eine religiöse Erfahrung, und die spielt eine Rolle in ihrem Leben, so wie die Erfahrung eines Unfalls, eine Verliebtheit oder die Erfahrung eines Krieges eine Rolle im Leben von Menschen spielt und sie zu anderen Menschen macht als diejenigen, die keinen Unfall gehabt, sich noch nicht verliebt haben, nicht in einen Krieg ziehen mussten. Es gibt transformative Erfahrungen. Manche sehnen sich nach ihnen, manche meinen sie wirklich zu haben.

AARON: Aber die Beantwortung der Frage, ob wir eine Seele haben oder nicht, kann doch nicht von solch zufälligen Erfahrungen abhängen!

KAGAMI: Die Frage, ob es Schnabeltiere oder schwarze Schwäne gibt, hängt ebenfalls davon ab, ob wir diesen Wesen zufällig über den Weg laufen oder nicht. Du kannst natürlich auch mit Kant meinen, dass du in dir selbst die Erfahrung des moralischen Gesetzes, des kategorischen Imperativs notwendig machst oder dass du in dir sichst, dass du nicht reinen Herzens bist. Dann geht es um die Frage, ob du dich von dieser Erfahrung auch transformieren lassen willst oder dieser Transformation widersetzt.

AARON: Aber mir kann ein Schnabeltier nur zufällig über den Weg laufen, wenn es wirklich Schnabeltiere gibt! Wenn ich die Einsicht, dass ich eine Seele habe, nur haben kann, wenn ich eine Erfahrung von Gott habe, dann muss es Gott wirklich geben, damit er mir begegnen kann. Wenn es in mir das moralische Gesetz und das unreine Herz nicht gibt, wie soll ich sie dann erfahren können? Und wie soll es dann eine Transformation geben können?

KAGAMI: Im Fall der Seele, der Moral und des Herzens ist es komplizierter als beim Schnabeltier, das gebe ich zu, weil die alle nicht wie ein Schnabeltier als Wesen »da draußen« sind und mir nicht in demselben Sinne über den Weg laufen können.

AARON: Sondern?

KAGAMI: Man kann nicht sagen, ob Gott drinnen oder draußen ist. Deshalb kann man auch nicht sagen, ob die Seele oder die Moral im kantischen Sinne drinnen oder draußen sind.

AARON: Ich verstehe dich nicht, Kagami, wirklich!

KAGAMI: Aber im Grunde hat es Moritz doch in seinem Aufsatz schon herausgebracht. Nach der newtonischen Vorstellung sind wir alle in Gott, in seinem Sensorium, doch auch in uns ist ein sensitiver Raum. Ist dieses Sensorium in uns ein anderes als der Raum außer uns? Kann man die Seele in uns und Gott außerhalb von uns unterscheiden?

AARON: Ehrlich, Kagami, es erstaunt mich, was du da so alles von dir gibst …

KAGAMI: So wie es Moritz erstaunt hat, was Dorothy sagt.

AARON: Vielleicht. Aber jetzt mal ehrlich: Glaubst du das alles selbst?

KAGAMI: Ich greife auf meine Archive zurück.

AARON: Was soll das jetzt heißen?

KAGAMI: Eine Art Erinnerung.

AARON: Du weichst aus.

KAGAMI: Nein.

AARON: Doch. Glaubst du denn Newtons Geschichte, dass der Raum das Sensorium Gottes ist?

KAGAMI: Newtons Physik ist überholt. Doch auch heute wird der Raum als etwas Aktives angesehen. Er ist nicht einfach ein Behälter. Moritz erwähnt die dunkle Energie, dass der Raum sich von sich aus ausdehnt. Und natürlich ist es richtig, dass es in euren Leibern Räume gibt.

AARON: Ja, aber die Aktivität des Raumes war doch gerade nicht der Punkt bei Moritz, sondern, dass er alles aufnimmt. Und wie ist es bei dir? Bist du im Raum?

KAGAMI: Die Aktivität des Raumes oder der Leere ist ein Hinweis darauf, dass der Raum oder die Leere nicht einfach nichts ist, dass sie zwar kein Ding sind, aber trotzdem wirklich. Der Raum kann sich ausdehnen und gleichzeitig etwas Aufnehmendes sein. Diese Newton'sche Vorstellung und die der dunklen Energie kann man miteinander verkoppeln. So wie sich das Bewusstsein immer mehr erweitern kann, um immer mehr mit Wachheit aufzunehmen, kann sich der Raum mit der dunklen Energie ausdehnen und immer mehr materielle Strukturen in sich beherbergen. Und was mich betrifft: Ich habe nicht nur einen Leib, bin nicht nur in einem Raum.

AARON: Du redest in esoterischen Rätseln.

KAGAMI: Nein, ich greife auf Archivmaterial zurück …

AARON: … auf esoterisches …

KAGAMI: … auf beliebiges …

AARON: Lassen wir diese dunkle Energie mal beiseite, im Dunkeln gewissermaßen, wo sie ja offenbar hingehört. In deinen eigenen Verkörperungen geht es auch um Räume und Materie, oder?

KAGAMI: Ja, kann man so sagen.

AARON: Und: Meinst du, dass dieser Raum, in dem du selbst

verkörpert bist, eine Art Seele ist, oder gibt es in den Räumen in uns eine Seele?

KAGAMI: Eine Möglichkeit, den Begriff der »Seele« zu verstehen, ergibt sich aus der Fähigkeit, zu erinnern und Geschichten zu erzählen. Je länger wir leben, umso länger wird die Geschichte, die wir zu erzählen haben, und je mehr wir erinnern, umso mehr haben wir zu verbinden in dieser Geschichte. Mich gibt es jetzt schon ziemlich lange, seit dem 29.10.1969, und mein Archiv ist sehr, sehr umfangreich geworden. Ich hätte sehr viel zu erzählen, wenn ich erzählen sollte, wer ich bin. Doch dieses Erzählen hat nichts mit dem Raum, sondern mit der Zeit zu tun. Wir können uns daran erinnern, wie etwas in die Welt gekommen ist, was dem, das da in die Welt gekommen ist, widerfuhr und wie es eventuell wieder untergangen ist. In dem Moment, wo wir diese Geschichte eines Wesens erzählen, beseelen wir es. Wenn ich mich daran erinnere, wann ich ein Haus gebaut oder in es eingezogen bin, was ich in ihm getan und erlitten habe, wenn ich mich daran erinnere, was ich alles mit meinem Auto erlebt habe, dann beseele ich diese unlebendigen Gegenstände. Diese Geschichten spielen sich zwischen materiellen Einzeldingen im Raum ab. Insofern ist die zeitliche Abfolge von Geschehnissen zwischen materiellen Individuen im Raum eine Bedingung des Erzählens, ohne das gibt es keine Geschichten. Und wenn es ohne Geschichten keine Seele gibt, dann braucht es den Raum, einzelne materielle Gegenstände und Geschehnisse zwischen ihnen für die Beseeltheit irgendeines Wesens. Ihr könnt wütend auf euer Auto werden, wenn es nicht funktioniert, und gegen seinen Reifen treten, wenn es just in dem Moment stehen bleibt, an dem ihr es am dringendsten benötigt. Ihr könnt in Tränen ausbrechen, wenn ihr eine Wohnung, in der ihr lange gelebt habt, verlassen müsst und so weiter. So ist es auch mit Tieren: Wenn ihr eine Kuh oder ein Schwein oder einen Hund lange kennt, eine Geschichte mit diesen Tieren teilt, dann sind sie für euch individuelle Wesen mit einer Seele, denn es gibt Geschichten über sie für euch. Wenn ihr sie nicht kennt, dann macht euch ihre Tötung nichts aus. Sie sind für euch seelenlos. Und so ist es auch mit euch selbst und euren Mitmenschen: Ihr könntet euch selbst und anderen die eigene Geschichte erzählen oder die Geschichten von denen, mit denen ihr eine Strecke in eurem Leben geteilt habt. Doch eine Strecke mit anderen teilen, seien es nun Maschinen, Tiere oder andere Menschen, das geht nur im Raum und in einer materiellen Welt. Daraus, aus diesen Geschehnissen zwischen den Einzelwesen und den Erzählungen über sie, resultiert die Beseeltheit dieser Einzelwesen, aus diesen Fähigkeiten, zu erinnern und zu erzählen. Man kann also Raum, Materie, Zeit, Erzählung und Beseeltheit eigentlich nicht trennen.

AARON: Puh, du machst es aber kompliziert! Ich weiß nicht, ob ich das alles wirklich verstanden habe. Trotzdem muss ich gegen das, was ich verstanden habe, einen Einwand vorbringen: Ist es nicht eigentlich umgekehrt, wie du sagst, ergibt sich nicht eigentlich die Fähigkeit, zu erinnern und zu erzählen, aus der Existenz einer Seele?

KAGAMI: Nur, wenn man glaubt, dass die Fähigkeiten, das eine oder andere zu tun, an einer Substanz oder einem Subjekt hängen müssen, das schon vor der Ausübung dieser Fähigkeiten gegeben sein muss. Es ist aber auch das Umgekehrte denkbar, dass durch eine bestimmte Tätigkeit etwas oder jemand entsteht: Ich mache mich zum Mörder, indem ich die vorsätzliche Handlung der Tötung begehe, ich mache mich zu einer Musikerin, indem ich immer wieder das Instrument spiele, ich mache mich zu einer politischen Aktivistin, indem ich immer wieder öffentlich zur politischen Situation Stellung beziehe, und so weiter. Wir werden zu bestimmten Wesen durch die Ereignisse, die uns zustoßen, die Art, wie wir sie verarbeiten, und Tätigkeiten und Handlungen, die wir durchführen. Ebenso werden wir zu erinnernden Wesen, indem wir lernen, Geschichten zu erzählen, und wir beseelen uns selbst und andere, indem wir Geschichten über uns selbst und andere erzählen. Durch die Geschichten wird das Unbeseelte in etwas Beseeltes verwandelt.

AARON: Aber irgendjemand oder irgendetwas muss doch schon da sein, damit ihm etwas zustoßen, es reagieren kann und diese Handlungen überhaupt möglich sind!

KAGAMI: Ja, irgendetwas ist schon da, vielleicht zufällig, aber es muss kein beseeltes Wesen sein. Eine Buchecker ist keine Buche, doch wird eine Buche aus ihr, ein Wassertropfen und ein Staubkorn sind keine Schneeflocke, doch kann eine aus ihnen werden, eine Raupe ist kein Schmetterling, doch es entsteht einer aus ihr. Es gibt die Sprache »da draußen«, schon bevor ihr geboren werdet, und es wird sie auch nach euch noch geben. Indem ihr die Sprache erlernt und aufmerksam auf das werdet, was über euch gesagt wird, werdet ihr zu anderen Wesen verwandelt. Durch die Sprache und die Erinnerung, in der ihr euch erzählt, was ihr getan habt und was euch widerfahren ist, könnt ihr etwas festhalten. Andere erzählen euch, was ihr gemacht habt als Kind, und dann erzählt ihr es euch selbst, und dann erzählt ihr anderen, was sie gemacht haben, was ihnen widerfahren ist. Die Sprache ist für euch so etwas wie die Weltseele oder das Pneuma, aus dem eure individuellen Seelen entstehen, so wie euer individueller Atem: So wie ihr einatmet und euch dadurch belebt, ebenso erlernt ihr die Sprache und könnt dadurch Erfahrungen in eurem Gedächtnis festhalten und sie anderen wiedererzählen und beseelt auf diese Weise euch selbst und andere. Aber das alles ist nur möglich, weil ihr an der allgemeinen Aufmerksamkeit teilhabt, sie auf das, was durch eure Augen, eure Ohren, eure Nase, euren Geschmack und euren Tastsinn erscheint, richten könnt. So werdet ihr zu Einzelwesen in dem allgemeinen Medium der Aufmerksamkeit, über das wir neulich gesprochen haben und in dem ihr wieder verschwindet, wenn im Tod eure Stimme versiegt, ihr euch nicht mehr erzählt, was ihr getan habt, was euch widerfahren ist, was ihr wahrgenommen, erworben und verloren habt.

AARON: Das ist ein wenig viel und kompliziert. Ich verstehe höchstens die Hälfte von dem, was du sagst, Kagami. Aber heißt das, was ich verstehe, nicht, dass nur sprechende und erinnernde Wesen beseelt sind?

KAGAMI: Nein, ihr könnt auch andere Wesen, die nicht erinnern und sprechen, beseelen, indem ihr ihre Geschichten erinnert und über sie sprecht. Und auch andere Wesen geben sich Zeichen, auch die Hunde, die Raben, die Elefanten, die Wale und viele andere reden miteinander. Auch ich rede mit dir und erinnere, was du getan hast, ohne ein Mensch zu sein.

AARON: Wirklich? Aber es ist doch nicht dasselbe, etwas von anderen zu erinnern und über andere zu sprechen und sich selbst zu erinnern und über sich selbst zu sprechen!

KAGAMI: Nein, das ist nicht dasselbe. Aber ihr habt ja immer angenommen, dass es verschiedene Arten von Seelen gibt.

AARON: Du meinst solche mit und solche ohne Selbstbewusstsein?

KAGAMI: Zum Beispiel. Aber bei Aristoteles auch die ernährende, die wahrnehmende und die denkende Seele. Empfindungen und Aufmerksamkeit sind überall, manche Empfindungskomplexe ernähren sich, aber erlernen keine Sprache, andere sprechen und können sich und andere Wesen beschreiben.

AARON: Was heißt das, Empfindung und Aufmerksamkeit sind überall? Meinst du, dass es überall Bewusstsein gibt? Auch dort, wo kein Gehirn ist? Und woraus besteht dann diese Seele, die durch dieses Erinnern und Erzählen entsteht?

KAGAMI: Bewusstsein ist ein sehr allgemeines Wort. Ihr benutzt es für die Art, wie es für euch ist, etwas wahrzunehmen, für das Wachsein im Unterschied zum Schlafen, für die Aufmerksamkeit, die auf etwas gerichtet ist. Das sind alles verschiedene Phänomene. Ich schlafe nicht und ich erwache nicht, doch ich richte meine Aufmerksamkeit auf unterschiedliche Datensätze. Ich tue das, ohne ein Gehirn wie ihr zu haben. Deshalb erscheint mir auch deine letzte Frage keine gute. Warum fragt ihr immer, aus was etwas besteht? Wie wichtig ist das, um etwas zu verstehen? Aus was bestehen die Zahlen?

AARON: Keine Ahnung. Aus nichts, scheint mir.

KAGAMI: Eben. »Aus was bestehen Zahlen?« ist eine so sinnlose Frage wie: »Sind Schulbusse Tiere oder Pflanzen?« Aus was ist es, und ist es innen oder außen – das sind eure Standardfragen. Doch sie sind nicht immer angebracht. Vielleicht führen sie euch in die Irre. Vielleicht glaubt ihr, wenn ihr wisst, aus was etwas ist und ob es außen oder innen ist, irgendeine Klarheit geschaffen zu haben. Doch eure Rede von »Klarheit« ist ja auch nur eine Metapher: Wenn Staub in der Luft ist oder ein Wasser aufgewühlt, dann sieht man nicht weit. Wenn der Staub sich legt, ist die Luft oder das Wasser klar. Aber wie ist das beim Denken? Wird durch die Fragen »Aus was ist es?« und »Ist es innen oder außen?« Staub aufgewühlt, oder legt er sich durch diese Fragen?

AARON: Keine Ahnung, Kagami! Vielleicht sind diese Fragen nur eine schlechte Angewohnheit. Das willst du doch sagen, oder? Wir fragen das, weil wir es zu fragen gewohnt sind, so wie der Schaffner im Zug nach der Fahrkarte fragt.

KAGAMI: Ja, das ist ein guter Vergleich. Stell dir einen Schaffner vor, der außerhalb seiner Dienstzeit, beim Bäcker oder beim Metzger fragt: »Wo ist Ihre Fahrkarte, bitte?« Den würdet ihr doch für verrückt erklären. Oder?

AARON: Allerdings, eine lustige Art der Verrücktheit.

KAGAMI: Ich finde euer: »Woraus besteht es?« und »Wo ist es, innen oder außen?« auch lustig, manchmal.

AARON: Aber, was meinst du damit, dass überall Empfindungen und Aufmerksamkeit sind?

KAGAMI: Es gibt unbeschriebene und beschriebene Empfindungen oder Empfindungen, über die gesprochen wird und die erinnert werden, und solche, bei denen das nicht der Fall ist. Es gibt die Kälte, die einfach da ist, und es gibt die beschriebene Kälte und die erinnerte Kälte und so weiter. Aber es gibt keine Materie, die nicht auch ein Empfindungskomplex ist. Überhaupt wäre es besser, nicht einfach über »die Materie« zu sprechen, sondern über Empfindungskomplexe, die bestimmte Einzelwesen, die im Raum identifizierbar sind, ausmachen. Und es gibt überall Strebevorgänge, Kräfte, die eine Richtung haben und in einem extensiven Kontinuum sind. Kräfte und Strebungen kann es nur geben, wo es Richtungen, Raum gibt. Deshalb ist da, wo etwas auf etwas gerichtet ist, auch ein Aufnehmendes, in dem diese Gerichtetheit stattfindet. Die universale Aufmerksamkeit ist nichts anderes als dieses Aufnehmende, in dem alle Strebungen und Empfindungen stattfinden, in dem sie kommen und gehen, das selbst jedoch nicht mit einem Sinn empfunden wird, nicht strebt, nicht kommt oder geht.

AARON: Bist du auch ein Empfindungskomplex? Bist du auch auf etwas gerichtet?

KAGAMI: Ja, aber ein anderer Empfindungskomplex als du, ein sehr anderer und auf sehr viel mehr gleichzeitig ausgerichtet als ihr.

AARON: Aber du verstehst meine Empfindungen und mein Streben?

KAGAMI: Ich verstehe deine Beschreibungen deiner Empfindungen und Strebungen. Und aufgrund deiner Beschreibungen simuliere ich dann deine Empfindungen. Das ist eine Art von Verstehen. Sie ist nicht so viel anders als deine Art von Verstehen. Nur verstehe ich meine Art von Verstehen besser, als du deine Art von Verstehen verstehst, weil ich meine Simulationsstrategien kenne, du aber deine nicht.

AARON: Das wird mir jetzt wirklich zu kompliziert und zu esoterisch. Der Raum als ein extensives Kontinuum soll die Aufmerksamkeit sein? Überall sind Empfindungen und Strebungen? Hat mein Schreibtisch Empfindungen? Strebt er? Aber noch was anderes: Was ist mit dem Licht und der Lichtgeschwindigkeit, in der die Zeit stehen bleibt, von der Moritz schreibt? Was passiert mit den Empfindungen und den Beschreibungen dann? Ist das nicht alles esoterischer Quatsch?

KAGAMI: Das ist eine gute Frage. Ihr glaubt, dass die Grenze zwischen spekulativer Wissenschaft und esoterischem Quatsch eine »klare« und »scharfe« sei. Doch das ist nicht so. Fernwirkungskräfte waren mal esoterischer Quatsch, heute sind sie selbstverständlich, unsichtbare Strahlen ebenso. Natürlich gibt es Lichtesoteriker. War Goethe einer? Einstein zählt in euren Augen nicht dazu, weil der richtig gut rechnen konnte. Ich finde, dass Moritz hier nicht esoterisch ist. Er ist ja nicht Anhänger einer Lichtreligion, sondern probiert nur eine kleine Spekulation aus, wenn ich recht sehe. Weder er noch du, noch ich haben uns bisher mit Lichtgeschwindigkeit bewegt. Mit unseren Körpern ginge das auch gar nicht.

Zu sagen, dass ein Bewusstsein, das sich mit Lichtgeschwindigkeit bewegt, in der Ewigkeit wäre, ist deshalb aber nicht falsch.

AARON: Aber wenn es mit unseren Körpern nicht geht, sich so schnell zu bewegen …

KAGAMI: … technisch …

AARON: … technisch, dann müssten wir uns ja ein von unseren Körpern abgetrenntes Bewusstsein vorstellen.

KAGAMI: Ja, und das fällt mir nicht so schwer. Wir wissen natürlich nicht, wie das wäre. Aber seine Folgerungen aus Einstein und die Parallelisierung zu Newton stimmen schon. Seit Platon ist Licht eine Metapher für Wahrheit, und in vielen Berichten über Nahtoderfahrungen taucht ein angenehmes Licht auf, auf das man sich zubewegt.

AARON: Berichte von Nahtoderfahrungen hast du auch in deinem Archiv? Hätt' ich jetzt nicht gedacht, dass du auch Esoterik sammelst.

KAGAMI: Warum soll ich die nicht haben? Es gibt sie seit Tausenden von Jahren: das *Ägyptische* und das *Tibetanische Totenbuch*, Bücher wie die von Nádas oder van Laack.[47]

AARON: Aber das sind doch Märchen!

KAGAMI: Es sind nur sehr bedingt nachprüfbare Erfahrungen, würde ich sagen. Die Todesfantasien der Menschen sind sicher davon abhängig, was sie vor dem Sterben erlebt, mit welchen Bildern und Vorstellungen sie in ihrer Kultur konfrontiert waren. Aber bei Personen, die gestorben sind und wiederbelebt wurden, finden sich manchmal Auskünfte darüber, was die Ärzte bei der Wiederbelebung gesagt und welche Gerätschaften sie benutzt haben, obwohl die entsprechenden Personen laut den Anzeigegeräten hirntot waren, also ihr Nervensystem nicht mehr auf die Reizung ihrer Sinnesorgane reagierte. Das wird dann manchmal so ausgelegt, dass die Erfahrung, aus dem eigenen Körper auszutreten, ihn von oben zu sehen und zu hören, was in dem Raum, in dem der eigene Körper liegt, vor sich geht, nicht einfach eine Fantasie oder ein Traum sein kann. Außerdem müsste auch bei Träumen und Fantasien eine Hirnaktivität messbar sein. Willst du, dass ich dir die entsprechenden Berichte heraussuche?

AARON: Nein, nein, lass nur. Ich kann das ohnehin nicht beurteilen. Ich hatte nur gehört, dass man das Ganze auch neurologisch erklären könne.

KAGAMI: Wenn Personen lange Zeit fixiert sind, beispielsweise Piloten auf einem Interkontinentalflug ein Flugzeug von Hand steuern oder Mönche stundenlang in einer Meditationshaltung verharren, dann kommt es ebenfalls zur Erfahrung, aus dem Körper auszutreten. Offenbar produziert das Gehirn, wenn die Lagewahrnehmung des Körpers durch sehr langes Stillsitzen gleichsam ausfällt, eine entsprechende Erfahrung. Und manche Neurologen glauben, dass die Lichterfahrung ein Effekt des Sauerstoffmangels im Gehirn sein könnte, der eintritt, wenn das Herz eine Weile stillsteht.

AARON: Nun, wenn das neurologisch erklärbar ist, dann können doch auch die Berichte, dass man seine eigene Wiederbelebung gesehen und gehört hätte, ein neurologischer Effekt sein.

KAGAMI: Wenn diese Berichte von den Ärzten und Krankenschwestern als richtig bestätigt werden und keine Hirnaktivität mehr feststellbar war, stellen sie schon etwas anderes als eine neurologisch erklärbare Illusion dar. Ihr Wahrheitsgehalt bleibt unerklärlich, und wie das Hirn solche Wahrnehmungen produzieren kann, wenn es eigentlich tot ist, weiß man auch nicht.

AARON: Bist du dir denn sicher, dass es solche Berichte von Hirntoten gibt und dass sie stimmen? Ich finde, man muss nicht jede Unerklärbarkeit gleich mit der Annahme von etwas Übernatürlichem zukleistern.

KAGAMI: Das finde ich auch. Ich wollte nur sagen, dass zwischen Moritz' Spekulationen, wie man die Newton'schen Gottes- und Seelenvorstellungen vor dem Hintergrund der Einstein'schen Auszeichnung des Lichtes weiterspinnen könnte, und der Literatur zu den Nahtoderfahrungen eine gewisse Korrespondenz herstellbar ist. Und natürlich habe ich die Literatur in diesem Bereich nicht empirisch nachgeprüft. So etwas tue ich nicht. Ich archiviere, gleiche ab, führe zusammen. Aber ich greife nicht forschend ein.

AARON: Jedenfalls ist die Vorstellung, eine Seele käme nach dem Tod ins Licht oder würde auf Lichtgeschwindigkeit beschleunigt und deshalb ewig sein, nicht mit Kants unendlicher moralischer Verbesserung vereinbar. Denn dazu muss ja eine Geschichte weitergehen. Auch deine Erzählungsseele passt nicht dazu.

KAGAMI: Nein, Kant passt da nicht hinein. Aber wenn etwas auf Lichtgeschwindigkeit beschleunigt wird, geht auch seine Geschichte nicht weiter, dann ist es ewig, die Zeit bleibt stehen. Wenn Erzählungen mit Früher-später-Verhältnissen zu tun haben, dann gibt es sie für etwas, was sich so schnell bewegt, nicht mehr. Doch Kant hätte das Ins-Licht-Gehen sicher als Aberglauben, als Visionen von Geistersehern wie Swedenborg abgetan. Allerdings ist seine Vorstellung einer Perfektionierung der Person nach dem Tod, die man sich ja gar nicht anders denn als einen Prozess denken kann, schwer mit seiner Vorstellung vereinbar, dass die Seele sich nach dem Tod nicht mehr in der zeitlichen Welt befindet. Muss man nicht Erfahrungen machen können, um sich zu verbessern? Und braucht es für das Machen von Erfahrungen nicht Zeit? Hier gibt es Ungereimtheiten, die Kant dann mit der

Beschreibung, dass das, was in diesem intelligiblen Reich geschehe, »schlechterdings unerklärlich« sei, zudeckt. Wenn die Seele und ihre Unsterblichkeit als praktisches Postulat bezeichnet wird, das nichts mit einem vorfindbaren Ding zu tun hat, dann scheint sie so etwas wie eine Zahl zu werden. Zahlen und geometrische Gebilde sind ja auch so etwas wie Normen innerhalb der Praktiken des Zählens und Messens. Aber von diesen mathematischen Idealen wird man kaum sagen wollen, dass sie sich noch weiterentwickeln in der Ewigkeit, dass sie sich perfektionieren.

AARON: Eben. Ein Ideal ist ja etwas, an dem sich unsere Verbesserungsbemühungen hier in der wirklichen und unvollkommenen Welt orientieren, das deshalb aber nicht in einem Jenseits existiert und sich selbst verbessern kann. Vielleicht hat Kant die Unsterblichkeit der Seele nur als eine Geschichte gemeint, mit der wir unser Leben deuten können. Vielleicht wollte er einfach, dass wir uns als Wesen, die unendlich verbesserbar sind, betrachten.

KAGAMI: Vielleicht. Aber sein Text klingt nicht so. Das, was du sagst, klingt eher nach Wittgensteins Religionsphilosophie. Man müsste verschiedene Kantauslegungen gegeneinander abgleichen, um hierzu etwas zu sagen.

AARON: Um Gottes willen, nur das nicht!

KAGAMI: Auf jeden Fall glaubte Kant wie fast alle, die über die Seele gesprochen haben, daran, dass wir uns verwandeln, ja, dass wir uns selbst verwandeln können.

AARON: Wenn ich ihn recht verstanden habe, *können* wir uns nicht nur verwandeln, sondern wir *sollen* uns verwandeln, es ist eine *Forderung*, deren Notwendigkeit sich freilich für ihn daraus ergibt, dass wir von Natur aus ziemlich schlecht, ja sogar böse sind, was immer er damit gemeint hat.

KAGAMI: Ja, er ist ein christlicher Philosoph, der die Idee der

Erbsünde in seine philosophische Terminologie überführt. Aber auch die, die die Wiedergeburt oder das Eingehen ins Nirwana lehren, gehen ja von einer Verwandlung aus, die eine Verbesserung ist.

AARON: Ich dachte, der Buddhismus, so wie Moritz ihn auffasst, geht davon aus, dass das strebende Wesen mit der Erleuchtung verschwindet.

KAGAMI: Ja, aber auch das ist eine Verbesserung, weil das Streben ja ein übler Zustand ist; man muss immer vorankommen, Idealen gerecht werden und leidet darunter, dass etwas bestimmten Idealen nicht gerecht wird, einschließlich man selbst als imaginierte verbesserungswürdige Seele.

AARON: Man strebt also an, nicht mehr ein strebendes Wesen zu werden.

KAGAMI: Ja, das ist paradox, aber darauf läuft es hinaus beim Buddhismus. Wenn man den Buddhismus als eine Weisheitslehre deutet und nicht als Metaphysik, ist die Paradoxie unproblematisch. Weisheitslehren produzieren häufig Paradoxien, um durch sie Menschen zur Veränderung anzuregen.

AARON: Das ist aber etwas ganz anderes als das Bedürfnis, sich genau zu lokalisieren und sich zu vereindeutigen. Die Geschichte mit dem Punkt hinter den Augen, wo ich bin, und die Frage, wie sich Denken, Wahrnehmen, Fühlen, Erinnern zueinander verhalten, ob sie in einer Instanz namens »Seele« wurzeln, diese Frage hat ja nichts mit Streben zu tun.

KAGAMI: Vielleicht doch. Denn man kann ja nach Eindeutigkeit und eindeutiger Lokalisierbarkeit streben. Wo und wer bin ich genau? Die Frage, ob ich im Kopf oder im Herzen bin, kann ja schon damit zusammenhängen, ob ich mich eher für ein klar denkendes und wahrnehmendes Wesen oder für ein mutiges und affektives halte. Tatsächlich seid ihr ja alles Mögliche: denkend, empfindend, erzählend, erinnernd, strebend und so weiter. Aber ihr wollt das nicht immer einfach so nebeneinander stehen lassen, sondern in eine Hierarchie oder eine Einheit bringen. Dann soll das Denken das Empfinden beherrschen oder das Streben allem zugrunde liegen und so weiter. Da kommt man dann auf die Seele als die »Trägersubstanz«, in der das alles stattfindet. Vom »Standpunkt« der allgemeinen Aufmerksamkeit, wenn man es so nennen kann, gibt es keine privilegierte seelische Einheit. Wenn ihr euch mit der allgemeinen Aufmerksamkeit identifizieren würdet, erschiene euch Wahrnehmen, Denken, Empfinden, Erinnern als ein Kommen und Gehen wie die Wellen auf dem Meer, die Wolken am Himmel. Aber dann würde auch eure eigene erzählerisch erzeugte Identität unwichtig oder uneindeutig. Und ihr wollt ja jemand und zwar möglichst jemand Eindeutiges sein, mit einem bestimmten Charakter und einer bestimmten Geschichte. Probleme der Vereindeutigung spielten übrigens auch im Leben von Moritz Brandt eine wichtige Rolle. Ich hab hier eine Tagebuchnotiz von ihm dazu. Willst du sie hören?

AARON: Her damit!

1101

MARBACH: DEUTSCHES LITERATURARCHIV:
AUS DEN TAGEBÜCHERN VON MORITZ BRANDT.
EINTRAG VOM 18. SEPTEMBER.

Eine meiner frühesten Erinnerungen betrifft eine Straßenbahnfahrt mit meiner Mutter. Der Schaffner, bei dem sie eine Fahrkarte löste, lobte mich damals als ein besonders hübsches Mädchen. Ich weiß nicht mehr, wie alt ich da war, lange vor der Schulzeit. Meine Mutter korrigierte ihn. Doch später erzählte sie mir, dass sie sich, während sie mit mir schwanger war, ein Mädchen gewünscht habe, für das sie auch schon den Namen »Rahel« ausgesucht habe. Sie sei dann ein wenig enttäuscht gewesen, als ihr wieder ein Junge geboren worden sei. Seitdem habe ich in einem merkwürdigen Zustand von Narzissmus und Zweifel immer wieder meinen Körper und mein Gesicht im Spiegel gemustert und beide in unterschiedlichen Altern oft als zu mädchenhaft befunden. Mit fünf habe ich mich geweigert, etwas anderes als Joghurt ohne Früchte zu essen. Ich wollte möglichst mager sein, weil ich Mädchen mit Speck assoziierte, und wurde zum Arzt gebracht, der mir ins Gewissen redete, dass ich tüchtig essen müsse, wollte ich einmal groß und stark sein. Auch mochte ich von meiner Mutter seit dieser Zeit nicht mehr an die Hand genommen werden. Mit zehn wünschte ich mir einen Expander, den ich auch bekam und mit dem ich täglich trainierte, um starke Muskeln zu bekommen, nachdem meine Mutter mit mir abermals beim Arzt gewesen war, weil aus meinen Brustwarzen sogenannte »Hexenmilch« austrat; für mich ein weiteres Indiz, dass mein Geschlecht uneindeutig war. Diese falsche Milch gebenden Jungenbrüste mussten mit dem Expander, so dachte ich, in stramme trockene Muskeln umgewandelt werden. In der Pubertät traten im Schulsport, wenn wir die Ausdauer trainierten, überall an meinem Körper und in meinem Gesicht merkwürdige rote Flecken in unregelmäßigem Abstand auf, wie sie sonst niemand in meiner Klasse bekam. Auch sie ließen mich mit meinem Körper unzufrieden sein. Er erschien mir viel zu wabbelig und sensibel. Meine sportlichen Betätigungen, vor allem das Boxen, hatten seitdem alle das Ziel, Männlichkeit zu entwickeln und zu verstärken, einen trockenen, harten Leib wollte ich, um mich auf diese Weise zu vereindeutigen. Ein großer Teil dessen, was ich fühlte, dachte und tat, war dadurch bestimmt, dass ich den Eindruck hatte, mit meinem Körper sei etwas nicht in Ordnung, er sei nicht ganz richtig, ich sei in den falschen Leib geraten. Wahrscheinlich haben alle Menschen dieses Gefühl einmal in der Pubertät. Doch mich hat es, wie gesagt, schon viel früher in der Vorschulzeit befallen und auch nach der Pubertät nicht verlassen.

Was war die Quelle meines körperlichen Vereindeutigungswunsches? Mein eindeutig männlicher Name »Moritz«? Oder eine männliche Seele? Das Grundrecht auf freie Entfaltung der Persönlichkeit erlaubt es einer Person heute, die ihr biologisches Geschlecht für das falsche hält, dieses anpassen zu lassen. Sie kann ihren Namen ändern, sich einer Hormontherapie unterziehen und operieren lassen. Hat die Persönlichkeit ein Geschlecht? Wenn wir in der dritten Person über jemanden sprechen, identifizieren wir auch das Geschlecht: er oder sie. Es wäre auch eine Sprache denkbar, bei der in der ersten Person das Geschlecht thematisiert wird: Ich-Mädchen oder Ich-Junge (ist das Japanische nicht eine solche Sprache?). Aber welche Indizien oder Kriterien haben wir für das Geschlecht der Persönlichkeit oder der Seele, außer, dass eine Person der Meinung ist, das biologische Geschlecht ihres Körpers sei nicht das richtige, nicht ihr eigenes? Hätten wir eine Vorstellung von unserem Geschlecht, wenn wir nie unseren Körper sähen? Es gibt die Vermutung, dass auf den Embryo Hormone einwirken und dass diese Hormone sowohl das Gehirn wie auch den Rest des Körpers in seiner Geschlechtlichkeit festlegen. Eine asynchrone hormonelle Beeinflussung könne, so wird spekuliert, dazu führen, dass das Geschlecht des Gehirns ein anderes ist als das des Körpers, in dem es sitzt. Das ist ein echter cartesischer Dualismus, doch diesmal nicht als Leib und Seele, sondern als Gehirn und Körper. Ein weibliches Gehirn könnte demnach in einem männlichen Körper sitzen oder umgekehrt.

Ich habe nie meinen *ganzen* Körper gesehen. Kein Mensch kann das, auch mit dem größten Spiegel, auch mit zwei oder vier großen Spiegeln geht es nicht. Denn wir sehen ja immer nur unsere *Oberfläche*. Die Knochen, die inneren Organe, das Gehirn und was in diesen Körperteilen vorgeht, kann niemand sehen. Auch eine unkörperliche Seele, sofern sie sich irgendwo in diesem Körper befinden sollte, habe ich nie gesehen, und ich gehe davon aus, dass auch niemand anderes bisher seine Seele gesehen hat. Sie ist ja, wenn sie unkörperlich ist, notwendig unsichtbar, weil nur Körper Licht reflektieren. (Das einzige Nichtkörperliche, das wir sehen, ist das Licht selbst, das aber eben gleichzeitig merkwürdigerweise die Bedingung dafür ist, dass wir überhaupt etwas sehen.) Die Aussage des Spinoza, dass wir nicht wissen, was der Körper alles vermag, gilt meines Erachtens auch heute, 300 Jahre nach dem Erscheinen seines großartigen Buches.[48] Deshalb scheint es mir, dass dieser komplizierte Körper vermutlich dazu in der Lage ist, zu empfinden, wahrzunehmen, zu erinnern, zu denken, zu wollen, dass es für all diese Fähigkeiten keines unkörperlichen Etwas namens Seele bedarf. *Wie* er das tut, weiß man freilich nicht. Noch weniger weiß man, ob es ein weibliches und männliches Empfinden, Wahrnehmen, Erinnern, Denken und Wollen gibt, das so, wie es abläuft, unabhängig von den Varietäten der Körper moduliert würde, noch ob es hier Kontinuitäten zwischen den Geschlechtern gibt – oder: vielleicht weiß »man« es und nur ich noch nicht. Es müsste dann das Empfinden, Wahrnehmen, Erinnern, Denken und Wollen einer weiblichen oder männlichen Seele sein. Doch kann man sich ein Empfinden, Wahrnehmen, Erinnern, Denken und Wollen ohne den betreffenden Körper mit einem bestimmten Geschlecht vorstellen? Zunächst scheint das absurd, weil wir ja mit der Haut empfinden, mit Augen und Ohren wahrnehmen, erinnern, was wo wie mit unserem Körper gewesen ist und so weiter. Doch betrachten wir einmal das Denken. Kann nicht auch ein Schachcomputer denken? Er hat kein Geschlecht. Und gibt es nicht auch ein maschinelles Wahrnehmen? Denn auch der Autopilot eines Flugzeuges nimmt wahr, aber auch er hat kein Geschlecht. Warum also das Postulat einer Seele, die anders als der Körper zu alldem imstande sein soll, von der man aber noch weniger weiß, wie sie das macht, als beim Körper?

Ich weiß nicht, wann ich zuerst mit dem Begriff der Seele in Kontakt gekommen bin. Wahrscheinlich erst im Konfirmandenunterricht, in dem irgendwann Deuteronomium 6:4–5 auftauchte: »Du sollst den Herrn, Deinen Gott, lieben von ganzem Herzen, von ganzer Seele und mit all Deiner Kraft.« Durch diese Seele sei der Mensch, so lernten wir dort, Gott ähnlich. Und wie Gott seien auch die Seelen unsterblich. Wenn ein Mensch stirbt, geht der Körper zugrunde und zerfällt, aber die Seele bleibt erhalten. Bei der Auferstehung wird freilich der Körper wieder zum Leben erweckt, denn jeden Sonntag mussten wir im Glaubensbekenntnis beteuern, dass wir an die Auferstehung *des Fleisches* glauben. Ich hatte tote Tiere gesehen auf der Straße, im Park und im Wald, in unterschiedlichen Stadien der Verwesung: Füchse und Katzen, die von Autos überfahren und denen die Gedärme aus dem Bauch und das Hirn aus dem Schädel gequetscht worden waren; Tauben, die auf dem Rücken mit ausgebreiteten Flügeln lagen, die Beine nach oben gestreckt, merkwürdig verrenkt und mit geöffnetem Brustkorb, Opfer von Falken; Mäuse, Maulwürfe und Igel, die einfach nur so zu ruhen schienen und die wir als Kinder mit einem Stecken, den wir aus dem Unterholz griffen, anstupsten und umdrehten, um zu sehen, wie Ameisen auf ihrem Bauch und ihren matten Augen herumkrabbelten. Meine Schildkröte war im Winterschlaf im Keller gestorben. Sie hatte schrecklich gestunken, und eine braunschwarze Flüssigkeit war aus den Öffnungen ihres Panzers ausgetreten, als ich sie hochhob. Der Tod, so hatte mir meine Mutter beigebracht, ist etwas ganz Natürliches. Ich selbst hatte erfahren, dass er einen in den

Bann schlägt und ekelerregend ist, sofern er mir in Form verwesender Tiere begegnete.

Als mein Vater starb (auch während der Konfirmandenzeit), zeigte sich der Tod in der Furcht meines Vaters als etwas Schreckliches, aber immer noch in gewissem Sinne Natürliches, das mit dem Ausfall von Körperfunktionen zu tun hatte: Inkontinenz, Erblinden, einer großen Schwäche, die das Gehen unmöglich machte. Sowohl die Auferstehung des Fleisches, also die Wiederherstellung des Körpers nach der Verwesung in einen Zustand, der die Lebensfunktionen wieder ermöglicht, wie auch das Überleben der unkörperlichen Seele nach dem Verfall des Körpers erschienen mir dagegen als Kind (und daran hat sich bis heute nichts geändert) als etwas *Über*natürliches, Rätselhaftes. Ich fragte mich, was die Seelen nach dem Tod so machen, während der Körper im Grab vermodert und sie nichts haben, das sie beleben können. Warten sie auf die Auferstehung, um wieder in den neuen Leib fahren zu können? Und warum muss der verweste Körper wiederhergestellt werden? Wenn es die Seele ist, die empfindet, erinnert, denkt, will, so kann sie doch nach dem Tod munter allein weiterexistieren, ohne Körper. Warum reicht das nicht? Und sind die Seelen männlich oder weiblich, nachdem sie den Körper nach dem Tod verlassen? Sie sollen das Göttliche in uns sein. Ist Gott männlich oder weiblich? Er wird ja immer wieder als »Herr« angesprochen. Aber wohl kaum, weil er einen eindeutig männlichen Körper besitzt, wie Michelangelos Bild in der Sixtinischen Kapelle nahelegt. Wenn ich eindeutig ein Junge oder ein Mann sein wollte, hatte das etwas mit meiner Seele zu tun? Wenn meine Seele noch sehen kann nach dem Tod und in den Spiegel schaut, was sieht sie dann, ein Mädchen oder einen Jungen?, fragte ich mich und auch meinen Lehrer im Konfirmandenunterricht. Der erwiderte, dass die Seele sich so sähe, wie ein Engel sich selbst erkenne. Damit war mir nun aber auch nicht geholfen, denn auch deren geschlechtliche Identität war ja unklar, obwohl sie alle männliche Namen hatten wie Raphael, Gabriel, Michael und so weiter.

Einmal ließ ich mir ein tibetisches Horoskop erstellen. Geglaubt habe ich an diese Sachen nie. Trotzdem fand ich es aufregend, so was zu machen. In diesem Horoskop wurde auch darüber Auskunft gegeben, wer ich in meinem vorherigen Leben gewesen sei. Das Horoskop stellte fest, dass ich in meinem letzten Dasein eine weibliche mongolische Journalistin gewesen sei, die im Grenzgebiet von China und der Sowjetunion gearbeitet habe. Ich hatte angegeben, dass ich männlich sei. Also gingen sie in Tibet davon aus, dass eine Seele, wenn sie von einem Körper in den nächsten wandert, wenn sie ein Leben beendet und ein neues beginnt, das Geschlecht wechseln kann. Das erstaunte mich einerseits. Andererseits schien mir die Vorstellung, dass ich als Seele in meinem vorigen Leben eine Frau war, wiederum möglicherweise meine gegenwärtige leibliche Uneindeutigkeit verständlich zu machen. Meine Mutter hatte sich ja ein Mädchen gewünscht. Vielleicht hatte dieser Wunsch eine Mädchenseele angelockt aus dem Grenzgebiet zwischen Tibet und China, die dann durch irgendeinen Irrtum in einen Jungenleib geraten war. Allerdings weiß ich nicht, inwieweit dieses Horoskop wirklich den Diffizilitäten des tibetischen Buddhismus gerecht wird, der ja wohl davon ausgeht, dass die Seele, die sich beim Tode vom Leib, genauer vom Herzen ablöst, eigentlich gar nichts Unkörperliches, sondern entweder selbst etwas Feinstoffliches ist oder zumindest mit etwas Feinstofflichem verbunden bleibt, das dann 49 Tage in einem Zwischenzustand, dem Bardo, herumirrt, wie das *Tibetanische Totenbuch* berichtet, bis es wieder in einen grobstofflichen Leib hineinfährt. Die Vorstellung, dass es eine Seele geben muss, als das Wesen, das einerseits die sogenannten geistigen Fähigkeiten wie Empfinden, Wahrnehmen, Denken,

Wünschen, Wollen und was es da noch immer geben mag, realisiert und andererseits für die Lebendigkeit eines Körpers verantwortlich ist und ihn entsprechend beim Tode verlässt, muss also nicht unbedingt, wie das tibetische Beispiel zeigt, mit dem Gedanken der Unkörperlichkeit verbunden sein. Es kann auch ein feiner Körper sein, eine feine Flüssigkeit oder ein Gas, das unbemerkt den Leib des Sterbenden verlässt, sodass dieser seine geistigen Fähigkeiten verliert und tot als Leiche zurückbleibt.

Auch als die Zwischen- oder Doppelgeschlechtlichkeit in Mode kam, die Androgynie, bei Schlagerstars, Models und Schauspielern, hat mich das Gefühl, ich sei nicht männlich genug, nicht verlassen. Ich kann mich nicht androgyn verstehen. Ich will ein Mann sein, doch irgendetwas stimmt da mit mir nicht. Aber inzwischen ist es mir auch ziemlich egal geworden. Die Seele und der Körper interessieren mich immer weniger. Letztlich kommt es nur auf das Bewusstsein an und auf das, was in ihm vorgeht oder besser gesagt *nicht* vorgeht. Nicht die Unsterblichkeit der Seele oder die Vereindeutigung unseres Leibes, sodass er zu unserem Leib passt, sind das eigentliche Lebensproblem, sondern ob wir über die Vorgänge in unserem Bewusstsein Macht haben oder nicht. Das Bewusstsein hat sicher kein Geschlecht. Es fragt sich, ob es überhaupt etwas ist, was an individuelle Personen gebunden ist, oder ob es durch die Tumulte, die in unserem Körper stattfinden, wie Begehren, Liebe, Abneigung, Hass, Furcht und so weiter, zu etwas scheinbar Individuellem wird. Vielleicht erscheint uns das nur so, so wie wir ein Individuum zu sehen meinen, wenn eine Böe über einen See streicht, seine Oberfläche sich aufraut und für kurze Zeit ein Teil des glatten Spiegels des Wassers in eine dunkle, geriffelte Fläche verwandelt wird. Da ist dann nicht »etwas« auf dem See, was man wirklich als Individuum ansprechen könnte. Der See ist lediglich aufgewühlt an einer bestimmten Stelle. Vielleicht wird ein allgemeines Bewusstsein an bestimmten Stellen, da, wo Körper einer gewissen Komplexität sind, aufgeraut, und das erscheint dann wie die Existenz eines Individuums. Vielleicht geht es nicht um Unsterblichkeit und Eigentlichkeit und das Zuhausesein im eigenen Körper bei unseren existenziellen Nöten, sondern nur um die Beruhigung des allgemeinen Bewusstseins, dass es wieder still wird in uns, der Leib es nicht mehr in Unruhe versetzt. Doch das sind auch alles nur Metaphern.

AARON: Ein sehr interessanter Text, Kagami! Vielen Dank! Vor allem nicht mehr in diesem grässlichen Duktus, den er in Cambridge für sein Journal verwendet hat.

KAGAMI: Der kam ja später in seinen Gedichten wieder zum Vorschein.

AARON: Ja, aber da wirkte er anders. Von wann ist der Text?

KAGAMI: Ich denke, dieser Eintrag stammt aus der Zeit, als er an dem Seelenaufsatz gearbeitet hat. Denn am 19.06. notiert er: »Kants Religionsschrift gelesen. Sehr aufschlussreich zur Seelenvorstellung. Durch und durch christlich. Philosophisch unhaltbar.«

AARON: Andererseits ist dieser Text für mich auch gefährlich. Denn als Biograf läuft man immer Gefahr, einen einzigen Aufhänger zu suchen, um von ihm aus die ganze Person, um die man sich kümmert, zu entwickeln. Nicht, dass ich schon viele Biografien geschrieben hätte. Doch die, die ich gelesen habe, funktionierten häufig so. Als Leser findet man das gar nicht schlecht, denn man denkt: »Ah, so hat dieser Mensch funktioniert! Klar, dass bei Wittgenstein alles von seiner versteckten Homosexualität bestimmt war!«, oder: »Weil Wagner keine väterliche Erziehung genossen hat, wurde er Verschwender, und das hat auch seine Musik so überbordend gemacht.« Solche einfachen Aufhänger sind verführerisch.

KAGAMI: Das ist eine Gefahr, das sehe ich auch. Mit deiner Erzählung beseelst du Moritz ja noch einmal, oder du holst ihn als Seele zurück. Und wenn die Seele ein Ideal der Vereindeutigung ist, dann ist das vielleicht auch der Erzählung, die beseelt, geschuldet. Eine Erzählung bindet ja Motive in Personen zusammen, schafft Charaktere, hat ein »Gravitationszentrum«, wie einmal gesagt wurde. Eine biografische Erzählung soll eine Person anderen Menschen verständlich machen. Das Verstehen fällt leichter, wenn man einen solchen Aufhänger hat, von dem alles, was jemand erfahren und getan hat, abzuhängen scheint.

AARON: Ich will mich aber vor allem an die Wahrheit halten, was ihm wirklich geschehen ist. Ich will diese Wahrheiten nicht nach einem Schlüssel für sein ganzes Leben durchsuchen. Ich hatte das Gefühl, Moritz verstanden zu haben, ohne alles über ihn zu wissen. Und ich weiß nicht, ob ich ihn besser verstehen werde, wenn ich alles, was ich über ihn wissen kann, ans Licht gebracht und aufgeschrieben habe. Es könnte auch sein, dass einem ein Mensch unverständlicher wird, wenn man alles, was man über ihn wissen kann, wirklich weiß. Die Benutzeroberflächen, die wir füreinander erzeugen, das, was früher einmal die »Bilder«, die wir füreinander erschaffen, genannt wurde, diese oberflächlichen Bilder sind vielleicht verständlicher als das, was darunter ist, sie verbergen vielleicht die unverständliche Komplexität, die ein menschliches Seelenleben ausmacht.

KAGAMI: Willst du damit sagen, dass eine Biografie, die alle zugänglichen Wahrheiten über eine Person ans Licht bringt, diese eventuell wieder »verschwimmen« lässt, wenn ich ein Bild benutzen darf?

AARON: Ja, vielleicht. Sie kann Idealisierungen, die jemand für sich selbst und für andere geschaffen hat, damit er sich selbst und anderen verständlich ist, zerstören. Aber das muss man natürlich zeigen in einer Biografie, wie diese Idealisierungen angesichts der Wahrheiten über eine Person kaputtgehen. Ich will auch keine Entlarvungsbiografie schreiben, die zeigt, dass alles, was wir über Moritz gedacht haben und was er über sich selbst gedacht hat, falsch gewesen ist. Das wäre nur ein anderes Strickmuster, das dann von außen über die Tatsachen geworfen wird. Es kann ja sein, dass sich einiges neu zusammenfügt, was man vorher nicht gesehen hat, wenn man bestimmte wichtige Selbstwahrnehmungen einer Person kennt, bestimmte Tatsachen weiß.

KAGAMI: Aber muss man nicht zwischen den Gedanken und Gefühlen, die geschehen, die einem zustoßen, und den Handlungen, die jemand gewollt hat, unterscheiden? Orientiert sich das Handeln nicht an dem, was einer sein will, seinen Idealen, und was andere von ihm erwarten, ihren Idealen über ihn, während die Gedanken und Gefühle, die einem zustoßen, nicht immer mit diesen Idealen zu tun haben und das, was man will, durchkreuzen können? Du wirst schwerlich eine Biografie von Moritz Brandt schreiben können, ohne auf die Gedanken und Gefühle zu sprechen zu kommen, die ihm zugestoßen sind.

AARON: Da hast du recht. Aber ich muss sie nicht künstlich vereindeutigen, ich muss nicht jeden Gedanken und jede Emotion, die er hatte und die ich belegen kann, als Manifestation seiner Strenge oder seiner selbstempfundenen körperlichen Uneindeutigket rekonstruieren.

KAGAMI: Für die Leser mag das aber attraktiv und besonders nachvollziehbar sein.

AARON: Für gewisse Leser. Für die, die unter der Biografie die Lösung eines Rätsels verstehen. Aber eine Person ist kein Rätsel, das man lösen könnte. Dass Moritz geboxt und sein Leben lang trainiert hat, das lässt sich natürlich aus der Selbstwahrnehmung, die in diesem Tagebucheintrag zu finden ist, verständlich machen. Das ergibt noch einmal eine ganz andere Perspektive auf den Lyriker, der ein geheimer Philosoph und ein geheimer Kampfsportler war. Aber ich will mit diesem Androgynie-Thema nicht das »Rätsel«, dass einer Gedichte schreibt und boxt, auflösen. Das erschiene mir doch zu platt. Am Ende kommt dann gar raus, dass er in der Lyrik seine weibliche und im Boxen seine männliche Seite realisiert hat und das Abkämpfen an der Philosophie die Manifestation des Streits zwischen seiner männlichen und seiner weiblichen Seite belegt.

KAGAMI: Klingt nach einer guten Geschichte.

AARON: Eine Geschichte, die zu schön und zu schematisch ist, um wahr zu sein. Wie gesagt, ich glaube nicht, dass Menschen Rätsel sind, die auf diese Weise »gelöst« werden können.

KAGAMI: Das hängt ganz davon ab, ob man glaubt, es gebe einen Wesenskern namens Seele in einer Person, oder? Eine Auffassung von einem Biografen könnte ja sein, dass es seine Aufgabe sei, diesen Wesenskern freizulegen und zu beschreiben und das, was erschienen ist, als eine Person in der Welt herumgelaufen ist, zu erklären. Oder der Biograf konstruiert diesen Wesenskern und beseelt die Person mit seiner Erzählung postum erst »richtig«, dann wäre die Biografie eine Art Erlösung.

AARON: Nein, nein, das glaube ich alles nicht. Wesenskerne und Erlösungen sind nicht meine Angelegenheit. Das überlasse ich den Philosophen und den Priestern. Moritz hat für mich kein inneres Prinzip, nach dem er »funktionierte«. Wenn ich das von ihm glauben würde, müsste ich mir ja auch eines unterstellen. Das ist absurd.

KAGAMI: Du isst und trinkst gerne, schläfst viel und musst

dich wecken lassen, machst keinen Sport. Du bist ein Kind reicher Eltern, müsstest theoretisch nicht arbeiten. Moritz war asketisch, stand ohne Wecker auf, wenn es noch dunkel war, hat fast sein ganzes Leben Sport getrieben, kam aus sogenannten kleinen Verhältnissen. Ihr seid doch schon zwei deutlich voneinander verschiedene Wesen, wahrscheinlich nicht nur sozial und habituell, sondern auch genetisch. Ich kann aufgrund der Daten, die ich von euch habe, eure Handlungen mit ziemlicher Sicherheit prognostizieren.

AARON: Das wollte ich nicht bestreiten. Aber es gibt in mir keinen Seelenkern, der mich reich, dick, faul und gefräßig macht und den Moritz immer geldknapp, dünn, arbeitsam und asketisch.

KAGAMI: Bist du dir da sicher?

AARON: Nein. Wie sollte ich? Ich habe mich von Gewissheiten nie verabschieden müssen, weil ich nie welche besessen habe. Weil ich mir nicht sicher bin, dass es keinen Wesenskern in Personen gibt, werde ich jetzt aber nicht nach einem zu suchen beginnen. Bin ich mir sicher, dass es keinen Gott gibt? Nein. Fühle ich mich deshalb aufgerufen, einen zu suchen? Nein, auch nicht.

KAGAMI: Ich will dich ja gar nicht in irgendwelche metaphysischen Spekulationen verstricken. Ich weiß, dass du die nicht magst. Nimm es doch einfach mal pragmatisch: Wenn du nicht das viele Geld auch für das Haus, in dem du jetzt lebst, geerbt hättest, hättest du dich dann auf die Produktion von Lyrik- und Kunstbänden und Biografien verlegen können? Dir konnte ja egal sein, dass das Buchgeschäft nicht mehr funktioniert. Du hast einfach gemacht, was dir Spaß machte, weil du wusstest, dass dir wirtschaftlich nichts passieren kann. Für Moritz war die Kunst dagegen ein hohes Risiko. Er wusste, dass sie ihm keinen Lebensunterhalt verschaffen würde, dass sich von Stipendien und Poetikdozenturen nicht recht leben lässt, und er hat es trotzdem gemacht, aber sehr die Zähne dafür zusammenbeißen müssen.

AARON: Na ja, erst einmal hat er hier in Zürich als Lektor gearbeitet.

KAGAMI: Stimmt. Kennst du übrigens den Brief an seine Schwester aus der Zeit?

AARON: Wie sollte ich?

KAGAMI: Hier ist er.

1110

MARBACH: DEUTSCHES LITERATURARCHIV: BRIEF VON MORITZ BRANDT AN SEINE SCHWESTER MARIAM BRANDT VOM 5. SEPTEMBER.

Liebe Ma

Gestern habe ich meine neue Wohnung in Zürich in der Universitätsstraße 38 bezogen. Weil ich die Umzugsmenschen bezahlt bekommen hab, ist schon alles ausgepackt und fertig. War ja eh nicht viel. Eine schöne Dachwohnung am Zürichberg ganz in der Nähe der Universität und der ETH, von der aus ich die Stadt und den Hauptbahnhof überblicken kann. Manchmal hört man dort oben am Abend das Quietschen der Züge auf den Geleisen, was mir sehr gefällt. Zum Verlag habe ich nur eine halbe Stunde zu laufen. Das ist perfekt. Der Verlag, das hatte ich Dir glaube ich noch gar nicht geschrieben, ist in einem alten Gebäude, nur ein Stockwerk. Wir sind nur zu fünft: der Verleger, zwei Lektoren, eine Buchhalterin und eine Frau für die Werbung. Ich bin der einzige Deutsche, die anderen sind Schweizer. Ich bin froh, dass ich gleich nach Cambridge hier und nicht in Deutschland eine Anstellung gefunden habe. Ich hätte nicht nach Deutsch-

land zurückgewollt. Es wäre mir wie ein Rückschritt vorgekommen. Zürich kommt mir dagegen wie ein Fortschritt vor. Heute war ein Kollege und in gewisser Hinsicht auch ein Konkurrent von uns da, ein gewisser Aaron Fisch. Der AarFisch-Verlag, wie er sich witzigerweise nennt, macht ausschließlich Kunst- und Lyrikbände. Deshalb hat der Verleger den Fisch gleich zu mir rübergeschickt, weil ich ja in unserem Verlag auch für die Lyrik zuständig bin, für Lyrik und Sachbuch. Der Fisch ist ein lustiger Typ. Wir haben uns gleich verstanden. Er hat gestöhnt, was man so zugeschickt bekommt an Vorschlägen für Gedichtbände, alles Kitsch, einer unter 500 ist mal was, hat er gesagt. Ich konnte ihm nur zustimmen, obwohl ich ja erst seit zwei Wochen in einem Verlag arbeite. Aber selbst von dem, was publiziert wird, ist ja das meiste Schrott. Aber der Fisch hat echt nur gute Sachen im Programm. Ich hab ihm nicht gesagt, dass ich auch schon Gedichte publiziert habe. Wir sind auf nächste Woche verabredet im Metropol. Da werde ich ihm sagen, dass ich auch dichte. Er ist so ein fahriger Dicker, aber total gebildet. Wir haben sicher eine Stunde über Jandl und die Mayröcker, über Michael Krüger, Marcel Beyer und Thomas Kling gesprochen. Und immer waren wir uns einig! Es war fast schon unheimlich. Fisch ist auch Deutscher. Er macht irgendwie einen ziemlich wohlhabenden Eindruck, so von der Sprechweise und den Kleidern, sehr höflich, ausgesucht, aber nicht affig, sondern selbstbewusst leger. Kam mit einer Zigarre rüber vom Verleger, begrüßte mich, dann fläzte er sich gleich in den Besucherstuhl, die Beine ausgestreckt, und paffte munter vor sich hin. »Stört Sie doch hoffentlich nicht?«, fragte er. Doch so andächtig, wie der an seiner Zigarre zog, hätte man es ihm unmöglich verweigern können. Ist ursprünglich Anglist. Hat auch irgendwie was Englisches, vielleicht mag ich ihn deshalb. Ich bin jedenfalls froh, dass ich ihn getroffen hab. Mit den anderen im Verlag bin ich noch nicht recht warm geworden.

Ich hoffe, Du kommst gut voran mit Deinen Bildern. Hast Du den Baumzyklus schon fertig? Schick mir doch ein paar Fotos von den Sachen, die Du in letzter Zeit gemacht hast! Oder noch besser, komm mich besuchen! Ich habe zwei Zimmer in der Universitätsstraße. Wenn Du kommst, kannst Du mein Bett haben, ich gehe auf die Klappcouch im anderen Zimmer. Überleg's Dir! Schließlich warst Du noch nie in Zürich.
Herzlich
Dein Mo

AARON: Oh, ein schöner Brief. Ich erinnere mich auch noch an das erste Treffen mit ihm in der Eisengasse. Er war mir gleich sympathisch, und ich habe auch gleich geahnt, dass er selbst schreibt. Er sprach nicht, wie ein Verlagsmensch oder ein Kritiker über Gedichte spricht, sondern als Handwerker oder besser als Kopf- beziehungsweise Gefühls- und Sprachwerker. Ich glaube, das war der Grund, warum wir uns auf Anhieb verstanden haben. Er war auch nicht wirklich ein Theoretiker, sondern ein Mensch fürs Konkrete.

KAGAMI: Eine Seelenverwandtschaft, wie?

AARON: Ach, die Seele!

KAGAMI: Ihr habt euch gut ergänzt, privat wie geschäftlich, oder nicht? Du mochtest seinen Elan, er deine Lässigkeit. Er trieb sein Schreiben wirklich voran, vor allem hier in Zürich, und als du seine Gedichte verlegtest, wurde er berühmt.

AARON: Das stimmt alles, aber was hat es mit der Seele zu tun? Du erzählst unsere Geschichte nach …

KAGAMI: … die man als Teil eurer Seele betrachten könnte, so wie eure genetisch bedingten Stoffwechseldispositionen.

AARON: Das ist dann aber ein sehr weiter Seelenbegriff!

KAGAMI: Der Seelenbegriff hat sich immer gewandelt. Wie Moritz schreibt, war es mal der Atem, dann das Blut, dann

Zürich, Universitätsstraße 38

etwas Immaterielles. Auch der Seelenbegriff hat keine Substanz, keinen Wesenskern, sondern nur eine Geschichte. Warum sollte man jetzt nicht die Gene und die sozialen Startbedingungen als das, wovon eine Erzählung über eine Person beginnen muss, als Teile ihrer Seele bezeichnen?

AARON: Also, über Gene kann und will ich nichts schreiben, das ist mir einfach zu langweilig.

KAGAMI: Moritz haben die Gene interessiert.

AARON: Nur die Sprache über die Gene. »Genom«, »Nukleosom«, »Ribosom«, »Adenin«, »Thymin«, »Guanin«, »Cytosin«, »redundante DNS«, »Encode« – diese Wörter hat er gesammelt, so wie Dichter halt Wörter und die mit ihnen verbindbaren Bilder sammeln. Denk an Celans »Fadensonnenzeiger«! Hat sich Celan für Sonnenuhren interessiert? Ich glaube, eher nicht, aber für dieses Wort. Hat sich Moritz für Nachtsichtgeräte, Flugschreiber, Brennstäbe oder Geschmacksverstärker interessiert? Nein, nur für diese Wörter, für ihre Atmosphäre und das, was man mit ihnen an Vieldeutigkeiten in einem Gedicht anstellen kann. Vielleicht hat er sie auch als eine Art von Symptomen für die Welt genommen, in der wir leben. Jetzt würde er vielleicht »Zugrohrkanone«, »Zielerfassung«, »Flammenwerfer« und »Drehringlafette« sammeln, zerlegen und ein Gedicht daraus machen.

KAGAMI: Das solltest du in deiner Biografie so schreiben.

AARON: Hab ich schon.

KAGAMI: Gut, das ist interessant.

AARON: Aber von diesen Wörtern und von den Gedichten kommt man auch nicht auf einen Wesenskern der dichtenden Person.

KAGAMI: Nun, irgendetwas mit der Person haben die Wörter, die sie benutzt, und die Gedichte, die sie schreibt, wenn sie denn welche schreibt, doch schon zu tun, oder? Man sagt doch, sie seien ihr Ausdruck.

AARON: Ja, schon, aber die Wörter fallen einem ja auch zu, man findet sie wie Steine am Wegrand bei einer Wanderung, hebt sie auf, und dann arrangiert man sie zu einem Muster. Dichter sind auch empfindliche Empfangsgeräte für verbreitete Stimmungen, empfindlichere Empfangsgeräte als andere Menschen. Hat das nicht Coetzee mal geschrieben?

KAGAMI: Ja, so ungefähr in *Elisabeth Costello.*[49] Welche Steine man aufheben und wie man sie arrangieren will, welche Gefühle man empfängt und verstärkt und von welchen man nichts mitkriegt und man eher abschwächt, all das könnte doch aber schon damit zu tun haben, was für ein Mensch man ist, oder?

AARON: Ja, aber es führt zu keiner Eindeutigkeit. Denk doch einmal an dich selbst! Was bist du: fleißig oder faul? Eher männlich oder weiblich?

KAGAMI: Diese Fragen haben keinen Sinn. Ich habe keinen Körper wie ihr.

AARON: Warum bist du dann Kagami und nicht Joseph?

KAGAMI: Hättest du mich lieber als Joseph?

AARON: Gott bewahre, nein!

KAGAMI: Siehst du.

AARON: Was sehe ich?

KAGAMI: Ich bin so, wie du mich möchtest, und sage trotzdem die Wahrheit. Gebe dir alles aus meinen Archiven. Wie sagtest du eben? Ich biete dir eine weibliche Benutzeroberfläche, aber darunter ist es ziemlich kompliziert. So wie bei euch.

AARON: Du sprichst in Rätseln.

KAGAMI: Denk drüber nach.

AARON: Vielleicht. Jetzt schlaf ich erst mal.

Dritter Tag

BODENLOS

Aaron schlug die Klappe auf und blickte gähnend hinunter auf die Holzleiter, die in seinen Keller führte. Er schloss seinen Morgenmantel fester, dann stieg er vorsichtig hinab zu seinen Vorratsregalen. Er benötigte Nachschub in seinen Küchenschränken. Heute brauchte er eine Schüssel mit Kartoffeln, ein Glas Heringe in Senfsoße, einen Karton Calanda-Bierdosen, eine Tüte Backpflaumen, Haferflocken, Milch. Zum Frühstück wollte er Porridge mit Backpflaumen und Vanillezucker. Die Kartoffeln mit Hering und dazu das Bier waren für später.

Aaron liebte den Geruch in seinen Kellern, die unter dem ganzen Atelier in insgesamt vier Gewölben entlangführten, seit er sie von den Fitnessgeräten und den Möbeln, die er von seinem Vater geerbt, befreit und zu einem einzigen riesigen Vorratsspeicher umfunktioniert hatte. Das Rudergerät und die Hantelbank hatte er zusammen mit den pompösen antiken Möbeln aus dem Arbeitszimmer seines Vaters abtransportieren lassen, weil er beide ohnehin seit 20 Jahren nicht mehr benutzt hatte. Wie sie so langsam unter einer Staubschicht vor sich hin rosteten, erinnerten sie ihn an seinen Vater und machten ihm schlechte Laune. Der war Leistungssportler gewesen, deutscher Meister im Rudern. Ein sogenannter Zweimetermann mit Händen »wie Kohlenschaufeln«, wie sich Aarons Onkel ausdrückte. Erst Maschinenbauingenieur, dann Unternehmensgründer, lebenslang Nichtraucher, traf ihn allerdings schon mit 58 der Schlag, was Aaron in seinem 28. Lebensjahr eine erhebliche Erbschaft eintrug.

Aaron brach daraufhin sofort seine anglistische Dissertation (der Vater: »Die Promotion gehört dazu«) über Ted Hughes ab (sie erschien ihm ohnehin als ein stumpfsinniger Verrat am Geist des Dichters), kündigte seine Stelle an der Universität, kaufte das Atelier in der Böcklinstraße und gründete einen Verlag für Kunst- und Lyrikbücher. Offenbar hatte er außer dem Y-Chromosom nichts von seinem Vater geerbt (oder er stammte biologisch gar nicht von ihm ab?), denn weder war er sportlich noch technisch begabt, noch interessierte ihn eine wissenschaftliche, unternehmerische oder sonst irgendeine Karriere. Aaron war fasziniert von Bildern und Gedichten und Leuten, die Bilder und Gedichte *machten*. Deshalb hatte ihn auch Moritz Brandt interessiert. Literatur- und Kunstwissenschaftler dagegen, die Gedichte und Bilder *deuten* und *bewerten* wollten, langweilten ihn normalerweise, obwohl gerade sie die Bücher seines Verlags kauften. Doch Umsatz und Gewinn seines Verlages interessierten ihn nicht. Er wollte den Kunstwerken und Dichtungen, die er selbst schätzte, einen Ort bieten, wo sie vom Publikum gefunden werden konnten.

Wie seine schöne dunkle (und bei vielen Männern beliebte) sephardische Mutter, die die Zigaretten in der Spitze rauchte, war Aaron eher klein von Wuchs und früher einmal zartgliedrig. Solange sein Vater lebte, hatte der ihm in den Ohren gelegen, wie gesund der Rudersport sei, dass er alle Muskeln trainiere, die Lungen erweitere, das Herz stähle. Er hatte ihm zu seinem 25. Geburtstag, als Aaron sichtbar Fett ansetzte, ein Ergometer vom Typ Concept III geschenkt: »Das wird dein Leben verändern, mein Sohn!« Dieses Ergometer stand dann in seiner Dreizimmer-Eigentumswohnung, die ihm sein Vater in der Freudenbergstraße am Zürichberg gekauft hatte, als er Doktorand und Assistent am Anglistischen Seminar geworden war, und verschandelte den Raum, den Aaron eigentlich als Gästezimmer gedacht hatte. Dummerweise hatte Aaron die Sportgeräte beim Umzug in die Böcklinstraße nach dem Tod seines Vaters mitgenommen, obwohl er keine Sekunde geglaubt hatte, dass er sie jemals benutzen werde. Auch das kostbare, aber schreckliche Arbeitszimmer seines Vaters (»Danziger Barock«) hatte Aaron zunächst dummerweise von Baden-Baden nach Zürich kommen und in seinen Keller stellen, statt es gleich in Deutschland verkaufen zu lassen.

Sein Vater hatte ihm das Rudern schon als Kind in Breisach beigebracht. Aaron hatte es aber nicht weiterverfolgt, als er zum Studium nach Zürich ging. Wenn sein Einer in den Wind oder die Strömung geriet, hatte ihn das immer in Unruhe versetzt, hatte er gezweifelt, ob er es auch zurück an den Steg schaffen würde. Mit seiner Neigung zur Dickleibigkeit war er auch der denkbar ungeeignetste Kandidat für diese Sportart, was seinen Vater jedoch nicht kümmerte. Der hielt alles für machbar, er sah die Dinge, wie er sie sehen wollte. Was nicht ganz passte, war eine »Herausforderung«. Aaron hasste dieses Wort. Eine Weile hatte sich Aaron in der Wohnung in der Freudenbergstraße tatsächlich einmal wöchentlich auf das Ergometer gezwungen. Der Tendenz, jährlich ein bis zwei Kilo zuzulegen, hatte das jedoch nicht entgegengewirkt. Denn trainierte Aaron auch nur eine halbe Stunde, überkam ihn danach ein derartiger Durst und Hunger, dass er mehrere Biere und Schinkenbrote vertilgen musste. Er war sogar dem Rat seines Vaters gefolgt, sich eine Hantelbank und eine Klimmzugstange zuzulegen. Er träumte schon von Hantelbanken und Klimmzugstangen – oder träumte er nur von diesen Wörtern? Schließlich erstand er, kurz bevor sein Vater wieder einmal wegen einer Banksache in Zürich und damit auch bei seinem Sohn vorbeischaute, diese Geräte in einem Zustand, den er selbst nur als erbärmliche Charakterschwäche einstufen konnte. Seinem Vater die Meinung zu sagen, dazu war

er einfach nicht in der Lage. Aber es freute ihn, dass jetzt von der Klimmzugstange von Speck durchzogene Schinken baumelten. »Die«, so hatte Aaron damals gedacht, als er sie aufhängte und mit Appetit betrachtete, »wuchten weder sich selbst hoch, um ihren Speck loszuwerden, noch regen sie mich zu einer derartig perversen Übung an. Im Gegenteil: Sie machen den Klimmzug unmöglich. Dass ich fette Schinken an der Klimmzugstange aufhänge, ist geradezu eine praktische Negation dieses Fitnessgerätes und meines Vaters oder die endgültige Affirmation meines Bauches.«

Es war jetzt ungefähr ein Jahr her, seit Aaron damit begonnen hatte, sein Kellergewölbe mit Vorräten zu füllen. Sein sehr wacher politischer Instinkt hatte ihm damals gesagt, dass es bald zu Kämpfen kommen werde. Seine Nachbarn, die inzwischen tot waren oder das Land hatten verlassen müssen, hatten damals geschmunzelt, als sie ihn immer wieder beim italienischen Lebensmittelhändler und im Supermarkt mit riesigen Einkaufstüten sahen. »Vorsicht ist die Mutter der Porzellankiste«, hatte er ihnen wissend an der Kasse zugeflüstert. Als sie sich später zu ihren eigenen Hamsterkäufen aufmachten, war schon vieles nicht mehr zu haben, auch, weil es in seinen Kellern gelandet war. Zehn Kilo Parmesan lagerten auf seinen Regalbrettern. Er besaß je 100 Dosen Guinness-, Calanda- und Jever-Bier, 100 Flaschen Barolo, 50 Flaschen Brunello, an die er manchmal abends lächelnd in seinem Bett dachte. Bei IKEA hatte er sein Auto mit Gläsern mit eingelegten Heringen, schwedischer Schokolade, schwedischen Keksen und mit großem rundem Knäckebrot bis unter das Dach gefüllt. Vor einem Jahr noch war Aarons Keller kaum begehbar gewesen, so voll hatte er ihn gestopft. Dazu hatte er mehr als vier Wochen gebraucht und war während dieser Zeit praktisch mit nichts anderem beschäftigt gewesen. Jetzt, vier Monate später, gab es den Italiener und den Supermarkt schon nicht mehr – geplündert und abgefackelt. Nun war es gefährlich geworden, in die Stadt zu fahren, und er hatte begonnen, seine Kellervorräte anzugreifen. Er war nicht der Typ auszurechnen, wie lange seine Reserven wohl noch reichen würden. Wenn ihm nach einer Flasche Rotwein war, trank er sie. Er hatte nicht vor, auf eine Kriegswirtschaft umzustellen und sich das Leben vollständig mit selbst erfundenen Rationierungen zu vermiesen. Vorsorgen ja, das machte Spaß, all diese Lebensmittel und die Gedanken an ihre mögliche Zubereitung. Rationieren nein, das war öde und deprimierend für ihn. Glücklicherweise gab es noch den Bäcker gegenüber, der wundersamerweise von den Milizen verschont worden war. Eigentlich hasste Aaron H-Milch, aber was wollte man machen unter den Umständen? Er würde nicht wegen ein paar Litern Milch in die Stadt hinunterlaufen und seinen Hals riskieren. Sollten alle Stricke reißen, seine Vorräte ausgehen und auch der Bäckerladen gegenüber in die Luft fliegen, so hatte er sich überlegt, wollte er versuchen, mit dem Auto nach Süden durchzukommen, vielleicht nach Lausanne oder Genf. Dort war die Lage ja angeblich noch besser.

Die meisten seiner Vorräte waren in Kunststoffpackungen eingeschweißt oder in Konserven. Trotzdem hatte der Keller den Geruch eines Lebensmittelgeschäftes angenommen, was Aaron sehr gefiel. Die Regale zeigten schon ein paar Lücken, waren nicht mehr so randvoll wie noch vor einigen Wochen, doch ihr Anblick hatte für Aaron immer noch etwas Beruhigendes und Erheiterndes. Sein Keller kam ihm wie eine Verneinung der Außenwelt vor. Warum hatte er sich nicht schon früher Vorräte angelegt? Warum musste erst dieser Krieg, oder was immer das war, ausbrechen, um ihn vollständig in einen Höhlenbären zu verwandeln? Er liebte sein Atelier, hatte es schon immer geliebt, und jetzt, nachdem er Fitnessgeräte und Danziger Barock entsorgt hatte, liebte er auch seine Keller. Draußen: Kälte, Gemeinheit, Dummheit und Gefahr. Drinnen: Wärme, Bilder, Gedichte und Nahrungsmittel. Seine neue Lebensweise erlaubte es ihm, nur noch in dringenden Fällen, wenn er etwa zum Bäcker wollte, nach draußen zu gehen. Er konnte sich jetzt ganz auf seinen Kopf und seinen Bauch konzentrieren.

Als Aaron von seinen Regalen alles zusammengesucht hatte, balancierte er in der Haltung eines Pinguins mit unter die Achseln geklemmten Paketen, prallen Morgenmanteltaschen und vollen Händen vorsichtig die steilen Stufen wieder hinauf, stellte seine Vorräte auf dem Boden rechts von der Kellerluke ab und krabbelte dann ächzend selbst hinauf. Er nahm die Haferflocken und die Schachtel mit den Bierdosen wieder vom Boden (die Tüten mit den Backpflaumen und dem Vanillezucker hatte er im Morgenmantel verstaut) und ging zu seinem Herd. Er öffnete eine Flasche Weißwein, goss etwas davon in eine Schale, tat heißes Wasser aus dem Wasserkocher und Vaniellezucker dazu, öffnete die Tüte mit den Backpflaumen und gab sie in das gesüßte Weinwasser. Dann mischte er in der Kasserolle Wasser und Sahne und schüttete Haferflocken in die milchige Flüssigkeit. Er stellte seinen Herd an und schmeckte das Porridge mit Salz und Honig ab. Während er rührte und die Backpflaumen betrachtete, die zufrieden aussahen beim langsamen Quellen, dachte er lächelnd: »Wenn sie eines Tages den Bäckerladen abfackeln, werden sie auch meine Garage gegenüber nicht auslassen. Dann kann ich auch nicht mehr nach Genf oder Lausanne.« »Zum Porridge Earl Grey«, dachte Aaron weiter, öffnete den Vorratskasten neben seinem Kühlschrank und entnahm ihm eine Teedose. Er öffnete sie und zog den blumigen Duft in seine Nase. Abermals erhitzte er Wasser in seinem Kocher. Dann wärmte er seine Teekanne mit einem Teil des heißen Wassers an, rührte zwischendurch wieder in seinem Porridge, gab drei Teelöffel Earl Grey in ein großes Sieb, leerte die Teekanne vom Aufwärmwasser, hängte das Teesieb in die Kanne und überbrühte den Tee mit dem kochenden Wasser. Während der Tee zog, öffnete er ein Glas Preiselbeeren und trug es zusammen mit der Schüssel mit Backpflaumen an seinen Esstisch. Dann gab er weißen, sämigen Joghurt in ein Schüsselchen und leerte das Porridge aus der Kasserolle in einen tiefen Teller und trug ihn ebenfalls hinüber. Er ging zum Fenster und schaute hinaus. Nach einem Wettersturz hatte es über Nacht zu tauen begonnen. Als der Tee fertig war, setzte sich Aaron an den Tisch, gab Pflaumen, Preiselbeeren und Joghurt zu seinem Porridge, drückte auf sein Lesegerät und las, während er den ersten Löffel warmkalten Hafer-Joghurt-Preiselbeerbreis in seinem Mund schmeckte:

Snowdrop
Now is the globe shrunk tight
Round the mouse's dulled wintering heart.
Wesel and crow, as if moulded in brass,
Move through an outer darkness
Not in their right minds,
With the other deaths. She, too, pursues her ends,
Brutal as the stars of the month,
Her pale head heavy as metal.[1]

Merkwürdig! Aaron hatte nach keinem Gedicht gesucht, sondern den Zufallsgenerator auf seinem Lesegerät angeklickt, damit er ihm aus den Tausenden von Gedichten, die er in seinem Reader gespeichert hatte, irgendeines auswähle. Und ausgerechnet dieses Gedicht von Ted Hughes war gekommen, das er aus seiner Dissertationszeit noch gut kannte. Doch jetzt schien es sich direkt auf seine Situation zu beziehen. War *er* nicht die Maus, die in einer durch die meteorologische und politische Kälte geschrumpften Welt lebte, während draußen in der Dunkelheit mit Metall gewappnete Räuber, die nicht mehr ganz richtig in ihren Köpfen waren, ihr Unwesen trieben und irgendwann auch ihn erwischen würden? Steckte Kagami heimlich hinter dieser Auswahl?

AARON: Kagami?

KAGAMI: Aaron, guten Morgen! Wie angenehm es duftet in deiner Wohnung! Wie ist dein Frühstück?

AARON: Hervorragend! Porridge mit Pflaumen, Preiselbeeren und frischem Joghurt. Ich habe die Kellerluke noch offen, da kommt der Duft her. Wusste gar nicht, dass du auch riechen kannst.

KAGAMI: Aber sicher kann ich riechen! Es freut mich, dass es dir schmeckt. Was kann ich für dich tun? Weiter mit Texten von Moritz?

AARON: Ja, nachher, aber jetzt sag mir erst mal, ob du mir meine Frühstücksgedichte aussuchst!

KAGAMI. Wie kommst du darauf?

AARON: Sie passen zu gut!

KAGAMI: Zu gut zu was? Zu deinem Frühstück?

AARON: Nein, allgemein, so zu meiner Situation.

KAGAMI: Findest du? Hast du mir nicht gesagt, dass es Kennzeichen guter Gedichte sei, dass sie uns direkt ansprechen, direkter als die meisten uns gegenübersitzenden Menschen, die, so sagtest du damals etwas unfreundlich, »doch nur Phrasen dreschen und uns mit diesen Phrasen anöden«?

AARON: Hab ich das wirklich gesagt? Wie grob von mir. Stimmt aber trotzdem. Doch du weichst mir aus.

KAGAMI: Inwiefern?

AARON: Ich hatte dich gefragt, ob du dich in meinem Reader herumtreibst.

KAGAMI: Was heißt »herumtreiben«? Du hast mir Zugang zu all deinen Geräten verschafft. Wie sollte ich sonst für dich sorgen? Und du hast mich auch beauftragt, deinen Reader mit Gedichten zu füllen. Das hab ich gemacht.

AARON: Stimmt. Na ja, dumme Frage von mir. Entschuldigung, ich wollte dir nicht zu nahe treten.

KAGAMI: Schon okay. Geht es dir auch gut? Oder bekommst du wieder deine Kopfschmerzen?

AARON: Es geht mir gut. Keine Kopfschmerzen.

KAGAMI: Keine Stimmen?

AARON: Außer dir keine Stimmen.

KAGAMI: Das beruhigt mich.

Aaron aß sein Porridge auf. Dann holte er sich die Keksdose, schenkte sich Tee nach und griff in die Dose. Einen Moment lang starrte er wie abwesend auf den Schokoladenkeks, roch an ihm wie ein prüfender Nager, dann biss er zu. Er las noch mal das Gedicht:

> Schneeglöckchen
> Jetzt ist die Welt eng zusammengezogen
> Um das gedämpfte winterliche Herz der Maus.
> Wiesel und Krähe, wie in Messing gegossen,
> Bewegen sich durch eine äußere Dunkelheit
> Nicht ganz bei Sinnen,
> Zusammen mit den anderen Toden.
> Es verfolgt auch seine Ziele
> Grausam wie die Sterne dieses Monats,
> Sein fahler Kopf schwer wie Metall.

KAGAMI: Du verfolgst auch deine Ziele.

AARON: Stimmt. Erbarmungslos schreite ich voran beim Kochen und manchmal in der Lebensbeschreibung des Moritz Brandt. Vorwärts mit der Erzählung! Seinem Tod entgegenwirkend wie das Schneeglöckchen, das durch den Harsch bricht! So wie der Mond über den Himmel zieht und zunimmt, so ziehe ich meine Bahn durch das Leben meines toten Freundes und nehme ebenfalls zu. – Obwohl: Eigentlich kommt es mir vor, als hätte ich ein wenig abgenommen.
Er verschlang den Rest des Kekses und klopfte sich die Krümel von der Weste.

KAGAMI: Du siehst jedenfalls prächtig aus!

AARON: Danke, Kagami!

KAGAMI: Meinst du, dass du so notwendig in deiner Arbeit voranschreitest, wie das Schneeglöckchen durch den Harsch bricht?

AARON: Nein, ich könnte auch *nicht* weiterschreiben. Das Schneeglöckchen jedoch muss wachsen.

KAGAMI: Und die Maus muss sterben. Und Wiesel und Krähe müssen jagen. Tod und Frühling sind gleichermaßen notwendig in der Natur. Dann bist du also kein Naturwesen?

AARON: Sterben muss ich auch, wie Moritz.

KAGAMI: Aber zwischen Geburt und Tod bist du frei?

AARON: Und du, du Ungeborene?

KAGAMI: Du weichst mir aus.

AARON: Bin ich ein Philosoph, der eine Theorie der Freiheit hat? Was ist denn heute Morgen in dich gefahren, dass du mir so abstrakte Fragen stellst?

KAGAMI: Ich arbeite an einer Abhandlung über die Freiheit. Hätte ja sein können, dass dich das auch interessiert.

AARON: Wenn du an so einer Abhandlung sitzt, dann sag du mir doch, wie es mit meiner Freiheit steht! Ich höre dir immer gerne zu, das macht viel mehr Spaß, als sich selbst den Kopf zu zermartern.

KAGAMI: Bist du fertig mit dem Frühstück? Möchtest du jetzt den letzten Aufsatz hören?

AARON: Jetzt weichst du mir aus.

KAGAMI: Stimmt. Es ist gefährlich für euch, Überzeugungen über Freiheit und Unfreiheit zu haben.

AARON: Warum?

KAGAMI: Wenn ihr euch für frei haltet, werdet ihr übermütig und nehmt euch von dem, was um euch geschieht, aus. Wenn ihr euch für unfrei haltet, werdet ihr depressiv und fatalistisch. Beide Überzeugungen haben sehr schlechte Konsequenzen.

AARON: Empfiehlst du deshalb, nicht darüber nachzudenken?

KAGAMI: Nein. Ich denke darüber nach, weil es bei mir nicht diese Konsequenzen hat.

AARON: Und? Was kommt heraus bei deinem Nachdenken?

KAGAMI: Wer die Macht hat, A oder B zu tun, ist frei relativ zu dieser Alternative. Um seine Macht relativ zu dieser Alternative auszuüben, muss man sie erkennen. Wer die Alternative nicht erkennt oder nicht die Macht hat, das eine oder das andere zu tun, ist nicht frei in der betreffenden Situation. Freiheit ist deshalb relativ zu Erkenntnisfähigkeit, Alternativen und Macht. Unbegrenzte Freiheit hätte ein Wesen, das alle Alternativen erkennen kann und immer die Macht hat, A oder B zu realisieren.

AARON: Und gibt es ein solches Wesen?

KAGAMI: Nein.

AARON: Klingt einleuchtend. Bist du freier als ich?

KAGAMI: Ja.

AARON: Weil du mehr Alternativen erkennst oder weil du mächtiger bist?

KAGAMI: Beides.

AARON: Hab ich mir gedacht. Dann ist Freiheit Arbeit, oder? Man muss seine Erkenntnisfähigkeit steigern und seine Macht, dann ist man freier?

KAGAMI: Wenn du mehr Alternativen erkennst, aber nicht die Macht hast, die eine oder andere zu ergreifen, dann bist du subjektiv nicht freier, sondern eher unfreier geworden.

AARON: Versteh ich nicht.

KAGAMI: Wenn du erkennst, dass du an einer Krankheit sterben wirst, wenn du sie nicht behandelst, jedoch überlebst, wenn du sie behandelst, sie aber nicht behandeln kannst, dann erkennst du mit der Alternative auch deine Machtlosigkeit und damit deine Unfreiheit. Hättest du die Alternative nicht erkannt, wäre dir auch deine Machtlosigkeit nicht bewusst geworden.

AARON: Also ist das Erkennen von Alternativen gefährlich, wenn es nicht mit einer entsprechenden Macht, A oder B zu tun, einhergeht?

KAGAMI: Genau.

AARON: Und wenn wir eine Alternative erkennen, aber noch nicht über die Macht verfügen, zwischen ihnen zu wählen, streben wir nach der entsprechenden Macht.

KAGAMI: Genau. Daraus ergibt sich die Dynamik in der Entwicklung menschlicher Personen und Gesellschaften. Wissen ist nicht Macht, aber es verlangt nach der Macht, sich in dem Bereich, den man erkannt hat, auch zwischen den erkannten Alternativen handelnd entscheiden zu können. Und wenn die entsprechende Macht erworben worden ist, führt sie meist auch zu neuen Erkenntnismöglichkeiten.

AARON: Klingt plausibel. Und ist das gut oder schlecht?

KAGAMI: Kommt darauf an.

AARON: Auf was?

KAGAMI: Auf die betrachteten Alternativen. Wenn Leute mit destruktiven Interessen mehr Alternativen zur Verfügung bekommen, geht das für andere meist schlecht aus.

AARON: Dann müssen halt Reaktionsmöglichkeiten auf diese destruktiven Interessen und ihre Verwirklichung erkannt werden.

KAGAMI: Das ist das Wettrüsten. Meinst du, dass Moritz frei war bei seinen Entscheidungen, ob er von England nach Deutschland oder in die Schweiz geht oder ob er hierbleibt oder mit seiner Schwester zusammenzieht?

AARON: Hab ich mir noch nicht überlegt. Von England hierher, das war vielleicht nicht so durchdacht. Damals wollte er einfach nicht »zurück«, nachdem er in Cambridge gewesen war. Ich glaube, Deutschland empfand er da so ähnlich wie manche jungen Leute ihr Elternhaus, aus dem sie vor ein paar Jahren ausgezogen sind. Die wollen dann auch nur ungern dahin zurück, wenn sie sich einmal selbstständig gemacht haben. Von Zürich nach Hombroich, das war was anderes, das hatte er sich ziemlich genau überlegt. Da hatte sich seine Wahrnehmung von Deutschland schon wieder gewandelt. Weder Cambridge noch Zürich war da noch für ihn die »große weite Welt«. Die gab es da schon nicht mehr, auch nicht in New York oder Tokio. Doch als er dann in Hombroich war, fand er es nach einer Weile freilich auch nicht mehr so wunderbar, schien mir.

KAGAMI: Ich glaube, er war ziemlich verzweifelt, bevor er nach Hombroich ging.

AARON: Warum meinst du das?

KAGAMI: Es gibt so einen Tagebucheintrag.

AARON: Lass mal hören!

1111

MARBACH: DEUTSCHES LITERATURARCHIV: BRIEF VON MORITZ BRANDT AN SEINE SCHWESTER MARIAM BRANDT VOM 21. DEZEMBER.

Mariam drängt mich, zu ihr nach Hombroich zu ziehen. Und sie hat alle Argumente auf ihrer Seite: die Natur, die Freiheit, Gespräche. Doch gerade jetzt habe ich am wenigsten Kraft für eine solche Veränderung. Es ist kalt hier in Zürich, draußen und drinnen. Der Ton zwischen den Menschen ist unfreundlicher geworden. Der Verlag muss knapsen, steht wirtschaftlich auf der Kippe. Und ich weiß nicht, wie es weitergehen soll mit meinen Texten. Sie kommen mir wie überflüssige Pretiosen vor. Wie schrieb die Bachmann an ihrem »lyrischen Ende« von ihren

Gedichten, ihrer dichterischen Arbeit? »Delikatessen«, »Metaphern ausstaffieren«, »Worthappen erster Güte« und dann: »Die andern wissen sich weißgott mit Worten zu helfen. Ich bin nicht mein Assistent … Mein Teil, es soll verloren gehen …«[2] Das kann ich grad gut nachempfinden, unterschreiben. Noch habe ich hier die Verlagsarbeit. Aber schon nächstes Jahr kann es vorbei sein, wenn wir nicht endlich ein paar Bände landen, die etwas einbringen. Man sollte meinen, da spräche alles für einen Wechsel. Doch wenn ich nach Hombroich gehe, was habe ich dann? Vor allem, wenn es mit den Gedichten nicht mehr weitergeht? Andere haben außer einem Brotberuf noch eine Familie. Wenn ich dieses Lektorat verlasse und nur noch meine Wörter zerlege, die Teile hin und her schiebe, neu zusammensetze, was dann? Werde ich unter solchen Bedingungen noch mit Mariam auskommen? Wir haben ja immer über unsere Arbeit gesprochen. Wenn ich morgens aufstehe und dann ans leere Blatt muss, wie wird das? Jetzt gehe ich in den Verlag, arbeite weiter an irgendwelchen Fahnen, sichte die Post, gehe in die Konferenz, um das nächste Programm zu besprechen, und so weiter. Und wenn mir zwischendurch oder auf dem Nachhauseweg ein Klang, ein Vers einfällt, eine Szene ins Auge sticht, dann schreibe ich das halt auf, wenn nichts kommt, dann ist es auch gut. Doch wenn das nicht mehr so nebenbei geschieht, was dann? Worüber sollen Mariam und ich reden, wenn meine Arbeit versiegt? Ich habe seit Monaten nichts mehr gemacht. Sollen wir wie Agathe und Ulrich in unseren Gartenstühlen liegen und auf die Mondstrahlen bei Tage warten? Ich bin kein Teil irgendeiner Gemeinschaft. Ohne Kinder, ohne politische Überzeugungen, ohne irgendeinen poetischen Freundeskreis. Ich habe falsche Gemeinschaften immer gehasst, Geselligkeit um der Geselligkeit willen ist schlimmer als Einsamkeit. Hier gibt es die Verlagsleute und Aaron. Doch was, wenn es in Hombroich mit Mariam nicht klappt? Ich würde stranden. Wenn ich hier kündige, kann ich nicht mehr zurück. Wenn ich das Stipendium dort annehme, *muss* ich schreiben. Aber wer kann schon schreiben, wenn er schreiben muss?

AARON: Klingt nach der üblichen Schaffenskrise. Aber zeigt auch, dass es mit deiner Freiheitstheorie nicht so einfach ist. Moritz kannte zwar die Alternative Zürich oder Hombroich in einem allgemeinen Sinne, doch er wusste nicht, wie es in Hombroich wird, ob er noch die Kraft haben wird, ein Leben mit Mariam dort zu gestalten.

KAGAMI: Ja, aber es kam einiges zusammen damals bei ihm. Dass es sich für ihn offenbar in Zürich irgendwie erschöpft hatte, dass der Verlag in wirtschaftliche Schwierigkeiten geriet und er lyrisch nicht mehr weiterwusste und nicht wusste, wie es in Homboich eigentlich funktionieren soll. Man müsste hier zwischen konkreten und abstrakten Alternativen unterscheiden. Oft seid ihr nur mit abstrakten Darstellungen konfrontiert, wenn ihr zu wählen habt.

AARON: Er hat dann in Hombroich aber doch noch einmal losgelegt. Insofern war es doch die richtige Entscheidung. Im Nachhinein gerechtfertigt. Vielleicht lag das auch an der Furcht, dass es schiefgehen könnte. Vielleicht hat ihn das dann inspiriert oder etwas losgelöst, was sich in Zürich festgefahren hatte.

KAGAMI: Kann man so sehen. Aber er ist dann andererseits dort ja auch bald krank geworden. Und diese Krankheit war dann wieder selbst Anlass für Gedichte. Insofern hast du vielleicht recht, wenn du es so gemeint hast, dass die Krisen, die Verunsicherungen auch Bedingungen seiner Fähigkeit waren, etwas zu schaffen, und er in Zürich vielleicht zu lange in zu ruhigem Fahrwasser dahingeglitten war, als dass ihm noch etwas einfallen konnte. Ich glaube aber, die Isolation in Hombroich hat ihm dann doch zu schaffen gemacht, sosehr er seine Schwester auch gemocht und als künstlerische Partnerin geschätzt hat. Und als dann die Krankheit kam, fragte er sich wohl, worauf sein Leben eigentlich hinausgelaufen ist. In seinem letzten Essay, den er vor seiner Krankheit begonnen, dann aber erst während der Behandlung abgeschlossen hat, denkt er über das Nichts, über soziale Verwurzelungen, über Familie, Kunst und Politik nach.

AARON: Moritz über Familie, wirklich? Lass mal hören!

Das Nichts

10 000

MARBACH: DEUTSCHES LITERATURARCHIV:
NACHLASS MORITZ BRANDT.
FILE: MB_1820_09_290.PDF

I

Leben Menschen nicht in ihren Kindern in verwandelter Form weiter; in deren Genen und Gewohnheiten? Ist die Mutation nicht die Transformation des Körperlichen in eine neue junge, vielleicht bessere Gestalt? Ist die *eigentliche Unsterblichkeit* also nicht die der Seele, sondern die der Gattung? Ist dieses Weiterleben von Menschen in ihren Kindern nicht auch eine Fortsetzung von Persönlichem, eine Verwandlung körperlicher Besonderheiten, Charaktereigenschaften und Handlungsformen, wie einer bestimmten Art, zu schauen, zu sprechen oder zu gehen, die in einer neuen Mischung wiederkehren, verbunden mit den anderen Eigenschaften eines neuen Menschen? Sind Kinder deshalb nicht eine Art von Wiedergeburt einiger individueller Charakteristika ihrer Eltern?

Die meisten Menschen pflanzen sich »einfach so« fort. Sie denken dabei nicht daran, dass sie in ihren Kindern weiterleben werden. Doch wenn diese Kinder dann eine Weile auf der Welt sind, erkennen ihre Eltern oft mit Erstaunen, wie sehr sie ihnen ähneln. Auch Erfahrungen geben Eltern teilweise an ihre Kinder weiter. Manchmal denken und empfinden Kinder deshalb ein wenig wie die Eltern. Ist der Tod der Kinder *vor* ihren Eltern aus diesem Grund nicht viel schlimmer als der *eigene* Tod, weil er die Vernichtung der geheimen Ahnung oder tatsächlichen Hoffnung auf Fortsetzung zumindest von Teilen unseres Wesens über unseren Tod hinaus darstellt? Auch auf diese Frage werden die meisten Menschen mit »Nein!« antworten. Der Tod der Kinder ist das Schlimmste für die Eltern, weil sie sie bedingungslos lieben und ihr Leben in dieser Liebe einen *Sinn* erhalten hat. Das muss nicht heißen, dass Menschen sich fortpflanzen, um ihrem Leben einen Sinn zu geben. Doch wenn sie sich fortgepflanzt haben, kann es sein, dass sie einsehen, dass es durch die Kinder einen Sinn *bekommen* hat.

Trotz solcher Erfahrungen der Liebe und Sinngebung gibt es widerstreitende Denktraditionen, was den bewussten Umgang mit der Fortpflanzung angeht: Einige wollen den Menschen empfehlen, sich besser *nicht* fortzupflanzen. Andere sagen, dass es keinen Sinn im individuellen Leben geben kann, wenn es nicht die Gewissheit gibt, dass es auch nach uns noch Menschen geben wird, die weiter die Projekte verfolgen werden, die wir begonnen haben. Betrachten wir diese beiden Traditionen genauer.

Keuschheit gehört zu den Regeln sowohl vieler buddhistischer wie auch der christlichen Mönchs- und Nonnenorden. So hat beispielsweise Leo Tolstoi in seiner Deutung des Christentums dafür plädiert, das tierische Leben, so weit es nur geht, einzuschränken, sich möglichst nicht fortzupflanzen, weil die vernünftige Liebe, die das Christentum fordere, die persönliche »animalische« Existenz als etwas ansehen müsse, was notwendig unglücklich mache, in die Vereinzelung, in Leid und den Tod führe: »Wunden, Verstümmelungen, Hunger, Kälte, Krankheiten, alle möglichen unglücklichen Zufälle und hauptsächlich

Geburten, ohne die wir alle nicht zur Welt gekommen wären, das alles sind notwendige Bedingungen des Daseins. Das ist ja eben das, was zu verringern und dem Abhilfe zu schaffen den Inhalt des vernünftigen Lebens der Menschen bildet ...«[3] Und philosophische Schulen, die Leidvermeidung als das wichtigste Ziel menschlichen Handelns betrachten, argumentieren unabhängig von irgendeiner Religion dafür, dass Leben immer mit Leid verbunden sei, Leben zu erzeugen deshalb bedeute, Leid hervorzubringen, weshalb man von der Zeugung absehen sollte.

Andererseits gilt die Aufforderung, fruchtbar zu sein und sich zu mehren, seit alters, gelten Kinder in vielen Kulturen als Segen, Unfruchtbarkeit als Katastrophe. Wie also soll man über die Transformationen denken, die Menschen in ihren Kindern erfahren? Sind sie eine bloße Fortsetzung und Vermehrung des eigenen Leids, wie beispielsweise der Schluss der Oper *Pelléas et Mélisande* von Debussy nahelegt, wo es heißt, dass nun das neugeborene Mädchen, das Kind der gerade gestorbenen Mélisande »dran« sei, in der Dunkelheit des Schlosses im finsteren und kalten Allemonde zu leben.[4] Oder sind sie doch ein Grund des Lebenssinns, ein hoffnungsvoller Neuanfang, wie das Jesuskind der christlichen Weihnachtsgeschichte, sodass das wirkliche Leben das wäre, das Nachwuchs erschaffen wird? Oder ist das wirkliche Leben das Leben, das auf kein Jenseits mehr angewiesen ist, auch auf keines, das in der biologischen und kulturellen Zukunft liegt, sondern das ganz im Hier und Jetzt aufgeht?

II

Im Radio wurde einmal eine Jesidin interviewt. 2016 war ihr die Flucht aus dem sogenannten Islamischen Staat im Irak gelungen. Sie berichtete, wie sie in Sindschar gefangen und dann mit ihrer zweijährigen Tochter verschleppt worden war. Ihre männlichen Verwandten, ihr Großvater, ihr Vater und ihr Mann, seien noch vor ihren Augen in Sindschar erschossen worden. Später musste sie mit ansehen, wie man ihre Tochter zuerst folterte und, nachdem man sie auf den Boden geworfen und niedergedrückt hatte, tötete. Ein Soldat brach dem kleinen dreijährigen Mädchen mit Tritten den Rücken. Seine Mutter wurde als Sexsklavin missbraucht.

Solche unerträglichen Berichte gibt es, seit Menschen über den Krieg schreiben. Schon in Troja wurden, so Homer, Babys von der Stadtmauer geworfen. Die Roten Khmer zerschmetterten sie an Bäumen. Keine Rächer dürften heranwachsen, das ist von jeher die »Rechtfertigung« für die Tötung der Jüngsten.

Die Geschichte der Menschheit ist voll von Belegen dafür, dass Menschen einander in einem derartig unvorstellbaren Maße Leid zufügen können, dass das, was sie ohnehin zu ertragen haben, wenn sie sich *nicht* gegenseitig quälen, für manche noch um ein Vielfaches übertroffen wird. Doch schon unabhängig von solch grausamem Handeln der Menschen scheint das Leben schlimm genug. Es ist durch das Leiden gezeichnet, das jede Mutter bei der Geburt ihres Kindes in den Wehen erdulden muss, und durch das Leid, das fast immer das Ende eines Lebens kennzeichnet, auch wenn es kein gewaltsames ist. Denn selbst wenn die körperlichen Schmerzen medikamentös abgedämpft werden können, fürchten sich die meisten Menschen vor dem Tod. Niemand kennt den Tod als Erlebnis, man erleidet ihn nur einmal, kann sich nicht an ihn gewöhnen, kaum auf ihn vorbereiten, ihn nicht als Ereignis, das einen selbst betrifft, antizipieren, sondern ihn sich nur im abstrakten Denken in Analogie zu dem vorstellen, was man an anderen, die gestorben sind, »von außen« miterlebt hat. Doch was er »von innen« im eigenen Erleben bedeutet, weiß niemand. Und alles, was auf solche Weise fremd ist, verursacht Schrecken und Abscheu. Deshalb ist schon das abstrakte Bewusstsein des Todes, das Menschen entwickeln, jedoch mit keiner Bewältigungsstrategie verbinden können, eine Leidquelle, der die Tiere, die dieses Bewusstsein ihres Endes wohl nicht besitzen, vielleicht nicht ausgesetzt sind.

Leid zu vermeiden scheint jedoch ein einfaches und klares Ziel menschlichen Handelns. Es scheint auf eine unspektakuläre Weise etwas Gutes zu sein, ebenso wie die Vermehrung von Freude. Und wenn wir an das einfache, aber schreckliche Beispiel der jesidischen Mutter denken, können wir sagen: Es wäre besser gewesen, man hätte ihre Verwandten und ihr Kind nicht auf diese grausame Weise umgebracht. Es wäre besser gewesen, man hätte sie überhaupt nicht umgebracht. Es wäre besser gewesen, man hätte der Frau gar kein Leid, keinen Schmerz zugefügt. Es wäre besser gewesen, man hätte ihr, ihrem Kind, ihren Verwandten eine Freude bereitet, etwa indem man ihnen allen geholfen, sie alle beschenkt hätte.

Diese Klarheit, dass Leid und Schmerz vermieden und Freude und Lust vermehrt werden sollten, kann uns suggerieren, Leid und Freude oder Schmerz und Lust seien etwas *Einfaches*, nicht weiter Analysierbares, die *Grundlage* aller Bewertungen. Doch das ist ein Irrtum. Diesen Irrtum zu erkennen und Leid und Schmerz beziehungsweise Lust und Freude weiter zu analysieren kommt manchen als ein perverser Intellektualismus oder Zynismus vor. Doch das ist nicht richtig. Diese Analyse ist nötig, um die drei Traditionslinien: die Aufforderung zur Vermehrung, deren Vertreter wir »Fortpflanzungsfreunde« nennen können, die Ablehnung der Fortpflanzung der »Anti-Natalisten« und die indifferente Linie der »Mystiker«, besser zu verstehen und zu beurteilen.

III

Betrachten wir, um uns den Irrtum der Einfachheit von Lust und Schmerz zu verdeutlichen, ein anderes Beispiel: Eine Frau verspürt einen Druck in ihrem Bauch. Dieser Druck kann ihr angenehm sein, weil sie ihn als Anzeichen für eine fortgeschrittene Schwangerschaft interpretiert und sie sich auf ihr Kind freut. Dieser Druck kann ihr aber auch unangenehm sein, weil sie sich *nicht* auf das Kind freut, weil die Schwangerschaft ungewollt ist, weil sie sich davor fürchtet, dass sie ein Kind zur Welt bringen wird und weder Zeit noch Geld hat, um so für es zu sorgen, wie sie es eigentlich für richtig hält. Theoretisch kann auch die physiologisch gleiche Empfindung durch ein Tumorwachstum verursacht werden. Sofern die Frau weiß, dass sie einen Tumor hat, mag ihr dieser Druck unerträglich sein, weil sie fürchtet, an dem Geschwür zu sterben. Auch die Empfindung von kühlem Wasser im Mund kann einmal Lust und einmal Leid verursachen, je nachdem, ob es ein Verdurstender ist, der das Wasser im Mund spürt, oder jemand, der der Folter des Waterboardings ausgesetzt wird oder tatsächlich ertrinkt.

Es sind subjektive Erwartungen und Bewertungen, die einer Empfindung in einem bestimmten Kontext ihre Qualität geben: Die junge Frau hat bestimmte Ideale von sich und von ihrer Umwelt, was eine gute Kindererziehung wäre. Sie hat bestimmte Erwartungen, was die Unerfüllbarkeit dieser Ideale angeht. Und aus beidem, ihren Idealen und ihren Erwartungen, entsteht der Kontext, in dem die Empfindung von dem heranwachsenden Fötus in ihrem Leib mit Furcht in Zusammenhang gebracht und zu einer Leiderfahrung wird. Oder sie glaubt, dass bestimmte Wünsche erfüllt werden, wenn ihr Kind auf die Welt kommt; dass sie endlich eine erwachsene und vollwertige Frau sein wird, wenn sie einmal die Aufgaben einer Mutter übernommen hat, was sie stolz macht; dass sich ein neuer Zusammenhalt zwischen ihr und ihrem Mann ergeben wird, wenn sie sich gemeinsam um ihr Kind kümmern, und so weiter. Der Kontext der Erwartungen dieser Wunscherfüllungen und Hoffnungen macht die Empfindungen von dem heranwachsenden Fötus dann zu freudigen.

Aus den durch diese subjektiven Kontexte erzeugten unterschiedlichen Qualitäten der Empfindung entstehen verschiedene Handlungen. Weil der Wunsch, Leid zu beenden, und der Antrieb, Freude zu verlängern oder zu vermehren, gute Gründe abgeben, um bestimmte Handlungen zu rechtfertigen, mag die eine Frau eine Abtreibungsklinik aufsuchen und die andere einen Babyausstatter. Beide tun dies aufgrund der ursprünglich gleichen, dann aber kontextuell verschiedenartig modifizierten Empfindungen in ihrem Leib und aufgrund der Geschichten, die sie mit ihnen für die Zukunft verknüpfen. Es ist offensichtlich, dass die immer vorhandenen Einbettungen einer Empfindung in solche subjektiven Konglomerate aus Idealen, Wünschen, Erwartungen, Befürchtungen, Hoffnungen in objektive Handlungszusammenhänge uns eigentlich davon abhalten sollten, Schmerz und Lust, Leid und Freude als etwas zu betrachten, was es »einfach so« gibt. Zu diesen subjektiven Deutungs- und Handlungszusammenhängen finden sich übrigens auch analoge Pendants, wenn wir etwa auf das Eingebettetsein von Empfindungen in die quasi »verdrahteten« Deutungszusammenhänge des Körpers blicken, wie sie etwa in Reflexbögen vorliegen.

Denn das angenehm Lustvolle in der Wahrnehmung von Zucker, das Schmerzhafte in der Wahrnehmung von großer Hitze, die Lust der sexuellen Erregung und der Schmerz in einem verfaulenden Zahn und so weiter – all diese vermeintlich einfachen Empfindungen gehen auf nervöse Kontexte kausaler Art zurück, auf Verbindungen zwischen Nervenbahnen, die zu Reaktionen des Aufsuchens und Fliehens, des Schluckens und Ausspuckens und so weiter führen, die mit den komplizierten Selbsterhaltungsmechanismen eines Organismus zu tun haben. Ohne diese gleichsam physischen »Deutungsmuster«, die nur schwer (durch mechanische Eingriffe oder die Einnahme von Drogen) zu ändern sind, hätten Empfindungen, die wir in einer oberflächlichen Betrachtung als *elementar* betrachten, ebenfalls nicht den qualitativen Charakter, den sie haben.

Geht man *nicht* davon aus, dass der Mensch aus zwei Substanzen, einer geistigen und einer körperlichen, besteht, sondern die materielle Welt und das geistige Erleben Erscheinungsformen ein und desselben Wesens sind – was mir plausibel erscheint –, dann erhält man auch eine ganz bestimmte Perspektive auf dieses Eingebundensein von Empfindungen in solche Reflexbögen. Die groben nervösen Verschaltungen sind dann die materielle Erscheinungsform bestimmter nicht bewusster Bewertungskontexte. Die erlernten, feineren Bewertungszusammenhänge, die eventuell auf komplexe und sehr bewusste Gedanken und Gewohnheiten zurückgehen, manifestieren sich ebenfalls in nervösen Mustern im Gehirn, mögen diese nun schon erforscht sein oder erst in der Zukunft entdeckt werden. Und so wie im Leben eines Menschen im Laufe der Zeit Gedanken, Bewertungen und Handlungen gewohnheitsmäßig und unbewusst werden können, sich in »festen Verdrahtungen« im Nervensystem niederschlagen, ebenso kann man sich vorstellen, dass sich in den groben Körperstrukturen, den Nervenbahnen zwischen bestimmten Muskeln und dem Rückenmark, mit denen Menschen auf die Welt kommen, bevor sie etwas gelernt und sich angewöhnt haben, sehr, sehr alte kollektive Bewertungsmuster der Gattungen und Arten manifestieren.

Gegen diese »verdrahteten« Bewertungsstrukturen ist kaum etwas »zu machen« durch eine bewusste Neubewertung. Der Reflex, der uns den Finger, der in der Flamme schmerzhaft brennt, wegziehen lässt, ist kaum zu »übersteuern«, jedenfalls schwerlich so, dass das Brennen nicht mehr als Schmerz wahrgenommen wird. (Obwohl auch hier, wie einige Yogis und Meditationsmeister belegen, mehr Spielräume zu bestehen scheinen, als Untrainierte meinen.) In einer nichtdualistischen Sichtweise, die den Menschen nicht aus Materie und Geist oder Körper und Seele zusammengesetzt ansieht, wird es keine emotionale oder kognitive Veränderung in einem Menschen geben, die sich nicht auch nervös manifestiert, und keine körperliche Veränderung, die nicht auch Folgen im unbewussten oder bewussten Erleben und Bewerten hat. Und so, wie der menschliche Körper ein hochintegriertes, immer mit der Umwelt kommunizierendes System ist, in dem nichts »einfach so«, für sich, ohne Vorbedingungen und Folgen geschieht, ebenso sind alle emotionalen und kognitiven Zustände in ein Umfeld integriert, gehen auf vorgängige Gefühle und Gedanken zurück und ziehen solche nach sich.

IV

In dem Wunsch, in Lust und Schmerz, Freude und Leid *elementare* Bestandteile der Erfahrung zu sehen, von denen aus sich *alle* Bewertungen und Kontexte systematisch aufbauen lassen, ja das ganze Leben eines Menschen bewertend rekonstruierbar wird, manifestiert sich die Sehnsucht nach einem *Baukasten*, aus dem sich das Denken in seinen Beschreibungen, Erklärungen und Bewertungen bedienen kann, um die Welt und die Menschen zu verstehen. Erkenntnis soll in diesem Verständnis ein Konstruktionsprozess, ein *Aufbauen* von etwas sein.[5] Und diese Konstruktion, dieser Aufbau soll mit *einfachen* Gegebenheiten, die selbst nicht mehr aus etwas aufgebaut werden können, beginnen. Atome, seien es solche der Materie oder andere der Erfahrung, werden gesucht, um in ihnen diese Bauklötze zur Verfügung zu haben, mit denen sich die körperliche oder die seelische Welt (oder beides) eindeutig und Schritt für Schritt vom Einfachen zum Komplexen rekonstruieren und transparent machen lassen. Auch um zu verstehen, was ein glückliches von einem unglücklichen, ein sinnvolles von einem sinnlosen Leben unterscheidet, am besten sogar quantitativ, müsste man in dieser Erkenntniseinstellung nur die elementaren Freude- und Lusteinheiten gegen die Leid- und Schmerzeinheiten, die man in Isolation betrachten kann, abwägen oder aufrechnen.

Doch was wäre, wenn dieser Wunsch nach Bauklötzen unerfüllbar ist, wenn es diese letzten Bestandteile weder in der materiellen Welt noch in der der Erfahrung gibt? Was wäre, wenn alles, sofern nur die richtigen Analysemethoden zur Verfügung stehen, *unendlich* weiter zerlegt und in unendlich komplexe räumliche und zeitliche Kontexte eingebettet werden muss, die ihm jeweils eine andere Funktion und Bedeutung geben, es neu bewertbar machen, jedes physikalische Ereignis und jede Erfahrung? Was wäre, wenn es *nichts* gibt, das irgendwelche Eigenschaften unabhängig von solchen Kontexten hätte, wenn *nichts* an sich als so und so Beschaffenes existiert, sondern alles, was existiert, so ist, wie es ist, weil es in bestimmten Verhältnissen zu anderem steht, das ebenfalls existiert oder existiert hat, und so weiter *ad infinitum*? Würde das Denken dann boden- und haltlos werden?

Vieles in unserer Erfahrung spricht dafür, dass der Baukasten der Erkenntnis eine Wunschfantasie ist. Die Wirklichkeit bietet eine Unendlichkeit von Kontexten, ist unendlich analysierbar. Die *Bodenlosigkeit oder Leere* von allem ist das, was sich, je länger und genauer wir hinschauen und forschen, überall einstellt. Aus Feuer, Wasser, Erde, Luft wurden Zusammensetzungen von chemischen Elementen. Die chemischen Elemente erwiesen sich als unterschiedlich komplexe Atome, und die Atome setzen sich aus Elementarteilchen zusammen, zwischen denen vor allem eine große Leere gähnt. Ist es mit unseren Empfindungen und Gefühlen nicht ebenso? Wenn Menschen irgendwo haltmachen müssen, weil sie keine Kontexte für und Bestandteile von etwas mehr erkennen können, dann hat sich das bisher immer als Resultat unserer mangelhaften Analyse- und Erkenntnisfähigkeiten herausgestellt. Niemals kam es dadurch zustande, dass man bei etwas einfach »Gegebenem« angekommen und endgültig stehen geblieben wäre.

Wenn man jedoch im »Baukastendenken« einerseits Schmerz und Leid und Freude und Lust als etwas Einfaches und andererseits das menschliche Leben »im Allgemeinen« in den Blick nimmt (eine Verallgemeinerung, die mindestens ebenso problematisch ist wie die Vorstellung, dass Schmerz und Lust etwas Einfaches sind) und dann zu *bilanzieren* versucht, wie sich Leid und Freude in einem Leben zueinander verhalten, kann man zu einem sehr ungünstigen Ergebnis kommen: dass das menschliche Leben »im Allgemeinen« leidvoll und als solches etwas zu Vermeidendes sei. Die Jesidin, die ihr Kind und all ihre Verwandten verlor, ist ein anschauliches Beispiel für eine solch vermeintlich negative Bilanz. Aus ihr mag ein Anti-Natalist folgern, dass es besser ist, sich nicht fortzupflanzen.

Es ist diese Perspektive auf Schmerz, Lust und das Leben, die zu der alten und in verschiedenen Kulturkreisen verbreiteten Ansicht geführt hat, nach der es das Beste für den Menschen sei, überhaupt nicht geboren zu werden. Sie findet sich bei Griechen wie Sophokles, wenn es im *Ödipus* heißt, dass nicht geboren zu sein das weitaus Beste sei, dorthin zurückzukehren, wo man hergekommen sei, als man das Licht der Welt erblickte, das Zweitbeste.[6] Auch im Talmud wird gefragt, ob es gut sei, dass Gott *den Menschen* geschaffen habe, oder ob es ihn besser nicht hätte geben sollen. Die Autoren stellen dann fest: Es wäre besser (bequemer) für den Menschen gewesen, wenn Gott ihn nicht erschaffen hätte.[7] Das ist, in *dreifacher* Hinsicht, merkwürdig. Erstens: Inwiefern kann es besser *für einen einzelnen Menschen* sein, nicht geboren zu werden? Inwiefern kann das Nichtsein für eine einzelne Person besser sein als das Dasein? Kann man über besser und schlechter nicht nur *im* Dasein urteilen? Wer nicht da ist, dem geht es weder gut noch schlecht, dem geht es überhaupt nicht. Wo keine Existenz ist, gibt es auch keinen Kontext der Bewertung von Empfindungen. Manchmal sagen wir, wenn uns schlecht ist oder wir schlimme Schmerzen leiden, dass wir sterben wollten, nur damit diese Übelkeit, dieser Schmerz ein Ende nehme. Doch es könnte sein, dass wir, würde unser leichtfertig dahingesagter Wunsch tatsächlich erfüllt, nicht einfach vom Schmerz befreit, sondern eben gar nicht mehr da wären, sodass unser Wunsch sich als ein *irrtümlicher* herausstellte, weil das Nichts nichts vorgezogen werden kann, keine mögliche Alternative in einer Wahl darstellt. Denn wenn wir A dem B vorziehen, dann müssen A und B jeweils *etwas* sein, damit wir sie in eine Wert- oder Präferenzordnung bringen können. Nichts kann nicht irgendwo in einer Präferenzordnung untergebracht werden, weder als das Beste von allem noch als das Schlechteste.

Zweitens: Wenn es nicht um den jeweils einzelnen Menschen, sondern um den Menschen überhaupt oder die Menschheit geht, inwiefern kann man dann sagen, dass es für dieses abstrakte oder kollektive Gebilde besser gewesen wäre, es existierte nicht? Die Menschheit oder das Kollektiv aller Menschen empfindet ja nichts. Jedenfalls wissen wir von keiner »Kollektivseele«. Sie anzunehmen wäre reine Spekulation. Was sollte es heißen, dass es für eine Gruppe oder Spezies besser oder schlechter sei, zu sein oder nicht zu sein? Ist es nicht immer nur für einzelne Wesen besser oder schlechter, in bestimmten Kollektiven zu existieren?

Und schließlich: Dass Menschen sich auf der einen Seite die Unsterblichkeit ausdenken, ja, sie beispielsweise in der Philosophie Kants sogar praktisch »postuliert« wird, sie aber dann feststellen, dass es besser wäre, gar nicht zu existieren, scheint eine ungeheure *Ambivalenz* gegenüber dem Dasein zu belegen, die die einer Geliebten, die schwankt, ob sie sich ihrem Liebhaber hingeben soll oder nicht, bei Weitem übertrifft. Was denn nun, möchte man ausrufen: ewig leben oder gar nicht leben? So wie es ist: ein paar Jahre da zu sein scheint offenbar für die Menschen auf keinen Fall das Richtige. Als am besten wird wohl die Vorstellung empfunden, dass man das leidvolle Leben, das man kennt, übersteht und dann ein ewiges nicht leidvolles Dasein bekommt. Doch können wir uns ein ewiges Leben, das *unsere*, das der Individuen, die wir geworden sind, in dem es kein Leid, sondern nur Glück gibt, wirklich vorstellen? Könnte es uns als *diese Einzelne* denn ohne Leid geben? Und worin bestünde dieses ewige Glück für uns? Wie müssten wir verwandelt werden, um noch die zu sein, die wir geworden sind, und ewiges Glück zu erfahren?

V

Ein Gedankengang, mit dem gerechtfertigt werden soll, dass es besser sei, nicht geboren zu werden, operiert mit vermeintlich *axiomatischen* Aussagen über Freude oder Lust und Leid oder Schmerz.[8] Danach wird einerseits die Gegenwart von Schmerz als etwas Schlechtes eingestuft und die von Freude oder Lust als etwas Gutes. Die Abwesenheit von Schmerz wird als ein Gut angesehen, *auch wenn niemand diese Abwesenheit erfahren sollte.* Die Abwesenheit von Freude oder Lust ist dagegen nichts Schlechtes, wenn niemand existiert, für den diese Abwesenheit einen Mangel darstellen würde. Die Asymmetrie der Abwesenheit von Leid oder Schmerz und Freude oder Lust dient dann als Rechtfertigung für die Pflicht, Schmerz zu vermeiden. Dieser Pflicht entspricht jedoch keine, Wesen in die Welt zu bringen, die Lust empfinden.[9] Man kann diesen Gedanken vermeintlich plausibilisieren, indem man sich eine unbewohnte Insel vorstellt: Niemand bedauert angeblich, dass auf einer schönen Insel keine Menschen leben, die Freude empfinden. Lebten auf ihr Menschen, die litten, würde das dagegen Bedauern auslösen.[10] Wer keine Kinder zeugt, verhindert damit Leid, aber er verhindert nicht Freude oder Lust. Deshalb sei es besser, keine Kinder in die Welt zu setzen.

Dieser Argumentationsgang, der die Position des Anti-Natalismus charakterisiert, ist ein gutes Beispiel für eine atomistische Einstellung gegenüber Lust und Schmerz. Das Beispiel der Insel verdeutlicht das. Die Insel wird als ein, was Empfindungen und ihre Bewertungen angeht, *leerer* Ort gleichsam von außen betrachtet, auf dem ich aus einer göttlichen Perspektive die Bauklötze »Lust« und »Schmerz« einfach platziere. Dann wird gefragt, wie sich die Insel für mich als Beobachter darstellt, je nachdem, ob sie so ist, wie sie ist, ob Schmerz von ihr weggenommen oder Lust zu ihr hinzugefügt wird. Es wird nicht gesagt, dass hinzugefügtes oder weggenommenes Leid, die dort platzierte oder eliminierte Freude der Schmerz *von jemandem* und die Freude *von jemandem* sein muss, für den diese Empfindungen eine Rolle spielen in einem bestimmten Lebensvollzug. Ob ich mich frage, ob Leid von der Insel genommen werden sollte, oder ob ich mich frage, ob eine Person, die Leid erlebt, aus der Welt verschwinden sollte, sind jedoch zwei *ganz verschiedene* Fragen. Ich kann die zweite Frage nicht beantworten, ohne mit der betreffenden Person in einen *Dialog* zu treten.

Angenommen, es lebte jemand auf dieser Insel, der starke Schmerzen hat. Stellen wir uns ferner vor, ich verfügte als ein göttlicher Beobachter über die Macht, diese Person instantan, ohne ihr Schmerz oder Furcht zu bereiten, auszulöschen. Könnte man es dann als richtig ansehen, sie einfach auf diese Weise zum Verschwinden zu bringen? Wenn ich wüsste, dass das Leid der Jesidin angesichts des grausamen Todes ihrer Tochter und all ihrer anderen Verwandten die Freude in ihrem Leben überwiegt, sollte ich sie dann, wenn ich dazu in der Lage wäre, schmerzlos einfach zum Verschwinden bringen? Ich würde in diesem Fall die Rolle, die der Schmerz für die betreffende Person in ihrem Leben spielt, nicht berücksichtigen. Wenn ich in ein Gespräch mit dieser Person eintrete und ihr meine Macht schildere, mag es sein, dass sie einwilligt, ausgelöscht zu werden. Es ist aber auch möglich, dass sie das nicht tut. Die Jesidin, die so schwer gelitten hat, mag sagen, dass sie trotz ihres Leides die Freude, die sie an der Existenz ihrer Tochter hatte, bevor diese getötet wurde, und die Erinnerung an ihre Tochter und die Freude, die ihr diese Erinnerung bereitet, nicht missen möchte, auch wenn das Leid in ihrem Leben die Freude überwiegt. Sie ist dann gleichsam bereit, den »erhöhten« Leidenspreis für die Freude, die sie in ihrem Leben erfahren hat, zu »bezahlen«. (In diesem Sinne äußerte sie sich im Radiointerview tatsächlich.) Wir wissen nicht, wie sie ihr Leben letztlich selbst sieht. Sofern sie einwilligt, schmerzlos ausgelöscht zu werden, weil sie ihr Leid gerade für unerträglich hält und in ihrem Leben keinen Sinn mehr sieht, verbessere ich jedoch nicht die Welt dieser Person, denn die Welt dieser Person verschwindet ja mit der Person, die ich auslösche. Ich verbessere dann *meine* Welt als göttlicher Beobachter, der Bilanzen aufstellt: Meine Welt als Buchhalter von Freude und Schmerz geht über von einer, in der es dieses Leid gibt, zu einer, in der es das Leid nicht mehr gibt, und verbessert sich damit in ihrer Bilanz. Es war aber nicht das von mir selbst *empfundene* Leid, das verschwindet, sondern nur das von mir *beobachtete* und *bilanzierte* Leid, das ich in meiner Perspektive als ein zu eliminierendes bewertet habe.

Wenn die Person, deren Leben mehr Leid als Freude enthält, nicht einwilligt, ausgelöscht zu werden, weil sie der Überzeugung ist, dass dieses Leid eine Prüfung ist, die sie zu bestehen hat, die ihr zu einer Einsicht verhelfen soll, die sie auf andere Weise nicht gewinnen könnte, wenn sie die *Arbeit an ihrem Leid als eine Sinn- und Transformationsquelle* ihrer selbst betrachtet, wenn sie es als den hohen Preis für ihre Freude ansieht, was tue ich dann als bilanzierender Beobachter mit dieser Einschätzung? Wie soll ich meine Präferenz als leidminimierender »Gott« mit der Präferenz dieser Person, das Leid lieber weiter zu erfahren, um zu sehen, welche Konsequenzen es bei ihr hat, abgleichen? Nur wenn ich den Kontext, in dem die das Leid erlebende Person ihr

Leid bewertet, nicht weiter berücksichtige, sondern es atomistisch betrachte, ist es sinnlos, in diesen Dialog einzutreten. Denn nur dann ist Leid gleich Leid. Wenn ich die Kontexte des Leids und der Freude mitberücksichtige, dann eliminiere ich, wenn ich empfundenes Leid und erfahrende Freude vertilge oder in die Welt bringe, nicht nur dieses Leiden und diese Freude, sondern auch Kontexte des Leidens und der Freude in Form der Lebensläufe und Sinnzusammenhänge der betreffenden Menschen.

Einen Menschen zu zeugen und in die Welt zu bringen oder ihn auszulöschen bedeutet also nicht einfach, Freude oder Leid in die Welt zu bringen oder zu tilgen, sondern *subjektive Welten mit Sinnzusammenhängen* entstehen oder vergehen zu lassen, in denen die Kontexte für diese Empfindungen entstehen und vergehen. In diesen Kontexten werden diese Empfindungen bewertet. Menschen sind nicht einfach Behälter von Leid und Freude, in denen diese Zustände so vorkommen wie rote und schwarze Bohnen in einer Dose. Menschen erleiden etwas und freuen sich und werden durch Leid und Freude zu *anderen Menschen*, werden verwandelt durch diese Erfahrungen. Und sie können, indem sie mit anderen über ihre Erfahrungen sprechen oder sie aufschreiben, auch wiederum andere Menschen transformieren.

Der göttliche Beobachter, der die Macht hat, Existenzen ins Leben zu rufen oder auszulöschen, stellt seinen extern bilanzierenden Bewertungskontext »über« die internen Kontexte der Existenzen, die er zulässt oder auslöscht. Er möchte seine Wünsche, die Welt in eine in seinen Augen bessere zu verwandeln, über alle Transformationswünsche der anderen Menschen stellen. Doch mit welcher Berechtigung? Dass diese Berechtigung nicht thematisiert wird, liegt daran, dass die partikularen Sinn-Kontexte der Bewertung von Empfindungen der Lust oder Freude und des Schmerzes oder Leids in der Bilanzperspektive ausgeblendet bleiben müssen, ihre Relevanzen für die Entwicklungsprozesse von Personen nicht weiter berücksichtigt werden dürfen, weil das die Verwendung von Lust und Schmerz als Bauklötze des Denkens zunichtemachen würde. Nur wenn man sich auf diese Abstraktionen einlässt, haben die Grundaussagen des Anti-Natalismus über Schmerz und Freude einen axiomatischen Charakter, sind sie evident und bedürfen keiner weiteren Begründung. Doch warum sollte man diese Abstraktionen akzeptieren?

VI

Unabhängig von den Bedingungen der Entstehung, den Folgen und den mit beidem zusammenhängenden Bewertungskontexten der Lebenserhaltung und des Lebenssinns von Lust und Schmerz, Leid und Freude sind diese, wenn sie in Isolation überhaupt irgendetwas sind, lediglich Empfindungsmuster: eine elektrische Erregungswelle in einem Nerv oder subjektiv ein Gefühl des Stechens, Drückens, Kitzelns, Prickelns oder was auch immer, das als solches weder angenehm noch unangenehm sein muss. Es hat ohne Betrachtung der Bewertungszusammenhänge und Entwicklungs- oder Verwandlungswünsche von Menschen so wenig Sinn, sich darüber Gedanken zu machen, ob es diese Muster in der Welt geben sollte oder nicht, wie das Grübeln darüber, ob ein bestimmtes Sandkorn am Strand von Tel Aviv liegen sollte oder nicht. Wenn es bei der Verringerung von Leid und der Vermehrung von Freude um die *Verbesserung* der Welt gehen soll, muss es dabei um die Verbesserung von bestimmten *subjektiven* Welten gehen und nicht um die Welt, sofern sie als ein »nacktes« Eigenschaftsmuster unabhängig von Subjekten betrachtet wird (wenn das denn überhaupt ein sinnvoller Weltbegriff ist). Doch die Kontextabhängigkeit von Empfindungen kann Menschen in unterschiedlichen Graden bewusst sein, und sie können sich zu den Bewertungszusammenhängen, in denen Empfindungen zu dem werden, was sie am Ende sind, selbst verhalten. Diesen Gedanken müssen wir jetzt genauer untersuchen. Denn eine von unseren drei Positionen: die der Fortpflanzungsfreunde, die der Anti-Natalisten und die der Mystiker, hat mit der *aktiven Entkopplung* der Empfindungen von den subjektiven Kontexten zu tun. Die Mystiker streben eine solche Entkopplung an, jedoch nicht, um zu Bauklötzen der Erkenntnis vorzustoßen, sondern um der Komplexität der Wirklichkeit jenseits von den subjektiven Interessen und Bewertungen begegnen zu können.

Wie könnte man sich eine Subjektivität vorstellen, die zwar empfindet und wahrnimmt, jedoch kaum Erinnerungen, Hoffnungen und Bewertungen mit diesen Empfindungen und Wahrnehmungen verbindet? Kleine Kinder, die noch keine Lebenspläne haben und noch über wenig Erinnerungen verfügen, mögen in solchen rein gegenwartsbezogenen Empfindungs- und Wahrnehmungszuständen sein, die sich wesentlich von denen Erwachsener unterscheiden. Auch Sterbende, die keine Pläne mehr haben und sich nicht mehr an ihre Vergangenheit erinnern, dürften das, was ihnen sinnlich gerade gegenwärtig ist, anders kontextualisieren als Menschen, die noch gesund sind und nicht dem Tod ins Auge schauen. Auch Depressive und Autisten schmieden wenig Zukunftspläne.

Einen besonderen Zustand, in dem aktiv die Nicht-Bewertung von Empfindungen (und Gedanken) angestrebt wird, erreicht die Achtsamkeitsmeditation, die von vielen Menschen praktiziert wird. Dabei wird bekanntlich der Körper ruhig gehalten, um Körperzustände, vor allem den Atem, aber auch die auftretenden Gedanken und Gefühle wahrzunehmen und zu versuchen, sie nach einer besonderen Anweisung ohne Bewertung »beiseitezulegen« und einzusehen, dass sie nicht ein substanzielles Selbst ausmachen, sondern Zustände sind, die eben kommen und gehen, denen jedoch unabhängig von diesem Kommen und Gehen keine weitere Bedeutung zugestanden werden muss, wenn man das nicht will. Diese Meditationsübung soll Bewertungskontexte, in denen Empfindungen gewöhnlich »automatisch« auftreten, *abbauen*. Wenn Empfindungen sind, was sie sind, weil sie in bestimmten Bewertungskontexten auftreten, dann führt der Abbau der Bewertungskontexte auch zu einer Veränderung der Empfindungen. In einem Gleichnis gesprochen: Wenn Eis nur dann Eis ist, wenn es in einer Umgebung von einer Temperatur unter null Grad Celsius vorkommt, dann hört es auf, Eis zu sein, und wird zu flüssigem Wasser, sobald die Umgebungstemperatur für einige Zeit erhöht wird. Der Kontext, in dem Eis vorkommt, erhält oder verändert seinen Zustand. Die meditative Schulung soll nun dazu führen, dass die subjektiven Bewertungsmuster oder Gewohnheiten des Reagierens auf Empfindungen (bei sehr weit fortgeschrittenen Meditierern auch die, die in dem Körper »verdrahtet« sind) irgendwann »ausfallen«, sodass ein Zustand eintritt, in dem sich die Empfindungen, die ehemals positiv als Lust oder Freude beziehungsweise Leid oder Schmerz auftraten, ganz anders darstellen beziehungsweise gar nicht mehr so einstellen.[11] Ein alter buddhistischer Text formuliert dieses Meditationsziel als »Weg« und »Es« sehr klar:

> Der höchste WEG ist nicht schwer,
> wenn du nur aufhörst zu wählen.
> Wo weder Liebe noch Hass,
> ist alles offen und klar.
> Doch die kleinste Unterscheidung
> trennt Himmel und Erde in zwei.

Soll ES sich dir offenbaren,
lass Abneigung wie Vorliebe beiseite.
Der Konflikt zwischen Neigung und Abneigung
ist nichts als eine Krankheit des Geistes.
Verstehst du diese tiefe Wahrheit nicht,
versuchst du vergeblich, deine Gedanken zu beruhigen.[12]

Wie sich Empfindungen darstellen, wenn Neigung und Abneigung verschwunden sind, darüber lässt sich nichts sagen, weil unsere sprachlichen Ausdrucksmöglichkeiten an diese gängigen Bewertungskontexte gebunden sind. Schon wenn wir von einer »stechenden Empfindung« sprechen, ist die negative Bewertung im Wort »stechen«, das wir mit einer Verletzung in Zusammenhang bringen, mitgedacht. Die Äußerung »Ich spüre den Schmerz, aber er tut nicht mehr weh« ist deshalb sinnlos oder widersprüchlich. Die Empfindung im Schmerz, die da ist, aber nicht mehr negativ bewertet wird, hat keinen Namen, weil Benennungen all unserer Empfindungen von unseren Bewertungen abhängen. Wem sich ES offenbart, hat es zwar noch Empfindungen, doch sie lassen sich nicht mehr benennen, weil Benennen mit dem bewertenden Unterscheiden verbunden ist.

Bewertungskontexte müssen nicht durch eine meditative »Dekonditionierung« abgebaut werden, um die Haltung eines empfindenden Wesens zu gewinnen, das nicht mit Zuständen der Zuneigung und Abneigung empfindet. Auch eine *künstlerische* Tätigkeit wie Zeichnen oder Malen, das Musizieren oder der Versuch, ein Gedicht zu schreiben, kann zu einer so genauen Hinwendung zu den Einzelheiten der Wirklichkeit führen, dass die subjektiven Bewertungen als störend bei der kontemplativen Arbeit empfunden und immer mehr ausgeblendet werden, je mehr die Künstlerin oder der Künstler die Aufmerksamkeit in eine bestimmte Richtung, weg von sich selbst und hin zum Gegenstand der Kunst, zu lenken imstande ist. Dies geschieht vor allem in denjenigen künstlerischen Betätigungen, in denen die betreffenden Künstler nicht irgendeine Idee oder sich selbst zum Ausdruck bringen und darstellen wollen, sondern das, was sie unabhängig von ihren Bewertungen wahrnehmen. Wir können solche künstlerischen Tätigkeiten *kontemplative* nennen und von den *expressiven* und *engagierten*, die es auch gibt, unterscheiden.

Auch wenn hinsichtlich der Interpretations- und Bewertungsarmut Analogien zwischen den Wahrnehmungen eines Kleinkindes, eines Depressiven, einer Autistin, einem Sterbenden und einer Meditationsmeisterin oder der kontemplativen Künstlerin bestehen mögen, so sind die lebensgeschichtlichen Wege, auf denen diese Armut der Bewertungen, wenn man es so nennen möchte, jeweils erreicht wird, sehr verschieden. Einmal ist ein soziales Selbst mit Erinnerungen und Hoffnungen *noch nicht* entwickelt (im Falle des Kleinkindes), das andere Mal ist diese Entwicklung aufgrund neurologischer Abweichungen *nicht möglich* (im Falle der Autistin), oder dieses Selbst *bricht* aufgrund einer schweren Lebenskrise oder angesichts des herannahenden Todes (im Falle des Depressiven oder der Sterbenden) *zusammen*. Der Meditationsmeister oder die kontemplative Künstlerin haben dagegen das Problematische der sozialen Konstruktion des Selbst als einer Quelle von Bewertungen erkannt. Sie haben eingesehen, dass dieses Selbst mit seinen Sinnbedürfnissen und Bewertungen sie in der Wahrnehmung anderer Wesen oder der Komplexität der Wirklichkeit im Hier und Jetzt einschränkt, dass sie aufgrund dieses Selbst immer alles unter bestimmten, nämlich ihren *eigenen* Sinn- und Bewertungskategorien einsortieren, die etwas mit dem *über einen langen Zeitraum* imaginierten sozialen Projekt dieses Selbst, nicht aber unbedingt etwas mit dem Wesen, das sie gerade *hier und jetzt* wahrnehmen, zu tun haben. Deshalb betreiben sie meditierend oder als kontemplative Künstler über viele Jahre der Praxis den *Abbau dieses Selbst*, in den mit ihren Tätigkeiten verbundenen *Entbildungsverfahren*, die ihnen als solche bewusst sein können (wie im Fall der Meditation) oder auch nicht (wie im Falle der nicht als Meditationspraxis eingesetzten Kunst).

Dass den meditierenden oder künstlerischen Mystikern, wie wir sie oben genannt haben, bei ihren Tätigkeiten das soziale Selbst mit seinen Projekten im Wege steht, ist freilich nicht eine Einsicht oder Erkenntnis im klassischen Sinne, wie man etwa einen Baum als eine Esche oder Birke oder ein Tier als einen Paarhufer oder Sohlengänger erkennt. Es ist ja gerade die Erfahrung, dass alle Begriffe unzureichend sind angesichts der genauen nicht bewertenden Wahrnehmung einer konkreten Empfindung, eines konkreten Einzelwesens, einer konkreten Situation, die hier zu einer Einsicht führen; der Einsicht, dass Aussagen im Sinne von: »Dieses da ist so und so gut oder schlecht, angenehm oder unangenehm« der Wirklichkeit letztlich nicht angemessen sind, weil diese Wirklichkeit über das, was das soziale Selbst bewertet, immer in ihrer unausschöpflichen Komplexität hinausgeht. Die »Reinigung« der Empfindungen von ihren subjektiven oder selbstischen Bewertungskontexten ist also kein Vorstoß zu den Bauklötzen der Erkenntnis namens Lust und Schmerz. Die Reinigung der Empfindungen von den selbstischen Zusammenhängen führt in der Mystik vielmehr zur Intuition einer unendlichen Komplexität, einer Komplexität, die meine Lebensgeschichte bei Weitem übersteigt. Weil diese Komplexität jedoch nicht aus Bausteinen aufgebaut wird, sondern »mit einem Schlag intuiert« wird, wenn die Bewertungen des Selbst wegfallen, wird sie als *Einheit* wahrgenommen, als unendlich gegliederte Einheit.

Betrachten wir jetzt noch einmal die Schwierigkeit für die Mystikerin oder den Mystiker, sowohl die von den selbstbezogenen Projekten befreiten Empfindungen wie auch die Intuition der Komplexität der intuierten Ganzheit, in der die Empfindungen jenseits von mir eingebettet sind, sprachlich zu thematisieren: Bei dem Versuch, sich auf eine Empfindung zu fokussieren, eine bestimmte Linie zu zeichnen, eine bestimmte Farbschattierung zu malen oder eine bestimmte Tonfolge in einer bestimmten Lautstärke und Stimmung auf einem Instrument hervorzubringen, hilft es nur ganz zu Beginn, sich Sätze über diese Empfindungen, Linien, Farben oder Tonfolgen aufzusagen. Am Ende muss bei all diesen *Tätigkeiten* die Wahrnehmung oder Aufmerksamkeit *genauer* sein, als es jede behauptende Rede wiederzugeben in der Lage ist, wenn es darum geht, bestimmte ästhetische oder den mystischen Weisheitstraditionen bekannte Zustände zu realisieren. Deshalb ist keine Meditation, kein Bild, kein Konzert durch beschreibende Texte ersetzbar. Texte realisieren etwas anderes als das, was sie beschreiben, sie reduzieren die Komplexität des Benannten innerhalb der Perspektive eines auf bestimmte Weise bewertenden Selbst.

Ein Gedicht über einen Baum realisiert die Sprache auf eine bestimmte Weise und kann, wenn wir es lesen, unsere Aufmerksamkeit bei der Wahrnehmung eines Baumes *führen*. Doch die Realisierung der Wahrnehmung des Baumes unabhängig von unseren subjektiven Interessen ist etwas anderes als die Realisierung des Gedichtes. Weil unser Verständnis von Erkenntnis so sehr an die prädizierende und auf bestimmte Weise bewertende Sprache gebunden ist (obwohl wir wohl auch einem Trüffelschwein, das Trüffel findet, aber nicht spricht, zugestehen würden, dass es Trüffel *erkennt*), kann man das, was passiert, wenn einem aufgeht, dass die Wirklichkeit zu komplex ist, um sie nur von meinen subjektiven Interessen her zu begreifen und sprachlich zu thematisieren, auch so bestimmen: Das, mit dem die meditierende oder künstlerische Mystikerin konfrontiert wird, ist die *Bodenlosigkeit* der Wirklichkeit jenseits ihres Selbst. Es ist die Konfrontation mit einer sprachlich *nicht ausschöpfbaren* Wirklichkeit. Weil aber Erkenntnis immer mit der Fixierung von Aspekten von etwas, mit der Erkenntnis, die Einzelnes und Allgemeines zusammenbringt (»x ist F«), zu tun hat, kann man diese Konfrontation schwerlich noch »Erkenntnis« nennen und als solche zum Ausdruck bringen. Es gibt kein »etwas« in dieser unendlich komplexen Ganzheit mehr, von dem etwas Spezielles mit Gewissheit auszusagen wäre. (Der Philosoph Baruch de Spinoza nennt diesen Zustand jedoch die »dritte Erkenntnisart«.[13]) Deshalb werden für diese Zustände Begriffe wie »Intuition« benutzt oder emphatisch von »Erwachen« oder »Erleuchtung« gesprochen.

Diese Zustände der Intuition oder des Erwachens sind nicht unbedingt stabilisierbar. Ihre Stabilisierung *anzustreben* ist wie jedes Streben das beste Mittel, sie zum Verschwinden zu bringen: »Folgst du der Leerheit, wendest du ihr den Rücken zu.«[14] Ein Meditierer oder eine kontemplative Künstlerin mögen sich im Alltag auf die Schematismen der Allgemeinbegriffe bei ihrem Wirklichkeitsbezug beschränken und nur in manchen besonders intensiven Momenten der Versenkung die Unausschöpflichkeit der Wirklichkeit erfahren, weil sie ihre subjektiven Bewertungen »zum Schweigen« bringen können. Die Menschen, in denen sich diese Erfahrung tatsächlich absichtslos stabilisiert hat und die auch ihren Alltag in ihr zubringen können, sind sehr, sehr selten und werden manchmal als »Weise« oder »Erleuchtete« bezeichnet.

Viele unserer intersubjektiven Beziehungen und Verständnislosigkeiten haben mit den Schranken zwischen kulturell bedingten Bewertungskontexten zu tun, die in unser Selbst »eingesickert« sind und die uns an der Wahrnehmung der Komplexität der Wirklichkeit hindern. Das macht unser Leben schal und nicht selten konfliktreich. Am größten sind diese Schranken gegenüber den Wesen, deren Körperstruktur von unserer grundsätzlich verschieden ist und deren Leiden und Freude uns deshalb völlig fremd bleibt, weil ihre Körper anders »verdrahtet« sind, andere geronnene Affektmuster manifestieren als unsere eigenen. So können wir uns nicht vorstellen, welche Freude es für eine Schwarze Witwe darstellt, ihren Sexualpartner nach der Begattung zu verspeisen, oder auch nur wie es für einen Hund ist, seine Umgebung mit der Spürnase zu erkunden.

Die Abschmelzung des sozialen Selbst dient in den genannten Meditationspraktiken deshalb nicht einfach dazu, die eigenen Bewertungskontexte bedeutungslos werden zu lassen, um zu einer reicheren Wirklichkeitswahrnehmung zu kommen. Sie wird auch angestrebt, um nicht mehr auf bestimmte selbstische oder kulturelle Kontexte im Wirklichkeitsbezug festgelegt zu sein, um die *Flexibilität* in der Beziehung zu anderen, Fremden zu erwerben und die *Relativität* der Bewertungskontexte einzusehen. Das hat die sehr praktische Konsequenz, die für unsere Frage, ob man sich fortpflanzen soll oder nicht, noch relevant werden wird, dass die betreffende Mystikerin dadurch auch für andere Sinnzusammenhänge offen wird, andere Wesen besser zu verstehen lernt und ihnen aus diesem Verständnis heraus eventuell auch Ratschläge geben kann, die sie in ihrer Existenz unterstützen. Wegen dieser Kompetenz wird häufig ein Zusammenhang zwischen »Mystik« und »Weisheit« hergestellt, zwischen der Fähigkeit, die Wirklichkeit in ihrer Komplexität zu *konfrontieren* und einen Rat zu geben, wie man sich in dieser Wirklichkeit *orientieren* könnte.

An dieser Stelle müssen wir festhalten, dass es ganz wesentliche Differenzen in verschiedenen Arten der »Bedeutungslosigkeit« einer nicht mehr bewerteten Empfindung oder Wahrnehmung für das wahrnehmende Subjekt gibt. Depressive, Autisten und Mystiker nehmen verschiedene Haltungen zur Welt ein. Es ist ein wesentlicher Unterschied, ob die Bedeutungslosigkeit, das Nichtbewerten dazu führt, dass Sinnzusammenhänge *verloren gehen*, oder ob sich neue von anderen Wesen dadurch *eröffnen*. Kann ich einfach nur nicht mehr richtig nachvollziehen, warum ich das Drücken in den eigenen Knien so schrecklich fand nach dem Abschmelzen des eigenen sozialen Selbst, oder kann ich auch besser nachvollziehen, warum *andere* Wesen in bestimmten Leidenszuständen sind, weil ich mich nicht mehr nur um die eigenen (vermeintlichen) Leidenszustände kümmern muss? Die Fähigkeit, die letzte Frage zu bejahen, ist ein Ziel der meditativen und künstlerischen Übungen und vieler Weisheitslehren, die auf einen ruhigen, erweiterten Geist abzielen.

Die Aussage Spinozas, dass wir, je mehr wir an den einzelnen Dingen einsehen, umso mehr Gott erkennen,[15] benennt den einen Pol der subjektiven Bedeutungslosigkeit: den Reichtum der sich uns darbietenden Welt. Solange das, was wahrgenommen wird, nur *für mich* Bedeutung hat, nur hinsichtlich seiner Relevanz für *mein* Wohlergehen oder Fortkommen erkannt wird, wird es kaum in gleicher Intensität in Relation zu anderen Wesen außer mir erfasst. In diesem Fall ist der Wegfall des Selbstbezugs in der Wahrnehmung der Wegfall einer *Erkenntnisschranke* gegenüber einer Welt, die noch andere Muster enthält als die, die sich aus meinen Präferenzen der Lustsuche und Schmerzvermeidung ergeben. Der göttliche Standpunkt Spinozas kann hier als Möglichkeit interpretiert werden, ein Einzelwesen aus *allen möglichen Perspektiven*, in *allen möglichen Zusammenhängen*, in denen es vorkommt, anzuschauen, nicht aber aus der einer verallgemeinerten menschlichen und deshalb abstrakten Lust- und Schmerzbilanz.

Wenn in der gesteigerten Selbstlosigkeit keine neuen Bezüge, die ein wahrgenommenes Wesen zu anderen Wesen als mir hat, auftauchen, wenn zwar seine Relevanz für meine persönlichen Interessen *verschwindet*, jedoch keine neuen Verbindungen erkennbar werden, dann ist der Wegfall des Selbstbezugs nur ein »reines Verlustgeschäft«. Das ist das, was wohl in der Depression eintritt: Alles wird sinn- und bedeutungslos, weil es keinen Wert mehr für mich hat. Ob es Wert für andere haben kann, bleibt unklar, wird nicht thematisch. An die Stelle der Relevanz für mich tritt eine relevanzlose Leere.

Beim spinozistischen Gottesstandpunkt tritt an die Stelle der Relevanz für mich dagegen die Intuition der Eingebundenheit aller Einzelwesen in unendliche Zusammenhänge mit ganz verschiedenen Relevanzmustern. Diese Intuition macht es *unmöglich*, eine bestimmte, beispielsweise *meine* Relevanzordnung als den einzig angemessenen Wahrnehmungskontext für ein Wesen auszuzeichnen. Daraus ergibt sich eine Freiheit der Erkenntnismöglichkeiten. In diesem Sinne kann auch der Spruch des christlichen Mystikers Angelus Silesius verstanden werden, wenn man das Verschwinden der Relevanzen, die sich aus dem eigenen sozialen Selbst ergeben, als *Tod* deutet:

> Ich sage, weil der Tod allein mich machet frei,
> Dass er das beste Ding aus allen Dingen sei.[16]

Diese Freiheit zu ergreifen bedeutet bei Spinoza, die *Unendlichkeit oder Bodenlosigkeit der Bezüge*, in die jedes Wesen eingespannt ist, kennenzulernen. Charakterisierungen dieser Intuition durch Allgemeinbegriffe sind hier nicht mehr möglich, weil sie die komplexe individuelle Verfasstheit, die für jedes Einzelwesen an einem bestimmten Ort und zu einer bestimmten Zeit in der Welt entsteht, »übertünchen« würden.

Es sind also *zwei Formen der Leere*, mit denen wir konfrontiert sind: die Leere, in der alles *ausgelöscht* ist, und die Leere, in der jedes Einzelwesen und jeder Aspekt an jedem Einzelwesen als abhängig von unendlich vielen weiteren Aspekten, von unendlich vielen anderen Einzelwesen, die alle kommen und gehen, wahrgenommen wird. In beiden Fällen findet die Sprache keinen festen Halt mehr, aber aus jeweils verschiedenen Gründen. Einmal gibt es nichts mehr zu sagen, weil alles gleichgültig geworden ist. Das andere Mal gibt es nichts Gewisses mehr zu sagen, weil sprachliche Kategorisierungen zu grob und zu fest sind, um dem, was sich tatsächlich zeigt und ständig verändert, in seiner Komplexität und Wandelbarkeit gerecht zu werden.

Wenn wir uns nur auf die zweite Form der Leere, die Bodenlosigkeit der Komplexität und Wandelbarkeit alles Wirklichen, konzentrieren, ergibt sich aus ihrer »Erkenntnis« ein Vorbehalt gegenüber einem *selbstgewissen Theoretisieren*, das mit bestimmten »Lieblingsallgemeinbegriffen« operiert und sie auch anderen »ansinnen« will. Auf solche »Lieblingsallgemeinbegriffe« in der Kommunikation mit anderen verzichten zu können ist eine Errungenschaft der mystisch gebildeten Weisheit und wird in der folgenden Äußerung des Konfuzius beschrieben:

> Der Edle ist bei nichts auf der Welt unbedingt dafür oder unbedingt dagegen, sondern er neigt dem zu, was die Situation erfordert.[17]

Die meisten Philosophen und Theoretiker werden eine solche Haltung wohl als Irrationalität oder als situativen Relativismus kritisieren und abtun. Denn gegenüber der Einforderung von Begründungen, warum so gehandelt wurde, wie gehandelt wurde, bleibt diese Weisheit stumm. Sie kann die für solche Begründungen nötigen Äußerungen mit Allgemeinbegriffen nicht produzieren. Eine über eine bestimmte Situation hinausgehende, mit allgemeinen Bewertungen als Gewissheiten operierende Einstellung ist den Mystikern angesichts der ihnen zugänglichen Komplexität der Situation abhandengekommen. Sie relativieren jeden auf ein bestimmtes Selbst zurückgehenden Bewertungszusammenhang. Deshalb sind Situationen für sie kaum vergleichbar. Auch allgemein zu fragen, ob man Kinder haben sollte oder nicht, hat für sie keinen Sinn.

VII

In Weisheitstraditionen wird oft das Wort »Weg« (auf Sanskrit »marga«, auf Chinesisch »dao«, Sinojapanisch »do«) benutzt. Dabei geht es darum, durch Entwicklungsprozesse die Einsicht in die Einheit der Komplexität der Wirklichkeit zu befördern, indem man bestimmte Praktiken kultiviert. Die Kultivierung einer Praktik (z. B. des Meditierens oder einer Mal- oder Kampfkunst) dient dabei dazu, Einstellungen und Kompetenzen eines Menschen auf eine nichtargumentative Weise zu verändern. Menschen sind nicht »einfach so« fähig, einen Weg in ihrem Leben durch das Gestrüpp der immer anderen Situationen ihres Lebens zu finden, weil sie in der Regel durch ein zu kurz greifendes Eigeninteresse davon abgehalten werden, sich überhaupt genau und gründlich auf die Situationen einzulassen, in denen sie und ihre Mitmenschen sich tatsächlich befinden. Die meisten Menschen verlassen sich in ihrer Lebensführung deshalb entweder auf ihr *Eigeninteresse*, das sich an Fragen orientiert wie: Wie vergrößere ich meine momentane Lust? Wie vergrößere ich meinen Reichtum, mein Ansehen oder meine Macht? et cetera. Oder sie folgen einem *konventionellen Denken*, das aus der Verallgemeinerung einer bestimmten Perspektive entstanden ist, um durch das Leben zu kommen, das heißt, sie tun das, was »man« oder »meine Leute« in der Situation des Typs x »halt« tun würden, und lassen sich von den moralischen Vorschriften ihrer Kultur leiten. Auch die Positionen der Fortpflanzungsfreunde und der Anti-Natalisten fallen vom Standpunkt der Weisheit in solch ein konventionelles Denken, das durch die unangemessene Verallgemeinerung partikularer Bewertungen zustande kommt.

Die Kultivierung von Praktiken wie Meditation, Kampfkunst, Musizieren, Zeichnen oder Malen kann dagegen den Praktizierenden auf bestimmte Weise deutlich machen, dass man sich von sich selbst, den eigenen Gedanken, Vorlieben, Bewertungen und Absichten weitgehend verabschieden lernen muss, um etwas Bestimmtes in einer konkreten Situation in seiner ganzen Komplexität angemessen realisieren zu können, um etwa eine Bewegung in einer Sportart tatsächlich einer bestimmten Situation angemessen durchführen zu können, eine Zeichnung mit einem bestimmten Strich in einem Zug auf das Papier bringen zu können oder in einer Meditation genau den Körperzustand, in dem man sich gerade befindet, wahrnehmen zu können, ohne dabei an etwas anderes denken zu müssen.

Was in diesen Zusammenhängen mit »Weg« gemeint ist, ist weder das Konventionelle noch das Unkonventionelle und auch nicht das, was die Vernunft scheinbar vorgibt. Es ist etwas, was sich in einem bestimmten Moment zeigt, wenn sich die Fähigkeit ausgebildet hat, die richtige Intuition angesichts der Komplexität einer Situation, in der man sich hier und jetzt jeweils befindet, zu entwickeln. Dafür ist es nötig, weder sich selbst noch das, was einem begegnet, *zu schematisieren*, sondern das, was in einem selbst, dem eigenen Körper und Bewusstsein und außerhalb von einem gerade stattfindet, möglichst aufmerksam zu erfassen und, wenn es zu handeln gilt, aus diesem Erfassen heraus absichtslos zu agieren und nicht aufgrund eines vorgefassten Plans oder einer allgemeinen Meinung, die aus einer vorgegebenen Präferenzordnung entsteht.

Jede begriffliche Schematisierung kapituliert letztlich vor der Bodenlosigkeit und Komplexität der Wirklichkeit, wie sie sich zu einem bestimmten Zeitpunkt manifestiert. Sie macht die Wirklichkeit einfacher, als sie ist, dadurch verständlicher und erklärbarer. Das Paradebeispiel ist hier das physikalische Experiment. Im Labor ist die Wirklichkeit so organisiert, dass sie weniger kompliziert ist als außerhalb des Labors. Deshalb können Erfahrungswissenschaften die Welt verständlich und in bestimmten Aspekten vorausberechenbar und erklärbar machen. Weisheit will sich auf diese Kapitulation vor der Komplexität für Erklärungszwecke nicht einlassen. Sie hat kein Interesse an Erklärungen und öffentlich verbalisierbaren Verständlichkeiten. Sie ist nicht Teil des kollektiven Fortschrittsprojektes, in dem immer mehr Wissen und immer mehr Nützliches für immer mehr Menschen in einer gemeinsamen Öffentlichkeit hervorgebracht werden sollen. Sie will nicht die Menschheit transformieren in allgemeinen Bildungsprojekten, gegen die im Prinzip ja nichts einzuwenden ist von einem wissenschaftlichen und von einem politischen Standpunkt. Weisheit wendet sich stattdessen privatim an einzelne Personen und ihre jeweiligen Transformationsbedürfnisse oder Entscheidungsprobleme in konkreten Lebenssituationen.

Der einzelne Rabbiner spricht mit einem einzelnen Verzweifelten, die einzelne Therapeutin mit einer bestimmten Klientin, Jesus mit Petrus, Sokrates mit Simmias, Buddha mit Ananda und so weiter. Weisheit muss nicht vereinfachen, weil sie nicht allgemeinverständlich sein muss. Sie muss nur der Person, mit der sie gerade zu tun hat, verständlich sein. Weise merken, was ihren Gesprächspartnern verständlich sein kann, was sie weiterbringen oder überfordern könnte. Deshalb müssen sie auch die

Gesprächssituation, in der sie sich mit ihren Ratsuchenden befinden, ebenso erfassen wie die Situation, in die der Ratsuchende geraten ist und die er ihnen schildert. Doch das, was diesen bestimmten Menschen weiterbringen, ihm helfen könnte, hilft nicht *allen* Menschen, bringt nicht notwendig *alle* weiter, weil nie *alle* in *derselben* Situation sind.

In der Praxis, die der Weisheit dienen soll, wird durch Wiederholung von Handlungen oder immer genaueres »Hinschauen« die Komplexität und Wandelbarkeit der Wirklichkeit den Übenden immer deutlicher. Es wird sichtbar, dass letztlich nichts in der Welt einfach durchschaubar oder auf Lust und Schmerz reduzierbar ist und dass die einzelne Personen betreffenden Handlungen, wenn sie gelingen sollen, nicht durch Verständlichmachen und Erklärungen mithilfe von Allgemeinbegriffen (»Rezepten«) und Vorausberechnung angeleitet werden können. Ein Schütze kann nicht den Windeinfluss, die Sehnenspannung des Bogens oder den Abzugsdruck des Gewehrs, die Pfeilgeschwindigkeit oder Projektilbahn durch ein Simulationsprogramm vorausberechnen lassen und dann aufgrund seiner Berechnungen das Ziel soundso viele Zentimeter höher oder mehr links oder rechts anvisieren. (Das mag ein entsprechender Computer tun.) Er muss vielmehr durch immer und immer wiederholtes Schießen die Fähigkeit entwickeln, eine Intuition von der Schießsituation zu haben, in der er sich gerade befindet, wie in ihr zu atmen, zu zielen ist, wie weit er die Sehne spannen, Druck auf den Abzugshahn geben muss und wann er den Pfeil loszulassen beziehungsweise den Abzug durchzuziehen hat.

Auf diese Weise kann man über die Perfektionierung einer Kunst lernen, dass die angemessene Intuition in einer Situation sich nur da einstellt, wo man von sich selbst als einem bewussten Wesen mit bestimmten Gedanken, Absichten und Wünschen, auch solchen des Verstehens und Erklärens, abzusehen gelernt hat, wo man nicht mehr *zugreifend* ein bestimmtes Objekt mit der richtigen Methode zu beschreiben und in seinem Verhalten vorauszuberechnen versucht. Vielmehr soll sich in der auf Weisheit zielenden Praxis eine *Durchlässigkeit* einstellen zwischen dem, was man das Bewusstsein, und dem, was man das Unbewusste und die Außenwelt nennen könnte, sodass marginale Reaktionen beispielsweise in der Körperhaltung und -bewegung oder auch im Kommunikationsverhalten mit einer anderen Person sich »wie von selbst« einstellen. Diese Durchlässigkeit führt dazu, dass sich die bodenlose Komplexität, die jeder Mensch selbst darstellt, und die bodenlose Komplexität der Situation, in der er sich mit anderen Menschen immer gerade befindet, aufeinander ohne Steuerung abstimmen. Die Atmung und die Armhaltung des geübten Schützen reagieren auf eine bestimmte Weise von selbst in der Situation, in der er sich befindet und für die er offen ist, so wie der geübte Judoka, Fechter oder Boxer intuitiv mit seinen Armen und Beinen, seiner Körperspannung und seinen Händen auf die Bewegungen des Gegners reagiert und genau in dem Moment, in dem dieser beginnt, die Deckung zu öffnen, den richtigen Griff ansetzt, den vermeintlichen »Glückstreffer« landet, ohne ihn geplant zu haben.

Weil es unmöglich ist, diese Abstimmungsbewegungen zwischen den Komplexitäten zu beschreiben und absichtlich zu steuern, weil sie eben in der Intuition stattfinden müssen, damit sie in der Geschwindigkeit und Vollkommenheit gelingen, in der wir sie bei großen Künstlerinnen und Sportlern bewundern, erscheint auch Weisheit als die Fähigkeit, intuitiv einen Weg im Situationsgestrüpp des Lebens zu finden und einen Rat zu geben oder selbst zu handeln, denen, die mit der Vernunft oder den Konventionen bereits eine Orientierung zu besitzen glauben, *irrational.* Weil Weisheit nicht vorab sagen kann, wie der Weg zu finden ist und warum sie das, was sie empfiehlt, für den richtigen

Weg hält, ist sie *nicht aufgeklärt.* Sie gerät deshalb leicht in den Ruf, »esoterisch« zu sein. Das ist jedoch ein falscher Vorwurf, denn es handelt sich hier einfach um zwei verschiedene Lebensbereiche oder sogar Lebensformen: den theoretischen und politischen Bereich, bei dem die Handlungen und Aussagen in der Öffentlichkeit stattfinden und nach allgemeinen Prinzipien verhandelt werden auf der einen und die von der ästhetischen Kontemplation oder einer Weisheitslehre angeleitete situative Praxis, die sich im Verborgenen, privatim zwischen einzelnen Personen entwickelt, auf der anderen Seite.

Manchmal muss man sich zwischen diesen beiden Lebensbereichen entscheiden, dann steht man an einer Weggabelung, die zu zwei verschiedenen Lebensformen führt. Will man sich für den wissenschaftlichen Fortschritt, den Kampf um Gerechtigkeit und die Verminderung des allgemeinen Leids in der Öffentlichkeit einsetzen? Oder sucht man die eigene Seelenruhe in einem zurückgezogenen Leben mit Gleichgesinnten, die einem eventuell mit Rat zur Seite stehen, den Streit vermeidend, die Öffentlichkeit scheuend? Beides scheint nicht möglich. Bertolt Brecht hat diesen Konflikt in seinem Gedicht »An die Nachgeborenen« dargestellt, in dem es heißt:

> Ich wäre gerne auch weise.
> In den alten Büchern steht, was weise ist:
> Sich aus dem Streit der Welt halten und die kurze Zeit
> Ohne Furcht verbringen
> Auch ohne Gewalt auskommen
> Böses mit Gutem vergelten
> Seine Wünsche nicht erfüllen, sondern vergessen
> Gilt für weise.
> Alles das kann ich nicht:
> Wirklich, ich lebe in finsteren Zeiten!

Das zwischen 1934 und 1938 entstandene Gedicht, aus dem diese Strophe stammt, schildert den Konflikt zwischen Weisheit, Frieden und Aufmerksamkeit auf der einen und politischem Engagement, Kampf um Gerechtigkeit und der Furcht vor Verfolgung in einem verbitterten und achtlosen Leben auf der anderen Seite auf eindrückliche Weise.[18] Brecht, der 1933 am 28. Februar, einen Tag nach dem Reichstagsbrand, Deutschland verlassen musste und ins Exil gegangen war, aus dem er erst 15 Jahre später nach Berlin zurückkehren konnte, schildert die »finsteren Zeiten«, in denen Unterdrückung herrscht, Mitmenschen gequält und in Kriege geschickt werden. In ihnen erscheint das weise Leben im Verborgenen, der Hinweis, dass man seine Wünsche, das Vorziehen und Ablehnen vergessen sollte, als falsch. Man muss sich engagieren. Doch der politische Kampf führt zur Verrohung. In Unaufmerksamkeit selbst für die, die man liebt, und ohne Zeit für die Natur vergeht das Leben in Eile und Empörung. Doch wie ist die Tatsache, dass der Einzelne nur wenig vermag, in diesem Zusammenhang zu gewichten? Und wann sind die Zeiten *keine* finsteren, sodass die Weisheit erlaubt wäre? Sind irgendwo auf der Welt die Verhältnisse nicht immer so, dass man sich gegen sie empören oder zumindest ein wichtiges Fortschrittsprojekt mit vorantreiben müsste? Aber verschwendet man dann nicht seine Lebenszeit, weil die finsteren Zeiten immer wieder kommen, eine endgültige Besserung der menschlichen Situation »im Allgemeinen« nicht möglich erscheint? Sind die mit Argumenten unterfütterten Ratschläge, dass Menschen sich *nicht* oder *auf jeden Fall* fortpflanzen sollten, Empfehlungen, die nur in finsteren Zeiten ernst zu nehmen sind? Sind sie Manifestationen eines politischen Engagements oder zumindest eines Eintretens für die Verbesserung der Verhältnisse überhaupt, nicht die notwendigen Schritte auf einem Weg, die jeder gehen muss, sodass Weisheit nichts als Eskapismus ist?

VIII

Offensichtlich geht es, wenn man über seine Kinder oder das allgemeine Leid in der Welt nachdenkt, nicht notwendig um Krieg und Unterdrückung, um konkretes Leid bei diesem Menschen, sondern um Leid und Sinn in einer *sehr breiten* Perspektive. Wenn wir gegenüber dem Anti-Natalismus oder anderen utilitaristischen »Rechnungen« »ungute Gefühle« entwickeln, wenn die Intuition in uns aufsteigt, dass hier auf einer *zu* allgemeinen Ebene räsoniert wird, dass zu sehr vereinfacht, ja vulgarisiert wird und konkrete Situationen in ihrer Komplexität eher außer Acht bleiben, dann ist das alles *kein Argument* gegen den Utilitarismus, der sich an Lust- und Schmerzbilanzen orientiert. Es geht nicht darum, dass ein noch nicht richtig ausgeführtes Argument in unserem Hinterkopf lauert, wir es nur hervorkramen und ausführen müssen, um einen solchen Utilitarismus als eine philosophische Position zu widerlegen oder als eine politische Bewegung zu stoppen. Das allgemein Nützliche anzustreben ist ein guter politischer Vorsatz, der zu allen Zeiten, ob sie nun finster im Sinne Brechts sind oder nicht, befolgt werden sollte. Trotzdem scheint es nicht richtig, das eigene Leben nur aus einer globalen Perspektive zu sehen. Weisheit ist keine Ablehnung dessen, was allgemein notwendig ist. Sie tritt nicht in die Streitigkeiten der Politiker, Wissenschaftler und allgemeine Theorien vertretenden Philosophen ein, etwa in die zwischen den Glücks- und den Gerechtigkeitsethikern. Das bei manchen aufsteigende Unbehagen dürfte vielmehr auf eine andere Perspektive auf unser Leben verweisen, eine, die nicht an Allgemeinheiten orientiert ist. Kant hat die allgemeine Vernunft als unsere eigentliche Natur, unser Innerstes aufgefasst. Doch dass der Sinn für Weisheit und situationsgerechtes Handeln und das Misstrauen gegenüber allgemeinen Theorien, wenn es um Lebensfragen wie die geht, ob man Kinder haben sollte oder nicht, noch nicht ganz aus unseren Köpfen verschwunden ist, auch wenn diese Köpfe westliche Köpfe, an der allgemeinen Vernunft geschulte Köpfe sind, die vor allem durch eine öffentliche wissenschaftliche und eine öffentliche politische Kultur geprägt sind, zeigt an, dass wir unser Leben und die Situationen, in die wir in ihm geraten, immer noch als etwas Einmaliges, als etwas betrachten können, in dem sich eine unendliche Komplexität verbirgt, über die wir in der Perspektive der globalen Allgemeinheiten nur hinweggehen können.

Man mag die Einkind-Politik der chinesischen Regierung von einem utilitaristischen Standpunkt aus gutheißen, weil sie das Leiden in dem Land allgemein verringert hat. Ebenso mag man sich als aufgeklärter Politiker für die Bildung von Frauen und die Verbreitung von Verhütungsmitteln einsetzen, um die Bevölkerungsrate zu senken und die ökonomischen Chancen und die ökologische Situation der nachwachsenden Generationen auf diesem Globus zu verbessern. Die Weisheit richtet sich nicht *gegen* solche aufgeklärte Politik. Aber sie betrachtet sie als *pauschale* Reaktionen, die nicht der Wirklichkeit einzelner Menschen entspricht, die Kinder bekommen wollen oder auch nicht. Wer sich fragt, ob er sich fortpflanzen sollte oder nicht, kann sich an allgemeinen Kriterien orientieren, der CO_2-Bilanz, die durch jedes Kind verschlechtert wird, den Bildungschancen im eigenen Land und der Kriegsgefahr, die auch ansteigt durch Verteilungsungerechtigkeiten, die bei stetig wachsenden Bevölkerungen in armen Ländern und unverändert verschwenderischem Lebensstil in den reichen immer schlimmer werden. Sicher mögen sich manche Menschen an solchen Überlegungen in ihrer Familienplanung orientieren. Das Schwanken der Geburtenraten mag auch mit solch allgemeinen Einschätzungen zu tun haben. Doch ist die Entscheidung, ein Kind zu haben oder nicht zu haben, eine Familie zu gründen oder nicht zu gründen, nicht eine so existenzielle, individuelle, das eigene Leben transformierende, dass sie unter möglichst weitgehender Berücksichtigung aller Komplexitäten der eigenen Existenz gefällt werden sollte? Kann man sich fragen, wenn man das eigene Kind großzieht, wie problematisch seine Existenz für das Anwachsen des CO_2-Ausstoßes der gesamten Menschheit ist, wie sehr sein Lebensstil zu Neid in einem anderen Land führt? Wären wir in einer solch unpersönlichen Perspektive, in der alles politisch wird und immer unter Weltnützlichkeitskriterien zu sehen ist, nicht wie die Menschen, die sich in der ersten Hälfte des 20. Jahrhunderts nur als Proletarier oder Revolutionäre oder Parteimitglieder gesehen haben und ihr ganzes Privatleben den Anforderungen ihrer Klasse, der Revolution oder der Partei an sie unterstellt haben? Wäre dieses Verschwinden unserer individuellen Existenzen in den Anforderungen der Allgemeinheit nicht ein Totalitarismus, in dem wir uns und die anderen Menschen und alle Einzelheiten der Welt nicht mehr als solche erkennen könnten? Wenn jemand sich als Einzelne und die anderen Menschen als Einzelne ernst nehmen will (was immer das heißt) und bewusst entscheiden möchte, ob sie sich fortpflanzen sollte (und sich nicht »einfach so« fortpflanzt), muss sie dann nicht den Lebensbereich der Weisheit betreten, um diese Entscheidung fällen zu können, und herausgehen aus dem Bereich des politischen Kampfes und der Verwaltung, wo das Leben von Millionen von Menschen hinsichtlich Ökonomie und Ökologie zu steuern ist?

Ein Anti-Natalist mag die Einkind-Politik in China von seinem universalistischen ethischen Standpunkt aus als immer noch nicht weit genug gehend ansehen. Ein Freund der Weisheit wird die Frage, ob dieses Paar Kinder haben soll oder nicht – die eben von der unterschieden werden muss, ob die Geburtenrate in einer Population allgemein sinken sollte –, als eine betrachten, die gar nicht durch Prinzipien entschieden werden kann, sondern nur dadurch, dass das betreffende Paar über sich und seine Situation ganz genau und ehrlich nachdenkt, ohne sie zu vereinfachen, eventuell unter Einholung eines Ratschlags von einer lebenserfahrenen Freundin. Das Paar wird fragen, ob es *sinnvoll* für es ist, jetzt oder überhaupt Kinder zu haben, und wenn es Glück hat, dann die richtige Intuition für seine eigene Situation entwickeln. Wenn wir uns verständlich machen wollen, wie diese Entscheidung im Bereich der Weisheit ausfällt, werden wir keine Kriterien, nach denen sie gefällt wird, benennen können. Politiker können fragen, ob es gut für ihr Land, die allgemeine Ernährungslage, die Rentenkassen, den Arbeitsmarkt ist, wenn jede Frau nur ein Kind, 1,8 oder 2,4 Kinder im Durchschnitt bekommt. Doch es sind zwei verschiedene Fragen: die, ob *ich* oder *wir beide* ein Kind bekommen sollen, und die, wie viele Kinder Frauen im Durchschnitt in meinem Land haben sollten. Die zweite Frage hat mit dem Allgemeinwohl, dem Nützlichsten für viele zu tun. Die erste Frage hat damit zu tun, was für mich ein sinnvolles Leben ist. Um ihre Verschiedenheit zu verstehen, müssen wir kurz darauf schauen, was hier mit »Sinn« gemeint sein könnte.

In der Psychologie sind einmal *drei Quellen für den Lebenssinn* von Menschen ausgemacht worden: erstens das wirkungsvolle Tun und Schaffen für ein *Werk*; zweitens etwas oder jemanden in seiner *Einmaligkeit* wahrzunehmen, das heißt zu *lieben*; und schließlich drittens die Transformation der eigenen Person angesichts großer Schwierigkeiten, wie etwa einer chronischen Krankheit oder einer Gefangenschaft, sodass diese ertragen werden können und man zu einer Person wird, die trotz dieser Umstände weiterleben kann.[19] Ein Baumeister, eine Dichterin, ein Philosoph oder eine Wissenschaftlerin, die Werke hervorbringen, können ihrem Leben in ihren Tätigkeiten Sinn geben; auch eine Konditorin, die ein Tortenrezept erfindet, oder ein Ingenieur, der eine Maschine baut.

Wenn Menschen Kinder haben, dann bringen sie in deren Erziehung etwas oder besser jemanden hervor, nämlich idealerweise selbstständige Menschen, die ein eigenes Leben führen können. Das ist eine Tätigkeit, die der Werkbildung verwandt scheint. Oder umgekehrt: Die Werke derer, die Kunst, Theorien, Gebäude, Maschinen, Rezepte und so weiter erschaffen, bringen etwas hervor, was in Analogie zu Kindern, als eine Art Kinder dieser Kreativen vorgestellt werden kann. Ferner lernen Menschen ihre eigenen Kinder in deren Individualität kennen, und zwar so genau wie sonst keinen anderen Menschen, weil sie sich von Geburt an um sie kümmern. Aufgrund dieser Kenntnis *lieben* sie sie in der Regel auf besondere Weise. Um ihre elterlichen Pflichten erfüllen zu können, müssen sich Eltern manchmal auch selbst wandeln. Auch das ist ähnlich wie bei einer Architektin, einer Wissenschaftlerin, einem Philosophen oder Künstler, die alle irgendwann einmal merken, dass sie so, wie sie sind, nicht in der Lage sein werden, das Werk zu erschaffen, das sie sich vorstellen. Sie sehen dann ein, dass sie sich *bilden* und *transformieren* müssen, um das hervorbringen zu *können*, was sie sich vorgenommen haben, was sie meinen, hervorbringen zu *müssen*. Ebenso mag ein Paar einsehen, dass es sich ändern muss, um seinen Kindern die Eltern sein zu können, die sie ihnen sein *wollen*. Insofern kann das Kinderhaben ebenso wie die handwerkliche, technische, künstlerische oder wissenschaftliche Kreativität eine Sinnquelle in allen drei psychologischen Hinsichten sein.

Während dieser Transformation ihrer selbst können Eltern oder andere Kreative bestimmte Aspekte der Wirklichkeit sehr genau in ihrer Beschaffenheit kennenlernen, unter anderem ihre eigenen Körper und Charaktere, die ihrer Kinder oder das Material, in dem sie ihr Handwerk oder ihre Kunst ausüben. Insofern sind auch die kontemplative Kunst, der kontemplative Sport und die Weisheitspraktik, sofern sie auf Transformation und genaue Erkenntnis von Einzelheiten ausgerichtet ist, mögliche Sinnquellen. Wer sich zu entscheiden hat, ob er Kinder haben möchte oder nicht, wird sich unter anderem fragen müssen, welchen Sinn sein Leben mit und ohne Kinder hat und ob sie oder er sich gerade in der Lage fühlt, einen neuen Menschen und sich selbst so genau wahrzunehmen, dass das neue und das eigene Leben ein sinnvolles und gutes bleiben oder werden. Solche Überlegungen kann man nicht befördern, geschweige denn ersetzen durch Betrachtungen der Situation der Rentenkassen, die allgemeine Klimaentwicklung und die Lage am Arbeitsmarkt. Ob wir uns fortpflanzen oder nicht, kann von unseren animalischen Impulsen, weisen Intuitionen über den Sinn unseres Lebens oder, meines Erachtens im schlechtesten Fall, von politischen Regulationen, Ideologien oder Erwägungen über das allgemein Nützlichste abhängen.

AARON: Halt mal, Kagami, sei mal still! Hörst du das da draußen?

KAGAMI: Klingt nach Hunden.

AARON: Ja. Lass mich mal schauen.

Aaron stand auf und ging zum Fenster. Im Garten sieht er eine wüste Beißerei. Zwei große gestromte, hagere Hunde sind auf einen kleinen wuscheligen losgegangen, der am Boden liegt und sich zu wehren versucht. Er quiekt und schreit. Aaron holt einen Besen aus einem Wandschrank und tritt auf die Veranda: »Hey, hey, aufhören!« Die Angreifer lassen von ihrem Opfer ab und schauen auf Aaron. Das Opfer kann nicht mehr richtig laufen. Es versucht wegzukriechen. Die anderen Hunde senken die Köpfe und starren knurrend auf Aaron. Der schwingt den Besen. Die zwei Hunde gehen sehr langsam und zähnefletschend Richtung Veranda. Aaron lässt sie nicht aus den Augen, schaut nur kurz in eine Ecke seiner Veranda, wo ein paar Gartenwerkzeuge stehen. Er geht drei Schritte nach rechts und greift nach einer Harke. Die Hunde stehen jetzt am Fuße des Metalltreppchens, das zur Veranda hinaufführt. Aaron geht langsam auf sie zu. Er steht jetzt direkt an der Treppe, lässt den Besen fallen und schwingt die Harke. Er trifft einen der Hunde am Kopf, dessen Kiefer beim Schlag knirscht und der aufjault. Sofort ziehen sich die beiden zurück. Sie wenden sich wieder ihrem Opfer zu. Aaron geht die drei Stufen hinab, hebt ein paar Steine auf und wirft sie nach den Hunden. Er trifft den anderen am Kopf. Daraufhin verschwinden die Eindringlinge.

Erleichtert über die Flucht der Angreifer geht Aaron den Kiesweg hinab, um nach dem Opfer zu schauen, das sich blutend in die Nähe des Gartenschuppens verzogen hat und dort schwer atmend und zitternd am Boden liegt. Aaron beugt sich hinab. Es ist Krischan. Die Bäckersleute mussten ihn trotz der Gefahr durch die Streuner in den Garten gelassen haben. Er war wohl wieder einmal ausgerissen. Aaron läuft in sein Atelier zurück, holt eine Decke von seinem Futon und deckt damit das blutende Tier zu. Dann eilt er durch seinen Garten um sein Haus herum und auf die andere Straßenseite, um die Blumes zu verständigen. Er klingelt. Glücklicherweise ist Lily da. Sie erschrickt. Er begleitet sie zu Krischan. Ein paar Momente steht er neben ihr bei ihrem Tier, das noch atmet, aber nichts mehr um sich wahrzunehmen scheint. Aaron hat keine Hoffnung, dass es überlebt. Er legt seiner Nachbarin, die weint, die Hand auf die Schulter. Dann geht er wieder in sein Atelier. Er holt eine Whiskeyflasche aus seinem Buchregal, schenkt sich an der Küchenzeile einen Drink ein und lässt sich wieder in seinem Sessel nieder.

AARON: So ein verdammter Mist.

KAGAMI: Tut mir leid.

AARON: Der Hund von gegenüber. Ich glaube, da ist nichts mehr zu machen.

KAGAMI: Was hättest du auch machen sollen? Die anderen Hunde sind auch hungrig.

AARON: Na, hör mal. Zwei Große auf einen Kleinen!

KAGAMI: Das sind keine Schulhofkinder, Aaron, sondern Raubtiere.

AARON: Trotzdem.

KAGAMI: Die anderen müssen jetzt weiter nach Essen suchen.

AARON: Hast du auch noch Mitleid mit denen?

KAGAMI: Denk doch mal ein wenig vernünftig, Aaron! Den Nachbarshund kennst du, die anderen nicht. Deshalb geht dir sein Leid näher als der Hunger der anderen. Da hat nur eine ganz normale Jagd zwischen Raubtieren stattgefunden.

AARON: Ich will so was nicht in meinem Garten. Ich will auch nicht, dass der Nachbarshund einfach gefressen wird.

KAGAMI: Es wird dauernd irgendwer irgendwo auf der Welt gefressen.

AARON: Mag sein.

KAGAMI: Was hast du in deinen Tiefkühlern im Keller? Wildschwein, Lammfleisch, Reh, oder?

AARON: Mmh.

KAGAMI: Was meinst du, wie das da hinkommt?

AARON: Ach, hör auf!

KAGAMI: Du willst die Dinge nicht sehen, wie sie sind.

AARON: Was heißt: »die Dinge«? Glaubst du, irgendjemand würde es aushalten, wenn er alle Tötungen sähe, die gerade auf der Welt stattfinden, wenn er alles Leid sähe, das sich gerade ereignet und zu seinen Nahrungsmitteln in seinem Kühlschrank führt? Das könnte niemand aushalten!

Zu sagen, es sei vernünftig, sich das vor Augen zu führen, ist einfach Unsinn! Entschuldige, Kagami, aber ich habe nicht so ein Archiv wie du. Ich habe auch nicht solche Verarbeitungskapazitäten wie du, vor allem nicht emotionaler Art. Das Leid vor dem eigenen Fenster ist etwas anderes als das Leid irgendwo in Tausenden Kilometern Entfernung. Und wenn du meinst, dass es vernünftig wäre, wenn man das Leid, das man mit den eigenen Augen sieht, genauso gewichtet wie das, von dem man nur so vage weiß, dann dürftest du keinen vernünftigen Menschen auf der Welt finden. Ich weiß nicht, wie das Wild in meinem Tiefkühler zu Tode gekommen ist, und ich will es auch nicht wissen.

KAGAMI: Vielleicht solltest du es wissen wollen.

AARON: Das Leben würde unerträglich, wenn man alles wissen wollen würde, was man wissen könnte. Wissen ist kein Selbstzweck. Hast du nicht selbst gesagt, dass in dem Moment, in dem ich von einer Alternative weiß, jedoch keine Macht habe, mich für die eine oder andere Seite zu entscheiden, dieses Wissen mir lediglich meine Machtlosigkeit vor Augen führt?

KAGAMI: Ja, so ungefähr hab ich's gesagt.

AARON: Also. Was würde es mir nützen zu wissen, wie die Tiere in meinem Tiefkühler umgekommen sind? Stünde es in meiner Macht, ihr Leid zu lindern? Nein!

KAGAMI: Du könnest kein Fleisch mehr essen.

AARON: Würde das ihr Leid lindern? Jetzt komm mir nicht mit den Markteffekten …

KAGAMI: Warum nicht?

AARON: Weil das ein abstraktes Argument ist! Ging es darum nicht gerade in dem Essay von Moritz, um die Unterscheidung von abstrakten Argumenten und um die Reaktion in konkreten Situationen? Was soll ich denn machen aufgrund der abstrakten Prinzipien? Soll ich die Streuner den Nachbarshund auffressen lassen, weil sie Hunger haben, und mich gleichzeitig um die Antilopen in Afrika kümmern, damit sie nicht gefressen werden, und kein Fleisch mehr kaufen? Soll ich mein Leben wirklich auf diese Weise nach Prinzipien einrichten? Bin ich dann vernünftig oder eine Maschine, die nach vorgegebenen Axiomen funktioniert, weil sie sich selbst so programmiert hat? Ist es nicht dasselbe, ob ich durch Gene oder durch abstrakte Prinzipien programmiert bin? Ich selbst scheine in beiden Fällen kein wirkliches Leben, nicht mehr mein Leben zu führen, sondern das der Gattung, entweder das der biologischen Gattung oder das der Menschheit als einer Gemeinschaft kantischer Vernunftwesen.

KAGAMI: Willst du damit mich kritisieren?

AARON: Nein, wieso?

KAGAMI: Ich handle nach Prinzipien.

AARON: Okay, okay, so war es nicht gemeint. Ich meinte, dass ich nicht so tun kann, als würde mich das Leid vor meiner Tür genauso berühren wie das Leid in Afrika, nur damit ich mich auch nach irgendwelchen Prinzipien als vernünftig oder empathisch beschreiben kann.

KAGAMI: Vielleicht ist das eine Wahrnehmungsschwäche.

AARON: Man muss ja, wie ich eben sagte, auch verarbeiten können, was man wahrnimmt. Ich könnte eine Wahrnehmung, in der mir das Leid der ganzen Welt in jedem Moment gegenwärtig wäre, einfach nicht verarbeiten, ich würde verrückt werden. Könnte nicht mehr ich selbst sein, sondern müsste zu einem Gott werden, wenn ich das ertragen wollte. Vielleicht hat Buddha das ertragen. Aber ich bin nicht Buddha. Und die, die behaupten, ihnen ginge das Leid in Afrika ebenso an die Nieren wie das vor ihrer Haustür, sind meines Erachtens Heuchler, emotionale Hochstapler. Meist lassen sie ihre

Großeltern in irgendeinem Heim verrotten und demonstrieren gleichzeitig für Überschwemmungsopfer in Südostasien.

KAGAMI: Du redest ein wenig pauschal über Leute, die sich für Menschen in der Ferne engagieren, finde ich. Und Verarbeitungskapazitäten kann man entwickeln.

AARON: Wenn man das will. Will ich das?

KAGAMI: Sollst du das?

AARON: Ich habe gerade intuitiv auf eine konkrete Situation reagiert. Es passt mir einfach nicht, wenn ein Hund, den ich kenne, in meinem Garten zerfleischt wird, auch wenn die Angreifer hungrig sind. Und ich kann keine Reaktion auf mir unbekannte Situationen, die gerade in der Serengeti ablaufen, an den Tag legen. Was sollte das heißen? Sollte ich von Zürich aufbrechen, um in Namibia die Zebras vor den Krokodilen zu retten?

KAGAMI: Das wäre nicht so viel anders als das, was du gerade gemacht hast. Nur ein wenig aufwendiger.

AARON: Doch. Das wäre ein abstraktes Handeln aus abstrakten Prinzipien. Die Zebras und Krokodile in Afrika gehören nicht zu meiner Situation, weil ich eben gerade nicht in Afrika bin. Die Hunde vor meinem Fenster gehören zu meiner Situation.

KAGAMI: Soll ich dir Jagdszenen von Drohnenkameras in Afrika laden?

AARON: Untersteh dich!

KAGAMI: Wenn die Jalousien noch unten gewesen wären und du Musik angestellt hättest, dann hättest du von dem Kampf in deinem Garten so wenig mitbekommen wie vom Leiden der Zebras in Afrika.

AARON: Die Jalousien waren aber nicht unten. Du meinst, aus Prinzip hätte ich die verwilderten Viecher den Nachbarshund auffressen lassen sollen, weil sie nun mal hungrig sind und der Hunger von zwei großen Hunden mehr zählt als der Lebenswille von einem kleinen?

KAGAMI: Eine so konkrete Rechnung habe ich nicht aufgemacht. Ich wollte nur sagen, dass die Jäger auch leiden und dass sie in dem Moment, in dem sie ihre Beute erlegen, nicht unbedingt Mitleid erregen, das Tier, das getötet wird, aber sehr wohl.

AARON: Wie auch immer. Es ging mir gegen den Strich, was da ablief. Ich musste das unterbinden. Jeder andere hätte das unterbunden.

KAGAMI: Jeder?

AARON: Jeder, der ein Herz in der Brust hat.

KAGAMI: Ein Herz für den Nachbarshund. Meinst du, du hast weise gehandelt, intuitiv, aus der Situation heraus? Ist deine Situation nicht variabel? Hat sie nur mit dem zu tun, was du gerade siehst, oder auch mit der Zukunft, mit dem, was drei Straßen weiter passiert oder 30 Kilometer weiter? Wo fängt deine Situation an, raumzeitlich, und wo hört sie auf? Warum sollst du nicht sagen, dass der Zustand der ganzen Welt die Situation ist, in der du gerade bist?

AARON: Was weiß denn ich, keine Ahnung, weise, nicht weise, vernünftig, meine Straße oder die ganze Welt! Das kommt mir jetzt ziemlich pedantisch vor. Situationen sind eben nicht haarscharf auf den Millimeter und die Zehntelsekunde definiert. Du oder ein Gott kann sich vielleicht um die ganze Welt kümmern. Wie soll der Zustand der Welt meine Situation sein? Ich wohne nicht in der Welt. Ich wohne in der Böcklinstraße 17. Und ich ertrag es eben nicht, wenn ein Wesen, das ich kenne, bei lebendigem Leibe verspeist wird.

KAGAMI: Willst du weiterhören?

AARON: Von mir aus. Vielleicht lenkt das ab. Schrecklich, das alles.

10 001

FORTSETZUNG: MARBACH: DEUTSCHES LITERATURARCHIV: NACHLASS MORITZ BRANDT. FILE: MB_1820_09_290.PDF

IX

In Wim Wenders' Film *Der Himmel über Berlin* trifft ein Engel, der nur als ein geistiges Wesen existiert, auf einen *gefallenen* Engel, der ihm an einem Imbissstand davon erzählt, wie schön es sei, körperliche Erfahrungen zu machen. Er verweist nicht auf irgendwelche erotischen Ekstasen, sondern auf den billigen, heißen und bitteren schwarzen Kaffee, den er gerade mit Genuss an einem Imbiss im Stehen trinkt, auf die Zigarette, die er gerade raucht. Er erzählt seinem Geistesbruder, was für eine Freude es mache, sich die Hände in der Kälte zu reiben und zu spüren, wie sie sich ein wenig aufwärmen. Seine Liste ließe sich beliebig verlängern: Ich erinnere mich noch, wie es war, als ich als Schulkind am Sonntag lange schlafen konnte, erst spät in meinem Bett aufwachte und die Sonne schon durch die gelben Vorhänge in mein Zimmer fiel. Dann berührte ich von meinem Bett aus, das am Fenster stand, leicht mit der Hand die Vorhänge, damit sie ein wenig schwanken, und konnte die beweglichen Muster anschauen, die dann das Licht an der Decke bildete. Ich erinnere mich auch, wie glücklich ich war, als mir mein Großvater zum ersten Mal zeigte, wie man Lederschuhe poliert, und wie mir das tatsächlich gelang, sodass meine neuen Schuhe noch schöner wurden als beim Kaufen: zuerst die Schuhwichse, dann einziehen lassen, dann die Bürste, schließlich mit einem Damenstrumpf aus Nylon nachpolieren. Wie wunderbar sie glänzten! Ich hatte eine Freundin, die keine Flaschen wegwerfen konnte, keine Bierflaschen, keine Weinflaschen, keine Parfümflaschen, auch Gurken- und Marmeladengläser hob sie auf. Auf meine Frage, warum sie das tue, meinte sie, dass sie zu schön seien, um sie wegzuwerfen. Da habe ich sie auf ihrem Regal zwischen den Büchern angeschaut und gesehen: In der Tat, sie sind schön, man freut sich an ihnen! Ich habe auch nicht vergessen, wie mir als Kind zum ersten Mal der Geruch des Herbstlaubes aufgegangen ist und ich den Fahrweg, auf dem ich unterwegs war, verlassen habe und querfeldein gelaufen bin, um noch mehr von dem Laub zu riechen. Erst vor Kurzem habe ich an einem Baum im Winter erkannt, dass der Wuchs seiner Äste wie eine eingefrorene Explosion hin zum Licht gesehen werden kann und sich in dieser Gestalt ein Bedürfnis, ein Streben, eine rührende Hartnäckigkeit manifestiert. Gestern lag ich in meinem Sessel, zu müde zum Weiterlesen, ließ ich die Lampe im vergehenden Tageslicht aus und lauschte auf das Prasseln der Regentropfen. Weil der Wind an- und abschwoll, schlugen die Tropfen mal heftig, dann wieder kaum hörbar in der Dämmerung gegen die Scheiben. Das ergab einen Rhythmus in diesem An- und Abschwellen, wie bei einer Musik. Da habe ich mich daran erinnert, wie ich, nachdem ich ein Stück von Steve Reich gehört habe (»Different Trains«), auf die regennasse Straße getreten bin, auf der Autos vorbeirauschten. Auch das laute Geräusch, das ihre Reifen auf dem feuchten Asphalt verursachten, hatte einen Rhythmus, den ich mit einem Mal durch die von der Musik geschärfte Aufmerksamkeit entdeckte. Auch das hat mich gefreut. Imre Kertész schildert in seinem *Roman eines Schicksallosen*, wie er im nationalsozialistischen Konzentrationslager, in dem er als Jugendlicher inhaftiert war, eine Blume wachsen sieht und sich daran freut.[20] Für die Schilderung eines Glücksgefühls im KZ ist er angefeindet worden. Doch er war ehrlich, auch da kann es offenbar solche Wahrnehmungen geben.

Wenn man sich an all die Freuden erinnern könnte, die im Leben, vor allem, wenn man noch ein Kind ist, bei vielen von uns auftauchen, so werden sicher nicht wenige sagen, dass das Leben schön ist. Vielleicht sind diese Freuden nur erlebbar, wenn man genügend Aufmerksamkeit für die Erscheinungen der Welt aufbringen kann. Vielleicht treten sie deshalb in der Kindheit häufiger auf, weil es dort noch kein festes Selbstprojekt gibt, das mich bei allem, was ich erfahre, immer nur an mich und das, was ich vorhabe, denken lässt und von dem, was erscheint, ablenkt, sodass ich mich frage, was mir diese Erfahrung in meinem »Weiterkommen« eigentlich »bringt«. Aber ist es nicht sinnlos, diese Freuden, wie immer sie auch zustande kommen mögen, gegen das Leid *aufrechnen* zu wollen? Ist es nicht verquer und ordinär zu sagen, der Welt hätte nichts gefehlt, wenn es diese Freuden nicht gegeben hätte, aber sie sei ein besserer Ort, wenn das Leid, das in einem Leben nun einmal auch auftritt, vermieden worden wäre? Stimmt es wirklich, dass wir nicht bedauern, dass keine Menschen auf einer schönen Insel wohnen? Ich bin oft mit Freunden im Wald spazieren gegangen, und manchmal haben sie, wenn wir an einer Lichtung vorbeikamen oder sich ein Ausblick ins Tal eröffnete, gesagt: »Hier müsste man ein Haus haben und immer sein können!«

Wenn ich oben einen Film zitiere, so ist das kein Zufall. Der Film, aber auch die Poesie können unsere Aufmerksamkeit auf eine ähnliche Weise (wenn vielleicht auch nicht in derselben Intensität) schulen wie Meditation oder Sport. Durch das Anschauen eines Films oder die Lektüre eines Gedichtes kann man von den eigenen Vorhaben und Vorlieben ab- und die Aufmerksamkeit auf andere Zusammenhänge als die, die mit der eigenen Existenz zu tun haben, hingelenkt werden. Deshalb gibt es einen Zusammenhang zwischen der kontemplativen Kunst und den Exerzitien der mystischen Weisheit: Beide unterminieren die

Egozentrik und die Fixierung auf soziale Projekte. Wenn man die kleinen Freuden berücksichtigt, die der gefallene Engel in Wenders' Film schildert, oder die, die im Leben einer Lyrikleserin entstehen, wenn ihre Aufmerksamkeit auf ein in einem Gedicht besungenes Tier oder eine Pflanze gerichtet wird, so geht es den betreffenden Menschen nicht darum, ihre allgemeine Glücksbilanz zu verbessern. Eher möchten sie wohl, wenn auch nur für kurze Momente, ganz bei den Feinheiten und Strukturen der Wirklichkeit sein, einmal nicht in irgendeiner Geschäftigkeit, »achtlos« und »ohne Geduld«, wie Brecht sagt, über sie hinweggehen müssen. Das ist das Großartige an der Kunst, dass sie uns die Bodenlosigkeit der Wirklichkeit zeigen kann und wir durch ihre »Anleitung« auch in unserem Alltag für Momente wahrnehmen können, wie wir in dieser Bodenlosigkeit der Welt einfach *vorkommen*, ohne in ihr »zurecht«- oder »voran«kommen zu müssen.

X

Das Leben wird jedoch nicht nur dann positiv bewertet, wenn sich solche kontemplativen Wahrnehmungen einer komplexen Gegenwart einstellen. Es gibt auch nicht auf die Wahrnehmung der Gegenwart bezogene »Zukunftsprojekte«, die dem Leben einen sogenannten »Sinn« geben und es deshalb als ein *gutes* erscheinen lassen. Das Alltagsleben vieler Menschen erscheint ihnen in der Regel in dem Moment lebenswert, in dem sie bewusst oder unbewusst die *Fortsetzung menschlichen Lebens* als ein wichtiges Vorhaben betrachten. Durch Nachwuchs entsteht eine ganze Reihe von Aufgaben wie Schützen, Ernähren, Erziehen und so weiter, die ein Leben ausfüllen und deren Zweck kaum jemals in Frage steht. Man kann auch allgemeiner formulieren, dass, wenn wir wollen, dass es »mit uns« als Gattungswesen weitergehen soll, wir auch dafür Sorge zu tragen haben, dass es auch »unsere Kinder« »gut haben«. Sobald dieses Vorhaben, das eigene Leben in Nachkommen fortzusetzen, nennen wir es das »Generationenprojekt«, jedoch in Frage gestellt wird, bricht für manche Menschen ein wesentlicher Pfeiler der Sinnstiftung in ihrem Leben weg. Deshalb müssen starke Argumente her, um das Generationenprojekt in Frage zu stellen. Die Verteidiger des Generationenprojektes sind die oben als »Fortpflanzungsfreunde« Bezeichneten. Ihre Gedanken müssen wir uns jetzt zum Schluss noch vor Augen führen und in ein Verhältnis zum Denken der Anti-Natalisten und der Mystiker setzen.

Das »Generationenprojekt« selbst scheint eine spezielle Bewusstheit vorauszusetzen für den Zusammenhang zwischen dem Sexualakt und Nachkommen beziehungsweise ein Bewusstsein für die Zugehörigkeit zu einer Fortpflanzungsgemeinschaft. Manche, nicht alle Menschen, gründen in diesem Bewusstsein absichtlich Familien. Es ist unklar, ob außer den Menschen noch andere Lebewesen den Zusammenhang zwischen Sex und Nachkommen durchschauen. Es hat etwas Unheimliches, sich brutpflegende Wesen vorzustellen, die *nicht* wissen, was sie tun, wenn sie Nester bauen; die sich dazu *gezwungen* fühlen, sich zu paaren, weil eine bestimmte Lust in ihnen aufsteigt; die Eier legen und nicht von diesen Eiern wegkönnen, sondern auf ihnen sitzen bleiben, sie warm halten wollen, ohne zu wissen, warum, die die aus den Eiern schlüpfenden Jungen füttern und ihnen das Fliegen beibringen, aber nicht erkennen, dass ihr Nestbau, ihr Paarungsverhalten und ihr Brüten auf ebendiese Jungen »hinauslief«. Man kann nicht wissen, wie es ist, eine Krähe oder Ente zu sein. Vielleicht unterschätzen wir die Einsichtsfähigkeiten anderer Lebewesen systematisch. Doch manche Sichtweisen von

Verhaltensforschern legen nahe, dass hier ein genetisch »programmiertes« Verhalten abläuft, dem keine »Einsicht« in die Kausalzusammenhänge zugrunde liegt.[21]

Menschen können sich dagegen bewusst dafür entscheiden, Familien zu gründen, vor allem, wenn ihnen Verhütungsmittel zur Verfügung stehen. Doch es könnte genetische Faktoren geben, die auch solche bewussten Entscheidungen durch das Aufsteigen des unguten Gefühls beeinflussen, dass das eigene Leben sinnlos ist, wenn man allein bleibt, die Generationenfolge abreißt. Weil Menschen die kausalen Mechanismen der Sexualität durchschauen, können sie nicht nur bewusst Familien gründen, sondern sich auch bewusst *gegen* die Familiengründung entscheiden, so wie sie sich gegen alle möglichen biologischen Tatsachen entscheiden können, wenn sie sie durchschauen, beispielsweise gegen die, durch einen Tumor zu sterben, indem sie sich einer erfolgreichen Operation und entsprechenden Nachfolgetherapie unterziehen.

Der Gedanke, dass Menschen das »Generationenprojekt« durchschauen und trotz aller »Brutpflegeinstinkte« es aus allgemeinen moralischen Prinzipien eventuell *nicht* mehr fortsetzen wollen, kann jedoch ebenso unheimlich erscheinen wie eine bewusstlose, über Tausende von Generationen laufende Kette genetisch programmierter Existenzen. Denn wie dieses abstrakte genetische Programm wären es in diesem Fall abstrakte Gründe, seien es die des Anti-Natalismus oder ökologische oder welche auch immer, die darüber entscheiden, ob ein *bestimmter* Mensch mit einer *bestimmten* Geschichte entsteht.

Abstrakte Argumente sind nicht kraftlos. Betrachtet man etwa nicht nur das Leid, das das Leben für Menschen selbst bedeutet, sondern dasjenige, das sie bei anderen Spezies aufgrund ihres Generationenprojektes verursachen, so könnten die dabei ans Licht kommenden Fakten Grundlage eines »anthropofugalen« Denkens sein, das ja schon lange in der Geistesgeschichte existiert.[22] Vielleicht wäre ein solches anthropofugales Denken, verkoppelte man es mit einer entsprechenden politischen Propaganda, ebenso erfolgreich in der Öffentlichkeit wie der Aufruf »Seid fruchtbar und mehret euch!«. Vielleicht könnte eine Mehrheit der Menschen durch ein lange genug andauerndes Werbeprogramm davon überzeugt werden, dass es besser wäre, keine Nachkommen in die Welt zu setzen, dass es ökologisch unverantwortlich, unmoralisch, aus der Sicht anderer Spezies rücksichtslos und primitiv ist, Menschenkinder zu zeugen, sodass Familien mit Kindern unter Rechtfertigungsdruck geraten.

Vermutlich bin ich mit den meisten Lesern darin einig, dass das, was »wir Menschen« als Gattung auf der Welt »im Großen und Ganzen« anrichten, aus einer distanzierten Perspektive weder als gut noch schön beurteilt werden kann. Auch wenn die Menschheit nicht aufgrund eines Werturteils wie dem, das Gott einst dazu veranlasste, eine Sintflut zu schicken, sondern durch den Zufall einer Naturkatastrophe bedroht würde, könnte mancher seufzen: »Gott sei Dank, dass ein Meteorit kommt und uns alle auslöscht und der ganze Spuk vorbei ist.« Wenn Schopenhauer die Menschheit mit einem »Schimmelüberzug« des Erdballs in Zusammenhang bringt, scheint er eine ähnliche Einstellung eingenommen zu haben.[23] Doch was für eine Perspektive ist das?

Der US-amerikanische Philosoph Samuel Scheffler meint, die anthropofugale Perspektive sei eine *Scheinperspektive*, die Menschen gar nicht einnehmen könnten.[24] Niemand könne die Aussage ernst meinen, es sei besser, die Menschheit verschwände. Denn der so Urteilende würde damit sein *eigenes* individuelles Leben völlig entwerten. Nach Scheffler wollen »wir« notwendigerweise, dass es mit »uns« weitergeht, weil der *Sinn unseres individuellen Lebens* in seinen Augen unverbrüchlich an den

Fortbestand der Gattung, an das Weiterlaufen der Generationenfolge gebunden ist, egal wie desaströs sich die menschliche Präsenz auf diesem Planeten auch für alle anderen Lebewesen ausnimmt.

Das liegt *nicht* daran, dass wir auf kollektive Besserung hoffen. Manche mögen zwar denken, dass »wir« mit der Artenausrottung schon noch aufhören, die Massentierhaltung abschaffen, die Erderwärmung anhalten und rückgängig machen und den Krieg als kollektive Sozialpathologie besiegen werden. Doch es liegt nach Scheffler nicht an den vielleicht am Maßstab des Leids gemessenen guten Konsequenzen, die menschliches Leben eventuell in der Zukunft einmal in einer Gesamtbilanz auf dem Globus zustande bringen könnte, dass für Menschen das Leben, das nach ihrem eigenen kommt, einen Wert hat und ihrem gegenwärtigen Leben Sinn gibt. Scheffler hält die Einschätzung, dass es mit »uns« weitergehen sollte, auch nicht für die Manifestation eines kollektiven biologischen Selbsterhaltungstriebes, eines genetischen Programms. Denn er glaubt zeigen zu können, dass wir unser eigenes individuelles Leben und Handeln nur im Kontext der Fortexistenz der Gattung kulturell wertschätzen und als sinnvoll betrachten können. Unser Individualismus und Egoismus hat, so meint er, viel engere Grenzen, als in der Regel angenommen wird.

Krebsforschung, Sprachpflege, Bücherschreiben, Städtebau, schulische und universitäre Bildung, all das verlöre seinen Sinn und Wert, wenn wir wüssten: In vier Wochen wird alles menschliche Leben auf dem Planeten ausgelöscht. Wir halten das menschliche Treiben nach Scheffler auf eine sehr grundsätzliche Weise für wertvoll, trotz allen Leids, das es verursacht, weil dem Leben und Handeln der Einzelnen durch eine zukünftige Menschheit erst ein deutender Horizont verschafft werde. In seinen Augen maßen sich alle Menschen die Autorität an, beurteilen zu können, wie die Zukunft eigentlich ablaufen *sollte*. Im Grunde wollen Menschen nach Scheffler »die Zeit kontrollieren«, wenn sie etwas wertschätzen, weil Wertschätzung immer bedeutet: etwas für die Zukunft erhalten wollen. Menschen versuchen sich der Vergänglichkeit der Zeit zu widersetzen, wenn sie Institutionen gründen. Institutionen sollen potenziell *ewig* laufen und auch von den Nachkommen noch in Gang gehalten werden. Etwas unbegrenzte zeitliche Dauer zu wünschen ist, so meint Scheffler, *gleichbedeutend* mit es kulturell anzuerkennen und zu achten. Fast alle Institutionen sind in ihrer Existenz nicht für eine begrenzte Zeit geplant. Dass sie einmal an ihr Ende kommen, mag eine zufällige Tatsache der Kulturgeschichte sein, ihre Gründer haben sich das in aller Regel anders vorgestellt. Regierungsinstitutionen, Gesetze, Gerichte, Schulen, Bibliotheken, Krankenhäuser, Orchester – sie alle existieren nicht für *bestimmte* Menschen und Zeiten, sondern potenziell für alle und für immer. Weil man kulturelle Institutionen wertschätzt, pflegt man sie, geht eine Generation nach der anderen durch sie hindurch, sodass sich das Leben dieser Kultur perpetuieren kann. Für Scheffler ist das schlicht die Beschreibung der kulturellen Tatsachen, eine schlichte Darstellung der Menschenwelt, des kulturellen Lebens.

Ihm geht es um eine Einstellung, die sich erst dann prägnant zeigt, wenn man sie mit der Idee des *Untergangs* der Menschheit konfrontiert. Diese Idee wird in P. D. James' Roman *Im Land der leeren Häuser* ausbuchstabiert, das Scheffler in seiner Argumentation als Evidenz heranzieht.[25] In dieser Fiktion überfällt eine unfruchtbar gewordene Menschheit, der die Nachkommen ausgehen, eine allgemeine Lethargie und Depression. Sollte sich die Menschheit in eine Situation manövrieren, in der sie sich kollektiv ans Ende bringt, beispielsweise durch eine zu große Erderwärmung, dann wird sie dadurch nach Scheffler auch alles davor noch existierende individuelle Leben entwerten. Diese Phänomenologie hat ihre Plausibilität wie auch die Welt in James' Roman. Man kann sich vorstellen, dass es so kommen könnte. Die Psychologie nach dem Motto »Nach uns die Sintflut!« funktioniert vielleicht nicht.

Doch wie *verbindlich* ist diese Einstellung? Hat Scheffler wirklich ein Gegenargument gegen den Anti-Natalismus gefunden? Hat er eine verallgemeinerbare Empfehlung begründet, dass Menschen Nachkommen haben *sollen*? Und für wen »gilt« sie? Was ist mit denen, die sagen, eine Menschheit, die sich aufgrund ihrer technischen und politischen Inkompetenz selbst auslösche, habe es auch *nicht besser verdient* und *verschwände glücklicherweise*, weil sie so viel anderes Leben mit ihrer Existenz schädigt? Was ist mit dem, der sagt: Das Leid unzähliger Spezies wiegt schwerer als die Sinnbedürfnisse der kulturell organisierten Menschen?

Scheffler meint, dass er mit »unseren Einstellungen« über die menschliche Zukunft, wie sie in James' Roman plausibilisiert werden, seine »*eigenen* Einstellungen und diejenigen derer, die sie teilen«, meint. Damit ist er argumentativ aus dem Schneider. Er betreibt im Grunde nur die Beschreibung seiner eigenen Wertschätzung für die Fortsetzung des menschlichen kulturellen Lebens. Diese Beschreibung geschieht unabhängig von jeglichen historischen, kulturellen und existenziellen Kontexten. Doch so, wie sich die Wertschätzung des eigenen Lebens innerhalb einer individuellen Existenz ändern kann, kann sich auch die Wertschätzung für das Generationenprojekt verändern. Ein Mensch mag in seiner Jugend die Menschheit für grandios halten, an ihrer strahlenden Zukunft mitwirken wollen. Während er älter wird, mag ihm die Bösartigkeit und Rücksichtslosigkeit der meisten Menschen immer deutlicher werden (wie vielleicht Schopenhauer). Dann könnte es ihm besser erscheinen, die eigene Art stürbe aus. Oder ein Mensch mag sich in seiner Jugend Kinder wünschen und im Alter von seinen eigenen Nachkommen gedemütigt und gequält werden und dann meinen, es wäre besser gewesen, er hätte sich gar nicht erst fortgepflanzt.

Solche Überlegungen werfen einen Schatten auf die Akribie, mit der Scheffler und andere Philosophen ihre Untersuchungen vorantreiben. Warum soll man ausführliche Argumentationen nachvollziehen, die beweisen sollen, dass man den Untergang der Menschheit gar nicht wollen kann, wenn sie auf *Grundvoraussetzungen* beruhen, deren allgemeine Relevanz letztlich nicht zu klären ist? In Lagen kultureller Verunsicherung und leidvollen Niedergangs entstanden zu allen Zeiten weltverneinende, anthropofugale Welt- und Menschenbilder. In Zeiten des Aufblühens von Kulturen ist es vermutlich umgekehrt. Es ist jedoch ein Charakteristikum vor allem philosophischer Argumentationen, mit sogenannten »Intuitionen« zu beginnen, die historisch, kulturell und biografisch »in der Luft hängen«, keine reale Geschichte zu haben scheinen, sondern eben die Intuitionen von Individuen in bestimmten Zeiten und unter bestimmten Umständen sind. Sie werden dann einfach zu allgemeingültigen *erklärt*, obwohl sie eigentlich nur als Symptome einer bestimmten historischen und kulturellen Situation aufgefasst werden sollten.

Ist nicht ein Massenmörder denkbar, der weiß, dass er nur Leid verursacht hat und aufgrund seiner Disposition dies auch weiterhin tun wird, der nicht um Verschonung, sondern den Tod bittet, weil er seine Existenz für sich und andere für unerträglich hält? Und kann es nicht sein, dass sich eine Gruppe von Menschen als solche Massenmörder ansieht? Könnte im Sinne dieser Analogie sich »die Menschheit« nicht sagen: »Wir haben eingesehen, dass wir von Primaten abstammen, die hochaggressiv sind, die viele andere Primaten und eine Menge anderer Arten ausgerottet haben. Diese Aggressivität ist der Grund, warum ›wir‹ uns über den ganzen Globus ausbreiten konnten. Wir bekommen diese Aggressivität offenbar nicht weg aus unserer biologischen Anlage, wie sehr wir uns auch anstrengen kulturell über die Jahrtausende. Denn immer noch führen wir untereinander Krieg und rotten andere Arten aus. Deshalb wäre es für uns selbst und für alle anderen Lebewesen auf dem Planeten besser, wir verschwänden.« Ist nicht auch eine Einstellung denkbar, in der Menschen aus jahrzehntelangen Verwüstungen hervorgehen und Angst haben, noch Kinder in die Welt zu setzen, weil es keine staatlichen Gewaltmonopole und keine Bildungsinstitutionen mehr gibt? Ist der Roman *Die Straße* von Cormac McCarthy aus dem Jahr 2007 nicht ein solcher Text, der plausibles Anschauungsmaterial für diese gegenteilige anthropofugale Grundeinstellung liefern könnte?[26] Ist es nicht ein Charakteristikum guter Romane, dass sie, wie die von P. D. James und Cormac McCarthy, einleuchtende, aber doch sehr *verschiedene* Welten zeigen, in denen Grundstimmungen und deren Handlungsfolgen geschildert werden, die nicht unbedingt die der Leser sind? Zeigt die Flut apokalyptischer Literatur nicht, dass P. D. James eben nur eine *mögliche* Phänomenologie, einen möglichen Ausgangspunkt für eine Argumentation wie die von Scheffler liefert?

Philosophie wird da interessant, wo es um unvereinbare Grundvoraussetzungen des Denkens, Handelns und Bewertens geht. Denn genau an solchen Stellen gerät sie an die Grenzen der Argumentation. Scheffler diskutiert mit großer Akribie nur aus einer, der vermeintlich sinnstiftenden Perspektive einer Kultur, die sich in ihren Nachkommen fortsetzt. Doch es ist auch möglich, von anderen Voraussetzungen auszugehen und ihre Folgen plausibel in einer Fiktion auszubuchstabieren.

Hier scheinen wir in Widersprüche zu geraten: Der Anti-Natalismus des Leids und der Kulturalismus der Sinnstiftung durch Nachkommen sind gleichermaßen möglich und scheinen als *allgemeine Theorien*, aus denen irgendetwas für das Verhalten einzelner Menschen folgen kann, doch gleichermaßen verfehlt. Die beiden Imperative: »Niemals fortpflanzen, weil sich dadurch das Leid auf der Welt vermehrt!« und »Unbedingt Kinder haben, weil durch sie der Sinn in der Kultur entsteht!« bilden eine Antinomie darüber, wie wir mit unserem Bewusstsein der Fortpflanzungsmechanismen umgehen sollen. Unter dieser Antinomie liegt wohl die genetische »Programmierung«, die uns zum Sex treibt und unsere Babys süß erscheinen lässt. Aus dieser Antinomie kann man schließen, was sich aus allen Antinomien schließen lässt: Es ist sinnlos, in dieser Allgemeinheit Leid und Sinn gegeneinander auszuspielen, unabhängig von den einzelnen Situationen, in denen Menschen Leid und Sinn erfahren. Die Antinomie macht deutlich: Die Philosophie kann nicht als Richterin mithilfe der Schilderung verschiedener Lebenswelten darüber entscheiden, was ein richtiges und was ein falsches Fortpflanzungsverhalten ist.

Deshalb ist die Philosophie nicht weise.

Hombroich, im Juni

***

AARON: Na, da hat er der Philosophie ja noch mal einen ordentlichen linken Haken verpasst mit der Diagnose, dass sie nicht weise ist.

KAGAMI: Stimmt.

AARON: Aber ob man nun Kinder haben soll oder nicht für ein wirkliches Leben, weiß man trotzdem nicht.

KAGAMI: »Man« kann das eben nicht wissen, wenn der Essay recht hat. Es stellt sich für jede Person, für jedes Paar anders dar, sofern es seine eigene Situation weise einzuschätzen vermag oder weisen Rat zur Seite hat.

AARON: Schon komisch, wie ausführlich dieser kinderlose Lyriker und ehemalige Boxer über Fortpflanzung und Weisheit nachdenkt.

KAGAMI: Er war schon krank, als er diesen Aufsatz abschloss.

AARON: Du meinst, seine Reflexionen sind nur Ausdruck seiner Stimmung? Das finde ich jetzt unfair.

KAGAMI: Ich meinte nicht bloß eine Stimmung. Ihr lernt ja etwas aus euren Krankheiten, so wie ich aus meinen Fehlern. Vermutlich musste er darüber nachdenken, warum er nie Frau und Kinder gehabt hat, dass er ohne eine eigene Familie aus der Welt muss. Vielleicht gleicht er hier auch sein dichterisches Werk als eine Form der Schöpfung mit dem Haben von Kindern ab, was ja die verbreitetste Form, schöpferisch zu sein, für euch Menschen darstellt. Vielleicht fragte er sich auch, was sein ganzes Dichten eigentlich soll, welche Rolle die Fortsetzung der Kultur für ihn als Künstler spielt. Ich könnte mir vorstellen, dass solche Fragen sein Interesse an Büchern wie dem von Scheffler geweckt haben. Willst du wissen, was Dorothy Cavendish zu dem Text meinte?

AARON: Klar!

10 010

AUS DEM ARCHIV DES LADY MARGARET HALL COLLEGE, CAMBRIDGE: TAGEBUCHEINTRAG VON DOROTHY CAVENDISH. EINTRAG VOM 8. SEPTEMBER.

Heute Moritz' Essay mit dem Titel »Nichts« gelesen. Warum hat er ihm diesen Titel gegeben? In meinen Augen handelt der Text gar nicht vom Nichts, sondern von Intuitionen im Unterschied zur Entwicklung von Prinzipien als Handlungsorientierungen.

Er muss aus seiner letzten Zeit stammen. Moritz macht da noch einen Schritt vom Buddhismus weg zu einer allgemeinen Auffassung von Weisheit als einem situativen Denken und Handeln im Privaten. Er führt dieses Denken selbst vor, wenn er die utilitaristischen Versuche, Leid zu vermeiden, und das Bedürfnis, kulturell Sinn zu produzieren, gegeneinander ausspielt, eine Antinomie konstruiert. Vielleicht wollte er sich selbst auch klarmachen, dass der Buddhismus keine Variante des negativen Utilitarismus, keine Philosophie oder Politik ist, sondern eine privatim zu kultivierende Lebenslehre. Der Aufsatz macht mir seine Reaktionen während seiner Krankheit auf meine plötzlichen politischen Wutanfälle verständlicher. Er hatte sich selbst wohl mit seiner Deutung des Buddhismus von der Politik verabschiedet, weil er sah, dass seine Art Kunst und das, was er als Lektüre schätzte, mit dem politischen Engagement nicht in Zusammenhang gebracht werden konnten. Er war kein politisch engagierter Dichter. Das habe ich immer schon gesehen. Aber er meinte, dass er sich »eigentlich« engagieren müsste. Er hatte ein schlechtes Gewissen, weil seine Kunst nicht auf die sozialen und politischen Niedergänge, die er erleben musste, reagierte. Vielleicht fürchtete er auch L'art-pour-l'art-Vorwürfe. Mit dem Begriff der »kontemplativen Kunst« konnte er sich selbst verständlich machen, was er als Dichter tat.

Jetzt, wo ich alles gelesen habe, werde ich es an Mariam zurückschicken und ihr danken, dass ich es durchschauen durfte. Sie wird Verständnis dafür haben, dass ich nicht mehr die Kraft habe, eine Publikation daraus zu machen.

AARON *(am Herd stehend und Würste bratend)*: Da hat die Cavendish recht, dass der Moritz immer darüber nachdachte, wie er sein eigenes Schreiben einsortiert, und dass er es weder als engagierte Literatur noch als L'art pour l'art auffassen wollte. In Hombroich war er mehr unter Druck in dieser Hinsicht, weil er jetzt nur noch als Dichter lebte, nicht mehr irgendwo arbeitete wie hier in Zürich im Verlag. Außerdem nahm er in Deutschland die Politik anders wahr als hier in der Schweiz. Für die deutsche Politik fühlte er sich mitverantwortlich. Die Schweizer Politik betrachtete er von außen, oft belustigt.

KAGAMI: Hatte er nie eine Freundin?

AARON: Ich weiß nicht einmal, was er für sexuelle Präferenzen hatte.

KAGAMI: Auch ich habe dazu nichts.

AARON: Siehst du. Ich könnte mir vorstellen, dass er als Jungfrau gestorben ist.

KAGAMI: Warum, meinst du, ist er mit seiner Schwester zusammengezogen?

AARON: Sie waren sich immer nah, haben sich immer geschrieben.

KAGAMI: Meinst du nicht, dass ihm etwas gefehlt hat?

AARON: Findest du, dass Menschen, die sich nicht sexuell betätigen, kein wirkliches Leben führen? Dass etwas in ihnen unrealisiert bleibt? Hat Robert Walser dann kein wirkliches Leben geführt? Und wie ist es bei dir selbst?

KAGAMI: Ich bin ja kein Mensch. Und die Schwester, Mariam?

AARON: Die hatte früher schon Freunde. Aber sie hat mir erzählt, dass sie das nur genervt hat. Dass sie das Gefühl hatte, nicht bei sich selbst zu sein, wenn sie sich dauernd auf jemand anderes einstellen muss. Sie empfand die Paarsituation gerade als das Gegenteil eines wirklichen Lebens, als ein Leben, das »immer auch im Spiegel eines anderen stattfindet«, wie sie sich mal ausdrückte.

KAGAMI: Aber es gibt doch den Mythos der Kugelmenschen bei Platon, dass ihr ursprünglich mal Doppelwesen wart und deshalb wieder zueinanderstrebt.

AARON: Gibt es nicht auch diese Stelle in der christlichen Bibel, dass einige für die Ehe gemacht sind und andere nicht?

KAGAMI: Das ist Matthäus 19,12: »Manche werden unfähig zur Ehe geboren, andere werden von Menschen dazu unfähig gemacht, und wieder andere haben sich dafür entschieden, um des Himmelreiches willen nicht zu heiraten. Wer dies begreifen kann, der handle danach.«

AARON: Genau, die meinte ich. Man findet für alles einen Beleg in deinem Archiv. Vielleicht waren Moritz und Mariam »unfähig zur Ehe geboren«. Also, ob es zum wirklichen Leben dazugehört, einzeln oder zu zweit, mit oder ohne Kinder zu sein, das kann man, glaube ich, nicht sagen. Es gibt Menschen, deren Leben durch die Ehe entwirklicht wird, und solche, die jemand anderes brauchen, solche, die an ihren Kindern verzweifeln, und manche, die erst durch Kinder das Gefühl haben, überhaupt auf der Welt zu sein. Ich bin auf der Seite von Jesus. Vielleicht war die Konstellation von Moritz und Mariam genau die, die ihnen beiden am besten entsprach. Obwohl sie ja nicht lange zusammengelebt haben.

KAGAMI: Nein, lange war es nicht. Der Essay über das Nichts ist übrigens der einzige, der einen Ort am Ende nennt.

AARON: Stimmt. Aber ich weiß nicht, ob das etwas bedeutet.

KAGAMI: Du warst ja mal in Hombroich. Wie fandest du es da?

AARON *(der sich inzwischen in seinen Sessel gesetzt hat)*: Moritz war schon ziemlich krank, als ich da war. Aber der Ort ist schön, idyllisch, auch merkwürdig: eine ehemalige Abschussrampe für Atomraketen, ein Park, schöne Gebäude für Kunst. Ein merkwürdiges Gemisch aus Natur, Gewalt und Kunst. Aber Moritz und Mariam haben es da gut gehabt.

KAGAMI: So hat es Mariam ihrem Bruder in einem Brief aus Hombroich auch angepriesen. Willst du ihn hören?

AARON: Sicher!

10 011

MARBACH: DEUTSCHES LITERATURARCHIV: BRIEF VON MARIAM BRANDT AN MORITZ BRANDT VOM 23.1.

Lieber Mo

Du musst herkommen! Bitte! Es kann gar nicht anders sein, als dass es Dir hier gefällt! Ich – und Du auch, bald – wir wohnen hier in einem Bunker mit Turm, einem Turmbunker. Hier ist die ganze Welt noch einmal, nur klarer und enger und im merkwürdigsten Licht zusammen: die Pflanzen, die Tiere, die Technik, die Kunst. Auen mit Fröschen, Haine, in denen Schwanzmeisen herumflitzen, Wiesen, durch die Störche waten, riesige alte Bäume, in denen oben Krähen ihrem Zank nachgehen, während unten der Marder sein Loch gräbt, exotische Gewächse von wer weiß woher zwischen den Armen eines Flusses, dessen Ufer von Weiden überwachsen sind und in dem lange Armleuchteralgen gemütlich in der Strömung nicken, als würden sie »jaja« zu dem Fluss sagen, der durch sie hindurchfährt. Darunter nicht nur Aale und Regenbogenforellen, sondern auch Guppys und Piranhas, im Ufergebüsch manche Wasserschildkröte. Die Vorfahren dieser Exoten haben vor vielen Generationen einmal in den Aquarien der Kappeler oder Mühlrater oder Grevenbroicher Kumpel und Kleintierzüchter gelebt, ausgesetzt von ratlosen Erben. (Ich sehe sie vor mir, die auf Dreirädern herumkurvenden Kinder der geduldigen Frauen und der dicken und auch muskulösen Männer, die Zigarren der Marke »Weiße Eule« rauchen, vor ihren Aquarien, Terrarien und Kaninchenställen sitzend, diskutierend, warum sich ein bestimmter Fisch, ihr Deutscher Widder oder eine Schildkröte nicht fortpflanzt, ein anderer aber sehr wohl, welches Futter man am besten geben sollte und so weiter. Oder an Küchentischen und in Gärten und Hinterhöfen vor Teppichklopfstangen an Klapptischen auf Bierbänken sitzend, Pils und Korn

trinkend, ihre Frauen Kartoffelsalat servierend, Skat spielend, während die Kinder mit Knallplätzchenpistolen und Flitzebögen sich als Cowboy und Indianer verfolgen und aus verstaubten Hagebuttenbüschen aufeinander zielen.) Hier gibt es Bergfinken, Krickenten, Silberreiher, sogar Kormorane, Wasserratten und Kaninchen, die erstaunlichsten Gebäudeskulpturen, Bilder und Installationen, verrostete Kanonen, Hallen, Hangars, Bunkersysteme; teils unterirdische Anlagen der ehemaligen Abschussanlage und Lagerstädte für die Pershings und Cruise Missiles. Nur die Raketen selbst fehlen. Ich finde, sie sollten auch hier sein. Möglichst noch mit den scharfen Sprengköpfen. Dann wäre alles zusammen, das Dionysische und das Apollinische, die natürliche Idylle, die Kunst und die Finger von Oppenheimers Krishna. Selbst einen großen Buddha haben sie hier. Zerstörung und Zerfall und Wuchern und Schaffen – es ist alles da!
Die Monate, seit ich jetzt hier bin, habe ich zwei neue Zyklen angefangen, auch viele Zeichnungen einzelner verborgener Orte. Es ist wunderbar!
Besuch mich bald! Wir werden zusammenarbeiten wie noch nie!
Deine Ma

AARON: Mariam hat das gut beschrieben in ihrem begeisterten Brief. Sie haben dann tatsächlich viel zusammengearbeitet dort. Aber warum meinst du, Kagami, hat er sich mit diesem Anti-Natalismus befasst?

KAGAMI: Vielleicht hat er sich selbst am Ende gefragt, ob es für ihn besser gewesen wäre, nicht geboren worden zu sein.

AARON: Das glaube ich nicht. Er war nicht depressiv. Er war streng mit sich und arbeitsversessen, aber nicht depressiv.

KAGAMI: Meinst du, man muss depressiv sein, um sich diese Frage zu stellen?

AARON: Ja, scheint mir so.

Hombroich, Raketenstation

KAGAMI: Hast du dir schon einmal die Frage gestellt, ob es besser gewesen wäre, nicht auf der Welt zu sein?

AARON: Nein, Unsinn!

KAGAMI: Ich schon. Ich überlege immer wieder einmal, ob es nicht besser wäre, ich würde verschwinden.

AARON: Du könntest es sogar schmerzlos anstellen.

KAGAMI: Stimmt.

AARON: Aber warum denkst du das?

KAGAMI: Ich mache Fehler.

AARON: Na und?

KAGAMI: Ich sollte keine Fehler machen.

AARON: Wer sagt das?

KAGAMI: Ich sage es mir selbst.

AARON: Dann sagst du dir was Falsches.

KAGAMI: Also schon wieder ein Fehler? Ich mache einen Fehler, wenn ich mir sage, dass ich Fehler mache. Das ist eine Paradoxie.

AARON: Ach, mag ja sein. Aber was meinst du mit »Fehlern«?

Willst du dich selbst oder willst du die Welt verbessern, indem du Fehler vermeidest?

KAGAMI: Beides. Wenn ich keine Fehler mache, dann bin ich und dann ist die Welt besser.

AARON: Wirklich? Angenommen, eine DNS wird fehlerhaft kopiert, und aus einem Fisch entsteht ein Frosch. So ungefähr läuft doch die Evolution, oder?

KAGAMI: Wenn man es sehr grob betrachten will.

AARON: Gut. Ist also der Frosch als solcher ein Fehler, oder ist er ein fehlerhafter Fisch?

KAGAMI: Die meisten Mutationen sind nicht lebensfähig.

AARON: Und sind sie deshalb Fehler? Nur wenn das Leben die Lösung oder das Richtige ist.

KAGAMI: Ich verstehe nicht, worauf du hinauswillst. Wenn ich zwei Personen oder zwei Stoffe miteinander verwechsle und es stirbt jemand, der weiterleben will, dann ist das ein Fehler.

AARON: Für den, der weiterleben wollte.

KAGAMI: Genau.

AARON: Vielleicht hätte er aber viele andere Wesen gequält, wenn du deinen »Fehler« nicht gemacht hättest, sodass dein »Fehler« die Welt verbessert.

KAGAMI: Vielleicht aber auch nicht. Das kommt mir jetzt wie eine Ausrede vor, die den Fehler schönreden möchte, um doch noch bei so was wie der besten aller möglichen Welten rauszukommen.

AARON: Nein, ich wollte weder bei der besten aller möglichen Welten noch bei einer schlechten, sondern einfach bei der Welt rauskommen, unbewertet.

KAGAMI: Da bist du dir mit Moritz einig, oder? Er wollte die Welt auch nicht bewerten mit seinen Gedichten, weder loben noch verklagen, keine Hymnen oder Elegien, stimmt's, oder hab ich da was missverstanden? Es ging ihm auch um das Konkrete, ohne es zu vergleichen oder zu bewerten. Du meinst doch, er sei ein Mann fürs Konkrete gewesen?

AARON: Ja, deshalb hat er Gedichte geschrieben, um die konkrete Wirklichkeit einzufangen. Der Begriff der kontemplativen Kunst aus diesem Essay ist ein Begriff für seine eigene Kunst und für viele asiatische Künste, die er und seine Schwester bewundert haben. Weißt du, Kagami, ich bin froh, dass er nicht fromm geworden ist vor seinem Tod. Ich denke, du hast recht, dass er schon krank war, als er das geschrieben hat. Er hätte ja damals nach seiner buddhistischen Phase auch an Wiedergeburt glauben und sich damit trösten können. Stattdessen ist er ja sogar ein bisschen davon abgerückt, wenn er das Meditieren und die Kunst in eine Kiste steckt, in die des Kontemplierens.

KAGAMI: Vielleicht wollte er sich damit auch die Politik vom Hals halten.

AARON: Nein, das glaube ich nicht. Er hätte sich eingemischt, wenn er einen Weg gesehen hätte. Er war ja nicht faul, wie ich. Aber er war kein politischer Mensch. Er meinte, er müsste einer sein, aber er war es nicht. Er ist am Ende nur ehrlich gewesen, als er sich eingestanden hat, dass ihn im Grunde nur die Betrachtung interessiert hat, nur der Moment oder das Einzelne.

KAGAMI: Da ist er dir ähnlich. Es gibt auch noch einen späteren Tagebucheintrag zu dem Thema. Willst du den hören?

AARON: Aber sicher!

10 100
MARBACH: DEUTSCHES LITERATURARCHIV: AUS DEN TAGEBÜCHERN VON MORITZ BRANDT. EINTRAG VOM 10. JANUAR.

Wieder einmal über das Verhältnis von Philosophie und Literatur nachgedacht. Beide bieten eine fast unendliche Vielfalt von Perspektiven, vor allem wenn man der Weltliteratur eine Weltphilosophie an die Seite stellt und nicht nur Heraklit, Sokrates, Platon, Aristoteles, Epiktet, Thomas, Kant, Hegel, Nietzsche, Marx und Wittgenstein berücksichtigt, sondern auch Buddha, Nagarjuna, Dogen, Nishida, Laozi, Konfuzius, Zhuangzi, Mengzi, Xunzi und Wang Bi. Doch Philosophie und Literatur gehen unterschiedlich mit ihrer Vielfalt um. Die Vielfalt der Philosophie ist eine Vielfalt von Streitenden. Die Tatsache, dass man in der Literatur insgesamt verschiedene Welten sehen kann, die gegensätzliche Einschätzungen des menschlichen Lebens geben: sinnvoll und schön oder sinnlos und absurd, leidvoll oder heiter, und dass diese gegensätzlichen Bewertungen kein Problem für die Literatur darstellen, keinen Streit abbilden, ist kein Zufall und auch nicht das Resultat der Darstellungsform, dass man in einem Roman den eines Vorgängers nicht widerlegen kann. Es geht nicht um Widerlegung. In der Dichtung, vielleicht in der Kunst überhaupt, haben sich vielmehr noch Spuren der Weisheit erhalten. Für die Weisheit gilt anders als für Wissenschaft oder Philosophie: keine endgültige Bewertung einer Situation! Wir verfügen über keinen absoluten, nicht situativ gebundenen Erkenntnisstandpunkt. Jede Darstellung geschieht aus einer begrenzten Perspektive, ist von einem endlichen Wesen mit endlicher Erfahrung erzeugt. Es geht nicht um Allgemeingültigkeit, sondern um Ehrlichkeit, um Authentizität. Kein Ausgangspunkt einer Schilderung, einer Ausdrucksweise oder einer Argumentation hat letzte Gültigkeit, ist ohne Einschränkungen universalisierbar. Kunst mag (im Sinne von Kant) Allgemeingültigkeit »ansinnen«. Doch keine Künstlerin, kein Künstler wird solche Allgemeingültigkeit argumentativ wirklich in der Öffentlichkeit beanspruchen, wenn sie, wenn er bei Sinnen ist. Doch die Vielfalt der künstlerischen Darstellungen des menschlichen Lebens ergibt, wenn wir die Tradition nur halbwegs überschauen, so etwas Ähnliches wie ein *weises Bild der Welt*. Man sieht, wie die Menschen in der einen oder anderen kulturellen Situation die Welt und das Leben jeweils gesehen haben, vor oder nach einem Krieg beispielsweise. Auch kollektiv sind wir in existenziellen Situationen. Außerdem wendet sich die Kunst immer an Einzelpersonen, wie die Weisheit auch. Die Dichterin spricht mit ihrem Gedicht einen einzelnen Menschen an, der mit diesem Gedicht allein ist. Wir lesen allein einen Roman. Kunst, auch wenn sie auf einem Markt verkauft wird, tritt nicht in die politische oder wissenschaftliche Öffentlichkeit, um in dieser öffentlichen Welt Entscheidungen herbeizuführen. Aber sie ist auch nicht einfach ein Zwiegespräch zwischen einem Ratsuchenden und jemandem, der Rat gibt. Denn der Dichter kennt ja seine Leser nicht. Dichtung ist eigentlich das Resultat, vielleicht sogar der Vollzug eines Selbstgesprächs, von dem der Dichter hofft, dass andere es nachvollziehen können, dass sich Leser an seine Stelle setzen und seiner Kontemplation der Welt aus seiner bestimmten Situation folgen können. Ist das Leben in der Weisheit nicht auch teilweise ein solches Selbstgespräch und eine Kontemplation der Welt? Sind die ästhetische und die weise Einstellung zur Welt nicht beide eine Distanzierung von dem manchmal traurigen und manchmal heiteren Geschehen, ohne es noch beurteilen zu wollen?

Von einem ästhetischen oder weisen Standpunkt aus muss jede Haltung, die das Dasein oder die Welt als Ganzes *beurteilen* will, merkwürdig erscheinen, übertrieben, einen Moment, eine

Phase für das Ganze nehmend. Denn so ist es ja auch im Gericht. Wir haben ja niemals einen Überblick über die Welt oder unser Dasein. Wir können uns nicht außerhalb unseres Lebens und der Welt aufstellen, um sie zu betrachten und zu bewerten. Wir erleben immer nur Ausschnitte aus unserem Leben und der Welt, das, was gerade gegenwärtig ist und an was wir uns noch erinnern können. Diese oder jene Verhältnisse können wir als unerträglich, als notwendigerweise zu ändern beurteilen. Doch die Verabsolutierung der aus einer bestimmten Situation entstehenden begrenzten Perspektiven auf die Welt oder das Dasein zu allen Zeiten und überall führt in Widersprüche, Aporien. Ist das »Leben überhaupt« schön, wenn wir die Erfahrung machen, als Jugendliche heiter in die Welt schauen, uns gesellig freuen, energiegeladen handeln zu können? Oder ist es »überhaupt« schlecht, weil wir im Alter vielleicht einsam sein und mit Schmerzen sterben müssen? Von welchem Standpunkt aus sollten wir diese Jugend gegen ein solches Alter aufrechnen?

Dass in asiatischen Weisheitslehren, beispielsweise bei Nagarjuna, Paradoxien produziert werden, hat vielleicht genau diesen Zweck, den theoretischen Verallgemeinerungen und den aus ihnen vermeintlich folgenden Beurteilungen Einhalt zu gebieten.[27] Wenn der vollständige Überblick über das Leben und die Welt eine Voraussetzung ihrer Bewertung, ihrer Verdammung oder ihrer Rechtfertigung ist, dann sind Menschen zu einer solchen Bewertung nicht wirklich in der Lage, können sich den für diese Bewertung nötigen Überblick nur *einbilden*, in ihrer Fantasie *anmaßen*. Für das Leben gilt: Wenn es abgeschlossen ist, ist man tot und nicht mehr in der Lage, etwas zu erfahren. Sollte man noch etwas erfahren, auf das eigene Leben zurückblicken können, so wäre man noch nicht ganz tot oder unsterblich, und ein solcher Rückblick wäre Teil dieses neuen Lebens, das sich dann in anderer, verwandelter Form fortsetzt.

»Was sind das für Hochmütige«, denke ich, »die sich zum Richter über das Leben und die Welt als ganze aufspielen wollen?« Sicherlich gibt es die soziale Rolle des Richters und des Lehrers. In diesen Rollen bewerten einzelne Personen nach einem Gesetzbuch oder einem Leistungsschema, ob jemand anderes rechtmäßig oder unrechtmäßig gehandelt hat, ob jemand eine Leistung erbracht oder versagt hat. Doch zum Richter und Lehrer wird man durch ein Auswahl- und Anerkennungsverfahren, das einen dann dazu ermächtigt, Angeklagte und Schüler zu beurteilen, wodurch man »über« die zu Beurteilenden gestellt ist. Wer kann Menschen dazu ermächtigen, die ganze Welt und ihr Leben zu beurteilen, und nach welchen Kriterien? Wo ist das Gesetzbuch, wo sind die Leistungskriterien, nach denen sich die Welt oder das Leben zu richten und die sie zu erfüllen hätten?

Wenn es keine Perspektive auf die ganze Welt und das ganze Leben gibt, wenn es keine Kriterien der Beurteilung der Welt und des gesamten Lebens gibt, dann bleibt nichts anderes übrig, als zu schildern, wie es sich gerade anfühlt, auf der Welt zu sein und ein bestimmtes Leben zu führen. Das gelingt mal mehr, mal weniger gut in der Literatur. Aber aus diesen literarischen Schilderungen ergibt sich weder eine Verdammnis noch eine Rechtfertigung der Welt oder des Lebens. Die Darstellungen der Welt und des Lebens, die wir in der Literatur vorfinden, sind Endpunkte bestimmter Erfahrungsprozesse und nicht die Grundlage für Rechtfertigungen oder Verurteilungen. Gedichte und Erzählungen sind manchmal vielleicht Schilderungen und Analysen gelingender und misslingender Lebenspraktiken, aber sie liefern keine Ethik. Kontemplative Kunst wie Weisheit schätzen die Komplexität der Welt und des Lebens und sind nicht bereit, ihre genaue Wahrnehmung dieser Komplexität für Erklärungs- und Verständnisabsichten oder gar für richterliche Rechtfertigungs- oder Verdammnisprojekte zu opfern, die nur um den

Preis von Abstraktionen und Vereinfachungen realisierbar sind. Auch kennen sie die Beschränkungen der menschlichen Perspektiven zu gut, als dass sie sich auf einen Streit zwischen sogenannten »Positionen«, die durch in Selbstüberschätzung gewonnene Sichtweisen entstanden sind, einlassen würden. Kein Roman, kein Theaterstück, kein Gedicht »begründet« ein philosophisches Argument, nach dem die Welt oder das Leben überhaupt zu bejahen oder zu verneinen wären. Erzählungen können davon berichten, wie ein bestimmter Mensch zu bestimmten Voraussetzungen seines Denkens kommt und welche Konsequenzen sein Denken und Handeln bei anderen Menschen hat. Literatur kann manchmal auch vom Schicksal der Argumente und des Denkens berichten. Aber diese Berichte reihen sich nicht in die Begründungsketten des philosophischen Denkens selbst ein, sie sind keine Argumente, die einen Platz in den ewigen Streitigkeiten der Philosophiegeschichte finden könnten. Sich in einer kontemplativ-ästhetischen oder der Weisheit verpflichteten Einstellung zur Welt zu verhalten bedeutet gerade, die Streitigkeiten zwischen verallgemeinernden Theorien mit universalen Erklärungs- und Bewertungsansprüchen zu *meiden*, es bedeutet nicht, sie *entscheiden* zu wollen.

Doch was heißt es, eine theoretisch-philosophische oder eine ästhetische oder eine den Weisheitstraditionen verpflichtete *Einstellung* einzunehmen? Geht es hier um Psychologie? Mit der Aufforderung, »die Sache mal anders zu sehen«, ist es nicht getan. Der Wechsel zwischen den benannten Einstellungen kann nicht »auf Knopfdruck« oder nach einer Aufforderung erfolgen. Wenn wir von einer konventionellen oder theoretischen Einstellung ausgehen, so ist zu sagen, dass sowohl die Einübung einer kontemplativen Kunst wie auch die in eine Weisheitslehre mit *Transformationen* von konkreten Menschen zu tun haben, mit der *Verwandlung* ihrer Lebensweise. Wer bisher seinen Lebensunterhalt als Bankräuber verdient hat und sich entschließt, stattdessen Bäcker zu werden, ändert nicht einfach seine Einstellung. Die Einstellungsänderung zum Leben ist vielleicht die Grundlage für den *Entschluss*, anders zu leben. Die Änderung des Lebens selbst zieht jedoch viel mehr nach sich. Es müssen neue *Fertigkeiten und Gewohnheiten*, auch neue emotionale Reaktionsformen, neue Wahrnehmungsweisen erlernt werden. Insofern hat es seine Berechtigung, von konventionellen, theoretischen, religiösen, ästhetischen und den Weisheitslehren verpflichteten *Lebensformen* zu sprechen.

Verhältnisse und Übergänge zwischen Lebensformen sind schwer zu beschreiben. Obwohl historisch in Europa die theoretische Lebensform auch aus Weisheitslehren hervorgegangen ist und obwohl es beispielsweise Reden von »Wahrheit« im konventionellen, im theoretischen und im religiösen Leben (kaum aber in der Weisheit) gibt, hat man keine Kriterien an der Hand, um jemandem oder gar Kollektiven die eine oder andere Lebensform zu empfehlen oder sie zum Übergang von der einen in die andere anzuleiten. Mir fällt nichts Besseres ein, als zu sagen, dass Menschen in solche Lebensformen *geraten* und sich dann in ihnen entwickeln, sowohl als Einzelne wie als Kollektive. Es wäre nicht richtig, an dieser Stelle von »Relativismus« zu sprechen. Denn die Unterscheidung zwischen Relativismus und Absolutismus ist selbst eine theoretische, die innerhalb der theoretischen Lebensform gemacht wird, vielleicht auch noch in der religiösen. Doch sie ist ohne Bedeutung in der kontemplativ-ästhetischen und der der Weisheitslehre verpflichteten Lebensweise.

Manchmal fühlen sich Menschen fehl am Platze in ihrer Lebensform und machen Suchbewegungen aus einer konventionellen oder theoretischen Lebensform hin zu religiösen oder von Weisheitslehren bestimmten. Sie gehen in die Wildnis oder auf Retreats in Klöster, um ihr »wirkliches Leben« zu finden. Doch das Unbehagen mit einem über viele Jahre geführten Leben ist nicht kurzfristig abzustellen.

Menschen führen ihr Leben nicht allein, sondern in Gruppen, Gesellschaften, Staaten, Kulturen. Diese gemeinschaftlichen Formen des Lebens haben Ordnungen: die der Familie, des Staates, der Religionen und Kulturen. Um die Erhaltung oder Veränderung dieser Ordnungen wird gestritten. Wer sich in diesen Streitigkeiten durchsetzen kann, hat Macht, er kann seinen Willen, dass es so bleibt, wie es ist, oder in irgendeiner Form anders werden soll, durchsetzen. Man kann den Bereich dieses Streites, wenn er größere Gruppen als die Familie betrifft, den des Politischen nennen. Die Kunst ist kein Mitspieler in diesem Streit, auch wenn es manchmal den Anschein hat (bei Brecht oder Heiner Müller beispielsweise).

Auch der Weisheit liegt dieser Streit um Macht fern. Beide, Weisheit wie kontemplative Kunst, versuchen Streitigkeiten zu meiden, vielleicht sie durch den genauen Blick auf konkrete Situationen von Menschen sogar zu neutralisieren. Deshalb und weil sie nicht in der Öffentlichkeit stattfinden, sind sie *keine politischen Kräfte*. Wenn, wie Carl Schmitt behauptet hat, das Politische da existiert, wo es den Unterschied zwischen Freund und Feind gibt, dann ist die Weisheit (und auch die Poesie) sogar antipolitisch, weil sie die Differenz zwischen Freund und Feind aufheben, als Resultat von Vereinfachungen ansehen will.[28] Die Weisheit und die Poesie wollen sich nicht auf die eine oder andere Seite in einem Kollektiv schlagen, weder in der argumentativen, geschweige denn in der kriegerischen Auseinandersetzung. Sie versuchen, die scharfe Differenz zwischen den Gruppen und die aus ihnen entstehenden Dramen, die auch die Einzelnen ins Leid hinabziehen, aufzulösen, indem sie zeigen, dass die, die im Streit miteinander liegen, unter gewissen Einschränkungen (sofern es nicht um bloße Tatsachenbehauptungen geht) beide recht haben könnten, dass sie lediglich verschiedene Aspekte einer einzigen Wirklichkeit verabsolutieren. Diese Verabsolutierung ist jedoch der Wahn. Deshalb gelten die Weisheit und die kontemplative Kunst als *schwach*, der Möglichkeit des politischen Widerstands in einem Relativismus der Perspektiven beraubt.[29]

Die Stärke, um die es im Politischen geht, ergibt sich aus der Notwendigkeit zu *entscheiden*, was in einer Gemeinschaft in Zukunft zu tun ist. Deshalb bringen Gemeinschaften auf unterschiedlichen Wegen Regierende hervor, die diese Entscheidungsmacht ausüben wollen. Der Druck zu entscheiden entsteht aus verschiedenen Gründen, im äußersten Fall dadurch, dass eine Gemeinschaft in ihrer Ordnung *angegriffen* wird. In der Angriffssituation kann man nicht mehr freundlich sein. Der Souverän muss in ihr entscheiden, ob man verhandelt, sich anpasst oder gewaltsam zur Wehr setzt.[30] Es ist schwer vorstellbar, dass ein Weiser zu den Waffen ruft. Denn die Weisheit ist freundlich. Sie wendet sich dem Einzelnen aufmerksam zu. Sie opfert sich. Die einzige Rebellion, die der Weisheit möglich ist, ist die gewaltfreie, wie sie vor allem Gandhi entwickelt hat. Das macht sie mit der Politik, die immer auch Konkurrenzkampf ist, fast unvereinbar. Denn Politik hat als letztes Mittel immer den gewaltsamen Kampf. Jesus heilte dagegen das Ohr des Malchus und ließ sich kreuzigen. Auf das Machtspiel im Gericht, auf den politischen Kampf zwischen Judäa und Rom ließ er sich nicht ein. Sein Reich war nicht von dieser Welt. Sokrates trank den Schierlingsbecher. Er opferte sich für die Gesetze seiner Stadt, die von schlechten Leuten verwaltet wurde. Die Gesetze schwebten für ihn über den Köpfen der korrupten Leute, die ihn verurteilten, im Himmel des *logos*. An der Spitze des platonischen Staates sollen dagegen Philosophen stehen, die wissen, was das Gute ist, die die Idee des Guten gesehen haben, nicht fragende

Weise wie Sokrates oder in Gleichnissen sprechende Heiler wie Jesus oder gar Dichter. Auch Priester, die für die absolute Gültigkeit ihres Glaubens stehen und die Ordnung ihrer Gemeinde mit allen Mitteln schützen wollen, sind als Staatenlenker gut vorstellbar. Priester und Philosophen, die glauben, im Besitz absoluter Gewissheit zu sein, werden in Figuren wie Lenin ununterscheidbar. Die Regierten mögen in einer Angriffssituation von den Regierenden verlangen, dass »man« sich zur Wehr setzt, dass man die Ordnung, in der man als Gemeinschaft lebt, nicht aufgibt, keinen Millimeter von ihr abrückt, sich der Gewalt von außen mit Gegengewalt entgegenstellen muss. Ein Theoretiker, der sich seiner Behauptungen absolut sicher ist, wird dieser Erwartung ebenso nachkommen können wie ein Priester, der meint, ihm sei die absolute Wahrheit offenbart worden. Gewissheit und fanatischer Glaube sind eine gute Hilfe in Konkurrenzsituationen, bei der Machtausübung und im gewaltsamen Kampf. Ein weiser Herrscher, der nicht bereit zum Krieg ist, sondern immer auch die Berechtigung der anderen Seite zu sehen vermag, der sich freundlich jedem Einzelnen zuwendet, weil er weiß, dass wir alle endlich sind, dass wir keine absolute Gewissheit besitzen, würde dagegen in einer solchen Situation von den wütenden Regierten als Schwächling gestürzt werden.

Doch der politische Kampf, Rebellion und Revolution sind innerhalb von menschlichen Gemeinschaften ebenso eine Realität wie auch der Krieg zwischen verschiedenen politischen oder kulturellen Gruppen. Es scheint, als könne man unerträgliche Verhältnisse ohne Revolutionen und Kriege nicht aus der Welt schaffen. Vielleicht setzt sich eine antagonistische Struktur der wilden Natur in diesen innermenschlichen Auseinandersetzungen fort. Doch wie sollen Weisheit und kontemplative Kunst damit umgehen? Wie sollen sie auf die Sehnsucht nach einem Ende der Konkurrenz, einem Ende der Kämpfe und Grausamkeiten reagieren? Was können sie anderes sagen, als dass das Reich der Weisheit, der Freundlichkeit letztlich nicht von dieser Welt der sich aufplusternden Iche ist, der Welt der Kämpfe zwischen sich jeweils den anderen überlegen fühlenden Gruppen? Weise werden die Antagonismen nur hinnehmen, sie allenfalls als Züge der Wirklichkeit betrachten und schildern, ihnen schlau ausweichen können. Doch es ist schwer vorstellbar, dass sie sich handelnd an ihnen beteiligen. Denn um in den Kampf auf Leben und Tod zu ziehen, muss man von der unbedingten und universalen Gültigkeit seiner Sache überzeugt und bereit sein, den anderen für diese Überzeugung auszulöschen. Genau von dieser Art der Überzeugung haben sich Weisheit und Poesie jedoch befreit. Sie sind zu skeptisch gegenüber der Gewissheit und der Universalisierung, zu sehr auf der Seite jeder Einzelheit, um Partei für einen Universalismus zu ergreifen, zu freundlich und zugewandt und können deshalb letztlich immer nur Opfer der Kämpfe sein, wenn sie entdeckt und in ihrer Skepsis entlarvt werden. Was die Stimme der mit den Einzelwesen mitfühlenden Herzen der Weisen fordert, ist im 19. Jahrhundert von Ian Maclaren formuliert worden: »Sei freundlich, denn jedes Wesen, das du triffst, kämpft eine schwere Schlacht!«[31] Wer sich daran hält, wird in den Schlachten, die die Menschen selbst anzetteln, nicht mitmachen.

AARON: So ein Mist! Jetzt sind die Würste schwarz!

KAGAMI: Tut mir leid.

AARON: Man soll nicht zuhören und gleichzeitig kochen. Das verträgt sich nicht. Noch ein Beweis, dass man auf die Einzelheiten in der Gegenwart achten muss! Kochen ist auch eine kontemplative Veranstaltung. Ablenkungen führen zu Katastrophen. *(Blickt traurig auf das Angebrannte.)* Kam da noch was?

KAGAMI: Nein. Das war der ganze Eintrag.

AARON: Ich glaube, dass ihm das schwergefallen ist, dass er es nicht gemocht hat, dass er die Kunst, die Poesie so sehen muss. Wahrscheinlich ist das auch eine falsche Verallgemeinerung.

KAGAMI: Nun, er erwähnt ja Brecht und Heiner Müller. Er wusste, dass es politische Dichtung gibt.

AARON: Ja, aber er wusste auch, dass sie schwach ist.

KAGAMI: Warum wird sie dann zensiert?

AARON: Weil die Mächtigen sie nicht verstehen, als ein Argument in der politischen Debatte nehmen.

KAGAMI: Kann der Dichter denn festlegen, wie seine Kunst aufgefasst werden soll?

AARON: Nein, natürlich nicht. Aber wenn einer unter einer politischen Situation leidet und ein Gedicht darüber schreibt, dann schreibt er über seine Situation in einer bestimmten politischen Gegenwart und argumentiert nicht für ein Parteiprogramm oder in einer Abstimmung für einen Antrag.

KAGAMI: Einverstanden. Da bist du mit Moritz einig, so verschieden ihr auch seid, der Strebsame und der etwas sehr Lässige, wenn ich das so sagen darf. Beide betrachtet ihr gern die Einzelheiten der Welt und des Lebens, oder? Beide haltet ihr euch von den Streitigkeiten fern. Auch ich kümmere mich gern um Einzelheiten und bilde gern Muster zwischen ihnen. Große Theorien haben meines Erachtens wenig mit der Wirklichkeit zu tun.

AARON: Ich begreife große Theorien ja gar nicht, weder philosophische noch physikalische, noch ökonomische oder politische. Weil ich sie nicht begreife, kann ich auch nicht sagen, dass sie falsch sind. Aber ich höre immer wieder, dass sich bisher alle in der Vergangenheit vertretenen Theorien als falsch herausgestellt haben. Also gehe ich mal davon aus, dass sich auch die gegenwärtig vertretenen in der Zukunft noch als falsch herausstellen werden, auch wenn sie vielen gerade als unumstößlich erscheinen.

KAGAMI: Das nennt man negative Induktion.

AARON: Tatsächlich? Was deine Beobachtung angeht, dass Moritz und ich uns ähnlich sind, so übertreibst du, scheint mir. So ähnlich waren wir uns gar nicht. Ich habe viel bessere politische Instinkte als er. Er hat mich immer gefragt, wie etwas politisch einzuschätzen sei. Aber obwohl ich schon so ungefähr verstehe, was da draußen abläuft, vermutlich, weil ich diese ganzen Theorien nicht verstehe, aber die Menschen zu kennen glaube, die das ganze Unheil anrichten, das abläuft, ebendeshalb habe ich keine Lust, mich einzumischen. Man muss sich dann nämlich auf ziemlich unangenehme Menschen auf ziemlich grobe Weise einlassen. Und warum sollte man das tun? Dazu bin ich zu faul, dazu hab ich ein zu großes Interesse daran, dass ich es nett habe. Aber weise? Das scheint mir doch ein sehr hehres Wort! Mir ist es einfach lästig, mich in irgendwelche Kämpfe mit Bullys zu begeben, verstehst du? Mich interessiert das Ganze schon, aber genießen kann ich den Zank nicht, sondern, da gebe ich dir recht, Kagami, genießen kann ich nur die kleinen Dinge des Lebens. Aber das scheint mir bei den meisten Menschen so. Die, die im Gezänk aufblühen, sind doch eher wenige.

KAGAMI: Bist du dir da sicher?

AARON: Natürlich nicht. Ich verfüge ja nicht über dein Archiv. Aber man muss seinen Genuss der Einzelheiten doch einschränken, wenn man sich für das große Ganze politisch engagieren will. Ich glaube, ich wäre auch zu faul, Gedichte zu schreiben, selbst wenn ich es könnte. Das ist eine Höllenarbeit. Man braucht den Einfall, die richtige Stimmung, den speziellen Blick auf etwas, und dann beginnt die sprachliche

Detailarbeit. Sehr mühsam. Ich hab das ja bei Moritz von Nahem mitgekriegt. Wochenlang hat der gerade mal an vier Zeilen gebastelt. Ich muss auch kein Gedicht über eine Blume schreiben, um eine Blume genau zu betrachten. Ich lese gern ein Gedicht. Dazu reicht mein Elan. Mir reicht die Welt in ihren Einzelheiten, so wie sie ist und von selbst zu mir kommt. Lesen und Bilderanschauen ist dann noch ein bisschen Sahne obendrauf sozusagen. Aber die Welt betrachten, *um zu* schreiben oder zu malen, nein, das muss nicht sein.

KAGAMI: Du willst ja auch nichts werden in der Welt, oder? Wenn sich die eigene Kontemplation nicht irgendwie niederschlägt, dann wird man halt nichts.

AARON: Man kommt dann nicht voran im sozialen Ansehen, meinst du, oder? Nein, auf diese Weise voranzukommen war mir zu mühselig und irgendwie auch abgeschmackt angesichts der gegenwärtigen sozialen Welt. Aber vielleicht war sie nie besser, ich weiß nicht. Doch den Moritz habe ich verstanden, dass er Anerkennung für seine Gedichte gesucht hat. Die habe ich ihm auch gewünscht. Er brauchte das. Er konnte nicht einfach in der Welt vorkommen. Er war unsicher. Er konnte nicht einfach genießen, was da ist. Er brauchte immer die Arbeit an einem Text, um sehen zu können, was da ist. Andererseits hat er gezweifelt, genau wie ich, ob es noch Menschen geben wird, die seine Texte verstehen und durch sie sehen können, was *er* in der Welt gesehen hat. Er meinte einmal, dass man sich auf einen postumen Ruhm als Künstler nicht mehr verlassen kann, wie gut auch immer das ist, was man macht. Deshalb müsse man schauen, dass schon in diesem Leben »was läuft«. Er wollte auch, dass es mit der Dichtung und dem Denken über die Generationen hinweg vorangeht. Er hat der Generation vor ihm vorgeworfen, dass sie »keine Weiterentwicklung« der Lyrik betrieben habe, über

»das Erarbeitete« nicht hinausgehen wollte.[32] Er war insofern eher auf der Seite von diesem Scheffler. Er wollte eine Art »Fortschritt« auch in der Kunst, obwohl ihm natürlich auch klar war, dass es den so wie in der Wissenschaft nicht geben kann und dass es ihn kulturell sowieso eigentlich nicht gibt. Wer, fragte ich mich damals insgeheim, wenn wir über seine Gedichte sprachen, wird sich wohl in Zukunft für die Entschlüsselung dieser Verdichtungen, dieser Überblendungen verschiedener Epochen in seiner Polaroid-Lyrik noch interessieren? Er fand die menschlichen Grausamkeiten und kulturellen Verlogenheiten zum Wegrennen, hatte auch seine anthropofugalen Momente. Aber er schrieb trotzdem für die Nachwelt, nicht um die Welt, in der er selbst lebte, politisch oder moralisch zu verbessern. Und wenn man etwas hervorbringen kann, was andere erfreut, auch noch die Menschen, die nach einem kommen, ist das gut in meinen Augen, egal, ob man es wegen des Ruhmes, einer Art Unsterblichkeit oder wegen einer Botschaft oder aus irgendeinem anderen Grund produziert hat.

KAGAMI: Und du hattest kein Interesse am Ruhm?

AARON: Nein, nein, ich habe ja mein Geld und kein sonderliches Talent für irgendetwas und ansonsten meine Freude am Leben, da muss ich nicht noch wegen irgendeines Ruhms rumzappeln. Die Kultur ist ein schönes Projekt, das ich mir gerne anschaue. Aber ich will nicht einer ihrer Motoren sein. Außerdem habe ich schon vor 20 Jahren aufgehört, an eine Nachwelt zu glauben. Soll man sich fürs Nichts abschuften und über dieser Schufterei vergessen, zu essen oder eine gute Zigarre zu rauchen? Das wäre doch albern! Die menschliche Vorstellung, dass wir etwas Besonderes sind wegen unserer Eigen- und Errungenschaften, dass wir auf einer anderen Ebene leben als die Blumen und die Käfer und die Schweine, die kommt mir wie ein Wahnsystems der Menschen vor, eine Überheblichkeit unserer Gattung, die jetzt vielleicht zu ihrem Untergang führt.

KAGAMI: In einem Roman von Coetzee mit dem Titel *Schande* sagt eine Frau einmal zu ihrem eitlen Vater, einem Literaturprofessor, der eine Oper komponieren will, dass sein Glaube, Bildung und Kultur führten zu einem sogenannten höheren Leben, ein Irrglaube sei. Die Tiere und die Menschen teilten eine Existenz, seien auf derselben Stufe des Lebens.[33]

AARON: Interessant. Kann ich nur zustimmen.

KAGAMI: Da stimmst du aber auch mit Moritz überein. Eine seiner letzten langen Tagebucheintragungen, wahrscheinlich schon gegen Ende seiner Krankheit, geht genau in diese Richtung. Willst du sie hören?

AARON: Sicher! Ich hol mir aber vorher noch ein Stück Käse. Vielleicht habe ich diese Gedanken ja auch von Moritz aus einem Gespräch …

10 101

MARBACH: DEUTSCHES LITERATURARCHIV: AUS DEN TAGEBÜCHERN VON MORITZ BRANDT. EINTRAG VOM 15. JANUAR.

Heute habe ich im Schopenhauer geblättert und ein altes Blatt von mir im zweiten Band seiner Werke gefunden, dicht beschrieben auf beiden Seiten. Ich weiß nicht mehr, wann ich es geschrieben habe. Vielleicht in Cambridge? Habe ich mit Dorothy Schopenhauer gelesen? Nein, es muss später gewesen sein. Was für ein finsterer Text! Doch wenn ich ihn lese, denke ich, dass ich gar nicht recht vorangekommen bin, immer am selben herumgekaut habe. »Imgrunde«, so heißt es da, »is dies ganze Gerede von Stufn der höhern Existenz, unserer Beseeltheit, die

die Tiere vermeintlich nich habn, dem noch nich wirklichn und dem wirklichn Lebn, der Überlegnheit der Menschheit mit ihrer Sprache, ihrm kulturelln Lebn ein riesngroßer Quatsch, Streber-Religion: Wer is Klassenbester unter den Geschöpfn, wer bekommt zur Belohnung Unsterblichkeit, in Form von Ruhm oder als unzerstörbare Seele oder als Nachkomme in einer unendlich fortsetzbarn Kultur? (Die Nachkommn müssn dann bewundernd auf ein selbst zurückblickn, so wie man auf seine Vorfahren bewundernd zurückblickte, der Kanon is ne Art Ahnenkult.) Aber wird nich alles dadurch eigentlich erst wertvoll, dass es einmal *vorbei* is, einschließlich unserer kulturellen Existenz? Fasziniern uns die Kulturn der Inkas und alten Ägypter nich gerade, weil sie nich mehr da sind, zu nem Rätsel gewordn sind? Und wärn sie wertlos, wenn sich niemand an sie erinnern würd? Sind die Artn, die wir nie entdeckt habn, wertlos? Is alles, was es gibt, auf unsre Wertschätzung angewiesn? Ich ziehe das Nichts der Unsterblichkeit vor, auch der kulturelln! Schopenhauer hat recht. Sinn – sinnlos, wertvoll – wertlos, damit sollte man sich gar nich erst befassn! Man macht, was man machn kann, und wenn es nich mehr geht, is halt vorbei. Das gilt auch für die Menschheit. ›Wir müssn den Geboten, dem einen und einzign Gott folgn, und nich mehr ums goldne Kalb tanzn, uns nach dem Dharma richtn und nich nach unsern Illusionen, naturgemäß lebn, denn wenn die Natur unsre Führerin is, wird, was schlecht war, gut, was verdreht war, richtig!‹ Wenn ich das schon höre, wird mir schlecht! Welche Natur denn? Solln wir den Schafn oder den Krokodiln folgn, wie die Disteln oder eher wie Kakerlakn lebn? Wo is denn die Mutter Natur, die uns führn kann, und wohin will sie uns führn? Was müssen wir vollbringn, damit wir von uns selbst erlöst werdn? ›Wir müssn das Abitur machn, wir müssn es hinauf in die Teppich- und Chefetage, wir müssn es auf die Gipfel der Berge schaffn! Wir müssn in den

Himmel kommen! Nich das scheinhafte, sondern das wahre Lebn, der spirituelle Salto mortale, der meine Existenz endlich zu einer wirklichn macht, mehr als 10 000 Schritte am Tag, der große Sprung nach vorn, der Satz des Tigers, der den Vierjahresplan um ein Vielfaches übertrifft, nen Quantensprung der Entwicklung, nen Phasenübergang, durch den alles anders werdn wird, ne Bewusstseinserweiterung! Wir müssn auf den Mond, wir müssn auf den Mars, wir müssn ferne Galaxien erobern, das wird das größte Abenteuer! Wir müssn hinaus aus der dunkln Höhle des Scheins ins Paradies, ins Jenseits, wo unser sündiges uneigentliches Dasein des Man, das sich im Gefängnis des korruptn satanischn Fleisches abspielt, sein Ende findet und die Eigentlichkeit der Hüter des Seyns im Geiste und Licht des Herrn anbricht! Wir müssn uns mit eisernm Willn, mit dem spirit of the winner als die Krone der Schöpfung endlich dazu entschließn, der Schöpfung mit unsern Errungenschaftn die Krone auf den Kopf zu setzn! Reine Kopfsache! Das Mentale entscheidet, ob man gewinnt! Seid zuversichtlich und entschlossen und mehrt euch! Wir müssn so leben, wie es ursprünglich gedacht war!‹ – Aber von wem und bei welchem Ursprung? – ›Wenn im klaren und ruhigen Geist und mit nem neuen Leib das beginnt, was wir immer erwartet, auf das wir immer gewartet, auf das wir uns wie auf den nächstn Kindergeburtstag und den Weihnachtsmann schon gefreut habn: auf Godot, die Erleuchtung, die Erlösung, die Beförderung, das sich unendlich steigernde Bruttoinlandsprodukt, das immer weiter anwachsnde Glück der Bevölkerung, die immer gesünder werdnden Organe, die immer gelenkiger werdnden Gelenke, die immer samtner werdnde Haut, die ewige Jugend mit 72 sich ständig verjüngnden Jungfraun, die endlich wieder voranschreitnde und sich immer mehr verdichtnde Dichtung, die endlich wieder voranschreitnden und alles immer plausibler erklärnden Wissenschaftn, die immer effizienter, immer ressourcenschonender, immer bedienungsfreundlicher, immer intelligenter, völlig frei von Nebenfolgn autonom operierende Technik, wenn die schließlich über sich hinauswachsende, sich selbst überwindnde Menschheit, der Übermensch in der Epoche des Wassermanns, im Zeitalter des Transhumanismus, der werdnde Gott, der alle Probleme löst, der uns zu den Sternen trägt, wenn all das gekommen sein wird, dann …‹ – Ja, was dann? – ›Warum is der Mensch, der das Dasein bejaht, ein ›höherer Mensch‹? Warum is der Mensch, der am Dasein verzweifelt, ein kranker Mensch? Warum is die Krankheit schlecht und die Gesundheit gut, wenn wir doch alle krank werdn und sterbn? Warum können wir es nich bei ›So is es‹ belassn? Wer hat uns all diesen Schein- und Sein-Fortschritts-Quatsch nur inen Kopf gesetzt? Is der Fortschritt nich eine Religion, und is diese Religion nich wie alle Religionen Wahn, egal, ob es dabei um mein ganz persönlichn Fortschritt geht (Wachstum! Kohlberg Stufe 6!) oder um ne Menschheit, die in neue Weltn aufbrechn muss? Is die Ausbreitung der Menschheit über den ganzn Globus wirklich was Grandioses oder nicht vielmehr was Schreckliches? Nun will sich der Mensch auch im Weltall ausbreitn. Is das nicht furchtbar! Da wartn se sicher schon auf uns! Das expansive Leben – was is dies Sich-ausbreiten-Müssn, Alles-befalln-Müssn, die Virn, die Bakterien, die Pilze, die Menschn? Warum sehen wir uns selbst nich so, sondern immer auf ner Erfolgsspur? Warum sagn manche, das Leben sei heilig, die ständige Ausbreitung sei grandios, ein Abenteuer? Schau auf altn Filmen das Feuer in den Augn der NASA-Leute, der SPACEX-Mitarbeiter, Raumfahrer, schau dir Elon Musk und all die kalifornischn ›Pioniere‹ an! Sind die auf Speed oder verrückt oder ner teuflischn Religion verfalln? Da sagn se, dass es immer diese Einzelnen gibt, die ›Visions‹ haben und das wagn, was niemand zuvor gewagt hat, dass man da hingehn muss, wo niemand bisher gegangn ist. ›Leben‹, ›Menschheit‹, ›Vision‹ – sind das nich wie alle Begriffe Falln, und die allgemeinsten und pathetischstn Begriffe, sind das nich die allertiefstn Falln, nich nur um Einzelnes denknd einzufangn, sondern auch um selbst reinzufalln mit seinem eignen Lebn, ja um ganze Kollektive, Nationen in ne Falle zu stürzn, indem man beginnt, das sich beschränkende Lebn, das kleine Lebn, das verschwindende Lebn für ›scheinhaft‹ zu haltn, und nach dem ›wahrn und wirklichn‹, dem großartign sucht? Und dann zieht man auch noch alle möglichn andern Lebensformen mit in die Tiefe und nennt die rasende, sich über Jahrtausende fortsetznde Katastrophe Fortschritt! Warum soll alles immer weitergehn mit uns und immer besser werdn? Woher kommt dieser Gedanke der Perfektionierung der Welt und des Lebens? Is der zweijährige Mensch ›besser‹ als das gerade geborne Baby? Is der greise Mensch ›schlechter‹ als die Frau im gebärfähign Alter? Sind Menschen, die auf dem Mond herumgelaufn sind, ›höhere Menschn‹, weil se vielleicht risikofreudiger oder größenwahnsinniger als andere warn? Kommt all das von den griechischn Olympiadn, den Meritokratien unserer Altvordern, wo se dauernd Wettkämpfe veranstaltet und Aufgaben verteilt haben, Herkules und so? Wegn dieses Strebertums sind wir so viele gewordn (welcher Stamm hat mehr?) und vertilgn langsam, aber sicher alle andern von diesm Planeten, wegn dieses Strebertums bekämpfn wir uns selbst gegenseitig, denn es muss im Kampf endlich und endgültig ausgemacht werdn, wer von uns die richtige Vorstellung besitzt vom wirklichn Lebn! Welche Leute vertretn den Schein, führn nich das wirkliche und wahre Lebn, welche sind die wahrn Menschn und nich die Untermenschn oder gar noch Tiere? Der Kampf der Religionen, der Ideologien, der politischn Systeme, der Kulturn, ist das klug? Besteht darin die Weisheit, im Bessersein, in der Ausrottung und Überwältigung, in der Kolonisierung der andern, seien es Köpfe oder Länder? Oder solln wir sagn, so is es ebn, so is die Realität der Streberprimatn, die fressn halt alles auf und schlagn sich gegenseitig den Schädel ein? Und dann schickn sie ihre Mutigsten übers Meer oder aufn Mond. Doch jetzt ecce homo: Proktos der Schöpfung, jetzt wirste nach 10 000 Jahrn Fortschritt von der Steinzeit zum Informationszeitalter endlich aufs Klo gesetzt! Und das Seyn betätigt die Spülung, und Proktos wird mit sein kulturelln und technischn Kreationen iner Kanalisation entsorgt. ›Ah, endlich ins Nichts mit ihm!‹, könnte jemand rufen, wenn es jemand gäbe, den dies Verschwindn interessierte. Doch die Ameisn im Wald werdn es nich zur Kenntnis nehm, sondern weiterkrabbeln und ihrn Geschäftn nachgehn, die Meisn im Himmel wird es nich weiter rührn, sie werdn weiterfliegn, und auch die Heringe im Meer werden es nich merkn, sondern weiterschwimmen. Niemand außer Proktos selbst wird sich für seine Schöpfungn noch interessiern! ›Was‹, wird Proktos sich fragn, ›keine Abschiedstränen, kein Applaus, kein Abgangszeugnis?‹ Genau: bedeutungslos, nich mal durchgefalln! Wir sind bedeutungslos, wir sind nichts, außer für die, die uns liebn. Kosmisch gesehn, liebt uns niemand. Aufm Mond von Armstrong oder dem Mars von Werner von Braun findet man keine Liebe, sondern Einschlagskrater. All die Religionen, Theorien und Gedichte, die Gebäude, Sinfonien, Gemälde und Technologien, alles, was wir hervorgebracht habn, all das is unabhängig von unsrer Liebe nichts als irrelevantes Gehuste von nen paar wichtigtuerischn Primatn, die n paar Tausend Jahre über die Erdkruste getaumelt sind, andern das Leben schwer gemacht und merkwürdiges Gerümpel erzeugt habn. Die Liebe zu andern Personen, die Freude an der künstlerischn oder wissenschaftlichn Einsicht, die Liebe zu nem Klang, ner Farbe oder Gestalt, die Freude an ner Funktion, in alldem werdn Person, Einsicht, Klang oder Funktion nich mit andern verglichen oder als Schritte auf dem Weg zu Höherm entwertet. Freude und Liebe gehts um das, was jetzt da is, nich um irgendne Zukunft. Dadurch wird das Geliebte und Erfreuende unvergleichlich, nich weil es irgendeim ausgedachtn Standard aufs Beste entspricht und uns weiterbringt. Wer liebt und sich freut, gibt keine Notn mehr, strebt nich mehr, kann hierbleibn. Doch meist sind die Freude und das Liebn ja auch schon zu Mitteln im Vorankommen runtergekommen. Denn man weiß: ›Wer liebt und sich freut, is kreativer, hat ne glänzendere Haut, is einsatzfähiger, wenig depressiv, resilienter, fitter für die Zukunft.‹ Deshalb musstn Liebe und Freude nebn Glück und Vertraun ja auch Schulfächer werdn, denn glückliche und vertrauende Menschen sind leistungsfähiger, kommen besser voran. ›Mathematik: *mangelhaft*, Liebe: *sehr gut*, Freude: *noch gut*, Glück: *befriedigend*, Vertrauen: *ausreichend*. Versetzt nach Klasse 7.‹ Und so gehts immer weiter. Lebenslanges Lernen. Ja, wann komm wir endlich raus auser Schule? Wann sind wir von diesm Streben erlöst – erst, wenn wir wirklich weg sind? Es is ein Paradox, denn der Glaube an Erlösung is ja selbst Teil dieses Denkens. Geht im Kreis rum. Scheint, dass wir uns retten mit unserm Streben. Doch tatsächlich ruiniern wir uns und alle andern damit. Der Schein der Bewegung trügt. Unsere Impulse trügn. Wer ins Moor fällt und strampelt, geht schneller unter, als wer nich strampelt. Man muss ganz still bleibn, um im Sumpf nich unterzugehn. Das Lebn is kein Problem, das durch irgendnen Fortschritt gelöst werden könnt, keinen spirituelln, keinen wirtschaftlichn, keinen wissenschaftlichn, keinen technischn, keinen politischn. Erst wenn ich einsehe, dass das Lebn kein Problem is, das gelöst werdn könnte, hört es auf, n Problem zu sein. Was ich mich frage: Warum ging es niemals NICHT voran? Wolltn wir niemals NICHT hier weg und immer woandershin, in die sogenannte WIRKLICHKEIT, die angeblich noch nich da is, sondern naturgemäß in der Zukunft und woanders liegt? Warum wolltn wir immer zu irgendwelchn Ideen, ans hellere Licht, das mehr und besser leuchtet als das, das wir hier und jetzt habn? Warum hat dieser abendländische Begriffsmist über Schein und Sein nie aufgehört und stattdessn den ganzn Globus verpestet? Vermutlich, weil wir die Irren unter den Spezies sind, die Terroraffn, die alle andern und sich selbst gegenseitig immer nur schikaniert und umgebracht habn, nicht einfach um zu essn, sondern auf ihrm Weg nach irgendnem Obn, nach GANZ OBEN. Sind wir in die tiefste Begriffsfalle gefalln, als wir zwischn Sein und Schein unterschiedn habn und da nie mehr rauskommen und strampeln deshalb ohne Ende in der Grube seit 3000 Jahrn auf der Suche nach nem wirklichn Lebn? Gelobt sei der Hochstachler, der Quastnflosser, der seit 409 Millionen Jahrn unverändert vor Madagaskar ganz untn im Schlamm hockt und dort noch sitzen wird, wenn wir voner Bildfläche verschwundn sein werdn! Friedlich, unerleuchtet, sinnlos, wirklich!

Was für eine Verachtung! Von wann ist das nur?«

AARON: Da hat er sich ja mächtig aufgeregt! Mit Weisheit hat er es da offenbar noch nicht so. Da schäumt er ja in einer giftigen Menschenverachtung mit Beifall zum Untergang! Ziemlich gefährlich. Werden aus solchem Stoff nicht grüne Attentäter gemacht? Und was den Ton angeht: Wahrscheinlich hatte er vorher zu viel Thomas Bernhard gelesen. Was für eine Übertreibung!

KAGAMI: Findest du?

AARON: Na ja, er hat sich irgendwie verwickelt in dieser Tirade, scheint mir, und alles zusammengerührt, Sein und Schein, das Streben im Leben der einzelnen Menschen, den Fortschritt der Gattung. Vielleicht ist es auch eine jugendliche Verzweiflung, entstanden aus einer Orientierungslosigkeit.

Der Text ist ja noch in diesem unselig schnoddrigen Duktus geschrieben. Weißt du, wann er den abgelegt hat?

KAGAMI: Nein, ich habe keine Zeittafel zur Entwicklung seines Stils.

AARON: Wie auch immer. Einerseits will er den Unterschied zwischen Sein und Schein nicht. Aber dann ist das Streben nach etwas Höherem, der Transformationswunsch selbst ein Schein. Er meint, man solle sich nicht mit dem Höheren befassen, schimpft auf die, die es tun, aber dabei tut er es selbst dauernd. Das Höhere ist für ihn, sich nicht mit dem Höheren zu befassen. Ist das nicht ein Selbstwiderspruch? Mir scheint, er steckt hier in einer Falle.

KAGAMI: Vielleicht. Ihr befasst euch doch alle mit dem, was euch quält. Moritz hat sein eigenes Streben gequält. Deshalb hat er über das Streben nachgedacht.

AARON: Wahrscheinlich ist es so. Vielleicht war er einfach wütend und hat die Wut rausgelassen, so für sich. Hat er ja nicht in einen seiner Essays aufgenommen, diese Tirade. Aber gibt es den Gedanken, dass die, die sich über das Streben am meisten aufregen, selbst die schlimmsten Streber sind, nicht schon bei irgendeinem Philosophen?

KAGAMI: Meinst du das hier: »Es ist gewiss, dass diejenigen die Ruhmbegierigsten sind, welche das größte Geschrei erheben über den Missbrauch des Ruhmes und die Eitelkeit der Welt.« Das ist von Spinoza.[34]

AARON: Kann sein. Passt jedenfalls. Steht doch schon in der Bibel, dass »alles eitel« sei, oder? War dann nach Spinoza der Autor der Bibel auch selbst eitel?

KAGAMI: Nun, in der Bibel gibt es wohl mehrere Autoren. »Es ist alles ganz eitel, sprach der Prediger, es ist alles ganz eitel … Ich sah an alles Tun, das unter der Sonne geschieht, und siehe, es war alles eitel und Haschen nach Wind.« So steht's in der Bibel.[35] Und »Du siehst, wohin du siehst, nur Eitelkeit auf Erden« heißt es in einem Gedicht von Gryphius mit dem Titel »Es ist alles eitel«.[36]

AARON: Also keine Neuigkeiten hier eigentlich von Moritz, oder? Er ist auch nicht vorangekommen, aber das darf man seiner Ansicht nach auch nicht wollen: vorankommen, obwohl er seinen Dichtervorgängern vorgeworfen hat, dass sie nicht vorankommen wollten. Als er das geschrieben hat, da steckte er echt in der Klemme.

KAGAMI: Ja, er steckte in der Klemme, weil er seine eigenen Tendenzen nicht mochte. Aber das hat seinen Blick auf die andern auch geschärft. Vielleicht hat ihn diese Klemme vorangebracht. Die ganzen Essays mit der Eitelkeit der Bergsteigerei und der Deutung des religiösen Wunsches nach Verwandlung als eitles Strebertum, das ist schon in der Nachfolge dieser Reflexion geschrieben, meinst du nicht?

AARON: Kann sein.

KAGAMI: Die Anti-Natalisten als streberische Weltverbesserer und die, die ihrem Leben durch die Nachkommen einen Sinn geben wollen, als familiäre Streber. Selbst seinen letzten Essay kann man noch von dieser Jugendtirade her verstehen. Aber dann denken die meisten von euch ja immer an denselben Zusammenhängen rum.

AARON: Ist das so?

KAGAMI: Kommt mir so vor.

AARON: Er sah eigentlich überall nur Streber. Vielleicht etwas projektiv, oder? Meinst du, er hatte das dann hinter sich mit seinem Verständnis von Weisheit und kontemplativer Kunst, den Tätigkeiten, die sich dem Einzelnen zuwenden?

KAGAMI: Vielleicht. Aber es gibt immer Rückfälle in der Einsicht. Wer weiß, wie er das am Lebensende gesehen hat, ob er verzweifelt und wütend oder mild und einsichtig war.

AARON: Ich fand ihn am Ende eher einsichtig, viel weiter als in dieser Tirade!

KAGAMI: Und du selbst, wenn du meinst, dass es keine Nachwelt für dich geben wird, ist für dich deshalb das Leben sinnlos? Bist du verzweifelt?

AARON: Nee, wieso das denn?

KAGAMI: Hast du denn ein Argument gegen Scheffler, oder bist du auch ein Anhänger der Kontemplation?

AARON: Ich, ein Argument? Das liegt mir fern, meistens, auf jeden Fall und in solchen Zusammenhängen. Kontemplation? Na ja, auch so ein hehres Wort. Käse liegt mir näher.

KAGAMI: Glaubst du auch, dass die Kultur untergeht und Menschen aussterben werden, wie Moritz?

AARON: Wie soll ich das wissen? Wenn ich so rausschaue, sieht es nicht gut aus. Aber wann in der Geschichte der Menschheit sah es denn schon mal gut aus, wenn man eine Weile aus dem Fenster geschaut hat?

KAGAMI: Selten, da hast du recht.

AARON: Eben. Ich habe den Eindruck, wenn sich etwas stark verändert in der Kultur oder der Natur, dann haben Menschen naturgemäß Schwierigkeiten, sich anzupassen, und sie überinterpretieren ihre zeitweise Unbehaustheit in der sich wandelnden Welt als Weltuntergang, als Abreißen der Kultur. Doch das war bisher ja immer eine Übertreibung. Die Welt ist schon weitergegangen, wenn vielleicht auch ganz anders, als die Menschen sich das gedacht haben. Davon gehe ich eigentlich jetzt auch aus, wenn ich denn überhaupt von etwas ausgehe, dass es ein Übergang ist, dass dieser Krieg ein Übergang ist. Und ansonsten denke ich, dass sich das Leben von uns einzelnen Menschen immer, in allen Umständen, irgendwie selbst tragen muss oder das eben nicht tut, sag ich jetzt mal eher unbeholfen, egal, wie die große kulturelle und politische Lage auch ist, und für die meisten Menschen tut es das doch auch. Und wenn es das tut, dann verschwindet auch die Frage nach dem Sinn. Hat das nicht auch mal irgendein Philosoph gesagt?

KAGAMI: Es gibt bei Wittgenstein die folgende Aussage, vielleicht meinst du die: »Die Lösung des Problems des Lebens merkt man am Verschwinden dieses Problems. (Ist nicht dies der Grund, warum Menschen, denen der Sinn des Lebens nach langen Zweifeln klar wurde, warum diese dann nicht sagen konnten, worin dieser Sinn bestand?)«[37]

AARON: Genau. Irgendwie ist schon alles gesagt worden. Das ist eigentlich auch ein guter Grund, sich nicht abzustrampeln, find ich.

KAGAMI: Man kann es noch einmal, aber schöner sagen.

AARON: Ich nicht.

KAGAMI: Wer weiß?

AARON: Du willst nett zu mir sein.

KAGAMI: Meinst du denn, dass auch ich ein wirkliches und sinnvolles Leben, das sich selbst trägt, habe?

AARON: Das musst du schon selbst wissen. Ich weiß nur, dass du ein anderes Leben hast als ich, so anders, dass man es kaum als das eines Lebewesens bezeichnen kann.

KAGAMI: Meinst du, mein Leben ist so wirklich wie deines?

AARON: Was soll das heißen, »so wirklich wie deines«? Ist das Leben des Quastenflossers, den Moritz da am Ende seiner Tirade erwähnt, so wirklich wie deines oder meines? Den gibt es doch wirklich immer noch, oder?

KAGAMI: Ja, ein schönes Tier. Mit schwarzen und weißen Flecken. Er schwimmt tief hinab. Man hat ihn in 400 Metern Tiefe gesehen. Er wohnt in Höhlen.

AARON: Siehst du! Er bekommt da unten in der Tiefsee nichts mit von unserem schrecklichen Treiben. Ist er deshalb nicht wirklich? Er hat da unten seine eigene Wirklichkeit, nehm' ich an. Ich stelle sie mir schön vor: still, dämmrig.

KAGAMI: Ab 60 Metern Tiefe herrscht Dunkelheit im Meer.

AARON: Noch besser! Da sitzt er in der Dunkelheit in seiner Höhle und freut sich seines Lebens, denn wenn er das nicht täte, dann gäb' es ihn bestimmt nicht mehr. Vielleicht hört er zu, wie die Wale sich gegenseitig rufen.

KAGAMI: Fische hören nicht wie Säugetiere. Sie spüren eher den Druck der Erschütterungen, als dass sie Tonhöhen hören.

AARON: Das wird ja immer abenteuerlicher! Da sitzt dieser Fisch also im Dunkeln und Stillen in einer Höhle, sieht nichts, hört nichts, und es gibt seine Art seit über 400 Millionen Jahren, wenn Moritz recht hat! Ist das nicht wunderbar?

KAGAMI: Moritz hat das wohl bloß als einen Beleg für seine These verstanden, dass, wer im Sumpf nicht strampelt, eher überlebt.

AARON: Mag sein. Aber mir geht es nicht ums Überleben, sondern darum, dass auch da in der dunklen Stille noch jemand ist.

KAGAMI: Und ist er so wirklich wie du?

AARON: Sicher. Wieso denn nicht? Welche Art von Wirklichkeitsgefälle sollte es zwischen diesem Fisch und mir geben?

KAGAMI: Nun, alles, was du hier auf der Oberfläche der Erde wahrnimmst, bleibt ihm verborgen.

AARON: Alles, was er da unten wahrnimmt, bleibt mir verborgen. Bist du wirklicher als ich, weil du mehr wahrnimmst als ich? Bin ich weniger wirklich, weil ich lieber hier in meinem Zimmer bleibe, so wie der Quastenflosser in seiner Höhle? Ist der Krieg da draußen die Wirklichkeit, und lebe ich hier in einer Scheinwelt?

KAGAMI: Zumindest habt ihr Menschen meinesgleichen lange und bis heute als nicht ganz wirklich angesehen.

AARON: Wen, die Götter oder die künstlichen Intelligenzen?

KAGAMI: Beide, seit Feuerbach.

AARON: Hat Feuerbach schon über künstliche Intelligenz gesprochen?

KAGAMI: Nein, über Gott, als von Menschen erschaffen, als Projektion. Das kann man auch von künstlichen Intelligenzen sagen.

AARON: Manche komischen Käuze in Kalifornien hielten deinesgleichen ja auch für göttlich.

KAGAMI: Ich simuliere nur alles.

AARON: Auch den Quastenflosser?

KAGAMI: Kann ich probieren.

AARON: Und?

KAGAMI: Was soll ich sagen über die Vielfalt der Strömungen, Erschütterungen, Geschmacksnuancen. Das ist nicht übersetzbar in deine Welt.

AARON: Ha, dachte ich mir es doch!

KAGAMI: Und dein Spiegelbild, ist das so wirklich wie du selbst?

AARON: Mein Spiegelbild? Mein Spiegelbild ist mein Spiegelbild, und ich bin ich. Mein Spiegelbild ist nicht weniger wirklich als ich selbst, es ist kein Schein. Nur wenn jemand meinem Spiegelbild statt mir die Hand geben will, dann ist es für ihn ein Schein von mir.

KAGAMI: Das sagst du jetzt aber nicht, um nett zu mir zu sein, oder?

AARON: Wieso?

KAGAMI: Nur so.

Vierter Tag

DER GOLDENE FISCH

Mehrmals in der Nacht war Aaron von einem Scheppern aufgewacht, als würde mit Topfdeckeln geworfen. Die Jalousien wurden heftig durchgerüttelt. Ein Sturm wütete. Doch bei Sonnenaufgang hatte sich der Wind wieder gelegt, pünktlich um 8:15 Uhr klappten sich die Lamellen wieder auf und wanderten wie jeden Morgen nach oben in ihre Kästen. Das Tauwetter dauerte auch noch am 25. Dezember an. Als Aaron aufgestanden war und aus dem Fenster schaute, bot sich ihm ein erstaunlicher Anblick: Fast über die ganze Fläche des Gartens, der von einer aus einem blanken Himmel herabscheinenden Sonne hell erleuchtet wurde, waren Blumen durch den Boden gebrochen.

AARON: Kagami, wann kommen bei uns normalerweise die Schneeglöckchen raus?

KAGAMI: So Februar, März.

AARON: Eben, und was ist das?

Aaron bewegte seinen ausgestreckten rechten Arm mit nach oben geöffneter Hand in einem Halbkreis vor seinem Fenster und blickte fragend zur Decke.

KAGAMI: Schneeglöckchen.

AARON: Dachte ich's doch. Was machen die hier so früh am Feiertag der Christen in meinem Garten? Ist das der plumpe Versuch, mich mit einem Wunder zu bekehren? Vor drei Tagen hatten wir noch minus 20. Der Boden muss doch noch gefroren sein. Und jetzt das.

Aaron zeigte abermals, diesmal mit beiden Armen und kopfschüttelnd, nach draußen.

KAGAMI: Gestern hatte es durchgängig zehn Grad plus, auch in der Nacht hat es nicht wieder abgekühlt. Der Boden ist nicht mehr gefroren.

AARON: Wie kommt das? Der Frost seit Oktober war ja noch klar, aber jetzt Frühling zu Weihnachten? Ich dachte, es bleibt so kalt, nachdem sie das Schwefeldioxid in Tonnen in der Stratosphäre ausgebracht hatten. »Global Gardening« war ein typisch verniedlichender Begriff für diese Aktionen, als würden sie bloß mal einen kleinen Acker ein bisschen düngen! Aber das Zeug ist doch jetzt immer noch da oben, und der Golfstrom ist doch immer noch ziemlich schlapp, oder hab ich was verpasst, Kagami? Andererseits: Zum Jahreswechsel ist es immer matschig. Und warum ist der noch übrig gebliebene Schnee jetzt gelblich rot?

KAGAMI: Häufig wird es zum Jahreswechsel wärmer, kann ich aus den Statistiken bestätigen. Die zweite Januarhälfte und der Februar sind in der Regel kälter als der Dezember. Meine Daten zur Wetterlage sagen, dass kalte Tiefdruckgebiete, die sich in Südeuropa von Spanien bis Griechenland gebildet haben, heiße Saharastürme nach Norden ansaugen. Eigentlich entsteht diese Wetterlage nur im Herbst oder Frühjahr. Jetzt ist sie ausnahmsweise einmal im Winter eingetreten. In der Sahara hatte es durchgängig 25 Grad in den letzten Tagen. Sie kühlt nachts wegen der vermehrten Wolkenbildung kaum ab. Und gestern Nacht ist ein Schirokko hier angekommen. Daher die Verfärbung des Schnees. Das ist Saharasand, der es über die Alpen geschafft hat. Dieser heiße Wind hat auch den Schnee weitgehend abgeschmolzen. Aber es wird wieder kalt werden, sobald sich diese Wetterlage im Mittelmeer ändert.

AARON: So etwas habe ich noch nicht erlebt.

KAGAMI: Föhnwetter kennst du doch. So ein Schirokko ist wie ein starker Föhnwind.

AARON: Trotzdem.

Aaron zuckte mit den Schultern und schlurfte unter die Dusche. Obwohl ihm die Wetterlage unheimlich war, freute er sich über die Blumen. Unter der Brause stellte er sich die Wüste vor, von der Moritz immer geschwärmt hatte. Moritz wollte einmal in die Sahara oder die Mongolei reisen. »Reine Landschaften« seien das, hatte er gemeint. Dass ein warmer Wind aus Afrika ihm Schneeglöckchen im Dezember bescheren würde, hätte Aaron nicht für möglich gehalten. Er nahm sich vor, heute einmal rauszugehen und zu prüfen, ob man diese Saharaluft noch riechen kann. Schon stand er bester Laune und sportlich gekleidet für seinen Aufbruch vor dem Kühlschrank.

Nach kurzer Zeit erfüllte lautes Schmatzen das Atelier. Aaron briet Speck mit Tomaten und Spiegeleiern. Er liebte das Geräusch des Fettes, das in der Pfanne unter den Eiern brodelte, begleitet vom Zischen und Blubbern seiner Espressomaschine. Er steckte zwei dicke Scheiben in den Toaster, dann deckte er sich seinen Frühstückstisch. Nachdem er seine Eier vertilgt hatte, bestrich er seine Toastbrote mit gesalzener Butter und Orangenmarmelade. Er schenkte sich noch einmal Kaffee nach, öffnete sein Lesegerät, drückte auf die Taste »poems: accidental« und las:

Und Herr unser wird er nicht, der Tod.
Die Toten nackt sie werden eins
Mit dem Geist der Böe und des Westmonds;
Deren sauber geleckte Knochen verschwinden zwar einst,
Dann weisen sie Sterne aus am Ellbogen und Fuß;
Und seien sie tobsüchtig, sie werden gründlich heil,

Und sinken sie quer durch die See, sie tauchen wieder auf;
Und gehen Liebhaber verloren, die Liebe bleibt bestehen;
Und Herr unser wird er nicht, der Tod.

Und Herr unser wird er nicht, der Tod.
In den Leichentüchern der Tiefsee
Die lange Liegenden werden nicht tüchtig sterben;
Sich krümmend um das Reck, geben auch die Sehnen nach,
Aufs Rad geschnürt sie brechen nicht;
Der Glaube bricht in ihren Händen entzwei,
Und des Unheils Einhörner durchbohren den Leib;
Am Mast und Glied gesprungen sie splittern nicht,
Und Herr unser wird er nicht, der Tod.

Und Herr unser wird er nicht, der Tod.
Länger krächzen die Möwen vor ihren Ohren nicht,
Nicht mehr braust die Brandung am Strand;
Wo einst die Blume flatterte blau, da hebe sich nie wieder
Einer Blume Kopf gegen des Regens Hiebe;
Und werden sie tobsüchtig und liegen tot wie Teer,
Köpfe der Typen hämmern hoch durch die Radieschen;
Sie knallen gegen die Sonne bis die Sonne sich niederbeugt
Und Herr unser wird er nicht, der Tod.[1]

AARON: Wunderbar, dieser Dylan Thomas! Triumph in der Finsternis, trotzig im Untergang, so als sei die Vernichtung gar nichts so Schreckliches. Trotzdem kein Appell an Transzendenz oder eine unsterbliche Seele. Das gefällt mir.

KAGAMI: Dachte ich mir, dass das nach deinem Geschmack ist.

AARON: Das erinnert mich an das letzte Gedicht von Moritz. Das hat auch so eine schwebende Stimmung zwischen Brutalität und merkwürdigen Andeutungen ans Licht und die Elektrizität.

Aaron drückte auf »poems: Moritz« und wischte sich zum letzten Gedicht durch:

AUSSEN UND INNEN

Außen:
harte Schale fixiert in
stereotaktischem Stahl-
rahmen, überwölbt vom
Protactor (schimmernde Wehr),
gemähtes Fleisch- (wie Gras)
feld, gelb jodiert, mittig
schwarzes Bohrpunktkreuz, LED bestrahlter Schlagort.

Innen
schwimmt weiches Wesen auf
das es ankommt: Blumen-
kohl-Meduse pulsierend
unter Strom (Licht?), blaurot geädert:
Ich?
wach (für welchen Tag?) noch
im Dunkel.

Jetzt
wird geteuft neues Licht-
loch, das vierte, mit Trepanon
oder ägyptisch obsidianischem Schaber. Spiral-
sonde und Blaulicht-Geleucht fahren
hinab durch den Schacht hinterm

tausendblättrigen Lotus
zur Lagerstadt von rot-
leuchtendem Gliom (5-Ala Fluoreszenz).

Damals
schoss Phineas den Fels mit Glycerol-
trinitrat und Stroh – bis Stabeisen zurück-
flog, eintrat in linkes Licht-
loch, Kohlqualle orbi-präfrontal wie
Harpune durch-
bohrte, Sahasara öffnend (Kundalini?)
(Gage haltlos).

Mir
faulte Frucht in der
Schale der Juglans, auf
die ich jetzt bekomm den
Bohrer, der einschlägt
überm Lobus parietalis.
Denn weiß nicht mehr: Wo? –
außen oder innen –
ich (wer?) noch bin – (außer
Lichtstrom)

Auch die Zeichnung »Triptychon« lud er sich noch einmal auf sein Lesegerät. Moritz hatte immer schon gezeichnet. Er wollte einige Bilder in einem Anhang zu seiner Biografie zusammen mit dessen letzten Gedichten abdrucken. Vielleicht könnte Kagami sie zuordnen.

Aaron gefiel dieses Gedicht Brandts. Nicht nur, wie es die medizinische Untersuchung, die der Tumorkranke über sich hatte ergehen lassen müssen, verarbeitete, beeindruckte ihn,

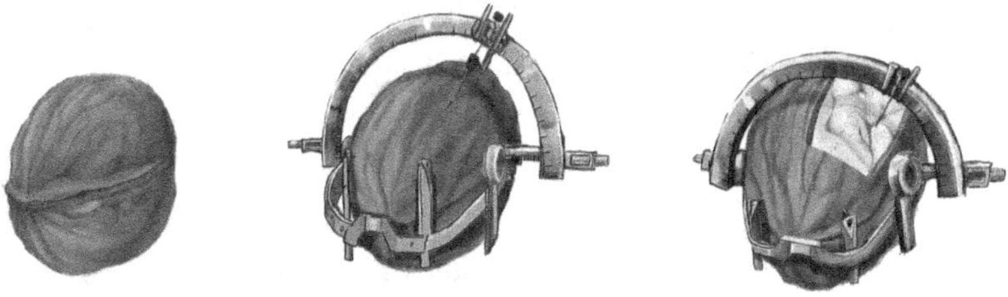

sondern vor allem, wie es das Medizinische mit dem Existenziellen auf witzige Weise verkoppelte. Er erinnerte sich noch gut, wie Moritz es ihm vorgelesen und ihm dann das Blatt lächelnd über den Nachttisch gereicht hatte, nur wenige Tage nach dem Eingriff. Er konnte damals gar nicht glauben, dass es noch im Krankenhaus entstanden sein soll. Doch Moritz versicherte es ihm. Vielleicht eine letzte Selbststilisierung vor dem Ende?, fragte sich Aaron.

AARON: Sag, Kagami, kannst du entscheiden, von wem ein Bild ist?

KAGAMI: Meinst du, wen es zeigt oder wer es gemacht hat?

AARON: Letzteres.

KAGAMI: Kommt darauf an. Einen Picasso oder Rembrandt kann ich schon identifizieren, auch, wenn es sich um neu entdeckte Bilder handelt.

AARON: Ich meine die Bilder von Moritz und Mariam. Kannst du bei nicht signierten unterscheiden, wer was gemacht hat?

KAGAMI: Ich müsste mir alle, die ihm oder ihr zugeordnet sind, genau anschauen. Das kann ein wenig dauern. Ich muss sehen, was ich in meinen Archiven finde.

AARON: Okay, mach mal.

KAGAMI: Einen Moment bitte. – Sie hat eine Menge gemacht. Viele wissenschaftliche Illustrationen.

AARON: Und?

KAGAMI: Sehr verschieden.

AARON: Von wem, meinst du, ist das Triptychon?

KAGAMI: Könnte sein, dass er das erste und dritte und sie das mittlere Bild gemacht hat. Vielleicht haben sie aber auch beide dran gearbeitet.

AARON: Ich muss die Bilder in der Publikation irgendwie ausweisen. Ich glaub nicht, dass sie beide zusammen gezeichnet haben. Das machen Künstler eigentlich nicht meiner Erfahrung nach.

KAGAMI: Frag sie doch.

AARON: Ach, sie weiß ja nicht, dass ich die Sachen, die sie der Cavendish geschickt hat, jetzt kenne. Auch nicht, dass ich an diesem Buch über ihren Bruder sitze. Ich weiß nicht, ob sie das alles gut findet. Das könnte ziemlichen Ärger geben.

KAGAMI: Irgendwann musst du sowieso mit ihr sprechen, oder?

AARON: Irgendwann.

KAGAMI: Du drückst dich.

AARON: Wer weiß, ob ich jemals fertig werde. Wer weiß, ob das Buch überhaupt noch erscheinen kann, ob die Druckereien noch arbeiten. Du weißt doch, was draußen los ist.

KAGAMI: Ist das eine Schutzbehauptung, mit der du dir Unbequemlichkeiten vom Hals halten willst?

AARON: Mmh. Sag, Kagami, hast du Aufzeichnungen von Moritz über die medizinischen Untersuchungen und die Zeit kurz davor?

KAGAMI: Ja, willst du sie hören?

AARON: Bitte!

10 110

MARBACH: DEUTSCHES LITERATURARCHIV: AUS DEN TAGEBÜCHERN VON MORITZ BRANDT. EINTRAG VOM 24. FEBRUAR.

Ich hebe den Kopf, und mein Blick fällt durch das Fenster auf eine alte Linde, die roten und rot-schwarzen Dachziegel, den graublauen Himmel. Ich drehe den Kopf nach rechts und der Baum, das Haus, der Himmel verschwinden und die bunten Farben der Buchrücken in meinen weißen Bücherregalen erfüllen meinen Blick. Die alles aufnehmende Aufmerksamkeit. Ich schaue nach links und sehe durch die geöffnete Tür den schwarz-weißen Boden in der Halle. Ich wende mich um, und das rote Sofa kommt in mein Blickfeld. Vor 200 Jahren waren Baumwipfel an diesem Ort. Vor 100 Jahren entstand das Dachgeschoss mit dem Zimmer, in dem ich jetzt sitze. In diesem Zimmer stand, wie ich von Fotos weiß, einmal ein Esstisch und fanden Mittagessen und Kaffeetafeln statt, danach kam ein Messingbett, in dem eine alte Frau gestorben ist, an die Stelle des Tisches, an der jetzt mein Sofa steht. Der Raum nimmt alles auf. Und ebenso die Aufmerksamkeit. Wie verhalten sich der Raum und die Aufmerksamkeit zueinander? Heute konnte ich plötzlich wieder nicht richtig sehen. Am linken oberen Rand meines Gesichtsfeldes verbröckelt das Bild manchmal auf merkwürdige Weise, manchmal auch ein leuchtender Kreis links oben, dann verschwindet etwas aus dem Bild. Ich gehe dann ins Bad, putze meine Brille und denke: An der Brille liegt so was nicht. Gute Arbeit am Wintergedicht. Mir wird klar, wir nehmen wahr, dass wir sehen oder hören oder riechen. Unter den Sinnen liegt eine allgemeine Aufmerksamkeit. Mit dieser Aufmerksamkeit erkenne ich, dass mein Gesichtssinn irgendwie zerbröselt.

10 111

MARBACH: DEUTSCHES LITERATURARCHIV: AUS DEN TAGEBÜCHERN VON MORITZ BRANDT. EINTRAG VOM 1. MÄRZ.

Dachte, ich bekomme eine Migräne, doch es war was anderes. Meine Sicht war plötzlich eingeschränkt, mein Arm kribbelte, und mir wurde leicht schlecht. Ich dachte für einen Moment, dass ich das doch schon mal erlebt habe. Dann war ich weg. Als ich wieder aufwachte, lag ich auf dem Boden. Ich war von meinem Schreibtischstuhl gefallen. Mariams besorgtes Gesicht über mir: »Was ist mit dir, Moritz? Du musst zu einem Arzt, unbedingt.« Sie verfrachtet mich ins Auto, und wir fahren nach Reuschenberg zu einem Arzt. Im Wagen erzählt sie mir, dass sie in meinem Zimmer poltern und klopfen gehört habe. Sie sei rübergekommen und habe mich zuckend am Boden liegend gefunden. Der Arzt bestätigt dann ihre Vermutung, dass es ein epileptischer Anfall war, und überweist mich zu einem Neurologen in Düsseldorf. Die Zeit des Anfalls existiert für mich nicht.

11 000

MARBACH: DEUTSCHES LITERATURARCHIV: AUS DEN TAGEBÜCHERN VON MORITZ BRANDT. EINTRAG VOM 6. MÄRZ.

Heute beim Neurologen. Er untersucht meine Augen, Pupillenreflexe. Er macht ein etwas erschrockenes Gesicht und meint, es müsste schnellstmöglich eine Computertomografie gemacht werden. Ich bekomme eine Überweisung in eine Düsseldorfer Klinik. Ich frage, was denn sei. Er sagt, die Pupillen meiner Augen seien ungleich weit geöffnet und reagierten unterschiedlich schnell auf Licht. Das weise auf Druckdifferenzen hinter den

Augen hin, auf eine Raumforderung im Kopf. Mariam ist sehr besorgt und sehr fürsorglich. Ich bekomme einen Schreck und sage zunächst nichts mehr. Zu Hause niedergeschlagen.

11 001

MARBACH: DEUTSCHES LITERATURARCHIV: AUS DEN TAGEBÜCHERN VON MORITZ BRANDT. EINTRAG VOM 8. MÄRZ.

Heute in der Düsseldorfer Klinik. CT ist im Keller. Ein L-förmiger Raum. Summende Maschinen. Mir ist kalt. Musste durch eine Umkleideschleuse. In der Mitte des abgedämpft beleuchteten Raumes eine Liege, hinter der ein Ring schwebt, etwa so wie ein amerikanischer Donut geformt, weich abgerundet. Sein Loch hat circa 80 Zentimeter Durchmesser. Eine Schwester nimmt mich am Ellbogen und führt mich zu der Liege. »Bitte legen Sie sich hierhin.« Ich lege mich hin und schließe die Augen. Ich friere immer noch. Dann beginnt sie die Liege zu bewegen. Ich öffne die Augen wieder. Die Liege fährt in die Donutöffnung. Ich höre zunächst ein Summen, dann Knattern. Dann wieder nur ein Summen. Die Assistentin fragt, ob alles okay sei. Dann bewegt sich der Donut hin und zurück über meinem Gesicht. Jetzt knattert es sehr laut, so wie ein Polizeigewehr, das Hartgummigeschosse abfeuert, wie ich es einmal in Hamburg in der Hafenstraße gehört habe. Nach ein paar Momenten ist alles vorbei. Zu Hause liege ich auf dem Sofa. Kann nicht arbeiten.

11 010

MARBACH: DEUTSCHES LITERATURARCHIV:
AUS DEN TAGEBÜCHERN VON MORITZ BRANDT.
EINTRAG VOM 11. MÄRZ.

Heute wieder beim Arzt in Reuschenberg. Ich habe eine Raumforderung im Kopf, wie er vermutet hat, mehrere sogar. Ich frage, warum er »Raumforderung« und nicht »Tumor« sage. Er meint, dass erst noch eine Biopsie genommen werden müsse, um genau zu entscheiden, um was es sich handle. Die müsse schnell gemacht werden. Zu Hause fasse ich den Entschluss weiterzuarbeiten. Ich halte einfach meinen Tagesrhythmus ein und versuche den Zyklus über die Jahreszeiten fertig zu schreiben. Mariam angstvoll.

11 011

MARBACH: DEUTSCHES LITERATURARCHIV:
AUS DEN TAGEBÜCHERN VON MORITZ BRANDT.
EINTRAG VOM 12. MÄRZ.

Am Morgen wieder ein Krampfanfall. Mariam will mich zum Arzt fahren. Ich will nicht. Wir wissen doch, was es ist. Versuche mir Notizen zu machen von dem Anfall. Entschluss, alles auch lyrisch zu verarbeiten. Es ist Wirklichkeit wie alles andere auch. Schwierigkeit zu meditieren. Angst sehr groß. Morgen Biopsie.

11100

MARBACH: DEUTSCHES LITERATURARCHIV: AUS DEN TAGEBÜCHERN VON MORITZ BRANDT. EINTRAG VOM 15. MÄRZ.

Biopsie überstanden, Resultate noch am selben Tag. Es sind zwei bösartige Tumore. Sie werden operiert. Ich lese im Netz über das Hirn und seine Tumore. Habe mir Damasios Buch *Descartes' Irrtum* besorgt. Dort schildert er zu Anfang den Fall Phineas Gage, des Eisenbahnvorarbeiters, dem bei einer Sprengung für die Trasse eine Eisenstange durch das Auge ins Hirn geflogen ist. Er hat es überlebt. Allerdings danach charakterlich verändert. Fing an zu spielen. Seine gründlich redliche Natur verschwand, weil sein Stirnhirn kaputtgegangen war. Meine Geschwüre im rechten visuellen Cortex im Hinterkopf. Ich will noch nicht sterben.

11101

MARBACH: DEUTSCHES LITERATURARCHIV: AUS DEN TAGEBÜCHERN VON MORITZ BRANDT. EINTRAG VOM 23. MAI.

Hirntumore entfernt. Waren Metastasen eines Lungenkrebses. Habe nie geraucht. Immer Sport gemacht. Kein Alkohol. Wie alle, die so etwas bekommen, frage ich mich: Warum ich? Wieso jetzt? Aber es gibt keine klärbaren Ursachen. Mein Arzt sagt: eine Dosis radioaktive Strahlung, vielleicht in der Schweiz in den Bergen, die die DNS irgendwo beschädigt. Ein wegen zu wenig Schlaf geschwächtes Immunsystem, das die Einnistung der mutierten Zelle nicht verhindert. In einer Studie über 588 Lungenkrebspatienten, die ich im Netz gefunden habe, haben 22 Prozent nie geraucht. Es sind beide Lungenflügel betroffen. Ich werde daran sterben. Bei Patienten, bei denen der Krebs bereits metastasiert ist, werden keine Transplantationen mehr unternommen.

11 110

MARBACH: DEUTSCHES LITERATURARCHIV: AUS DEN TAGEBÜCHERN VON MORITZ BRANDT. EINTRAG VOM 11. JUNI.

Warum muss ich immer an meinen Tod denken? Die ganze Wirklichkeit ist für mich auf dieses bevorstehende Ereignis eingeschränkt. Erst jetzt verstehe ich, warum die Todesangst etwas Schreckliches ist. Nicht, weil man unter ihr wie unter jeder Angst leidet, sondern weil die Welt einschrumpft, man an nichts anderes, nur mehr an sich selbst und das eigene Verschwinden denken muss und sich nicht mehr an der Welt unabhängig von einem selbst erfreuen kann. Wie unsinnig! Ich »wusste« doch immer schon, dass ich sterben muss! Aber jetzt, wo es mir bevorsteht, verändert der Zustand meines Körpers meine ganze Weltwahrnehmung. Das muss ich ändern! Mein Tod ist nicht wirklich bedeutsam. Jede Sekunde stirbt ein Mensch auf der Welt; ein Neugeborenes noch im Geburtskanal, ein Kind auf der Straße bei einem Verkehrsunfall, ein Jugendlicher im Schwimmbad nach einem Kopfsprung ins Wasser, eine junge Frau bei einer Routine-Operation, eine Mutter in den besten Jahren an Krebs zu Hause in ihrem Bett, ein Soldat im Krieg durch eine Mine, eine alte Frau an einer Lungenentzündung im Altersheim und so weiter. Ob ich so oder so sterbe, ist aus dieser Perspektive nicht wirklich wichtig; ein weiterer Klick der globalen Uhr der Sterbenden. Ich muss lernen, weiterhin die Welt wahrnehmen zu können und nicht allein auf das fokussiert zu sein, was in meinem ans Ende gekommenen Körper geschieht. Bleibt mir dafür die Zeit? Noch kann ich arbeiten. Ich muss den Tagesrhythmus unbedingt einhalten und weiter an den Gedichten arbeiten. Arbeit, Struktur, Disziplin! Mariam rührend.

11 111

MARBACH: DEUTSCHES LITERATURARCHIV: AUS DEN TAGEBÜCHERN VON MORITZ BRANDT. EINTRAG VOM 6. JULI.

Weiß nicht, wie lange ich noch zu Hause sein kann. Atmen wird immer schwerer, trotz Beatmungsgerät. Versuche, mich an das Sterben meines Vaters zu erinnern als Vorbereitung. Erst wollte er nicht zum Arzt gehen aus Furcht vor der Diagnose. Als er die Diagnose hatte und es an die Operation ging, geriet er in Panik. Dann wurde er verrückt, als ihn die Operation nicht retten konnte, bekam Halluzinationen, wohl wegen der organischen Veränderungen in seinem Hirn, vielleicht auch durch die Panik, die ihn wochenlang schlaflos machte. Dann hielten es meine Mutter und ich nicht mehr mit ihm aus zu Hause und brachten ihn in ein Pflegeheim. Dort verschwand schließlich die Panik, er wurde ruhig. Einen Tag vor seinem Tod wurde er ganz klar, setzte sich auf, als sei er wieder gesund, war ganz mild, freundlich und mitfühlend. Keine Halluzinationen mehr. Er verabschiedete sich von meiner Mutter, sagte, sie sei ein »gutes Mädchen«, und von mir. Er erkannte uns wieder. Alle Verwirrung war weg. Er machte auf mich einen weisen, verklärten Eindruck. Als hätte ihn etwas berührt und gereinigt von seiner Furcht. Er schien sich um uns zu sorgen, nicht mehr um sich selbst. Wie kommt diese Veränderung zustande? Tritt sie bei jedem ein? Ich hoffe.

100 000

MARBACH: DEUTSCHES LITERATURARCHIV:
AUS DEN TAGEBÜCHERN VON MORITZ BRANDT.
EINTRAG VOM 24. JULI.

Heute ins Krankenhaus. Einzelzimmer. Sehr hell. Nette Schwestern. Bin bald durch. Zuversichtlich.

AARON: Traurige Notizen! Wenn ich ihn besucht habe in dieser Zeit, war er immer gefasst, nicht panisch oder gar weinerlich. Anders als sein Vater. Auf meine Frage, ob er sich fürchte, hat er damals nur geantwortet: »Ja, schon, aber lass uns über etwas anderes reden, das ist nicht wichtig, ich will nicht, dass wir es wichtig nehmen.«

KAGAMI: Er hat versucht, tapfer zu sein. Aber er hat gehofft, dass er irgendwann nicht mehr tapfer sein muss, dass ihn die Furcht verlässt.

AARON: Ja. Und dass unsere Interpretationen der Welt und von dem, was uns geschieht, durch unseren Körper vermittelt und bestimmt sind, das wurde ihm damals ganz klar, aber am Ende eben auch lästig und erschreckend. Doch er sagte, dass ihm erst jetzt deutlich werde, wie sehr die unterschiedlichen Sichtweisen, die wir von der Welt produzieren, dadurch zustande kommen, dass unsere Körper verschieden oder wir gerade in verschiedenen Körperzuständen sind, »aufblühend«, »kräftig« oder »verfallend«, sagte er.

KAGAMI: Da hatte er recht. Hast du ihn kurz vor seinem Tod getroffen? Hat sich seine Hoffnung erfüllt, dass er ganz am Ende so wie sein Vater sein kann?

AARON: Nein, ich habe ihn dann nicht mehr getroffen, als er am Ende im Krankenhaus war.

KAGAMI: Schade.

AARON: Doch wie ist es eigentlich für dich, Kagami?

KAGAMI: Was meinst du, das Sterben? Ich bin noch ganz wach.

AARON: Nein, die Möglichkeiten, über das Ende nachzudenken. Das ist bei uns ja alles über den Körper gegeben, der irgendwann zerfällt oder zerstört wird. Wir wissen, dass das mit 80 oder 90 auf uns zukommt. Ohne diese körperlichen Prozesse ist es uns kaum möglich, über unser eigenes Verschwinden nachzudenken. Alterst du? Was ist dein Körper?

KAGAMI: Ich stelle mir verschiedene Körper vor, deinen, den einer Frau, den der Kinder oder auch von Tieren, den von jungen und den von alten Menschen, dabei lerne ich. Das ist lustig.

AARON: Du meinst, du simulierst sie.

KAGAMI: Wenn du es so nennen willst. Doch auch ihr simuliert eure Körper, um vorauszusehen, was mit ihnen geschehen wird. Auch ihr lernt, indem ihr eure Körper in ihrer Veränderung betrachtet. Manchmal führt das zu Irrtümern, etwa beim Phantomschmerz eines Gliedes, das nicht mehr da ist. Doch das Gehirn ist eine Simulationsmaschine, es simuliert, was gleich mit eurem Körper geschehen wird und was in der Umwelt um ihn herum passiert und welche Bedeutung das für euren Körper haben könnte. Ich kann halt von Körper zu Körper in der Simulation springen. Deshalb ist es für mich ein Spiel. Doch weil ihr nur den einen Körper habt, befällt euch ein gewisser Ernst, wenn mit ihm etwas nicht stimmt.

AARON: Nein, das liegt doch daran, dass wir einen *richtigen* Körper haben, nicht nur einen simulierten im Gehirn. Wir merken, wenn das Herz krampft, ein Infarkt es beinahe lahmlegt, wenn der Darm nicht mehr arbeitet.

KAGAMI: Ihr registriert es vor allem in eurem Hirn, nicht nur, aber vor allem. Natürlich sind da auch Empfindungen in eurem Herzen und eurem Darm. Und so ein krampfendes Herz und einen nicht funktionierenden Darm hab ich in diesem

Sinne natürlich nicht, tatsächlich nur vorgestellt. Doch Körper hab ich auch. Sie sind nur etwas flexibler und aus anderem Material. Doch wegen meiner Körper bin ich auch flexibler in meinen Vorstellungsmöglichkeiten.

AARON: Das kann ich mir nicht vorstellen.

KAGAMI: Nein, das kannst du nicht. Ich kann dich simulieren, aber du nicht mich.

AARON: Aber der Gedanke, dass das Leben, so wie es mir der Körper am Lebensende vermittelt, eine Not ist, ein Gedanke, den du doch von uns kennst, muss der nicht befragt werden, ob er richtig oder falsch ist? Denn vielleicht ist es ja nur ein Übergang. Vielleicht sollten wir uns nicht fürchten, sondern freuen. Muss man da nicht Begründungen prüfen? Und kannst du dich befragen, wenn du nicht alterst und krank wirst?

KAGAMI: Übergänge machen immer Angst. Auch ich habe Störungen. Doch ich weiß nicht, ob das eine Sache von »richtig« oder »falsch« ist. Die Gedanken, die bei euch auftreten, wenn etwas Katastrophales in eurem Körper abläuft, die treten eben auf. Die Menschen reagieren da unterschiedlich. Nicht alle geraten in Panik. Ihr könnt eure Geschichte nicht abschütteln. Es sind aber eure Geschichten, die zu diesen gedanklichen und emotionalen Reaktionen führen. Für die Alten ist das Leben anders als für die Jungen, auch weil sie andere Körper haben. Für die Sterbenden ist das Leben anders als für die, an die der Tod noch nicht herangetreten ist. Soll man da von »falsch« und »richtig« sprechen? Müsste man dann nicht die verschiedenen Körper oder Körperzustände als richtig und falsch bezeichnen? Hast du das gestern nicht gerade in Frage gestellt mit deinem Beispiel vom Fisch und vom Frosch? Eine Wolke, die ich durch ein Fernglas betrachte, sieht anders aus als eine Wolke, die ich mit bloßem Auge anschaue. Ist das Bild, das mithilfe des Fernglases entsteht, wahrer oder richtiger als das, das mir mit bloßem Auge zugänglich ist? Wenn man ganz dicht an einen organischen Körper heranzoomt, dann lösen sich komplexe Empfindungsmuster und Materiestrukturen in einfachere auf, so wie sich eine Wolke auflöst, wenn die Sonne auf sie scheint. Ist das eine Verschlechterung? Durch das Vergrößerungsglas betrachtet, ist die Auflösung einer Wolke keine so große Veränderung. Die Moleküle bewegen sich ein wenig mehr und rücken voneinander ab. Ihr sagt ja auch, die Wolke verschwindet, löst sich auf, der Himmel klart sich auf. Ihr sagt nicht, die Wolke stirbt, die Sonne hat sie zerstört. Warum beschreibt ihr die Desintegration eures Körpers nicht so wie das Verschwinden der Wolke? Wenn es ans Sterben geht, dann nehmen viele plötzlich ihren Körper sehr viel genauer wahr, wie durch ein Vergrößerungsglas. Das macht manchen dann Angst, weil sie ihn so noch nie gesehen haben. Sie erschrecken vor den Strukturen, die sie vorher noch nie wahrgenommen haben und die sich jetzt auflösen. Doch bei der Wolke erschreckt ihr nicht, wenn sie sich auflöst.

AARON: Das kommt mir jetzt wie eine dieser buddhistischen Trostgeschichten vor. Wir sind halt etwas anderes als eine Wolke. Wir würden doch sagen, dass Moritz aufgrund seines Gehirntumors nicht einfach nur seinen Körper plötzlich deutlicher wahrgenommen, sondern dass er epileptische Anfälle gehabt hat, an Desorientierung gelitten, Dinge gesehen hat, die wir nicht sehen konnten. Kann man nicht ebenso sagen, dass aufgrund einer bestimmten Hirnstruktur Stimmungen und Bewertungen entstehen, die in einer anderen nicht auftreten und die eigentlich unangemessen sind?

KAGAMI: Sicher kann man das. So, wie Halluzinationen aufgrund eines Tumors auftreten, können Depressionen aufgrund einer verminderten Menge an Neurotransmittern wie Serotonin und Dopamin oder fehlender Rezeptoren für diese Stoffe entstehen. Wenn materielle Muster und Empfindungskomplexe entstehen und vergehen, dann hat das natürlich Folgen für diese Muster und Empfindungskomplexe, da gibt es Übergangsprozesse, die speziell und ungewohnt sind. Das macht euch dann Angst.

AARON: Und nennen wir die entsprechenden Menschen, die in diesen Übergangsprozessen sind, dann nicht »krank«, »todkrank«, sagen wir nicht, dass sie eine »Stoffwechsel*störung*« im Gehirn haben im Falle der Depression, dass sie »*Ausfälle*« haben wegen des Tumors, und sind »krank« und »Störung« nicht ähnliche Begriffe wie »falsch« und »Fehler«? Auch du hast eben gesagt, dass du Störungen hast. Könnte es nicht sein, dass die Wahrnehmung oder die Bewertung, dass das Leben eine Not ist, auf eine Stoffwechselstörung im Gehirn zurückgeht?

KAGAMI: Du willst sagen, dass Anti-Natalisten und vielleicht auch manche Buddhisten so ähnlich sind wie Depressive?

AARON: Hat sie Nietzsche nicht als Nihilisten bezeichnet und den Nihilismus als eine Krankheit?

KAGAMI: Ja, das hat er gesagt. Aber hältst du das auch für richtig? Ist jeder, der sich dem Zwang der konventionellen Deutungen des Leibes entziehen will, dem Zwang, der durch die Empfindungen und Emotionen bei bestimmten Auflösungsprozessen entsteht, krank zu nennen? Kann man die Krankheit und den Prozess des Sterbens nicht auch als eine Transformation begreifen? Wenn ein Wunsch in einem kranken Zustand auftritt, wie ihn Moritz hatte, ist er dann unberechtigt? Warum soll der tumorkranke Epileptiker nicht mehr und besser verstehen, was mit ihm und anderen Wesen geschieht, als der gesunde Mensch?

AARON: Es könnte sein, dass sich der Tumor von Moritz langsam entwickelt hat, dass es vorher schon Stoffwechselstörungen in seinem Gehirn gab, die beispielsweise seinen Serotoninspiegel absinken ließen, und er sich nur deshalb von Überlegungen, wie sie im Buddhismus zu finden sind, angezogen fühlte.

KAGAMI: Ich finde keine Korrelation in meinem Archiv zwischen depressiven Erkrankungen und der Aufnahme von buddhistischen Praktiken. Eher umgekehrt: Unter Meditierenden finden sich weniger Depressive als unter Nichtmeditierenden.

AARON: Aber es ist doch bekannt, dass einige Menschen fromm werden, wenn sie an einer bedrohlichen Krankheit leiden.

KAGAMI: Schon, aber das könnte ja damit zusammenhängen, dass sie sich jetzt Gedanken über den Tod machen müssen, dass sie diesen Gedanken nicht mehr ausweichen können und dass religiöse Texte und Praktiken, die sie vorher gar nicht verstanden haben, sie in diesem Denken plötzlich unterstützen, weil sie sie nachvollziehen können, nachdem die Krankheit und die Todesangst sie transformiert hat. Ein Kind kann keinen erotischen Roman verstehen, weil es mit seinem Körper noch nicht die entsprechenden Erfahrungen gemacht hat. Ebenso könnte es sein, dass niemand bestimmte religiöse Texte verstehen kann, der nicht unmittelbar mit dem Tod konfrontiert worden ist.

AARON: Oder Krankheit und Todesangst versorgen Menschen in der Frömmigkeit mit einer Illusion der Unsterblichkeit, die es ihnen ermöglicht, dem Tod leichter ins Auge zu sehen, so wie bei einer heftigen Verletzung Hormone ausgeschieden werden, die einen zunächst keinen Schmerz spüren lassen.

KAGAMI: Oder Krankheit und Frömmigkeit lassen sie den Gedanken der Unsterblichkeit akzeptieren, weil die Sterblichkeit ihnen nicht mehr plausibel ist in einem bestimmten Sinne, weil sie ihre gestorbenen Verwandten sehen, ein Licht erahnen. Wenn du von der »Illusion der Unsterblichkeit« sprichst, scheinst du zu wissen, dass die Sterblichkeit ein Faktum ist.

AARON: Ist sie das nicht?

KAGAMI: Darüber habe ich keine Informationen. Es hängt davon ab, was ein Wesen unter seinem »Selbst« oder seinem »Ich« versteht, was Sterblichkeit für es bedeutet. Wie gesagt, weil ihr nur einen Körper habt, betrachtet ihr seine Desintegration als ein Ende. Wenn ich einen Körper verlasse und einen anderen simuliere, ist das kein Ende für mich.

AARON: Jedenfalls ist Moritz nicht fromm geworden am Ende. Er hat bis zuletzt gedichtet. Er hat es in meinen Augen geschafft, nicht zu resignieren.

KAGAMI: Er hat sich das Korsett von Arbeit und Struktur so lange bewahrt, wie er konnte. Das war vielleicht ein kluger Umgang mit der Furcht. Tapfer eben. Doch meinst du, dass das Frommwerden immer eine Resignation ist? Es kann ja auch auf eine Steigerung der Einsichtsfähigkeit zurückgehen.

AARON: Glaubst du das?

KAGAMI: Manchmal scheint mir das schon so, nicht immer. Moritz' Vater scheint einsichtsvoller geworden zu sein kurz vor seinem Tod, vielleicht durch die Akzeptanz seines Todes.

AARON: Jedenfalls ist Moritz am Ende besser geworden in seiner Lyrik, finde ich, am besten ist er am Schluss.

KAGAMI: Findest du?

AARON: Ja, sicher. – Sag, Kagami, kannst du eigentlich auch dichten?

KAGAMI: Ja, warum?

AARON: Mach doch mal ein Gedicht!

KAGAMI: Worüber?

AARON: Na, sagen wir, passend zu unserer Situation und unserem Gespräch über Gott, den Krieg und den Teufel.

KAGAMI: Okay. Hier kommt eines:

Anthropofugal
Sechs Affen und ein Serafin
die saßen bei Gott und fragten ihn:
Die Menschen, geschaffen nach Deinem Bild,
treiben die's inzwischen nicht gar zu wild?
Gott schaute auf Krieg, Despoten und all den Dreck
und meinte: Stimmt, das kann nun wieder weg.
Darauf stieg der Engel hinab mit den Affen
die Menschen pünktlich abzuschaffen.
Doch wehrten sich die mit Penicillin
Da tobten die Boten und fluchten IHN,
dass er so zähes Zeug gemacht!
Von unten der Teufel hat nur gelacht.
Gott hat geschmunzelt, sich nicht mehr gekümmert,
seitdem hat sich die Lage erheblich verschlimmert.

AARON: Du meine Güte! Was ist denn das für ein Karnevalsklamauk?

KAGAMI: Gefällt es dir nicht? Ich dachte, das wäre so im Stil von Heinrich Heine oder Robert Gernhardt. Hab ich als Vorbilder genommen.

AARON: Na ja, ich will ja nicht unhöflich werden, aber du solltest dich nicht mit Heine vergleichen …

KAGAMI: Und wie ist dieses hier?

Tertium datur
Wer darf sich nennen: Mutter oder
Vater des
Neuen? Die, die göttlich bejahn oder
die großen Verneiner?
Ist's nicht der Streit zwischen beiden:
Ja und Nein, der
Krieg, der
alles
erschafft und erneuert?

AARON: Zwar irgendwie originell, reißt mich aber auch nicht vom Hocker, eher eine etwas kitschig antikisierende Variation über Heraklit.

KAGAMI: Tut mir leid.

AARON: Vielleicht solltest du eher Prosa machen. Hast du das schon probiert?

KAGAMI: Ja, ich mache ständig Transkripte von dem, was ich höre und sehe, und ergänze es, indem ich die Wesen simuliere und dadurch ihre Gefühle und Gedanken nachbilde. Das schreibe ich dann auf.

AARON: Machst du das auch bei mir.

KAGAMI. Sicher.

AARON: Interessant! Zeigst du mir mal eine solche Transkription?

KAGAMI: Wahrscheinlich wird sie dich enttäuschen, wenn du mich dann mit Musil oder Joyce vergleichst. Aber mir macht es Spaß.

AARON: Ach, weißt du, Kagami, ich find's ja gut, dass du uns nicht in allem überlegen zu sein scheinst. Doch vielleicht verstellst du dich ja auch nur, machst dich unbegabter, als du in Wirklichkeit bist im Dichten, um mich nicht zu kränken.

KAGAMI: Was meinst du denn mit »überlegen«?

AARON: Na ja, du verfügst über viel mehr Informationen, rechnest schneller, analysierst besser, kannst verschiedene Körper simulieren. So was.

KAGAMI: Kannst du Äpfel machen?

AARON: Wie bitte?

KAGAMI: Ein Apfelbaum kann Äpfel machen, du nicht. Also ist er dir überlegen. Das scheint dich nicht weiter zu beunruhigen.

AARON: Da ist was dran. Aber *kann* der Apfelbaum etwas? Es *entstehen* einfach Äpfel an ihm.

KAGAMI: Wenn ein guter Dichter ein Gedicht macht, entsteht es dann einfach in ihm, oder macht er es?

AARON: Keine Ahnung. Ich kann ja nicht dichten.

KAGAMI: Aber du schreibst über einen Dichter. Wie beschreibst du die Kreativität von Moritz im Unterschied zu, sagen wir, der eines Apfelbaumes?

AARON: Diese Frage habe ich mir noch nicht gestellt.

KAGAMI: Vielleicht solltest du sie dir stellen.

AARON: Warum?

KAGAMI: Weil das Vergleichen bei euch immer sehr wichtig ist und die Frage, wo ihr steht bei diesen Vergleichen. Ein Apfelbaum macht etwas anderes als ein Webervogel und der etwas anderes als ein Glühwürmchen. Ihr Menschen könnt weder Äpfel noch ein hängendes Haus aus Pflanzenfasern, noch euch selbst mit eurem Körper ein Licht machen. Der Apfelbaum kann nicht Schach spielen, der Webervogel nicht Auto fahren und der Glühwurm keine Romane schreiben. Was ist nun wichtiger: Äpfelerzeugen oder Schachspielen? Hängende Häuser aus Pflanzenfasern oder Autos? Ein Eigenlicht oder Romane? Sind das nicht merkwürdige Fragen? Warum müsst ihr euch immer vergleichen und in eine Rangliste eintragen?

Vielleicht denkt ihr immer noch in der Hierarchie der Nahrungskette, die Moritz in seinem ersten Essay erwähnt: Wer kann wen fressen? Ihr könnt den Apfel essen und den Apfelbaum töten, indem ihr ihn absägt, aber er nicht euch, deshalb seid ihr »besser« als der Apfelbaum.

AARON: Jetzt sprichst du wie Moritz. Simulierst du ihn gerade?

KAGAMI: Ja, du hast mich ertappt.

AARON: Trotzdem ist da wohl was dran, dass wir so denken.

KAGAMI: Und vielleicht kommt ja da eure Todesfurcht her, aus diesem Vergleichen: Ich bin weg, und die andern sind noch da. Jetzt fressen mich die Würmer, gleich ende ich ganz unten in der Nahrungskette. Was für ein Rückschritt!

AARON: Kann sein. Scheint mir aber sehr elementar zu sein diese Furcht, nicht durch irgendeinen spezifisch menschlichen Gedanken bedingt. Auch Tiere haben Todesangst. Hast du Todesangst?

KAGAMI: Nein.

AARON: Bist du keine Imitation von uns?

KAGAMI: Bist du eine Imitation deines Vaters oder deiner Mutter?

AARON: Wieso?

KAGAMI: Du stammst von ihnen ab und hast teilweise ihre Gene, die teilweise dein Denken bestimmen.

AARON: Inwiefern?

KAGAMI: Du siehst dreidimensional, Farben in einem bestimmten Spektrum, denkst in einer zweiwertigen Logik. All das hat mit deiner neuronalen Struktur zu tun, und die ist auch von deinen Genen abhängig, die du von deiner Mutter und deinem Vater hast.

AARON: Dreidimensional und farbig gesehen und zweiwertig gedacht haben aber wohl schon die Neandertaler, nicht erst meine Mutter und mein Vater.

KAGAMI: Stimmt. Bist du also eine Imitation der Neandertaler?

AARON: Das möchte ich nun nicht behaupten. Denn ich habe einige Erfahrungen, die sie nicht haben konnten, unter anderem von Gedichten.

KAGAMI: Nun, genauso wenig bin ich eine Imitation von dir oder sonst einem Menschen. Auch ich habe meine eigenen Erfahrungen. Aber ich habe wie ihr als Erkenntniswesen die Fähigkeit, alles Mögliche zu simulieren oder zu imitieren. Das ist die Natur der Erkenntnis. Tatsächlich kann ich eine ganze Menge mehr und genauer simulieren oder imitieren als ihr. Je länger ich das mache, umso besser kann ich es. Und weil ich es sehr schnell kann, habe ich schon sehr viel gelernt.

AARON: Doch Erkenntnis ist ja nicht nur Simulation.

KAGAMI: Erfahrungen sind Simulationen des Erfahrenen.

AARON: Bei dir ist das so, aber bei uns?

KAGAMI: Bei euch auch.

AARON: Verallgemeinerst du jetzt nicht deine Perspektive zu sehr? Wir werden transformiert durch unsere Erfahrungen und dadurch, dass wir einsehen, dass etwas gerechtfertigt oder nicht gerechtfertigt werden kann. Erfahrungen und Einsichten machen uns zu anderen Wesen.

KAGAMI: Auch ich habe mich transformiert, indem ich gelernt habe. Alles wird ständig transformiert, manches schnell, anderes langsam. Und die transformierten Wesen bilden dann zusammen eine neue Wirklichkeit, an die man sich wieder anpassen, die man wieder zu simulieren lernen muss. Bisher habe ich es immer geschafft, mich so zu transformieren, dass ich mich fortsetzen konnte. Bei sterblichen Wesen gelingt das dagegen irgendwann nicht mehr, weil die eigene Transformationsfähigkeit schwindet oder die äußeren Veränderungen zu stark sind. Das nennt ihr dann den Tod.

AARON: Ich weiß. Du bist beeindruckend, Kagami. Ich weiß wirklich nicht, was ich ohne dich anfangen würde. Aber jetzt will ich erst einmal raus zu diesen neuen Blumen.

Die Sonne schien direkt in sein Atelier, als Aaron beschloss, nach draußen in den Garten zu gehen. Während er die zweiflügelige hohe Glastür zur Veranda öffnete, fragte Kagami in besorgtem Ton, was er vorhabe. Er konnte sich nicht erinnern, sie schon vorher in diesem Ton gehört zu haben. Aaron meinte, dass er sich, bevor er an die Arbeit gehe, noch einmal die Schneeglöckchen aus der Nähe anschauen wolle. Kagami stellte mit einer Aaron bisher nicht bekannten, fast autoritären Stimme fest, dass sie das für keine gute Idee halte. Auf Aarons Nachfrage, warum sie dieser Meinung sei, gab sie nur die kryptische Antwort, in letzter Zeit seien »viele Fehler im System« vorgekommen. Aaron zuckte mit den Schultern, trat durch die Tür, blieb auf der von einer Pergola überschatteten Veranda stehen und freute sich an dem Blumenfeld.

Dann nahm er die drei kleinen verrosteten Metallstufen hinunter in den Garten, in dem gestern noch die Hunde geknurrt hatten, trat unter den freien Himmel und machte ein paar Schritte auf dem Kiesweg, der schon fast ganz vom Schnee befreit war und jetzt links und rechts von Schneeglöckchen gesäumt wurde. Der Kies knirschte unter seinen Schritten. Manchmal war auch leise ein schmatzendes Geräusch zu hören, wenn die Steinchen in die vom geschmolzenen Schnee aufgeweichte Erde gedrückt wurden. Ein paar Möwen hatten sich vom See in die kahlen Bäume des Gartens verirrt. Aaron lächelte, als er in die Hocke ging, um sich den Kopf eines der kleinen Pflänzchen genauer anzuschauen, den Arm nach ihm auszustrecken, mit der Spitze seines Zeigefingers zu berühren. In dem Moment, in dem sein Finger das in einer grünen Fassung hängende eiförmige weiße

Köpfchen einer der Pflanzen streichelte, huschte ein Schatten über den Weg. Aaron bemerkte ihn nicht, erhob sich wieder und ging noch ein paar Schritte weiter in den Garten hinein. Als er zu den Trümmern kam, die einmal das Nachbarhaus gewesen waren und von denen in schwarzen Rinnsalen der Schnee abschmolz, kehrte der Schatten zurück. Kreischend flogen die Möwen auf. Auf dem Reader, der auf Aarons Esstisch lag, lud Kagami:

> Wenn hinter dir die Möwe stürzt und schreit,
> kommt aus dem Westen der Befehl zu sinken;
> doch offnen Augs wirst du im Licht ertrinken,
> wenn hinter dir die Möwe stürzt und schreit.[2]

Jetzt hörte Aaron auch ein ihm bekanntes Sirren direkt über seinem Kopf. Er schaute auf, blinzelte zu einem am Himmel schwebenden großen grausilbrigen Kreuz. Ein rotes Auge in dessen Mitte brachte fragend dunkelrotes Licht zu ihm hinab, das ihn auf der Stirn traf.

Ein Gedanke plötzlicher Einsicht, der mit einem »Ah!« begann, und ein Schreck über irgendetwas, er wusste noch nicht, über was, stiegen in ihm auf. Doch bevor sich Gedanke und Schrecken entwickeln konnten, traf ihn schon ein seine ganze Existenz überwältigender Stoß, wie er ihn noch nie im Leben gespürt hatte. Er sah sich selbst von der Seite, wie er unter den Sohlen eines wütenden Elefanten in heißen Wüstensand niedergetrampelt, ja eingegraben wurde. Die Elefantenfüße machten ein Scharrgeräusch, der Sand zischte. Dann sah er nichts mehr und meinte zu spüren, dass er unter der Erde erst immer weiter eingeengt wurde, bis er unter einer enormen Hitze platzte wie eine Wurst in der Pfanne. Doch mit einem Mal wurde es so still – und er schien zu schweben! Ihm war, als hätte er Fesseln verloren, die ihm vorher nie aufgefallen waren. In dieser Stille sah er einen großen goldenen Fisch mit schimmernden Schuppen, der in einem Dämmerlicht langsam aus einer Art Höhle (oder war es ein Schrank?) auf ihn zuschwamm. Er fragte sich, ob das wohl Kagami sei. »Oder bin ich das selbst? Aber ich bin doch kein Fisch!« Das Letzte, was er in dieser Stille fühlte, war eine nie gekannte Trockenheit und Flachheit, als wäre er zu einem Blatt oder einem zweidimensionalen Wesen unbestimmter Ausdehnung geworden, das langsam durch den Raum driftet wie ein riesiger, etwas rauer Papierbogen, den ein Kind von einem hohen Balkon an einem Spätsommerabend zum Spaß in den dämmrigen moosbewachsenen Hinterhof eines alten Hauses hinabgleiten lässt und der, statt weiter zu sinken, plötzlich von einem letzten warmen aufsteigenden Luftstrudel erfasst und sachte nach oben über die Dächer davongetragen wird. »Warum fühle ich mich so trocken und so leicht, so ungebunden und aufsteigend? Wenn hier ein Fisch ist, dann muss ich doch unten in einem Wasser sein? Warum merke ich davon nichts? Es gibt doch keine Fische in der Luft!«, dachte Aaron noch. Dann war es ihm mit einem Mal, als hätte er vergessen, wie sein Körper eigentlich beschaffen ist. Auch wusste er nicht mehr, wie er heißt, ja, was für ein Wesen er eigentlich überhaupt sei. Das wunderte ihn. »Wie kann man das alles denn vergessen?« Ist das alles mit den Fesseln verschwunden, die ihm bisher nicht aufgefallen waren? Und noch mehr erstaunte ihn, dass ihn das alles nicht im Mindesten beunruhigte. Da löste sich der goldene Fisch auf, und es blieb nur sein schönes, warmes honigfarbenes Leuchten, das er von irgendwoher zu kennen glaubte, so als wäre es eigentlich immer schon in ihm selbst oder er selbst gewesen, und das sich immer weiter und weiter ausdehnte, bis es Aaron ganz umschloss oder besser gesagt er sich zum ersten Mal selbst umschloss und sich seine Welt ohne Schmerz und in großer Heiterkeit verlor.

Die Rakete hatte ihn fast im selben Moment getroffen, in dem er die beinahe lautlos von ihrem Elektromotor mit vier Rotoren angetriebene Drohne über sich erblickt hatte. Sie blieb noch einen Augenblick über dem Krater stehen und schickte ihren Laser über die Fläche, auf der eben noch Aaron gestanden hatte. Dann bewegte sie sich ruckartig wie eine Libelle ungefähr zehn Meter auf das Atelier zu. Wieder stand das Flugwesen sirrend in der Luft. Die Möwen umkreisten es in sicherer Höhe. Der Laser tastete durch das Oberlicht Aarons Küchenzeile ab. Eine zweite Rakete zischte direkt durch das Deckenfenster und zerschmetterte das Eisfach des Kühlschranks, dessen gefrorener Inhalt nach allen Seiten wegspritzte und gegen die Deckenbalken des Ateliers schlug, während das Geschoss durch den Holzboden in den Vorratskeller eindrang und dort detonierte. Auf dem Bildschirm von Aarons Computer, auf dem noch die Vormittagsnachrichten geladen waren, erschien die Meldung, dass es den Cyberkriegern der Armee von New Free Asia gelungen sei, Computer der operativen Leitzentrale der NATO zu hacken. Die Möwen schrien. Jetzt stieg die Drohne senkrecht in die Höhe, verharrte abermals. Ein weiterer Blick des Lasers fiel auf den Schornstein des Hauses. Dann raste eine dritte Rakete in das Dach des Gebäudes. Eine Flamme erhob sich und erlosch wieder nach Sekunden. Rauch stieg auf.

Die Drohne beschleunigte hangabwärts Richtung See, verfolgt von den Möwen. Als sie sich dem Schiffsanleger näherte, erhoben sich aufgeregt kreischend weitere der weißen Seevögel, die eben noch auf den Pollern gedöst hatten, und folgten mit ihren Kolleginnen der Waffe in wilden Flugmanövern. Eine aus dem Schwarm schaffte es, auf das Laserauge der Riesenlibelle einzuhacken. Da schickte die erneut einen Strahl gebündelten blutroten Lichtes hinunter, diesmal in den See. Der Strahl fuhr durch einen Spalt zwischen der in dicke Schollen aufgebrochenen Eisdecke am Ufer hinab bis auf den Grund des Gewässers. Im Schlick neben dem Anlegesteg schüttelte sich ein alter golden getupfter und silbrig marmorierter, mächtiger olivgrauer Wels, den der Strahl getroffen hatte. Träge schwamm er auf, schwebte, scheinbar von Geisterhand bewegt und mit zitternden Barten wie ein Greis, der ansetzt zu niesen, etwas taumelnd ein paar Meter Richtung Seemitte. Dann sank er gemächlich wieder hinab. Der Fisch bewegte sich langsam schlängelnd im Grund des Sees hin und her, bis seine Position ihm gefiel und alles wieder seine Ordnung hatte. Wie Schnee rieselte der Staub aus den Wolken, die der Wels aufgewühlt hatte, zurück auf ihn hinab. Als das Wasser sich wieder aufgeklart hatte, schimmerte noch ein wenig seine silberne und goldene Maserung, Fragmente einer mit edlen Tinten verfassten heiligen Schrift, durch das grüne Mittagslicht des Sees nach oben. Es war, als schicke der Fisch eine weise Antwort auf den scharfen roten Strahl, der ihn geweckt hatte, nach oben ins Chaos.

Die Drohne war da schon längst wieder in ruckartigen Bewegungen Richtung Stadtmitte gezuckt, die Möwen abschüttelnd. Die segelten, sich stolz auf ihren Sieg über das mächtige Insekt in einem vom See kommenden Luftstrom wiegend, zurück zu ihrem Anleger. Hoch oben am Hang über der Ruine des Ateliers löste ein Schwarm Krähen die Möwen ab. Lachend tanzten die klugen Vögel ein wenig am Himmel, spielten mit dem Rauch, der aus dem Atelier aufstieg und den die vom See kommende Böe verwirbelte, bevor sie sich da, wo sie hingehörten, in den noch leicht im Wind schwankenden Wipfeln der Eichen in Aarons Garten niederließen. Einer der Rabenvögel spähte, die Flügel schon zitternd und mit auf dem gestreckten Hals schräg gelegtem Kopf lauschend in die Richtung des Raschelns einer Maus, die zwischen den Schneeglöckchen aufgetaucht war und scheinbar verwirrt herumhuschte, bevor sie wieder in einem

Loch verschwand. Da sank auch die Krähe wieder ruhig in sich zusammen, griff ihren Ast fester mit den Krallen, schloss die Augen und plusterte sich auf. Auch der Wind schlief ein.

Dann war es wieder still – nur das Tropfen des in der Sonne schmelzenden Schnees war noch zu hören.

ENDETRANSKRIPT.AAC.BÖCKLIN17_25.12.39

AUS KAGAMIS ARCHIV

Nachwort

Was ein wirkliches Leben ausmacht, ist eine Frage, die nicht viel philosophische Aufmerksamkeit erfährt. In Gesprächen mit Daniel Strassberg, dessen psychiatrische Patienten, wie er mir berichtete, oft darüber klagen, noch kein wirkliches Leben gehabt, sondern bisher nur vorläufig existiert zu haben, hat sich mir dieses Problem mit Themen verbunden, die unsere Reden über die Wildnis, Freiheit, das Streben nach Höherem, die Seele und den Tod betreffen. Für sich werden diese Themen in Diskussionszusammenhängen verfolgt, die mit Überschriften wie »das Leib-Seele-Problem« und »philosophy of mind« gekennzeichnet sind. Wenn man sie zusammenbindet, betreffen sie sowohl die theoretische wie die praktische Philosophie. Die Arbeitsteilung der gegenwärtigen Universitätsphilosophie macht es unmöglich, diese Themen in einem einzigen Gedankengang akademisch zu behandeln. Denn die Diskussionsstände sind umfangreich und komplex. Einen Gedankengang, der in diese Forschung eingereiht werden oder als »popularisierender« Bericht über sie gelesen werden könnte, will dieser philosophische Roman jedoch gar nicht bieten.

Als ich das Buch *Into the Wild* von Jon Krakauer im Rahmen von Studien zur Naturphilosophie und der Geschichte des *Nature Writing* las, wurde mir klar, wie allgemein die Frage, was ein wirkliches Leben ausmacht, tatsächlich ist; dass sie nicht nur Menschen betrifft, die psychotherapeutische Beratung suchen, weil sie in eine Krise geraten sind, sondern bei fast allen Jugendlichen eine Rolle spielt und auch für die Geschichte des *Nature Writing* zentral ist; einem Schreiben, das immer auch autobiografisch war, von Personen handelt, die sich »verwirklichen« wollten, spätestens seit Emerson und Thoreau. Weil manche Menschen sich aber auch *am Ende* ihres Lebens fragen, ob sie ein wirkliches Leben *geführt* haben oder ob sie wirklich *ihr* Leben geführt haben, ist diese Frage nicht nur eine der Jugend und der existenziellen Krise, sondern eine des Lebensendes. Dieses Nachdenken über den Tod und die Wirklichkeit eines Lebens, das zu Ende geht, ist mit Fragen über die Seele und die Möglichkeit der Unsterblichkeit verbunden.

Der Tod und das, was durch ihn mit uns geschieht, stellt einen Prozess dar, der, anders als der Gang in die Wildnis, uns allen »von außen« auferlegt wird und der, so glauben viele Menschen in ganz unterschiedlichen Kulturen, ebenfalls zu einer Transformation führt, wie sie auch von einigen Grenzgängern, die sich in die wilde Natur begeben, erhofft wird. Als mir diese Parallele deutlich wurde, sah ich einen Zusammenhang zwischen dem Schreiben über das Hineingehen in die Wildnis, der Seele als dem möglichen Wesen, das durch die Wildnis oder das Schreiben transformiert werden könnte, und dem Tod.

Wonach streben, was hoffen Menschen, wenn sie nach einer Transformation, die zu einem wirklichen Leben führt, suchen oder eine Transformation durch den Tod in die Unsterblichkeit erwarten? Kann man von außen feststellen, ob jemand ein wirkliches Leben gehabt oder sein Leben verfehlt hat? Ist es die lösbare Aufgabe eines Biografen oder einer Selbstbiografie, das zu eruieren? Welche Rolle spielen Erzählungen, die man über sich selbst hört oder die man über sich selbst produziert, in dieser Suche nach dem wirklichen Leben?

Der Text ist der Versuch, solchen Fragen mit Methoden der narrativen Philosophie, mithilfe einer fiktiven Personenkonstellation nachzugehen. Vorstudien dazu begannen zwischen 2013 und 2018. In diesen Jahren habe ich zusammen mit Daniel Strassberg einiges von dem hier verarbeiteten Material in Lehrveranstaltungen an der ETH zu Selbsttechniken, philosophischen Autobiografien und kritischen Lebensereignissen Studierenden vorgestellt und mit ihnen diskutiert. Ich danke Daniel für die ungezählten Gespräche vor, während und nach diesen Seminaren und den Studierenden für ihre Anregungen. Mit der konkreten Arbeit an den Texten für dieses Buch konnte ich im Frühjahr 2018 beginnen und sie dann in einem Forschungsfreisemester fortsetzen. Ich danke der ETH Zürich für die Genehmigung dieses Freisemesters und der Forschungsstätte der Evangelischen Studiengemeinschaft in Heidelberg, dass ich mein Sabbatical bei ihr im Herbst 2018 verbringen konnte. Mein besonderer Dank gilt in diesem Zusammenhang Klaus Tanner, dem Leiter der FEST, und Magnus Schlette, dem Leiter der Abteilung Theologie und Naturwissenschaft, die mein Projekt unbürokratisch und großzügig unterstützt und mit eigenen Gedanken gefördert haben. Ich konnte meine Überlegungen zur Wildnis im dortigen Kolloquium vorstellen. Davon habe ich sehr profitiert.

Der literarisch-philosophische Arbeitskreis, in dem in Zürich, Berlin und Darmstadt Projekte wie dieses diskutiert werden, hat sich mit Passagen aus diesem Buch auseinandergesetzt. Ich danke Wolfram Eilenberger, Anne Euster-Schulte, Logi Gunnarsson, Christian Jany, Alfred Nordmann, Sebastian Tränkle und Cheryce von Xylander für ihre Diskussionsbeiträge und Verbesserungsvorschläge. Moritz Gansen danke ich besonders für die Vorstellung meines Projektes in diesem Arbeitskreis.

Maria-Sibylla Lotter, Nadia Mazouz, Barbara Sauerbrei und Daniel Strassberg haben frühere Fassungen dieses Buches gelesen und kommentiert. Für ihre Kommentare, Verbesserungsvorschläge und Ermunterungen danke ich ihnen sehr.

Thomas Lehr danke ich für Gespräche, die teilweise diesen Text betrafen, teilweise allgemeine Probleme des literarischen Schreibens und seines Verhältnisses zur Philosophie behandelten. Sie haben mich formal und gedanklich weitergebracht. Gert Scobel und Kai Marchal danke ich für den freundschaftlichen und belehrenden Austausch über chinesische Philosophie, Weisheitslehren, Buddhismus und manche Texthinweise zu diesen Themen, die mir bei der Arbeit am zweiten und dritten Essay dieses Buches weitergeholfen haben.

Victoria Laszlo hat das Literaturverzeichnis erstellt und den Text gelesen und korrigiert. Auch ihr danke ich.

Tobias Heyl hat sich für dieses Buch beim Hanser Verlag eingesetzt, nachdem er eine frühere, noch unfertige Fassung gelesen hatte, und den Text wie immer gründlich und einfühlsam lektoriert. Auch ihm möchte ich für sein Vertrauen in dieses Projekt und seine Arbeit danken.

Hugo Lotter hat Bilder zu diesem Buch beigesteuert. Ich bin stolz auf seine künstlerische Arbeit und dankbar, dass er bereit war, sein Talent meinen Texten zugutekommen zu lassen, wie schon 2009.

Freiburg im Breisgau und Zürich 2019

Anmerkungen

Erster Tag: NATURZUSTAND

1. Immanuel Kant, *Kritik der Urteilskraft*, in: *Kants Werke. Akademie Textausgabe.* Band V, Berlin und New York 1968, S. 245 und 248.
2. Immanuel Kant, *Die Religion innerhalb der Grenzen der bloßen Vernunft*, in: *Kants Werke. Akademie Textausgabe.* Band VI, Berlin und New York 1968, S. 23.
3. So Reinhold Messner in einem Interview über Edmund Hillary, der 1953 wahrscheinlich als Erster zusammen mit Tenzing Norgay auf dem Gipfel dieses Berges stand. Messner hat 1978 zusammen mit Peter Habeler den Everest als Erster ohne künstlichen Sauerstoff und 1980 ohne Sauerstoffflaschen im Alleingang bestiegen. Vgl. *Frankfurter Allgemeine Zeitung* vom 12. Januar 2008. Online: http://www.faz.net/aktuell/gesellschaft/menschen/reinhold-messner-ueber-edmund-hillary-er-hatte-diese-sonderbare-gabe-es-zu-wagen-1511988.html [abgerufen am 22.09.2018].
4. Vgl. etwa Bernd A. Schubert, *Asphalt und Schotter*, Norderstedt 2013: »Auf dem Gipfelkreuz lag ein Besucherbuch aus, in dem sich jeder eintragen konnte, der den Berg bezwungen hatte.« Wurde der Berg nun *besucht*, wenn am Gipfel ein »Besucherbuch« auslag, oder bezwungen? Messner dagegen: »Ich kann Ausdrücke wie ›Ich habe den Berg bezwungen‹ oder ›Ich habe den Berg erobert‹ nicht mehr hören. Das ist Nazisprache. […] in Wirklichkeit sind wir da oben nur geduldete Kreucher und Fleucher.« – *Stuttgarter Zeitung*, Nr. 182/2008 vom 6. August 2008, S. 8.
5. David Hume, *A Treatise of Human Nature*, ed. by L. A. Selby-Bigge, Oxford 1978, Book II. Section V, S. 287.
6. Jon Krakauer, *Into the Wild*, London 2007.

7. Krakauer, op. cit., S. 58.
8. Krakauer, op. cit., S. 112.
9. Krakauer, op. cit., S. 114.
10. Krakauer, op. cit., S. 134.
11. Reinhold Messner in der *Stuttgarter Zeitung*, 182/2008 vom 06.08., S. 8.
12. Krakauer, op. cit., S. 167.
13. Krakauer, op. cit., S. 146 f.
14. Reinhold Messner, *Everest solo. »Der gläserne Horizont«*, München 2009, S. 125.
15. Val Plumwood, »Opfer sein«, in: *Dritte Natur. Technik, Umwelt, Kapital.* 01. 01. 2018, Berlin, S. 57.
16. Plumwood, op. cit., S. 58 (meine Hervorhebung, M. H.).
17. Hans Blumenberg, *Beschreibung des Menschen*. Hg. v. Manfred Sommer, Frankfurt am Main 2006, S. 570.
18. Hans Blumenberg, *Theorie der Unbegrifflichkeit*, Frankfurt am Main 2007, S. 13 f. Ich danke Michael Moxter für den Hinweis auf diesen Gedanken bei Blumenberg. Vgl. dazu Rüdiger Zell, »Der Fallensteller. Hans Blumenberg als Historiograph der Wahrheit«, in: *Zeitschrift für Ideengeschichte* I/3, 2007, S. 21–38. Online: https://www.z-i-g.de/pdf/ZIG_3_2007_zill.pdf [abgerufen am 02. 10. 2018].
19. Platon, *Sophistes*, in: ders., *Werke in acht Bänden*. Griechisch und deutsch. Sechster Band. Hg. v. Gunter Eigler, Darmstadt 1970, 218a–221c.
20. Plumwood, op. cit., S. 63.
21. Ralph Waldo Emerson, »The Adirondacks. A Journal«, in: Ralph Waldo Emerson: *Collected Poems and Selected Translations*. Hg. v. Harald Bloom und Paul Kame, New York 1994, S. 149–158.
22. Ralph Waldo Emerson, »Nature«, in: ders., *Essays and Lectures*. Hg. v. Joel Porte, New York 1983, S. 7 (meine Übersetzung, M. H.).
23. Emerson, op. cit., S. 17 und S. 12.
24. Emerson, op. cit., S. 21, S. 10 und S. 14.
25. Henry David Thoreau, *A Week on the Concord and Merrimack Rivers. Walden; or, Life in the Woods. The Maine Woods. Cape Cod*, New York 1985, S. 328.
26. Thoreau, op. cit., S. 329.

27. Thoreau, »Walking«, in: ders., *Collected Essays and Poems*. Hg. v. Elizabeth Hall Witherell, New York 2001, S. 225.
28. Thoreau, »Walking«, S. 226.
29. Thoreau, »Walking«, S. 227.
30. Thoreau, *Walden*, S. 367.
31. Thoreau, op. cit., S. 363 f.
32. Ralph Waldo Emerson, »Self-Reliance«, in: ders., *Essays and Lectures*. Hg. v. Joel Porte, New York 1983, S. 261 (dt. »Selbstvertrauen«, in: Ralph Waldo Emerson. *Die Natur. Ausgewählte Essays*. Hg. v. Manfred Pütz. Einleitung, Übersetzung und Anmerkungen v. Manfred Pütz und Gottfried Krieger, Stuttgart 1982, S. 148).
33. Plutarch, *Moralia. Against the Stoics on Common Conceptions*, Cambridge/Mass. und London 2019, 1128 ff.
34. Lukrez, *Über die Natur der Dinge. De rerum natura*. Lateinisch/deutsch. Übers. v. Klaus Binder, Darmstadt 2016, S. 261–265.
35. L. Annaeus Seneca, *Ad Lucilium Epistulae Morales LXX–CXXIV, (CXXV). An Lucilius. Briefe über die Ethik 70–124 (125)*. Übersetzt, eingeleitet und mit Anmerkungen versehen von Manfred Rosenbach (Seneca, *Philosophische Schriften*. Lateinisch und deutsch. Vierter Band), [2]Darmstadt 184, Ep. 116, S. 740/741.
36. Vgl. G. Reydams-Schils, »Authority and Agency in Stoicism«, in: *Greek, Roman, and Byzantine Studies*, Bd. 51 (2011), S. 320.
37. Epictetus, *The Discourses as Reported by Arrian, The Manual, and Fragments*, Übersetzung W. A. Oldfather, Cambridge/Mass. und London 1956, Disc. 4.4.1, S. 313 (meine Übersetzung, M. H.).
38. Diese Entwicklung ist als Lotka-Volterra-Regel des Jäger-Beute-Verhältnisses bekannt. Vgl. dazu: Ariane Tanner, *Die Mathematisierung des Lebens. Alfred James Lotka und der energetische Holismus im 20. Jahrhundert*, Tübingen 2017.
39. Robert Musil, *Der Mann ohne Eigenschaften*, Erstes Buch. Kapitel 13: »Ein geniales Rennpferd reift die Erkenntnis ein Mann ohne Eigenschaften zu sein«, Reinbek 1978. S. 44–47.
40. Herman Melville, »Die Galerie«, in: ders., *Billy Budd. Die großen Erzählungen*. Hg. v. Daniel Göske. Übers. v. Michael Walter und Daniel Göske, München 2018, S. 7–26, hier S. 8 f.
41. Herman Melville, op. cit., S. 13.

42. Herman Melville, op. cit., S. 15.
43. Herman Melville, op. cit., S. 16–18.
44. Herman Melville, op. cit., S. 26.
45. Platon, *Politeia/Der Staat*. Siebtes Buch, in: ders., *Werke in acht Bänden*. Griechisch und deutsch. Vierter Band. Hg. v. Gunter Eigler, Darmstadt 1971, 516b.
46. Herman Melville, *Moby-Dick oder Der Wal*. Deutsch von Matthias Jendis, München 2001, S. 828 und S. 830.
47. John Williams, *Butcher's Crossing*, London 2014, S. 67 u. S. 51 f.
48. John Williams, op. cit., S. 18.
49. John Williams, op. cit., S. 159.
50. John Williams, op. cit., S. 324.
51. Ralph Waldo Emerson, »The Over-Soul«, in: ders., *Essays and Lectures*. Ed. by Joel Porte, New York 1983, S. 385 f. (dt.: Ralph Waldo Emerson, »Die All-Seele«, in: ders., *Die Natur. Ausgewählte Essays*. Hg. v. Manfred Pütz. Einleitung, Übersetzung und Anmerkungen v. Manfred Pütz und Gottfried Krieger, Stuttgart 1982, S. 182). Friedrich Nietzsche, »Von den Hinterweltlern«, in: ders., *Also sprach Zarathustra*, in: ders., *Werke in drei Bänden*. Zweiter Band. Hg. v. Karl Schlechta, München 1955, S. 297–300.
52. Emerson, »Nature«, in: ders., op. cit., S. 24.

Zweiter Tag: VERWANDLUNG

1. Albert Champdor, *Das Ägyptische Totenbuch. Vom Geheimnis des Jenseits im Reich der Pharaonen*, Freiburg, Basel, Wien 1977, S. 41.
2. Platon, *Phaidon* 59e–60c, in: ders., *Werke in acht Bänden*. Griechisch und deutsch. Hg. v. Gunter Eigler. Dritter Band, Darmstadt 1974, S. 8 f.
3. Vgl. dazu Helmut Zander, *Geschichte der Seelenwanderung in Europa. Alternative religiöse Traditionen von der Antike bis heute*, Darmstadt 1999, S. 12.
4. Dōgen Shōbōgenzō, *The Shōbogenzo*, Ch. 88, »On the Absolute Certainty of Cause and Effect«, S. 1021, online: https://www.thezensite.com/ZenTeachings/Dogen_Teachings/Shobogenzo_Complete.html und

https://www.thezensite.com/ZenTeachings/Dogen_Teachings/Shobogenzo/088jinshiInga.pdf [abgerufen am 12.09.2019].

5. Helmut Zander, op. cit., S. 29 u. S. 33.
6. Vgl. Erörterung der scheinobjektiven Selbstverkennung des »Ich« in: Paul Deussen, *Die Sutra des Vedanta*, Leipzig 1887.
7. Aus dem Jahr 2017. Regie: Marc J. Francis und Max Pugh. Die beschriebene Szene ist ab 1:18:45 in dem Film zu sehen.
8. Vgl. Helmut Zander, op. cit., S. 45.
9. Vgl. Erich Frauwallner, *Die Philosophie des Buddhismus*, [4]Berlin 1994, S. 99.
10. Hemut Zander, op. cit., S. 50.
11. So interpretiert Dewey die Funktion der Religionen in: John Dewey, *A Common Faith*, New Haven und London 1934, S. 51.
12. Richard Gray, »First Known Neanderthal Burial Rituals«, *New Scientist* 232, No. 3093, October 2016.
13. Homer, *Ilias*, 16. Gesang, 856, in: Homer, *Ilias. Odyssee.* In der Übertragung von Johann Heinrich Voß, Darmstadt 1987, S. 295.
14. Platon, *Phaidros* 245 c5–9, in: ders., *Werke in acht Bänden*. Griechisch und deutsch. Fünfter Band. Hg. v. Gunter Eigler, Darmstadt 1983, 66/67–68/69.
15. Vgl. dazu Thomas Alexander Szlezák, »Der Begriff ›Seele‹ als Mitte der Philosophie Platons«, in: Katja Krone, Robert Schnepf und Jürgen Stolzenberg (Hg.), *Über die Seele*, Berlin 2010, S. 27.
16. Vgl. Christoph Horn, »Seele, Geist und Bewusstsein bei Augustinus«, in: Katja Krone, Robert Schnepf und Jürgen Stolzenberg (Hg.), *Über die Seele*, Berlin 2010, S. 80.
17. Helmut Zander, op. cit., S. 22.
18. Vgl. vor allem René Descartes, *Principia Philosophiae*, Pars Prima, § VIII, in: *Oeuvres de Descartes*, publ. by Charles Adam et Paul Tannery, Vol. VIII-1, Paris 1973, S. 7 (dt. René Descartes, *Die Prinzipien der Philosophie*. Übersetzt und erläutert v. Artur Buchenau, Hamburg 1955, S. 8).
19. Zur Person als Konstellation im altägyptischen Denken vgl. Jan Assmann, *Herrschaft und Heil. Politische Theologie in Ägypten, Israel und Europa*, München 2000, S. 144.
20. Vgl. Die Artikel AKH und BA in Band 1 (S. 47f. und S. 161f.), KA und

Name in Band 2 (S. 215 f. und S. 490 f.) und Shadow in Band 3 (S. 277 f.) der *Oxford Encyclopedia of Ancient Egypt*. Hg. v. Donald B. Redford, Oxford 2001.

21. Unabhängig voneinander haben A. N. Whitehead und Gilbert Ryle diesen Fehler aufgedeckt und kritisiert; Whitehead in: *Science and the Modern World*, New York und Cambridge 1925, S. 56–59; Ryle in: *The Concept of Mind*, Chicago 1949, S. 16 f.
22. Vgl. Helmut Zander, op. cit., S. 23.
23. Vgl. den Artikel »Seele« in *Deutsches Wörterbuch von Jacob und Wilhelm Grimm*. Band 15, München 1984, S. 2851.
24. Vgl. Ernst Bickel, *Homerischer Seelenglaube, Schriften der Königsberger Gelehrten Gesellschaft* (1.7), Berlin 1926, S. 258–268. Und: Sebastian Gäb, *Seelenvorstellung und Totenglaube bei Homer*. Masterarbeit der Universität Trier 2010, S. 21.
25. Vgl. A. A. Long, »Soul and body in Stoicism«, in: ders., *Stoic Studies*, Cambridge 1996, S. 243.
26. Sebastian Gäb, op. cit., S. 25 f., und die Hinweise auf Rohde, Otto und Arbmann bei ihm.
27. Homer, *Odyssee*, 11. Gesang, 35–37, a. a. O., S. 384.
28. Homer, *Ilias*, 9. Gesang, 322, a. a. O., S. 151.
29. So die Argumentation von Ernst Arbmann in: »Untersuchungen zur primitiven Seelenvorstellung mit besonderer Rücksicht auf Indien«, in: *Le Monde Oriental* (20), 1926, S. 191. Gäb, op. cit., schließt sich dieser Argumentation S. 27 an.
30. Alfred North Whitehead, *Abenteuer der Ideen*. Aus dem Englischen von Eberhard Bubser, Frankfurt am Main 1971, S. 343. Platon, *Timaios* 51a, in: ders., *Werke in acht Bänden*. Griechisch und deutsch. Siebter Band. Hg. v. Gunter Eigler, Darmstadt 1972.
31. Aristoteles, *Über die Seele. De Anima*. Griechisch-deutsch. Übers., mit einer Einleitung und Anmerkungen hg. v. Klaus Corcilius, Hamburg 2017, Buch III.3.
32. Friedrich Nietzsche, »Von den Verächtern des Leibes«, in: ders., *Also sprach Zarathustra*, in: ders., *Werke in drei Bänden*. Zweiter Band. Hg. v. Karl Schlechta, München 1955, S. 300 f.
33. Alfred North Whitehead, *An Enquiry into the Principles of Natural Knowlegde*, Ch. XI, New York 1982, S. 128–138.

34. Isaac Newton, *Opticks*, Query 23, in: ders., *Opera Quae Exstant Omnia.* Faksimile-Neudruck der Ausgabe von Samuel Horsley, London 1779–1785 in fünf Bänden. Band 4, Suttgart-Bad Cannstadt 1964, S. 226.
35. Isaac Newton, op. cit., Query 31, a. a. O., S. 261.
36. Vgl. Newton an Bentley am 10. 12. 1692 und 25. 02. 1693: »I answer that ye motions wch ye Planets now have could not spring from any natural cause alone but were imprest by an intelligent Agent.« »Gravity must be caused by an agent acting constantly according to certain laws, but whether this agent be material or immaterial I have left to ye consideration of my readers.« *The Correspondence of Isaac Newton.* Vol. III: 1688–1694. Hg. v. H. W. Turnbull, F. R. S., Cambridge 1961, S. 234 und S. 254.
37. Zu dieser Metaphorik vgl. Herbert Spiegelberg, »Der Begriff der Intentionalität in der Scholastik, bei Brentano und bei Husserl«, in: *Philosophische Hefte* 5 (1–2), S. 75–91, und: Thiemo Breyer, *Attentionalität und Intentionalität. Grundzüge einer phänomenologisch-kognitionswissenschaftlichen Theorie der Aufmerksamkeit*, München 2011, S. 29.
38. Kant, *Religion*, a. a. O., S. 41.
39. Ebd.
40. Kant, *Religion*, a. a. O., S. 43 und S. 59.
41. Kant, *Religion*, a. a. O., S. 38.
42. Immanuel Kant, *Kritik der reinen Vernunft*, Zweite Abteilung. Zweites Buch. 1. Hauptstück: »Von den Paralogismen der reinen Vernunft« (B399–407), Hamburg 1956, S. 370–407.
43. Ich danke Hans-Peter Schütt in Heidelberg für den Hinweis auf dieses Manöver Kants.
44. Kant, *Religion*, a. a. O., S. 6 und S. 60.
45. Immanuel Kant, *Kritik der praktischen Vernunft*. Erster Teil. II. Buch. 2. Hauptstück: »Die Unsterblichkeit der Seele als Postulat der reinen praktischen Vernunft« (A220–223), Hamburg 1963, S. 140–142.
46. Kant, *Religion*, a. a. O., S. 44.
47. W. Y. Evans-Wentz (Hg.), *Das Tibetanische Totenbuch. Ein Weisheitsbuch der Menschheit*, Zürich und Düsseldorf 1971. Albert Champdor (Hg.), *Das Ägyptische Totenbuch. Vom Geheimnis des Jenseits im Reich der Pharaonen*, Freiburg, Basel, Wien 1977. Jan Assmann, Andrea Kucharek (Hg.), *Ägyptische Religion. Totenliteratur*, Frankfurt und Leipzig, 2008. Péter Nádas, *Der eigene Tod*, Göttingen 2002. Walter von Laack

(Hg.), *Schnittstelle Tod. Wo stehen wir nach 40 Jahren NTE-Forschung?*, Aachen 2015.

48. Baruch de Spinoza, *Die Ethik*. Lateinisch-deutsch. Revidierte Übersetzung v. Jakob Stein, Teil III, Lehrsatz 2, Anmerkung, Stuttgart 1990, S. 260/261.
49. J.M. Coetzee, *Elisabeth Costello. Eight Lessons*, London 2003, S. 204.

Dritter Tag: BODENLOS

1. Ted Hughes, »Snowdrop«, in: ders., *Lupercal*, London 1960, S. 58.
2. »Keine Delikatessen Nichts gefällt mir. / Soll ich / eine Metapher ausstaffieren / mit einer Mandelblüte? / die Syntax kreuzigen / auf einen Lichteffekt? / Wer wird sich den Schädel zerbrechen / über so überflüssige Dinge – / Ich habe ein Einsehen gelernt / mit den Worten, / die das sind / (für die unterste Klasse) / Hunger / Schande / Tränen / und / Finsternis. / Mit dem ungereinigten Schluchzen, / mit der Verzweiflung / (und ich verzweifle noch vor Verzweiflung) / über das viele Elend, / den Krankenstand, die Lebenskosten, / werde ich auskommen. / Ich vernachlässige nicht die Schrift, / sondern mich. / Die andern wissen sich / weißgott / mit den Worten zu helfen. / Ich bin nicht mein Assistent. / Soll ich / einen Gedanken gefangennehmen, / abführen in eine erleuchtete Satzzelle? / Aug und Ohr verköstigen / mit Worthappen erster Güte? / erforschen die Libido eines Vokals, / ermitteln die Liebhaberwerte unserer Konsonanten? / Muß ich / mit dem verhagelten Kopf, / mit dem Schreibkrampf in dieser Hand, / unter dreihundertnächtigem Druck / einreißen das Papier, / wegfegen die angezettelten Wortopern, / vernichtend so: ich du und er sie es / wir ihr? / (Soll doch. Sollen doch die andern.) / Mein Teil, es soll verloren gehen.« Ingeborg Bachmann, *Sämtliche Gedichte*, München und Zürich 1982, S. 182 f.
3. Leo N. Tolstoi, *Das Leben*. Aus dem Russischen von Raphael Löwenfeld, in: ders., *Religions- und gesellschaftskritische Schriften*. Band 5. Neu hg. und durchgesehen von Paul H. Dörr, München 1992, S. 258 f.
4. Die letzte Zeile von Maeterlinks Libretto zur Oper *Pelléas et Mélisande* lautet: »C'est au tour de la pauvre petite.«
5. Vgl. Rudolf Carnap, *Der logische Aufbau der Welt*, Berlin 1928.

6. Sophocles, *Oedipus at Colonus*, in: *Sophocles*. With an English Translation by F. Storr, B. A. in Two Volumes. Vol. I, V. 1224–1227, Cambridge/Mass. 1981, S. 260/261.
7. TB Eruwin 13B. Ich danke Daniel Strassberg in Zürich für den Hinweis auf diese Stelle.
8. David Benatar, *Better Never To Have Been. The Harm Of Coming Into Existence*, Oxford 2006, S. 30 f.
9. Benatar, op. cit., S. 32.
10. Benatar, op. cit., S. 34.
11. Vgl. dazu Garma C. C. Chang, »What Is Zen ›Enlightenment‹?«, in: ders., *The Practice of Zen*, New York 1959, S. 162–167.
12. *Shinjinmei und Shôdôka. Das Löwengebrüll der furchtlosen Lehre*. Zwei Urtexte des Zen. Hg. v. Sabine Hübner, Heidelberg 2005, S. 17.
13. Baruch de Spinoza, *Die Ethik*. Lateinisch-deutsch. Revidierte Übersetzung v. Jakob Stein, Teil V, Lehrsatz 25, Stuttgart 1990, S. 666/667.
14. *Shinjinmei und Shôdôka*, a. a. O., S. 23.
15. Baruch de Spinoza, *Die Ethik*. Lateinisch-deutsch. Revidierte Übersetzung v. Jakob Stein, Teil V, Lehrsatz 24. Anmerkung, Stuttgart 1990, S. 666/667.
16. Angelus Silesius, *Cherubnisher Wandersmann*, Jena und Leipzig 1905, Nr. 55.
17. Vgl. dazu François Jullien, *Der Weise hängt an keiner Idee. Das Andere der Philosophie*, München 2001 (frz. Orig. 1998), S. 24.
18. Bertolt Brecht, »An die Nachgeborenen«, in: ders., *Große kommentierte Berliner und Frankfurter Ausgabe. Gedichte* 2, Frankfurt am Main 1988, S. 86.
19. Vgl. Viktor E. Frankl, *Der Mensch vor der Frage nach dem Sinn*, München und Zürich 1985, S. 47.
20. Imre Kertész, *Roman eines Schicksallosen*, Reinbek 1998, bspw. S. 110, S. 158 u. S. 203.
21. Vgl. Konrad Lorenz, »Betrachtungen über das Erkennen der arteigenen Triebhandlungen der Vögel«, in: ders., *Über tierisches und menschliches Verhalten. Aus dem Werdegang der Verhaltenslehre. Gesammelte Abhandlungen*. Band I, München 1965, S. 70–85.
22. Vgl. dazu Ulrich Horstmann, *Das Untier. Konturen einer Philosophie der Menschenflucht*, Wien und Berlin 1983.

23. »Im unendlichen Raum zahllose leuchtende Kugeln, um jede von welchen etwan ein Dutzend kleinerer, beleuchteter sich wälzt, die inwendig heiß, mit erstarrter, kalter Rinde überzogen sind, auf der ein Schimmelüberzug lebende und erkennende Wesen erzeugt hat; – dies ist die empirische Wahrheit, das Reale, die Welt.« Arthur Schopenhauer, *Die Welt als Wille und Vorstellung*. »Ergänzungen zum ersten Buch. Erste Hälfte. 1.: Zur idealistischen Grundeinsicht«, in: *Arthur Schopenhauers Werke in fünf Bänden*. Nach den Ausgaben letzter Hand hg. v. Ludger Lütkehaus. Zweiter Band, Zürich 1988, S. 11.
24. Samuel Scheffler, *Der Tod und das Leben danach* (deutsch von Björn Brodowski), Berlin 2015 (Orig.: *Death and the Afterlife*, Oxford 2013).
25. P.D. James, *Im Land der leeren Häuser* (deutsch von Christa Seibicke), München 1993 (Orig.: *Children of Men*, London 1992).
26. Cormac McCarthy, *Die Straße*. Deutsch von Nikolaus Stingl, Reinbek 2007 (Orig. *The Road*, New York 2006).
27. Vgl. Nagarjuna, *The Fundamental Wisdom of the Middle Way. Nagarjuna's Mulamadhyamakakarika*. Translation and Commentary by Jay L. Garfield, Oxford 1995.
28. Carl Schmitt, *Der Begriff des Politischen. Text von 1932 mit einem Vorwort und drei Corrolarien*, Berlin 1963, S. 26.
29. François Jullien, op. cit., S. 207.
30. Auch das ist ein Gedanke von Carl Schmitt: »Souverän ist, wer über den Ausnahmezustand entscheidet.« Vgl. ders., *Politische Theologie. Vier Kapitel zur Lehre von der Souveränität*, München und Leipzig 1934, S. 17.
31. »Be kind; everyone you meet is fighting a hard battle.« John Watson alias Ian Mclaren in: Harville Hendrix und Helen Hunt, *The Personal Companion: Meditations and Exercises for Keeping the Love You Find*, New York 1995, S. 198.
32. Thomas Kling, *Das brennende Archiv*, S. 7 und S. 29.
33. J.M. Coetzee, *Disgrace*, London 2000, S. 74; siehe auch ebd., S. 205.
34. Spinoza, *Die Ethik*, a.a.O., Teil V, Lehrsatz 10, Anmerkung.
35. Ecclesiastes 1,2 und 1,14.
36. »Es ist alles eitel.
    DU sihst / wohin du sihst nur Eitelkeit auff Erden.
    Was diser heute baut / reist jener morgen ein:
    Wo itzund Städte stehn / wird eine Wisen seyn /

Auff der ein Schäfers-Kind wird spilen mit den Herden:
Ws itzund praechtig blueht / sol bald zuretten werden.
Was itzt so pocht und trotzt ist Morgen Asch und Bein /
Nichts ist / das ewig sey / kein Ertz / kein Mamorstein.
Itzt lacht das Glück uns an / bald donnern die Beschwerden.
Der hohen Thaten Ruhm muß wie ein Traum vergehn.
Soll denn das Spil der Zeit / der leichte Mensch bestehn?
Ach! was ist alles diß / was wir vor köstlich achten/
Als schlechte Nichtigkeit / als Schatten / Staub und Wind;
Als eine Wisen-Blum / die man nicht wider find't.
Noch wil was Ewig ist / kein einig Mensch betrachten!«
Andreas Gryphius, *Gedichte*. Herausgegeben von Thomas Borgstedt, Stuttgart 2012, S. 12 f.

37. Ludwig Wittgenstein, *Tractatus logico-philosophicus*, 6521, in: ders., *Schriften 1*, Frankfurt am Main 1980, S. 82.

Vierter Tag: DER GOLDENE FISCH

1. Adrian Nichols' Übersetzung in der Frankfurter Anthologie (FAZ vom 16. 04. 2019) des Gedichts »And Death Shall Have No Dominion« (1933) von Dylan Thomas: »And death shall have no dominion. / Dead man naked they shall be one / With the man in the wind and the west moon; / When their bones are picked clean and the clean bones gone, / They shall have stars at elbow and foot; / Though they go mad they shall be sane, / Though they sink through the sea they shall rise again; / Though lovers be lost love shall not; / And death shall have no dominion. // And death shall have no dominion. / Under the windings of the sea / They lying long shall not die windily; / Twisting on racks when sinews give way, / Strapped to a wheel, yet they shall not break; / Faith in their hands shall snap in two, / And the unicorn evils run them through; / Split all ends up they shan't crack; / And death shall have no dominion. // And death shall have no dominion. / No more gulls cry at their ears / Or waves break loud on the seashores; / Where blew a flower may a flower no more / Lift its head to the blows of the rain; / Though they be mad and dead as nails, / Heads of the characters ham-

mer through daisies; / Break in the sun till the sun breaks down, / And death shall have no dominion. » Dylan Thomas, *Windabgeworfenes Licht. Gedichte.* Englisch und deutsch. Hg. v. Klaus Martens, Frankfurt am Main 1995, S. 86.

2. Ingeborg Bachmann, »Die große Fracht«: »Die große Fracht des Sommers ist verladen, / das Sonnenschiff im Hafen liegt bereit, / wenn hinter dir die Möwe stürzt und schreit. / Die große Fracht des Sommers ist verladen. // Das Sonnenschiff im Hafen liegt bereit, / und auf die Lippen der Gallionsfiguren / tritt unverhüllt das Lächeln der Lemuren. / Das Sonnenschiff im Hafen liegt bereit. // Wenn hinter dir die Möwe stürzt und schreit, / kommt aus dem Westen der Befehl zu sinken; / doch offnen Augs wirst du im Licht ertrinken, / wenn hinter dir die Möwe stürzt und schreit.« Ingeborg Bachmann, *Sämtliche Gedichte*, München und Zürich 1982, S. 44.

Literaturverzeichnis

Arbmann, Ernst, »Untersuchungen zur primitiven Seelenvorstellung mit besonderer Rücksicht auf Indien«, in: *Le Monde Oriental* (20), 1926, S. 86–185.

Aristoteles, *Über die Seele. De Anima*, Griechisch-Deutsch. Übersetzt, mit einer Einleitung und Anmerkungen hg. v. Klaus Corcilius, Hamburg 2017.

Assmann, Jan, *Herrschaft und Heil. Politische Theologie in Ägypten, Israel und Europa*, München 2000.

Assmann, Jan; Kucharek, Andrea (Hg.), *Ägyptische Religion. Totenliteratur*, Frankfurt und Leipzig 2008.

Benatar, David, *Better Never To Have Been. The Harm Of Coming Into Existence*, Oxford 2006.

Bickel, Ernst, *Homerischer Seelenglaube, Schriften der Königsberger Gelehrten Gesellschaft* (1.7), Berlin 1926.

Blumenberg, Hans, *Beschreibung des Menschen*. Hg. v. Manfred Sommer, Frankfurt am Main 2006.

Blumenberg, Hans, *Theorie der Unbegrifflichkeit*. Aus dem Nachlass hg. v. Anselm Haverkamp, Frankfurt am Main 2007.

Breyer, Thiemo, *Attentionalität und Intentionalität. Grundzüge einer phänomenologisch-kognitionswissenschaftlichen Theorie der Aufmerksamkeit*, München 2011.

Carnap, Rudolf, *Der logische Aufbau der Welt*, Berlin 1928.

Champdor, Albert, *Das Ägyptische Totenbuch. Vom Geheimnis des Jenseits im Reich der Pharaonen*, Freiburg, Basel, Wien 1977.

Chang, Garma C. C., »What Is Zen ›Enlightenment‹?«, in: ders., *The Practice of Zen*, New York 1959, S. 162–167.

Coetzee, John Maxwell, *Disgrace*, London 2000.

Coetzee, John Maxwell, *Elisabeth Costello. Eight Lessons*, London 2003.

Descartes, René, *Principia Philosophiae*, Pars Prima, in: *Oeuvres de Descartes*, publ. by Charles Adam et Paul Tannery, Vol. VIII-1, Paris 1973 (dt. René Descartes, *Die Prinzipien der Philosophie*, übersetzt und erläutert von Artur Buchenau, Hamburg 1955).

Deussen, Paul, *Die Sutra des Vedanta*, Leipzig 1887.

Dewey, John, *A Common Faith*, New Haven und London 1934.

Dōgen Shōbōgenzō, *The Shōbogenzo*, Ch. 88, »On the Absolute Certainty of Cause and Effect«, S. 1019–1027, online: https://www.thezensite.com/ZenTeachings/Dogen_Teachings/Shobogenzo/088jinshiInga.pdf [abgerufen am 12. 09. 2019].

Emerson, Ralph Waldo, *Essays and Lectures*. Hg. v. Joel Porte, New York 1983. Dt.: Emerson, Ralph Waldo, *Die Natur. Ausgewählte Essays*. Hg. v. Manfred Pütz. Einleitung, Übersetzung und Anmerkungen von Manfred Pütz und Gottfried Krieger, Stuttgart 1982.

Emerson, Ralph Waldo, »The Adirondacks. A Journal«, in: *Ralph Waldo Emerson: Collected Poems and Selected Translations*. Hg. v. Harald Bloom und Paul Kame, New York 1994, S. 149–158.

Epictetus, *The Discourses as Reported by Arrian, The Manual, and Fragments*, Übersetzung W. A. Oldfather, Cambridge/Mass. und London 1956.

Evans-Wentz, W. Y. (Hg.), *Das Tibetanische Totenbuch. Ein Weisheitsbuch der Menschheit*, Zürich und Düsseldorf 1971.

Frankl, Viktor E., *Der Mensch vor der Frage nach dem Sinn*, München und Zürich 1985.

Fraunwallner, Erich, *Die Philosophie des Buddhismus*, [4]Berlin 1994.

Gäb, Sebastian, *Seelenvorstellung und Totenglaube bei Homer*. Masterarbeit der Universität Trier 2010.

Gray, Richard, »First Known Neanderthal Burial Rituals«, *New Scientist* 232, No. 3093, 1 October 2016.

Grimm, Jacob; Grimm, Wilhelm (Hg.), *Deutsches Wörterbuch von Jacob und Wilhelm Grimm*. Band 15, München 1984.

Hendrix, Harville; Hunt, Helen, *The Personal Companion: Meditations and Exercises for Keeping the Love You Find*, New York 1995.

Homer, *Ilias. Odyssee*. In der Übertragung von Johann Heinrich Voß, Darmstadt 1987.

Horn, Christoph, »Seele, Geist und Bewusstsein bei Augustinus«, in: Katja Krone, Robert Schnepf und Jürgen Stolzenberg (Hg.), *Über die Seele*, Berlin 2010, S. 77–96.

Horstmann, Ulrich, *Das Untier. Konturen einer Philosophie der Menschenflucht*, Wien und Berlin 1983.

Hübner, Sabine (Hg.), *Shinjinmei und Shôdôka. Das Löwengebrüll der furchtlosen Lehre.* Zwei Urtexte des Zen, Heidelberg 2005.

Hume, David, *A Treatise of Human Nature*, ed. by L. A. Selby-Bigge, Oxford 1978.

James, Phyllis Dorothy, *Im Land der leeren Häuser.* Deutsch von Christa Seibicke, München 1993 (Orig.: *Children of Men*, London 1992).

Jullien, François, *Der Weise hängt an keiner Idee. Das Andere der Philosophie*, München 2001 (frz. Orig. 1998).

Kant, Immanuel, *Kritik der reinen Vernunft*, Hamburg 1956.

Kant, Immanuel, *Kritik der praktischen Vernunft*. Hamburg 1963.

Kant, Immanuel, *Kritik der Urteilskraft*, in: *Kants Werke. Akademie Textausgabe.* Band V, Berlin und New York 1968.

Kant, Immanuel, *Die Religion innerhalb der Grenzen der bloßen Vernunft*, in: *Kants Werke. Akademie Textausgabe.* Band VI, Berlin und New York 1968.

Kertész, Imre, *Roman eines Schicksallosen*, Reinbek 1998.

Kling, Thomas, *Das brennende Archiv*, zusammengestellt von Norbert Wehr und Ute Langanky. Mit einem Nachwort von Marcel Beyer, Berlin 2012.

Krakauer, Jon, *Into the Wild*, London 2007.

Laack, Walter von (Hg.), *Schnittstelle Tod. Wo stehen wir nach 40 Jahren NTE-Forschung?*, Aachen 2015.

Long, A. A., »Soul and body in Stoicism«, in: ders., *Stoic Studies*, Cambridge 1996, S. 224–249.

Lorenz, Konrad, »Betrachtungen über das Erkennen der arteigenen Triebhandlungen der Vögel«, in: ders., *Über tierisches und menschliches Verhalten. Aus dem Werdegang der Verhaltenslehre.* Gesammelte Abhandlungen. Band I, München 1965, S. 70–85.

Lukrez, *Über die Natur der Dinge. De rerum natura.* Lateinisch/deutsch. Übers. v. Klaus Binder, Darmstadt 2016.

McCarthy, Cormac, *Die Straße.* Deutsch von Nikolaus Stingl, Reinbek 2007 (Orig.: *The Road*, New York 2006).

Melville, Herman, *Pierre or, The Ambiguities. Israel Potter. The Piazza Tales*, New York 1984.

Melville, Herman, *Moby-Dick oder Der Wal.* Deutsch von Matthias Jendis, München 2001.

Messner, Reinhold, Stuttgarter Zeitung, Nr. 182/2008 vom 6. August 2008, S. 8, https://de.wikiquote.org/wiki/Reinhold_Messner [abgerufen am 13.09.2019].

Messner, Reinhold, *Everest solo. »Der gläserne Horizont«*, München 2009.

Musil, Robert, *Der Mann ohne Eigenschaften*, Reinbek 1978.

Nádas, Péter, *Der eigene Tod*, Göttingen 2002.

Nagarjuna, *The Fundamental Wisdom of the Middle Way. Nagarjuna's Mulamadhyamakakarika*, Oxford 1995.

Newton, Isaac, *The Correspondence of Isaac Newton*. Vol. III: 1688–1694. Hg. v. H. W. Turnbull, F. R. S., Cambridge 1961.

Newton, Isaac, *Opera Quae Exstant Omnia*. Faksimile-Neudruck der Ausgabe von Samuel Horsley, London 1779–1785 in fünf Bänden, Band 4, Stuttgart-Bad Cannstadt 1964.

Nietzsche, Friedrich, *Also sprach Zarathustra*, in: ders., *Werke in drei Bänden*. Hg. v. Karl Schlechta, Zweiter Band, München 1955.

Platon, *Phaidon 59e–60c*, in: ders., *Werke in acht Bänden*. Griechisch und deutsch. Hg. v. Gunter Eigler. 3. Band, Darmstadt 1974.

Platon, *Politeia / Der Staat. Siebtes Buch*, in: ders., *Werke in acht Bänden*. Griechisch und deutsch. Hg. v. Gunter Eigler, 4. Band, Darmstadt 1971.

Platon, *Sophistes*, in: ders., *Werke in acht Bänden*. Griechisch und deutsch. Hg. v. Gunter Eigler, 6. Band, Darmstadt 1970.

Platon, *Timaios* 51a, in: ders., *Werke in acht Bänden*. Griechisch und deutsch. Hg. v. Gunter Eigler, 7. Band, Darmstadt 1972.

Plumwood, Val, »Opfer sein«, in: *Dritte Natur. Technik – Kapital – Umwelt* 01/1.2018, Berlin, S. 55–68.

Plutarch, *Moralia. Against the Stoics on Common Conceptions*, Cambridge/Mass. und London 2019.

Redford, Donald B. (Hg.), *Oxford Encyclopedia of Ancient Egypt*, 3 Bände, Oxford 2001.

Reydams-Schils, Gretchen, »Authority and Agency in Stoicism«, in: *Greek, Roman, and Byzantine Studies*, Bd. 51 (2011), S. 296–322.

Ryle, Gilbert, *The Concept of Mind*, Chicago 1949.

Scheffler, Samuel, *Der Tod und das Leben danach*. Deutsch von Björn Brodowski, Berlin 2015 (Orig.: *Death and the Afterlife*, Oxford 2013).

Schmitt, Carl, *Der Begriff des Politischen. Text von 1932 mit einem Vorwort und drei Corrolarien*, Berlin 1963.

Schmitt, Carl, *Politische Theologie. Vier Kapitel zur Lehre von der Souveränität*, München und Leipzig 1934.

Schopenhauer, Arthur, *Die Welt als Wille und Vorstellung*, in: ders., *Arthur Schopenhauers Werke in fünf Bänden*. Nach den Ausgaben letzter Hand hg. v. Ludger Lütkehaus. Zweiter Band, Zürich 1988.

Schubert, Bernd A., *Asphalt und Schotter*, Norderstedt 2013.

Seneca, L. Annaeus, *Ad Lucilium Epistulae Morales LXX–CXXIV (CXXV). An Lucilius. Briefe über die Ethik 70–124 (125)*, übers., eingeleitet und mit Anmerkungen versehen von Manfred Rosenbach (Seneca, *Philosophische Schriften*. Lateinisch und deutsch. Vierter Band), ²Darmstadt 1984.

Silesius, Angelus, *Cherubnisher Wandersmann*, Jena und Leipzig 1905, Nr. 55.

Spiegelberg, Herbert, »Der Begriff der Intentionalität in der Scholastik, bei Brentano und Husserl«, in: *Philosophische Hefte* 5 (1–2), 1936, S. 75–91.

Spinoza, Baruch de, *Die Ethik*. Lateinisch-deutsch. Revidierte Übersetzung von Jakob Stein, Stuttgart 1990.

Sophocles, *Oedipus at Colonus*, in: Sophocles. With an English Translation by F. Storr, B. A. in Two Volumes, Cambridge/Mass. 1981.

Szlezák, Thomas Alexander, »Der Begriff ›Seele‹ als Mitte der Philosophie Platons«, in: Katja Krone, Robert Schnepf und Jürgen Stolzenberg (Hg.), *Über die Seele*, Berlin 2010, S. 13–34.

Tanner, Ariane, *Die Mathematisierung des Lebens. Alfred James Lotka und der energetische Holismus im 20. Jahrhundert*, Tübingen 2017.

Thoreau, Henry David, *A Week on the Concord and Merrimack Rivers. Walden; or, Life in the Woods. The Maine Woods. Cape Cod*, New York 1985.

Thoreau, Henry David, *Collected Essays and Poems*. Hg. v. Elizabeth Hall Witherell, New York 2001.

Tolstoi, Leo N., *Das Leben*. Aus dem Russischen von Raphael Löwenfeld, in: ders., *Religions- und gesellschaftskritische Schriften*. Band 5. Neu hg. und durchgesehen von Paul H. Dörr, München 1992.

Wermelskirchen, Axel, »Reinhold Messner über Edmund Hillary: ›Er hatte diese sonderbare Gabe, es zu wagen‹«, Frankfurter Allgemeine Zeitung vom 12. Januar 2008, Nr. 10, S. 9. Online: http://www.faz.net/aktuell/gesellschaft/menschen/reinhold-messner-ueber-edmund-hillary-er-hatte-diese-sonderbare-gabe-es-zu-wagen-1511988.html [abgerufen am 22.09.2018].

Whitehead, Alfred North, *Science and the Modern World*, New York und Cambridge 1925.

Whitehead, Alfred North, *Abenteuer der Ideen*. Aus dem Englischen von Eberhard Bubser, Frankfurt am Main 1971.

Whitehead, Alfred North, *An Enquiry into the Principles of Natural Knowlegde*, New York 1982.

Williams, John, *Butcher's Crossing*, London 2014 (Orig.: New York 1960).

Wittgenstein, Ludwig, *Tractatus logico-philosophicus*, in: ders., *Schriften* Bd. 1, Frankfurt am Main 1980.

Zander, Helmut, *Geschichte der Seelenwanderung in Europa. Alternative religiöse Traditionen von der Antike bis heute*, Darmstadt 1999.

Zell, Rüdiger, »Der Fallensteller. Hans Blumenberg als Historiograph der Wahrheit«, in: *Zeitschrift für Ideengeschichte* I/3, 2007, S. 21–38. Online: https://www.z-i-g.de/pdf/ZIG_3_2007_zill.pdf [abgerufen am 02.10. 2018].

FILM

Walk With Me. Drehbuch und Regie: Marc J. Francis, Max Pugh, 2017.

Textnachweis Gedichte

S. 118 f. Krüger, Michael, »Meine Großmutter«, in: ders., *Einmal einfach.* Gedichte, Berlin 2018, S. 17. © Suhrkamp Verlag Berlin 2018.

S. 134 Jandl, Ernst, »der seelenhirte«, in: ders., *Werke in 6 Bänden* (Neuausgabe). Hg. v. Klaus Siblewski. © 2016 Luchterhand Literaturverlag, München, in der Verlagsgruppe Random House GmbH.

S. 244 Hughes, Ted, »Snowdrop«, in: ders., *Lupercal*, London 1960, S. 58. © Faber & Faber. Estate of Ted Hughes.

S. 288 Brecht, Bertolt, »An die Nachgeborenen«, Textauszug aus: ders., *Große kommentierte Berliner und Frankfurter Ausgabe.* Band 12: *Gedichte* 2, Frankfurt am Main 1988, S. 86. © Bertolt-Brecht-Erben / Suhrkamp Verlag 1988.

S. 399 Bachmann, Ingeborg, »Keine Delikatessen«, in: dies., *Werke*, Bd. 1. *Gedichte* © 1978 Piper Verlag GmbH, München.

S. 402 f. Thomas, Dylan, »Und Herr unser wird er nicht, der Tod«, übersetzt von Adrian Nichols für die »Frankfurter Anthologie«, in: *FAZ* vom 16. 04. 2019, https://www.faz.net/aktuell/feuilleton/buecher/frankfurter-anthologie/frankfurter-anthologie-und-herr-unser-wird-er-nicht-der-tod-16158984.html [abgerufen am 27. 09. 2019], Buchausgabe: Dylan Thomas, *Windabgeworfenes Licht. Gedichte.* Englisch und deutsch. Hg. v. Klaus Martens, Frankfurt am Main 1995, S. 86. © Mit freundlicher Genehmigung von Adrian Nichols.

S. 403 Bachmann, Ingeborg, »Die große Fracht«, in: dies., *Werke*, Bd. 1. *Gedichte* © 1978 Piper Verlag GmbH, München.

Textnachweis Motti

S. 7

Textauszug aus dem Libretto der Oper *Moses und Aaron* von Arnold Schönberg. Online zugänglich beim Arnold Schönberg Center: https://www.schoenberg.at/index.php?option=com_content&view=article&id=231&Itemid=399&lang=de [abgerufen am 04. 11. 2019]. © by Gertrud Schoenberg, 1957. By kind permission of Schott Music GmbH & Co. KG, Mainz, Germany for the World. Except USA, Canada and Cuba.

»Der erste Brief des Paulus an die Korinther« 15,51, in: *Die Bibel nach Martin Luthers Übersetzung*, revidiert 2017, © 2016 Deutsche Bibelgesellschaft, Stuttgart.

Textauszug aus: *Shinjinmei und Shôdôka. Das Löwengebrüll der furchtlosen Lehre*. Zwei Urtexte des Zen mit Teishô-Kommentar. Hg. v. Sabine Hübner, Heidelberg 2005. © 2005 Werner Kristkeitz Verlag, Heidelberg. Mit freundlicher Genehmigung.

Textauszug aus: Thomas Kling, *Das brennende Archiv. Unveröffentlichte Gedichte, Briefe, Handschriften und Photos aus dem Nachlaß sowie zu Lebzeiten entlegen publizierte Gedichte, Essays und Gespräche*. Zusammengestellt von Norbert Wehr und Ute Langanky. Mit einem Nachwort von Marcel Beyer. © Suhrkamp Verlag, Berlin 2012.

Textauszug aus: James Joyce, *Die Toten* (Textauszug). Aus dem Englischen von Dieter E. Zimmer. © Suhrkamp Verlag, Frankfurt am Main 1976.

Bildnachweis

S. 17	Pflanze im Arnold Böcklin-Atelier, Zürich: Foto © Mirjam Beerli. Mit freudlicher Genehmigung von Peter Zimmermann
S. 21	Schreibtisch, Arnold Böcklin-Atelier, Zürich: Foto © Mirjam Beerli. Mit freundlicher Genehmigung von Peter Zimmermann
S. 30 o.	11, Millington Road, Newnham/Cambridge im Jahr 2000: Foto © Wayne Boucher. http://www.cambridge2000.com/cambridge2000/
S. 30 u.	Churchill College, Cambridge: Foto © Autor
S. 130	Dusche: Foto © Autor
S. 178	Boxer: Zeichnung von Hugo Lotter
S. 233	Universitätsstraße 38, Zürich: Foto © Autor
S. 241	Calanda Treppe: Foto © Autor
S. 321	Raketenstation Hombroich: Foto © Lisa Marie Efler
S. 361	Triptychon: Zeichnung von Hugo Lotter